Marvin Madeheim

Wenn Figuren Kunst betrachten

Marvin Madeheim

Wenn Figuren Kunst betrachten

Bildreferenzen und ihr didaktisches Potenzial

www.kopaed.de

Bibliografische Information Der Deutschen Nationalbibliothek
Die Deutsche Nationalbibliothek verzeichnet diese Publikation in der Deutschen Nationalbibliografie; detaillierte bibliografische Daten sind im Internet über http://dnb.ddb.de abrufbar

Diese Arbeit ist als Dissertation an der Universität Kassel,
FB 02 Geistes- und Kulturwissenschaften eingereicht worden.

Datum der Disputation: 18. Juli 2022

Diese Arbeit wurde gefördert durch den Publikationsfonds und die Graduiertenförderung der Universität Kassel.

ISBN 978-3-96848-079-4

Druck: docupoint, Barleben

Arnulfstraße 205, 80634 München
Fon: 089. 688 900 98 Fax: 089. 689 19 12
E-Mail: info@kopaed.de Internet: www.kopaed.de

Danksagung

Mein besonderer Dank gilt meiner Doktormutter Prof. Dr. Stefanie Kreuzer für ihre hervorragende Betreuung und ihr Vertrauen in mich und mein Vorhaben. Mit ihrer Expertise im Bereich der Narrativität von Literatur und bildender Kunst gab sie mir viele wichtige Impulse, half mir, meine Gedanken zu ordnen und mein interdisziplinäres Projekt in die richtigen Bahnen zu lenken.

Ebenso gilt mein Dank meinem Zweitgutachter Prof. Dr. Stefan Greif, dessen Überlegungen im Bereich der Ekphrasis eine wichtige Grundlage meiner Arbeit sind. Des Weiteren danke ich Prof. Dr. Jennifer Pavlik und Dr. Andreas Wicke für ihre Impulse und Anmerkungen zu didaktischen Fragestellungen meiner Arbeit. Ferner danke ich Andreas Wicke ganz besonders dafür, mein Interesse an einer wissenschaftlichen Laufbahn geweckt und mich zur Promotion motiviert zu haben. Ich danke Elisabeth Schlaier und ihrer Schulklasse für das Mitdenken und Testen von Unterrichtsaufgaben sowie meinen beiden Kolleginnen Tamara Bodden und Annegret Montag, die mir bei der Schlussredaktion meiner Arbeit mit guten Ideen und viel Korrekturlesen zur Seite standen. Außerdem danke ich den Mitgliedern des Promotionskollegs GeKKo für die wichtigen und konstruktiven Gespräche.

Ich danke der Universität Kassel für die finanzielle Förderung meiner Arbeit mit dem Promotionsstipendium der Universität. Während meiner Promotionszeit ist mein Sohn geboren und die Corona-Pandemie bestimmte den Alltag. Das Stipendium ermöglichte es mir in dieser für mich doppelt turbulenten Zeit, mein Promotionsvorhaben weiterhin verfolgen und zum Abschluss bringen zu können. Und zuletzt danke ich meiner Partnerin Elisabeth für ihre Geduld und Unterstützung, die geschaffenen Freiräume und ihr offenes Ohr.

Inhalt

Analytischer Teil

Didaktischer Teil

Einleitung

Figuren stehen vor Malerei und streiten. In dem Dialogtext *Die Gemählde* (1799) des Frühromantikers August Wilhelm Schlegel heißt es an der wohl meistzitierten Stelle: »Sie [die Poesie; M.M.] soll immer Führerin der Bildenden Künste seyn«.[1] Die Aufgabenverteilung der beiden ästhetischen Disziplinen ist damit klar formuliert. Die Kunst soll malen, was die Literatur zuvor erzählt hat. Im Zentrum des Texts steht damit eine medienästhetische Diskussion.[2] Knapp 200 Jahre später entwirft Yasmina Reza mit ihrem Dramentext »*Kunst*« (1994; franz.: « *Art* ») eine ähnliche Konstellation: Figuren stehen vor einem Gemälde und streiten über den ideellen und finanziellen Wert: »Hast du für diese Scheiße wirklich zweihunderttausend Francs bezahlt?!«[3]

Während Schlegels Dramentext ein fiktives Bildgespräch vor realen Bildern inszeniert, die in der Dresdener Gemäldegalerie hängen, lässt Reza ihre Figuren im heimischen Wohnzimmer vor einer fiktiven Malerei auftreten, die als Leinwand mit weißen Streifen auf weißem Grund beschrieben wird. Im Laufe der Jahrhunderte verlagert sich der Blick vom künstlerischen Gegenstand hin zur Art und Weise, *wie* über Kunst gesprochen wird. Im Fokus steht nun, was das Bildgespräch über das interpretierende und – im Fall von Rezas Figuren – auch über das kaufende Subjekt aussagt.

Seit der Antike existieren Reflexionen über die medienspezifischen Qualitäten von Bild und Text. Sie lassen sich in Lyrik, Epik und Drama finden, manifestieren sich in Gemäldegedichten, poetischen Ekphrasen und dramatischen Bildgesprächen. In der Romantik verschmelzen die Gattungen Literatur und bildende Kunst im Rahmen einer ›progressiven Universalpoesie‹, wobei die Kunstrekurse häufig mit dem seit der Antike tradierten Motiv der Pygmalion'schen Skulpturenbelebung amalgamiert werden. In

1 August Wilhelm Schlegel: Die Gemählde. Gespräch [1799]. Hrsg. von Lothar Müller. Amsterdam: Verl. der Kunst 1996 (= Fundus Bücher 143). S. 106.

2 Vgl. hierzu Yvonne Al-Taie: Tropus und Erkenntnis. Sprach- und Bildtheorie der deutschen Frühromantik. Göttingen: V & R unipress 2015. S. 258.

3 Yasmina Reza: »Kunst« [1994; franz.: « Art »]. Ein Stück für drei Schauspieler. Aus dem Französischen von Eugen Helmlé. Lengwil: Libelle 1996. S. 15.

der klassischen Moderne wird der Rekurs auf die Kunst kombiniert mit Themen der Morbidität, Erotik und Dekadenz.[4] Und auch noch im 21. Jahrhundert hat der Topos vom Leben eines Künstlers eine gewisse Konjunktur.[5] So präsentiert Michel Houellebecq mit seinem Roman *La carte et le territoire* (2010; dt.: *Karte und Gebiet*) die Wirren eines Kunstmarktes rund um den fiktiven Künstler Jed Martin. In Miguel Ángel Hernández' Roman *Intento de escapada* (2013; dt.: *Fluchtversuch*) verfolgen die Leser:innen das Treiben des grenzüberschreitenden Künstlers Jacobo Montes, der unweigerlich an den extrafiktional realen Künstler Santiago Sierra erinnert. In Jan Peter Bremers Erzählung *Der junge Doktorand* (2019) besucht ein (vermeintlicher) Kunstwissenschaftler einen eher unbedeutenden Provinzkünstler, der in selbstdarstellerischer Manier pathetisch über die Freiheit und Ideale der Kunst schwadroniert. Und in *Ein Mann der Kunst* (2020) erzählt Kristof Magnusson die Geschichte des gefeierten Künstlers KD Pratz, dem der Neubau eines Museums gewidmet werden soll. Der Misanthrop Pratz sträubt sich aber vor jeglicher Vereinnahmung durch die Kunstwelt, der er auf überhebliche Weise kritisch gegenübersteht.

In der zeitgenössischen Literatur des 21. Jahrhunderts wird das Thema ›Kunst‹ oftmals behandelt. Im Gegensatz zu den eben skizzierten Literaturbeispielen, in denen von fiktiver Kunst und fiktiven Künstlern erzählt wird, soll es in dieser Arbeit jedoch um literarische Texte gehen, die zumeist auf realexistierende Kunst verweisen. Es geht somit – quasi in Schlegel'scher Manier – um Figuren, die vor Gemälden stehen und reden.

Trotz der medialen Differenz zwischen Bild und Text und der damit einhergehenden Notwendigkeit, beide Medien im Kontext ihrer medienspezifischen Qualitäten und Besonderheiten zu betrachten, sind Bilder ohne Sprache nicht zu denken – insbesondere, wenn sie Teil literarischer Texte sind. Doch auch außerliterarisch wirkt das Wort ins Bild hinein. So schreibt der Kunstpädagoge Alexander Glas im Hinblick auf die Rezeption von Kunst: »Die Sprache wirkt dabei orientierend, strukturierend, erkenntnisgebend, aber auch wertend und sinnvermittelnd; sie gewinnt dadurch einen kaum zu

4 Eine ausführliche Darstellung der motivgeschichtlichen Tradition sowie medienästhetischen Reflexion des relationalen Verhältnisses von Literatur und bildender Kunst wird im anschließenden Theorieteil dargestellt.

5 Eine Darstellung des Malerromans im 20. Jahrhundert bietet indes Martina Mai: Bilderspiegel – Spiegelbilder. Wechselbeziehungen zwischen Literatur und bildender Kunst im Malerroman des 20. Jahrhunderts. Würzburg: Königshausen & Neumann 2000.

leugnenden Anteil im Umgang mit Bildern.«[6] Und obgleich Glas bei dieser Thematik einen erheblichen Nachholbedarf in Sachen Interdisziplinarität sieht, stellt er doch die grundlegende Frage, »welche [Unterrichts-]Fächer überhaupt in der Lage sind, sich sinnvoll aufeinander zu beziehen«.[7]

Zur Annäherung an diese Problemkonstellation bedient sich die vorliegende Arbeit unterschiedlicher Fachwissenschaften und versucht einen disziplinübergreifenden Spagat zwischen Kunst- und Literaturtheorie. Sie beleuchtet Theoreme einer semiotischen und ikonischen Bildwissenschaft, bedient sich wahrnehmungs- und wirkungsphilosophischer Überlegungen eines radikalen Relativismus, überträgt ekphrasis-theoretische Konzeptionen, betrachtet Bilder im Kontext eines visuellen Erzählens und prüft Aspekte einer hermeneutischen Intertextualitätstheorie.

Im Kontext von Schule wird dieser fächerübergreifende Spagat mit didaktischem Rüstzeug wiederholt. Für die Didaktisierung der Forschungsergebnisse werden nunmehr kunstdidaktische Aspekte einer rezeptionsorientierten Bildkompetenz kombiniert mit bild- und literarästhetischen Überlegungen zur visual literacy. Es folgen literaturdidaktische Betrachtungen einer Perspektivübernahmekompetenz sowie Gedanken zur Thematisierung von Intertextualität im Deutschunterricht. Sowohl fachwissenschaftlich als auch fachdidaktisch kreist die Arbeit im Kern stets um Fragen der Referenzialität und medialen Transformation. Damit fokussiert sie ein Verfahren medienästhetischer Sinnkonstitution, das seit der Romantik an Kontinuität und Aktualität nicht verloren hat. So hält nicht zuletzt der Kultur- und Medienwissenschaftler Felix Stalder im Hinblick auf die zeitgenössische Kulturproduktion fest, dass sich

> der zunehmende Umgang mit Referenzen [...] keineswegs nur in der Gegenwartskunst beobachten [lässt]. Referentialität ist eine Eigenschaft vieler Verfahren, die verschiedene Genres der professionellen wie auch der Alltagskultur und deren Arbeitsweisen umfassen.[8]

Die fachwissenschaftliche Aktualität und fachdidaktische Legitimität des hier behandelten medienästhetischen Phänomens steht also außer Frage:

6 Alexander Glas: Bildlichkeit und Sprache. Ein Problemaufriss zwischen deiktischer und hermeneutischer Verständigungspraxis. In: Sprechende Bilder – Besprochene Bilder. Hrsg. von Alexander Glas u. a. München: kopaed 2016 (= IMAGO.Kunst.Pädagogik.Didaktik 3). S. 15–24. S. 15.

7 Glas: Bildlichkeit und Sprache. S. 15.

8 Felix Stalder: Kultur der Digitalität. Berlin: Suhrkamp 2016 (= edition suhrkamp 2679). S. 96f.

Verfahren der Referenzialität und Transformation sind allgegenwärtiger Bestandteil der Hoch- und Alltagskultur und damit auch alltäglicher Bestandteil der Lebenswelt von Schüler:innen. Der Umgang mit (digitalen) Bildern, deren Reproduktion, Transformation und Verfremdung ist präsenter denn je. Dabei ermöglicht die Betrachtung von Bildreferenzen im Deutschunterricht den Schüler:innen nicht nur, ein Verständnis jener Aneignungsprozesse zu entwickeln. Sie offenbart zudem eine Praxis des Zitierens und Verfremdens als literatur- und kulturproduktive Konstante. Darüber hinaus vergegenwärtigen Gespräche über Kunst in literarischen Texten zumeist elementare Problemfelder der Bildsemiotik. Im Zentrum stehen Fragen nach der Übertragbarkeit von bildlichen Zeichen in sprachliche Zeichen, nach der Rolle der Interpretierenden, nach der Perspektive und Subjektivität. Ferner dienen die Bildgespräche häufig als Mittel, die Figuren zu charakterisieren und (zumeist weibliche) Geschlechterrollen auszuhandeln. Und gerade diese medienästhetische Aktualität und Komplexität kann Bildgespräche im Rahmen von Unterrichtskontexten sehr interessant machen.

Diese Arbeit beschäftigt sich mit Verweisen auf bildkünstlerische Arbeiten in literarischen Texten und daran anschließend mit ihrem didaktischen Potenzial. Zur Bearbeitung derartiger Referenzverfahren wird der Begriff der ›Bildreferenz‹ verwendet. Es hätte auch der Begriff ›Kunstreferenz‹ sein können, der gegenüber der Bildreferenz einen deutlichen Wechsel in der ästhetischen Disziplin und ihrer spezifischen Materialität markiert. Der Begriff der ›Bildreferenz‹ legt hingegen einen deutlichen Fokus auf die *Visualität* der Bilder. Denn obzwar in den hier behandelten literarischen Texten Kunst zitiert wird, ist doch ihre Bildlichkeit stets Kern der medienästhetischen Transformation.

Sowohl die Literatur- als auch die Bildwissenschaft entwirft eine Vielzahl von Perspektiven auf die grundlegende Frage, wie Bildlichkeit in Text(e) übertragen werden kann. Dabei zeichnet sich stets ein Konflikt ab zwischen der transformativen Produktion von etwas Neuem und dem Bildzitat als Verweis auf sein außerliterarisches Original. Es geht also um eine grundsätzliche Koexistenz von Präsentation und Repräsentation, von ästhetischer Eigenständigkeit und Verweisungscharakter: Bildreferenzen (re-)präsentieren. Die vorliegende Arbeit knüpft an zahlreiche literatur- und bildwissenschaftliche Untersuchungen an und erweitert die Frage nach den Bedingungen einer medialen Transformation sowie dem relationalen Verhältnis von Text und Bild um das interpretierende und transformierende

Subjekt. Das dualistische Prinzip von ›Bild wird zu Text‹ bzw. ›Text verweist auf Bild‹ wird um den Transformator erweitert: die Textstimme, die Figur. Im Fokus steht die Frage, *wie* Figuren eines literarischen Texts Kunst betrachten. Dabei wird von der Prämisse ausgegangen, dass die bildbeschreibenden Figuren eines literarischen Textes interpretierende Subjekte innerhalb der literarischen Fiktion sind. Die künstlerische Arbeit ist also Teil der Diegese, Gegenstand der Figurenrede und zu guter Letzt außerliterarisches Referenzobjekt.

Zu diesem Zweck wird im zweiten Teil dieser Arbeit eine Analyseheuristik entworfen und am Beispiel von sechs literarischen Texten erprobt. Hierfür werden drei Kernaspekte herausgestellt: *Narrativierung, Markierung* und *Dialogizität* von Bildreferenzen.

Im engeren Sinn meint der hier verwendete Begriff der Bildreferenz eine von Figuren im Text besprochene künstlerische Arbeit. Gleichwohl korrelieren derartige Bildgespräche zumeist mit weiteren medienästhetischen Transformationen und Reflexionen, bei denen unterschiedliche Formen der intermedialen Textkonstruktion koexistieren. Im erweiterten Verständnis meint der Begriff Bildreferenz daher alle ›weiteren‹ medialen Transformationsprozesse, bei der bildkünstlerische Visualität in Verbalität übersetzt wird. Hierfür wird zwischen einzelreferenziellen, systemreferenziellen und materialreferenziellen Verweisen unterschieden, wobei die Grenzen zwischen den zitierten bzw. transformierten materiellen, systemischen und narrativen Sinnelementen durchaus fließend sein können.

Unter dem Aspekt der *Markierung* wird aufgezeigt, auf welche Weise(n) Bildreferenzen markiert sein können. Während es sich bei einer Bildreferenz in erster Linie um eine textuelle Sequenz handelt, in der eine Textstimme eine künstlerische Arbeit beschreibt, meint der Begriff der Markierung hingegen die Sichtbarmachung und Betitelung eben jener Referenz. Der Fokus liegt hierbei auf unterschiedlichen expliziten und impliziten Markierungsverfahren.

Unter dem Aspekt der *Narrativierung* wird herausgearbeitet, auf welche Weise(n) bildnarrative Elemente in eine textuelle Sequenz transformiert werden können. Basierend auf der narrativen Struktur des zitierten Kunstobjekts ergeben sich verschiedene Formen der Narrativierung. So kann ein Bildnarrativ etwa auf einem literarischen Prätext basieren, sodass die Bildreferenz primär als Stellvertreter einer intertextuellen Bezugnahme fungiert. Auch kann ein Bildnarrativ ambig sein, sodass potenziell mehrdeutige

Bildelemente von einer Textstimme ›ein-deutig‹ benannt werden. Oder aber ein prätextuell geprägtes Narrativ wird entgegen seines literarischen Vorbilds beschrieben, sodass diese ›freie‹ Bildbeschreibung und der Prätext semantisch interagieren.

Der Aspekt der *Dialogizität* beleuchtet zuletzt die relationale Gerichtetheit einer Bildreferenz. Denn mit ihrer ästhetischen Doppelposition als gleichermaßen Präsentation einer textuellen (Bild-)Sequenz mit narrativer Qualität *und* Repräsentation einer eigenständigen extrafiktionalen künstlerischen Arbeit ergibt sich auch inhaltlich eine doppelte Ausrichtung der Referenz. Im textinternen Dialog und als Gegenstand der Figurenrede gibt die Bildreferenz zumeist Aufschluss über die psychische und soziale Disposition der interpretierenden Figur. Textextern gerichtet fungiert sie wiederum als Verweis auf das außerlitearische Original und kann so im Rahmen einer ›semantischen Differenz‹ Bedeutung generieren.

Während im Forschungsreferat Texte von Thomas Mann, Peter Weiss, Wilhelm Jensen und Joseph von Eichendorff lediglich exemplarisch angeführt werden, wird die hier entworfene Heuristik im Analyseteil am Beispiel von sechs literarischen Texten ausführlich erprobt. Mit Peter Stamms *Agnes* (1998) und Leopold von Sacher-Masochs *Venus im Pelz* (1870) lassen sich zwei Texte finden, in denen jeweils eine Gemäldedarstellung explizit aus der Perspektive literarischer Figuren in Text transformiert wird. In Johann Wolfgang Goethes *Wahlverwandtschaften* (1809) werden Gemälde zwar von Figuren nachgestellt und somit durch ihr Handeln interpretiert und narrativiert, die transformierende Textstimme ist jedoch durchgehend die Erzählinstanz. In Robert Walsers Prosatext *Eine Art Kleopatra* (1928/29) wird ebenfalls ein Gemälde durch die Erzählstimme interpretiert und in eine narrative Sequenz transformiert, jedoch gibt sich die Erzählinstanz in metaleptischer Manier als interpretierendes Subjekt zu erkennen. In Arthur Schnitzlers *Fräulein Else* (1924) soll die Titelfigur durch allgemeinere Rekurse auf Kunst und ihre Materialität als Kunstwerk stilisiert und somit in misogyner Tradition ›rezipierbar‹ gemacht werden. Und mit Lessings *Emilia Galotti* (1772) findet sich ein Dramentext, der motivgeschichtlich an den Anfängen einer medienästhetischen Reflexion der narrativen und darstellerischen Potenziale von Bild und Text steht.

Dass mit Sacher-Masochs, Stamms und Goethes Romanen lediglich drei der analysierten Texte über Bildreferenzen im engeren Sinne verfügen (›Figuren betrachten Kunst‹), ist dabei nicht einem Mangel an Beispieltexten geschuldet, sondern soll die Bandbreite des Phänomens illustrieren. So werden mit

Walsers Prosastück metaleptische Konstellationen und mit Schnitzlers sowie Lessings Texten jeweils eher motivgeschichtliche Ausprägungen betrachtet. Denn obgleich die hier entwickelte Heuristik dem Zweck dient, Bildreferenzen hinsichtlich (erzähl-)struktureller Aspekte zu typologisieren, ist doch die enge Verwobenheit des medienästhetischen Phänomens ›Kunstzitat‹ und des literarischen Topos der ›Skulpturenbelebung‹[9] hervorstechend. Und so handeln alle hier analysierten Texte eben nicht *nur* von Figuren, die Kunst betrachten, sondern vor allem auch von männlichen Figuren, die auf weibliche Bildfiguren blicken. Dass sich in diesem Kontext unter den sechs analysierten Texten keine Frau als Verfasserin befindet, ist ebenfalls frappierend und wird im Kapitel »Kunst und Weiblichkeit« problematisiert.

Obwohl das Ziel verfolgt wird, eine Diachronie von der Romantik bis in die Gegenwartsliteratur zu zeichnen, sind die hier analysierten Texte nicht zeitlich geordnet. Stattdessen geschieht mit der Trennung in die beiden vergleichenden Themenblöcke ›Kunst und Materialität‹ sowie ›Kunst und Weiblichkeit‹ eine inhaltliche Schwerpunktsetzung.

Im Anschluss an die beiden fachwissenschaftlichen Teile dieser Arbeit folgt eine didaktische Perspektivierung. Obzwar beim Erstellen der Heuristik die Didaktik stets berücksichtigt wurde, wird diese auch als eigenständiges, fachwissenschaftliches Analysewerkzeug verstanden. Gleichzeitig geht es bei der Didaktisierung nicht darum zu erörtern, wie Schüler:innen das hier entworfene Analysewerkzeug möglichst adäquat anwenden können. Vielmehr sollen didaktische und methodische Perspektiven aufgezeigt werden, um das medienästhetische Reflexionspotenzial von Bildreferenzen zu vergegenwärtigen und Intermedialität als Mittel poetischer Sinnkonstruktion verstehbar und nachvollziehbar zu machen. Hierfür wird ein Lernmodell entwickelt, welches sich in den basal-rezeptiven Anforderungsbereich *Wahrnehmen* und die beiden kognitiv-analytischen Bereiche *Erkennen* und *Deuten* von Bildreferenzen unterteilt sowie daran anschließend den handlungs- und produktionsorientierten Anforderungsbereich *Produzieren*. Das Modell dient vor allem dem Ausbau der Textanalysekompetenz und fokussiert Aspekte der Darstellungs-, Handlungs-, und Figurenanalyse.

Während mit den ersten beiden Anforderungsbereichen vor allem Aspekte einer medienspezifischen Wahrnehmungsfähigkeit sowie eines medialen

9 Inwieweit der Topos der ›Pygmalion'schen Skulpturenbelebung‹, mit dem Motiv der ›Frau als Idealkunstwerk‹, dem Motiv der ›weiblichen Petrifikation‹ und dem Motiv des ›Sterbens der Frau am Bild‹ zusammenhängt, wird im Kapitel »Bildreferenzen und ihre Kulturgeschichte« dargestellt.

Bewusstseins im Sinne einer ›medialen Differenz‹ im Zentrum stehen, fokussiert der Anforderungsbereich *Deuten* die formalen Bedingungen und ästhetischen Folgen einer medialen Transformation. Im Rahmen einer vergleichenden Betrachtungsweise erörtern die Schüler:innen ein Spannungsverhältnis von fiktionaler Welt und extrafiktionalem Bezugskosmos und damit einhergehend unterschiedliche Qualitäten und Intensitäten von Fiktionalität. Ferner werden figurenspezifische Bildbeschreibungen genutzt, um die soziale und biografische Determiniertheit der interpretierenden Figuren erfahrbar und nachvollziehbar zu machen. Dabei analysieren die Schüler:innen die Rolle der zitierten künstlerischen Arbeit für die poetologische Konstruktion des Textes, sodass Intermedialität als Mittel ästhetischer Sinnkonstruktion verstehbar wird. Zuletzt zielt der Anforderungsbereich *Produzieren* auf eine ästhetisch-praktische Auseinandersetzung mit Bildreferenzen ab. Hierbei können etwaige intermediale Impulse eines Textes aufgegriffen und im literarischen Spiel weitergedacht werden. Perspektivübernahme, Alteritätserfahrung, Ambiguitätstoleranz und ein mediales Bewusstsein stehen im Zentrum.

Basierend auf den didaktischen Überlegungen werden anschließend zwei methodische Zugriffe exemplifiziert. Mit Stamms *Agnes* und Lessings *Emilia Galotti* wird jeweils ein Text der vorherigen analytischen Themenblöcke auf ihr didaktisches Potenzial hin untersucht. Hierbei wird im Falle von *Emilia Galotti* eine handlungs- und produktionsorientierte Unterrichtseinheit präsentiert, bei der die Schüler:innen im Rahmen einer ›literarischen Bildbeschreibung‹ das Handeln von Figuren sowie das komplexe Beziehungsgeflecht der einzelnen Akteure nachvollziehen können. Im Fall von Stamms *Agnes* wird ein Zugriff entworfen, der sich dem materialgestützten Literaturunterricht zuordnen lässt. Hierin analysieren die Schüler:innen eine bildreferenzielle Montage mithilfe von Sekundärmaterialien und erörtern so sukzessive das interpretatorische Potenzial.

Zielsetzung, Aufbau und Konzeption

Ziel dieser Arbeit ist es, eine pragmatische Heuristik zur Analyse von Bildreferenzen zu entwickeln. Daran anküpfend geht es darum, eine didaktische Potenzialanalyse des medienästhetischen Phänomens einerseits und ein transdidaktisches Lernmodell andererseits vorzulegen.

Mit dieser konzeptuellen Zweiteilung der Arbeit in eine fachwissenschaftliche und eine fachdidaktische Auseinandersetzung ist zweierlei intendiert. Zum einen soll die Eigenständigkeit der pragmatischen Heuristik als fachwissenschaftliches Analysewerkzeug herausgestellt werden. Zum anderen bereitet die fachwissenschaftliche Theoriebildung den didaktischen Teil im doppelten Sinne vor: Während im Rahmen der wissenschaftlichen Theoriebildung fachspezifische Theoreme aus den Domänen Text und Bild genutzt werden, basieren die didaktischen Überlegungen primär auf den fachdidaktischen Entsprechungen der domänenspezifischen fachwissenschaftlichen Zugriffe. Das heißt: Während im Theorieteil etwa Überlegungen der ikonischen Bildwissenschaft mit hermeneutisch-pragmatischen Intertextualitätstheorien zusammengeführt werden, finden sich im didaktischen Teil Überlegungen zum kunstdidaktischen Konzept der Bildkompetenz sowie Überlegungen zu intertextuellen Lektüreverfahren im Deutschunterricht. Entsprechendes gilt für die Darstellung post-klassischer narratologischer Konzepte zum Erzählen im Bild auf der einen Seite und dem literatur- und bilddidaktischen Konzept der visual literacy auf der anderen Seite.

Obwohl im Rahmen der didaktischen Überlegungen eine Öffnung des engen Arbeitsbegriffes ›Bildreferenz‹ vorgenommen wird, sind Wissenschaft und Didaktik in dieser Arbeit metakonzeptuell verbunden. Ferner folgt die Arbeit damit der Annahme, dass fachdidaktische Konzeptionen als Resultat einer didaktischen Abstraktion auf einem soliden fachwissenschaftlichen Fundament aufbauen sollten. Dieses fachwissenschaftliche Fundament wird wiederum auch im Rahmen der exemplarischen Unterrichtsmodellierungen sichtbar, wenn dort auf Sekundärliteratur der Fachanalysen im Kontext von materialgestützten Interpretationsverfahren zurückgegriffen wird.

Theoretischer Teil

I Bildreferenzen und ihre Kulturgeschichte

Zwar dient der theoretische Teil dieser Arbeit vornehmlich dem Zweck, die fachwissenschaftlichen Grundlagen einer Analyseheuristik vorzustellen, welche Bildreferenzen hinsichtlich ihrer narrativen Verfasstheit und relationalen Gerichtetheit typologisiert. Gleichwohl geht der Herleitung des erzählstrukturellen und semiotischen Analysewerkzeugs mit diesem Kapitel ein etwas größerer Exkurs vorweg: nämlich die motivgeschichtliche Betrachtung des Verhältnisses von Kunst und Literatur. So ist der Bezug auf bzw. die narrative Transformation von bildkünstlerischen Arbeiten in literarischen Texten seit der Romantik ein bekannter Topos, bei dem medienästhetische Diskurse mit literarischen Motiven eines Bildanimismus verschränkt werden. Dabei zeigen auch die Textanalysen in dieser Arbeit, dass eine Trennung zwischen erzählstrukturellen und motivischen Aspekten zwar möglich ist, im Rahmen einer fundierten Interpretation scheint es jedoch zwangsläufig erforderlich, den Rekurs auf Kunst in literarischen Texten auch im Kontext einer motivgeschichtlichen Tradition zu betrachten. Entsprechend ist die Geschichte der textuellen (Re-)Präsentation von künstlerischen Arbeiten (auch) eine Geschichte der Ekphrasis sowie des literarischen Motivs der pygmalionischen Skulpturenbelebung, seiner Evolution, Pervertierung und Emanzipation. Sie führt von der Antike über die Romantik in die moderne und zeitgenössische Literatur, interagiert mit dem literar- und bildästhetischen Motiv der ›schönen Leiche‹ und entwickelt sich von einem primär literarischen Motiv hin zu einem experimentellen, intermedialen und medienreflexiven Montageprinzip.

Laokoon, Ekphrasis und der Pygmalion-Mythos

Die Wiederentdeckung der *Laokoon-Gruppe* (ca. 50 v. Chr.) im Jahr 1506 beeinflusste stark die Kunsttheorie, bildende Kunst und Literatur der damaligen Zeit. Bei dem bis dahin verschollen geglaubten antiken Kunstwerk handelt es sich um eine griechische Skulptur, die schon ihre Zeitgenossen begeisterte. Plinius der Ältere empfiehlt sie in seiner *Naturgeschichte* (77 n. Chr.; lat.: *Naturalis historia*) gar allen anderen Werken der bildenden Kunst vorzuziehen.[10] Doch auch noch mehr als 200 Jahre nach ihrer Wiederentdeckung äußern sich Denker wie Johann Wolfgang Goethe, Gotthold Ephraim Lessing und Johann Joachim Winckelmann zu der antiken Skulptur. In Winckelmanns Rezeptionsstudie heißt es, »Laocoon war den Künstlern im alten Rom eben das, was er uns ist; [...] eine vollkommene Regel der Kunst«.[11]

Die Popularität des hellenistischen Bildwerks ist Ausgangspunkt verschiedenster schriftsprachlich fixierter Blicke und Eindrücke. Lessing betont in seiner Rezeptionsstudie etwa die positive Wirkung der antiken Kunst auf Mensch und Gesellschaft. Er schreibt: »Erzeigten schöne Menschen schöne Bildsäulen, so wirkten diese wiederum auf jene zurück, und der Staat hatte schönen Bildsäulen schöne Menschen mit zu verdanken.«[12] Lessings Studie weist hier deutlich den »Gedanken der wechselseitigen Mimesis auf«,[13] wie Maren Möhring schreibt. Menschenkörper und Statuenkörper zitieren und ergänzen sich gegenseitig. Marmor spielt hierbei eine entscheidende Rolle. Seine Materialität, seine Eigenschaften und formale Erscheinung sind konstitutive Elemente jener Supplementierungsprozesse. Im Antikendiskurs der Weimarer Klassik gewinnt das Material daher an besonderer Bedeutung. Peter Brandes hält im Hinblick auf die materielle Erscheinung des Gesteins entsprechend fest:

---

10 Plinius d. Ä.: Naturalis historia. 36, 37: »[...] sicut in Laocoonte, qui est in Titi imperatoris domo, opus omnibus et picturae et statuariae artis praeferendum.« – »[...] wie beim Laokoon im Hause des Kaisers Titus, einem Werk, das allen Werken sowohl der Malerei als auch der Bildhauerei vorgezogen werden muß[.]« Übersetzt und zitiert nach: Caius Plinius Secundus: Naturkunde in 37 Bänden. Lateinisch–deutsch. Bd. 36: Die Steine [77 n. Chr.; lat.: Naturalis historia. Libri XXXVII. Liber XXXVI]. Hrsg. u. übers. von Roderich König in Zusammenarbeit mit Joachim Hopp. 2. Aufl. Düsseldorf: Artemis & Winkler 2007 (= Sammlung Tusculum). S. 37.

11 Johann Joachim Winckelmann: Gedancken über die Nachahmung der Griechischen Wercke in der Mahlerey und Bildhauer-Kunst [1755]. In: Ders.: Schriften und Nachlass. Bd. 9: Vermischte Schriften zu Kunst, Kunsttheorie und Geschichte; Bd. 9.1: Dresdener Schriften: Text und Kommentar. Hrsg. von Adolf H. Borbein, Max Kunze u. Axel Rügler mit einer Einleitung von Max Kunze. Mainz: Philipp von Zabern 2016. S. 47–77. S. 57.

12 Gotthold Ephraim Lessing: Laokoon: oder über die Grenzen der Malerei und Poesie [1766]. In: Ders.: Werke und Briefe: in zwölf Bänden. Hrsg. von Wilfried Barner u. a. Bd. 5.2: Werke 1766–1769. Hrsg. von Wilfried Barner. Frankfurt: Dt. Klassiker Verl. 1990 (= Bibliothek deutscher Klassiker 57). S. 11–321. S. 25.

13 Maren Möhring: »... ein nackter Marmorleib«. Mimetische Körperkonstitution in der deutschen Nacktkultur oder: Wie läßt sich eine griechische Statue zitieren? In: Zitier-Fähig. Findungen und Erfindungen des Anderen. Hrsg. von Andrea Gutenberg u. Ralph J. Poole. Berlin: Erich Schmidt 2001. S. 215–233. S. 228.

> Marmor als Material transportiert […] nicht nur ein Paradigma klassizistischer Ästhetik, er erscheint auch als das Ideal lebendiger Kunstwerke. Er ermöglicht auf besondere Weise den Illusionismus herzustellen, der Leben und Kunst ununterscheidbar macht.[14]

Die Nähe, die ›Ununterscheidbarkeit‹ von Leben und Kunst lässt sich nunmehr auch in Goethes *Laokoon*-Rezeption wiederfinden. Denn auch bei seiner Betrachtung der Skulptur setzt sich der »Marmor in Bewegung«[15] und behauptet so gleichermaßen die Lebendigkeit von Material und Darstellung. Mit Blick auf Goethes Betrachtungsstudie stellt Brandes ergänzend heraus, dass vor allem parischer Marmor eine gewisse ›Lebendigkeit‹ suggeriere, »da seine fleckige, aderförmige Struktur dem menschlichen Leib besonders ähnelt.«[16]

Der Realitätsillusionismus des marmornen Bildwerks veranlasst Lessing zum Versuch, die Grenzen der Malerei und Literatur auszuhandeln. In seiner Schrift *Laokoon: oder über die Grenzen der Malerei und Poesie* (1766) fordert er eine strikte Trennung der beiden ästhetischen Disziplinen. Dabei problematisiert er einerseits die Möglichkeit von Bild und Text, Handlung darzustellen. Zum anderen erörtert er die jeweils medienspezifischen und rezeptionsästhetischen Besonderheiten. Im Widerspruch zum traditionellen Prinzip »ut pictora poesis«[17] des römisch-antiken Dichters Horaz spricht Lessing der Malerei ab, Handlung abbilden zu können. Er stellt fest, »daß die Malerei zu ihren Nachahmungen ganz andere Mittel, oder Zeichen gebrauchet, als die Poesie; jene nämlich Figuren und Farben in dem Raume, diese aber artikulierte Töne in der Zeit«.[18] Bilder stellen Lessing zufolge einen Moment dar, gebildet durch das Nebeneinander der Figuren und Farben. Literatur hingegen präsentiere eine zeitliche Abfolge sprachlicher Zeichen. Text könne somit lediglich bildhaft sein, indem erzählte Handlung Bilder als Imagination evoziert. Bildnarration ergebe sich wiederum

14 Peter Brandes: Das Leben der Bilder im Text. Ovids Pygmalion und Eichendorffs »Marmorbild«. In: Weimarer Beiträge 54 (2008). S. 63–87. S. 70.

15 Johann Wolfgang Goethe: Über Laokoon [1798–99]. In: Ders.: Sämtliche Werke, Briefe, Tagebücher und Gespräche. Hrsg. von Dieter Borchmeyer u. a. Bd. 1: Abt. 18, Ästhetische Schriften 1771–1805. Hrsg. von Friedmar Apel. Frankfurt: Dt. Klassiker Verl. 1998 (= Bibliothek deutscher Klassiker 151). S. 489–500. S. 493.

16 Brandes: Das Leben der Bilder im Text. S. 70.

17 Horaz: Ars Poetica. 361: »Eine Dichtung ist wie ein Gemälde«. Übersetzt und zitiert nach: Quintus Horatius Flaccus: Ars poetica. Die Dichtkunst. Lateinisch/Deutsch [14 v. Chr.; lat. De arte poetica]. Hrsg., übers. u. mit einem Nachwort von Eckart Schäfer. Stuttgart: Reclam 2017 (= Universal-Bibliothek 9421). S. 31.

18 Lessing: Laokoon. S. 116.

durch die Projektion von Handlung. Eine besondere Stellung spricht Lessing hierbei dem sogenannten ›fruchtbaren Augenblick‹ zu, bei dem »das Vorhergehende und das Folgende am begreiflichsten wird.«[19] Ähnlich formuliert es Goethe, der ebenfalls in seiner *Laokoon*-Rezeption die Wahl des dargestellten Moments betont. Er schreibt: »Wenn ein Kunstwerk der bildenden Kunst sich wirklich vor dem Augen bewegen soll, so muß ein vorübergehender Moment gewählt sein.«[20]

Während Lessing in seiner Studie zur *Laokoon-Gruppe* versucht, die Grenzen der Literatur und bildenden Kunst auszuhandeln, veranlasst jene Welle der Rezeption antiker Bildwerke Karl Philipp Moritz dazu, die Darstellbarkeit von Kunst im Text in Frage zu stellen. Beispielsweise scheint ihm »Winckelmanns Beschreibung des Apollo im Belvedere [...] für ihren Gegenstand viel zu zusammengesetzt und gekünstelt«.[21] Moritz stellt die Repräsentationsfähigkeit von Text in Frage und problematisiert die authentische Wahrnehmung von Bildern als sprachliche Abbilder.[22] Er nimmt damit einen medienästhetischen Konflikt vorweg, der sich bis in die heutige fachwissenschaftliche Auseinandersetzung mit medialen Transformationsprozessen fortzieht.[23]

Motiviert von dieser ausgeprägten Rezeption antiker Skulpturen entwickelt sich im frühen 19. Jahrhundert das literarische Motiv der Skulpturenbegegnung. Der Marmordiskurs wird verschränkt mit dem literarischen Topos der Bildbelebung. Die von Winckelmann, Goethe und Lessing beschriebene scheinbare Lebendigkeit des Steinbildes entwickelt sich im Rahmen der literarischen Fiktion zu einer tatsächlichen Belebung von künstlerischen Arbeiten. Brandes unterscheidet in seiner Studie zur ›bildlichen Lebendigkeit‹ in der Literatur des 18. und 19. Jahrhunderts wiederum zwischen drei Grundnarrativen, welche die unterschiedlichen Formen magischer Belebungsprozesse von bildkünstlerischen Objekten hinsichtlich ihrer

19 Lessing: Laokoon. S. 117.

20 Goethe: Über Laokoon. S. 493.

21 Karl Philipp Moritz: Reisen eines Deutschen in Italien in den Jahren 1786 bis 1788. Zweiter Teil: Apollo in Belvedere [1788]. In: Ders.: Werke. Hrsg. von Horst Günther. Bd. 2: Reisen, Schriften zur Kunst und Mythologie. 2. Aufl. Frankfurt: Insel Verlag 1993. S. 414f. S. 415.

22 Die Frage nach der Beschreibbarkeit von Kunstwerken steht in einem langen Diskurs. Neben Moritz waren unter anderem auch Denis Diderot und Immanuel Kant an der Diskussion über die Repräsentationsfähigkeit von Text beteiligt. Vgl. hierzu Stefan Greif: Die Malerei kann ein sehr beredtes Schweigen haben: Beschreibungskunst und Bildästhetik der Dichter. München: Wilhelm Fink 1998. S. 301–310.

23 Vgl. hierzu das Kapitel »Bildreferenzen und Ekphrasis«.

jeweiligen antik-literarischen Ursprünge typologisieren: die Geschichte des Malerwettstreits zwischen Zeuxis und Parrhasios, die Legende der Aphrodite von Knidos und zuletzt der Pygmalion-Mythos.[24]

Zeuxis und Parrhasios wetteifern um die gelungene Nachahmung der Natur im Bild. Während Zeuxis Trauben malerisch darstellt, die selbst herbeifliegende Vögel täuschen, malt Parrhasios einen Vorhang, der die Menschen täuscht, die hinter diesem das eigentliche Bild vermuten. Der Malerwettstreit proklamiere Brandes zufolge eine Kunst der Nachahmung, der Täuschung und des Realitätsillusionismus. Das zweite Grundnarrativ, basierend auf der Legende der Aphrodite von Knidos, ist hingegen – so Brandes – »durch das Moment einer Erotik des Bildes gekennzeichnet.«[25] Ein junger Mann verliebt sich in eine Venusskulptur. Im Tempel der Aphrodite versucht er, mit ihr zu schlafen. Brandes stellt heraus, dass die »durch die Kunst hervorgerufene Täuschung [...] hier zu einer erotischen Interaktion mit dem Kunstwerk«[26] führe. Zwar »unterstreicht die Erzählung die Lebendigkeitswirkung«,[27] eine Belebung der steinernen Figur finde jedoch nicht statt. Die tatsächliche Vitalisierung einer Skulptur lässt sich hingegen in Brandes' drittem Grundnarrativ bildlicher Lebendigkeit wiederfinden, welches sich zudem im Laufe seiner Produktionsgeschichte am erfolgreichsten fortpflanzt. Es geht zurück auf die Erzählung von Pygmalion aus Ovids *Metamorphosen* (1–8 n. Chr.; lat.: *Metamorphoseon libri*), also der Erzählung jenes Bildhauers, der sich in sein eigenes Kunstwerk verliebt und von dem es in Ovids Textsammlung heißt:

> Währenddessen glückte es ihm, aus schneeweißem Elfenbein mit bewundernswürdiger Kunst ein Bild zu schnitzen und ihm so viel Schönheit zu verleihen, wie sie von Natur keine Frau besitzen kann – und er verliebte sich in sein eigenes Werk.[28]

---

24 Über den Malerwettstreit zwischen Zeuxis und Parrhasios berichtet Plinius d. Ä. in seiner *Naturalis historia* (77 n. Chr.). Die Legende der steinernen Aphrodite und ihrem Liebhaber geht zurück auf die *Erotes* von Pseudo Lukian (ca. 170 v. Chr.). Eine andere Version der Geschichte findet sich hingegen ebenfalls bei Plinius. Die Erzählung von Pygmalion entstammt Ovids *Metamorphosen* (1–8 n. Chr.).

25 Peter Brandes: Leben die Bilder bald? Ästhetische Konzepte bildlicher Lebendigkeit in der Literatur des 18. und 19. Jahrhunderts. Würzburg: Könighausen & Neumann 2013 (= Studien zur Kulturpoetik 19). S. 12.

26 Brandes: Leben die Bilder bald? S. 12.

27 Brandes: Leben die Bilder bald? S. 12.

28 Ovid: Metamorphosen, X, 247–249: »interea niveum mira feliciter arte / sculpsit ebur formamque dedit, qua femina nasci / nulla potest, operisque sui concepit amorem.« Übersetzt und zitiert nach: Publius Ovidius Naso: Metamorphosen [1–8 n. Chr.; lat.:

Pygmalion verabscheut seine lasterhaften Zeitgenossinnen und erschafft sich seine eigene Frau aus Elfenbein. Sie ist das Abbild der Venus und die Verkörperung der Tugendhaftigkeit. Er verliebt sich in die Statue, die daraufhin von der Liebesgöttin zum Leben erweckt wird. Damit dient Venus nicht nur als Vorbild für Pygmalions Skulptur, sie ist auch die treibende Kraft dieser magischen Belebung. Diese Verwandlung einer Frauenstatue hin zu einer Frau aus Fleisch und Blut wird zur literarischen Vorlage zahlreicher Belebungsprozesse künstlerischer Arbeiten. Vorerst jedoch »taucht«, wie Volker Klotz feststellt, »das Sujet in der eigentlichen Prosanovelle […] so gut wie nirgends auf, vielmehr erst ein halbes Jahrtausend später«[29] in der Literatur der Romantik.

Die Romantik und die progressive Universalpoesie

Die romantische Literaturkritik forciert Intermedialität als elementaren Bestandteil der poetologischen Praxis. Vorangetrieben durch die beiden Autoren Novalis und Friedrich Schlegel etabliert sich das Konzept der ›progressiven Universalpoesie‹, über das Schlegel 1798 im 116. Athenäums-Fragment schreibt:

> Die romantische Poesie ist eine progressive Universalpoesie. Sie will, und soll auch Poesie und Prosa, Genialität und Kritik, Kunstpoesie und Naturpoesie bald mischen, bald verschmelzen.[30]

Die von Schlegel geforderte Verschmelzung von Kunst und Literatur (und anderen ästhetischen, geistes- und naturwissenschaftlichen Disziplinen) wird zu einem Leitmotiv der romantischen Poesie und lässt sich in Drama, Lyrik und Epik wiederfinden. Im einleitend zitierten Dialogtext *Die Gemählde* (1799) seines Bruders und Frühromantikers August Wilhelm

---

Metamorphoseon libri]. Hrsg. u. übers. von Gerhard Fink. Düsseldorf: Artemis & Winkler 2004. S. 495.

29 Volker Klotz: Venus Maria. Auflebende Frauenstatuen in der Novellistik. Ovid – Eichendorff – Mérimée – Gaudy – Bécquer – Keller – Eça de Queiróz – Fuentes. Bielefeld: Aisthesis 2000. S. 10.

30 Friedrich Schlegel: Die Athenäums-Fragmente [1798]. In: Ders.: Kritische Friedrich-Schlegel-Ausgabe. Hrsg. von Ernst Behler. Bd. 2: Abt. 1, Kritische Neuausgabe. Charakteristiken und Kritiken I (1796–1801). Paderborn: Schöningh 1967. S. 165–255. S. 182.

Schlegel entwickelt sie sich sogar zur Kunstkritik.[31] Doch auch in Form sogenannter Gemäldegedichte findet eine Verschmelzung der beiden ästhetischen Disziplinen statt.[32] Im Bereich der erzählenden Texte lassen sich ebenfalls Beispiele finden, in denen bildkünstlerische Darstellungen als Vorlage oder Gegenstand der literarischen Fiktion fungieren. So zeigt beispielsweise Ricarda Schmidt, wie in E. T. A. Hoffmanns Erzählung *Die Abenteuer der Silvesternacht* (1815) »sämtliche handlungstragenden Personen [...] unter Bezug auf die Bilder verschiedener historischer Maler«[33] beschrieben werden. Melanie Klier demonstriert wiederum, dass sich in Hoffmanns Erzählband *Die Serapionsbrüder* (1819–21) zahlreiche versprachlichte Gemälde wiederfinden lassen, die in der Beschreibung, Umschreibung und Umgestaltung der malerischen Artefakte eine Wahrnehmungsverschiebung innerhalb der literarischen Fiktion generieren.[34] Das rückblickend wohl einflussreichste Werk der romantischen Literatur ist hingegen Joseph von Eichendorffs Erzählung *Das Marmorbild* (1819), in dem die imaginäre Verlebendigung einer Venusskulptur Ausgangspunkt einer fantastischen Verwirrung ist. Die im Laufe ihrer Rezeptionsgeschichte vielzitierte Erzählung avanciert die Bildbelebung zum Inbegriff der romantischen Poesie. Dabei ist Eichendorffs Novelle kein Einzelfall. Die Autor:innen ihrer Zeit, so schreibt Brandes, greifen zurück auf die »mythische, kultisch-religiöse, aber auch auf die rhetorische Tradition«[35] der antiken Skulpturenbelebung, um den Topos des Bildanimismus in den Kontext des etablierten und von Lessing geprägten Mediendiskurses einzuschreiben.[36] Die Belebung einer

31 Vgl. Lothar Müller: Nachwort. In: August Wilhelm Schlegel: Die Gemählde. Gespräch. Hrsg. von Lothar Müller. Amsterdam: Verl. der Kunst 1996 (= Fundus Bücher 143). S. 165–196. S. 166.

32 Gemäldegedichte sind lyrische Texte, die eine künstlerische Arbeit sprachlich illustrieren. Laut Melanie Beschel variieren jene Gedichte »vorwiegend zwischen Beschreibung, Umschreibung, ästhetischer Analyse und Interpretation«. (Melanie Beschel: Bildgedicht. In: Metzler Lexikon Literatur. Hrsg. von Dieter Burdorf, Christoph Fasbender u. Burkhard Moennighoff. 3. Aufl. Stuttgart: Metzler 2007. S. 88. Ebd.).

33 Ricarda Schmidt: Wenn mehrere Künste im Spiel sind. Intermedialität bei E.T.A. Hoffmann. Göttingen: Vandenhoeck & Ruprecht 2006. S. 91.

34 Vgl. Melanie Klier: Kunstsehen. E.T.A. Hoffmanns literarische Gemälde ›Doge und Dogaresse‹. In: E. T. A. Hoffmann Jahrbuch 7 (1999). S. 29–49. S. 30; sowie ihre Monographie: Melanie Klier: »Kunstsehen« – Literarische Konstruktion und Reflexion von Gemälden in E.T.A. Hoffmanns »Serapions-Brüdern« mit Blick auf die Prosa Georg Heyns. Frankfurt: Peter Lang 2002 (= Münchner Studien zur literarischen Kultur in Deutschland).

35 Brandes: Leben die Bilder bald? S. 18.

36 Ebenfalls an Konjunktur gewinnen Rekurse auf ikonografische Darstellungsverfahren. Wie diese sich äußern und inwiefern sie sich gegenüber Bildreferenzen abgrenzen lassen, wird im Exkurskapitel zu ›literarisierten Ikonografien‹ erörtert.

toten, steinernen Skulptur hin zu einem lebendigen Menschen postuliert dabei eine Versöhnung von Kunst und Leben, bringt Kunst und Natur in Einklang.

Erotik, Kunst und Tod in der klassischen Moderne

Mit dem Übergang in die klassische Moderne erfährt das durch Eichendorffs *Marmorbild* reanimierte und tradierte Motiv der Skulpturenbegegnung eine weitere Aktualisierung. Die pygmalionische Beseelung wird nun assoziiert mit Themen der Morbidität, Erotik und Dekadenz. Teilweise wird – so Dieter Martin – die »Vitalisierung des unbelebten Materials mit der Versteinerung eines lebendigen Körpers verschränk[t] oder die pygmalionische Belebung sogleich durch eine medusenhafte Petrifizierung«[37] ersetzt. Das erotische Bild des versteinerten Frauenkörpers wächst dabei gleichsam am Bild der ›schönen Leiche‹.

Das Motiv der schönen toten Frau steht in einer umfangreichen Tradition. In William Shakespeares Dramentext *Hamlet* (1609; eng.: *The Tragedy of Hamlet, Prince of Denmark*) ertrinkt die Figur Ophelia und schafft damit als schöne Wasserleiche eine Bildvorlage für zahlreiche bildkünstlerische Adaptionen.[38] In ihrer Studie zur ›Ästhetik toter Weiblichkeit‹ beleuchtet Elisabeth Bronfen die Kulturgeschichte des Bildes der ›schönen Leiche‹ in Literatur und bildender Kunst. So präsentierten etwa Jacob und Wilhelm Grimm in ihrem Märchen *Schneewittchen* (1812) – eingerahmt von einem gläsernen Sarg – das Bild einer schönen, toten Frau.[39] In seiner Kurzgeschichte *The Oval Portrait* (1842) lässt Edgar Allan Poe wiederum die just porträtierte Frau mit dem letzten Pinselstrich sterben. Vier Jahre später resümiert er in seinem Essay *The Philosophy of Composition* (1846): »the death [...] of a beautiful woman is, unquestionably, the most poetical topic in the

37 Dieter Martin: »Sei marmor!« Zum Motiv der Petrifizierung im Nachleben des Pygmalion-Mythos. In: »... auf klassischem Boden begeistert«. Antike-Rezeptionen in der deutschen Literatur. Hrsg. von Olaf Hildebrand u. Thomas Pittrof. Freiburg im Breisgau: Rombach 2004. S. 315–334. S. 317.

38 Am bekanntesten ist hier wohl das Gemälde von John Everett Millais aus dem Jahr 1852, das die Ertrunkene sinnlich mit geöffneten Augen und offenem Mund darstellt, wie sie von Blumen umrahmt im Wasser treibt.

39 Vgl. Elisabeth Bronfen: Nur über ihre Leiche. Tod, Weiblichkeit und Ästhetik. Deutsch von Thomas Lindquist. München: Antje Kunstmann 1994. S. 150.

world«.[40] Mit dem Übergang in die klassische Moderne wird dieses misogyne Amalgam aus Morbidität und Erotik um die künstlerisch motivierte Versteinerung des Frauenkörpers erweitert. Totenblässe und Marmorierung der Haut verschmelzen. Bildwerdung und Exitus greifen ineinander und bilden einen Dreiklang aus Erotik, Kunst und Tod.[41]

Der Belebung einer steinernen Figur steht nun die Versteinerung eines menschlichen Körpers gegenüber. Während die Literatur der Romantik skulpturale Frauenkörper noch zum Leben erweckt, erstarren nun die Menschenkörper selbst zu Stein. Mit der Petrifikation des meist weiblichen Körpers geht regelmäßig auch der Tod einher.[42] Das invertierte Motiv der Skulpturenbelebung beleuchtet dabei Martin zufolge die »Problemgeschichte eines Mythos, dessen Idee einer Versöhnung von Kunst und Leben die Literatur der Moderne mit großer Skepsis begegnet ist.«[43] Der von der romantischen Literatur noch propagierte Einklang von Kunst und Natur wird in der Moderne verkehrt. Die Skulpturenbelebung weicht dem Skulpturentod. Kunst und Leben sind unvereinbar.

Der romantischen Tradition treu bleibend, setzen sich neben das nun invertierte Motiv der Bildbelebung erneut Rekurse auf andere künstlerische Arbeiten. Der auf Ovids Erzählung basierende und damit per se literarische Topos fließt zusammen mit Versuchen, die Grenzen zwischen

40 Edgar Allan Poe: The Philosophy of Composition [1846]. In: Ders.: Literary Theory and Criticism. Hrsg. von Leonard Cassuto. Mineola, NY: Dover Publ. 1999. S. 100–110. S. 105.

41 Wobei Bronfen hier betont, dass »[d]ie ›weibliche Figur des Lebens im Tod‹ lediglich auf eine sadomasochistische Mode, eine nekrophile Art von Misogynie zurückzuführen, […] auch eine semantische Reduktion [ist], die die Vielfalt der in diesem Bild verdichteten und verdrängten Themen ignoriert.« (Bronfen: Nur über ihre Leiche. S. 90).

42 Die erotisch konnotierte Assoziation eines männlichen Körpers mit der Ästhetik antiker Skulpturen lässt sich indes in Thomas Manns Novelle *Der Tod in Venedig* (1913) wiederfinden. Skulptural wird es hier stets dann, wenn der Protagonist Aschenbach den jugendlichen Tadzio beobachtet. Mit seinem »honigfarbenem Haar« (S. 530) und seinem »lieblichen Munde« (ebd.) erinnert der Knabe »an griechische Bildwerke aus edelster Zeit« (ebd.). Seine Haut wird beschrieben als »weiß wie Elfenbein« (S. 531) oder als »marmorhaft gelblich« (S. 561). Den Jungen am Strand beobachtend, bemerkt Aschenbach seinen »zart gemeißelten Arm« (S. 552) und bekundet wenig später: »[Tadzios] Achselhöhlen waren noch glatt wie bei einer Statue […] und ihr bläuliches Geäder ließ seinen Körper wie aus klarem Stoffe gebildet scheinen.« (S. 553) Dass letztendlich nicht der Junge, sondern Aschenbach stirbt, lässt sich als weitere Inversion bzw. Fortführung des literarischen Motivs der Skulpturenbegegnung betrachten. (Thomas Mann: Der Tod in Venedig [1913]. In: Ders.: Große kommentierte Frankfurter Ausgabe. Werke – Briefe – Tagebücher. Hrsg. von Heinrich Detering u. a. Bd. 2.1: Frühe Erzählungen 1893–1912. Hrsg. u. textkrit. durchgeseh. von Terence J. Reed. Frankfurt: Fischer 2004. S. 501–592).

43 Martin: »Sei marmor!« 2004. S. 334.

den Gattungen Literatur und bildende Kunst zu überschreiten. Die 1870 erschienene Erzählung *Venus im Pelz* des österreichischen Schriftstellers Leopold von Sacher-Masoch – die diesen zum Namensvater des Masochismus hat werden lassen – ist ein sehr frühes Beispiel für die Verschränkung einer pygmalionischen Petrifikation mit Rekursen auf andere künstlerische Darstellungen. Die Erzählung kann Larissa Polubojarinova zufolge »gleichzeitig als Text über die bildliche Fixierung des Phantasmas [Masochismus; M.M.] und als Versuch einer Verschriftlichung von Bildrezeption und Bildproduktion gesehen werden.«[44] Und auch noch ein Jahrhundert später verbindet Peter Stamm in seinem Roman *Agnes* (1998) ein Bildgespräch mit dem pygmalionischen Intertext und bringt so den antiken Mythos der ›Idealfrau als Kunstwerk‹ zusammen mit verschiedenen Formen einer narrativen Bildaneignung.[45]

Das Verhältnis von Visualität und Verbalität ist eines der zahlreichen Themen der klassischen Moderne. Die Autor:innen ihrer Zeit reagierten auf die gesteigerte Visualität der Epoche, wie Konstanze Fliedl festhält. Mit Beginn des 20. Jahrhunderts reflektiere sich die Literatur »selbst im ›Kunstzitat‹ [...] und potenziert damit ihren ästhetischen Charakter.«[46] Dabei entwickelt sich der medienreflexive Umgang mit Bezügen zu künstlerischen Arbeiten weitestgehend parallel zum literarischen Prinzip der Intertextualität. Mit dem Übergang in die Moderne und Postmoderne entstehen mannigfaltige Arten der medienübergreifenden Bezugnahme. Autor:innen montieren bildkünstlerische Darstellungen mit anderen literarischen Vorbildern und lassen ihre Texte zu einem Konvolut intermedialer und medienreflexiver Bezüge werden.[47] Auf diese Weise schafft beispielsweise Thomas Mann mit seinem *Doktor Faustus* (1947) einen Roman, in dem Schönberg'sche Musiktheorie und Dürer'sche Bildwelten im Rahmen der literarischen Fik-

44 Larissa N. Polubojarinova: Venus auf dem Weg zur Fotografie. Zur Spezifik der Bildlichkeit bei Leopold von Sacher-Masoch. In: Arcadia 42 (2007) H. 2. S. 227–239. S. 230.

45 Sacher-Masochs *Venus im Pelz* und Stamms *Agnes* werden ausführlich in den jeweiligen Analysekapiteln betrachtet.

46 Konstanze Fliedl: Nachwort. In: Kunst im Text. Hrsg. von Konstanze Fliedl u. Irene Fußl. Frankfurt: Stroemfeld 2005. S. 303–308. S. 305.

47 Bezüge zu Musik, Film, Architektur etc. lassen sich ebenfalls in dieser Reihe nennen, würden hier jedoch den Rahmen sprengen.

tion verschmelzen.[48] Und Peter Weiss produziert mit seinem dreibändigen Roman *Die Ästhetik des Widerstands* (1975–81) ein Paradebeispiel literarischer Bildbeschreibung, bei der motivgeschichtliche Aspekte des Topos Kunst mit unterschiedlichen Formen literarisierter Bildlichkeit kombiniert werden.[49]

Von der Romantik ausgehend bis in die zeitgenössische Literatur entwickelt sich zunehmend ein medienreflexiver Umgang mit Verweisen auf respektive narrativen Transformationen von bildkünstlerischen Arbeiten. Der ursprünglich antik-literarische Topos der Skulpturenbegegnung verschmilzt mit dem Marmordiskurs der Weimarer Klassik, avanciert zu einem intermedialen Prinzip der romantischen Poesie und entwickelt sich schließlich zu einer eigenständigen Bezugnahme auf real-existierende bildkünstlerische Arbeiten samt motivgeschichtlicher Reflexionen.

48 In Manns Roman kommt vor allem dem ›magischen Quadrat‹ aus Albrecht Dürers *Melancholia I* (1517) besondere Bedeutung zu, welches an exponierter Stelle direkt über dem Pianino des Protagonisten Adrian Leverkühn hängt. Dürers ›magisches Quadrat‹ dient dort dem Musiker als mathematisches Gegenmodell zur Zwölftontechnik, als Allegorie der Zweideutigkeit der Musik und Grundkonstrukt seiner eigenen musikalischen Komposition. Bei letzterem handelt es sich um eine derart komplexe intermediale Montage, dass sie ironischerweise selbst der Ich-Erzähler und Leverkühns Freund in Frage stellt: »Ein magisches Quadrat […]. Aber hast du Hoffnung, daß man das alles auch hören wird?« (Thomas Mann: Doktor Faustus [1947]. In: Ders.: Große kommentierte Frankfurter Ausgabe. Werke – Briefe – Tagebücher. Hrsg. von Heinrich Detering u. a. Bd. 10.1: Doktor Faustus. Das Leben des deutschen Tonsetzers Adrian Leverkühn, erzählt von einem Freund. Hrsg. u. textkrit. durchgeseh. von Ruprecht Wimmer unter Mitarbeit von Stephan Stachorski. Frankfurt: Fischer 2007. S. 281.) – Rosemarie Puschmanns Monografie *Magisches Quadrat und Melancholie in Thomas Manns Doktor Faustus. Von der musikalischen Struktur zum semantischen Beziehungsnetz.* (Bielefeld: AMPAL 1983) bietet hier eine umfangreiche Analyse der musikalischen und künstlerischen Verweise sowie des komplexen Beziehungssystems.

49 Weiss' Roman wird im Kapitel »Bildreferenzen und Intertextualitätstheorie« als Beispiel-Pool dienen. Da dort jedoch wenig Platz ist für eine ausführlichere Darstellung der eben postulierten Korrelation von Bildgesprächen und motivgeschichtlichen Aspekten, soll dies kurzerhand in dieser Fußnote geschehen. So werden im Roman direkt zu Beginn Aspekte der Ekphrasis-Debatte und des *Laokoon*-Diskurses aufgegriffen, etwa wenn bei der Betrachtung eines Steinreliefs des *Pergamonaltars* (2. Jh. v. Chr.) »der Stein zu vibrieren [begann]« (S. 14) und damit unweigerlich an Goethes Laokoon-Rezeption erinnert, bei der sich der ›Marmor in Bewegung setzt‹. (Peter Weiss: Die Ästhetik des Widerstands. Erster Band [1975]. In: Ders.: Die Ästhetik des Widerstands. Hrsg. mit einem editorischen Nachwort von Jürgen Schutte. Berlin: Suhrkamp 2016. S. 5–447).

II Bildreferenzen und Bildtheorie

Bildreferenzen sind nicht sichtbar, sie sind lesbar. Sie gliedern sich ein in ein sprachliches Zeichensystem. Das Postulat einer Lesbarkeit der Bilder wirft zwangsläufig einige Fragen auf: Handelt es sich bei sprachlich evozierten Kunstbildern um Bilder im eigentlichen Sinn? Handelt es sich um (Inter-)Texte? Und wie kann Bildsinn in Text implementiert werden? Die Frage nach den Bildern und ihrer textuellen (Re-)Präsentation führt von Problemfeldern der traditionellen Bildwissenschaft über postklassische Erzähltheorien hin zu ekphrastischen und intermedialen Aspekten literarisierter Bildlichkeit. Dabei verfolgt der Theorieteil dieser Arbeit das Ziel, die Grundlage einer Analyseheuristik zu erstellen, die die narrative und referenzielle Struktur von Bildreferenzen greifbar macht. Die disziplinspezifischen Forschungsreferate dienen dabei jeweils dem Zweck, ausgehend von produktionsseitigen Aspekten von Bildreferenzen (*wie* kann Bildsinn in Text implementiert werden?) deren rezeptionsseitige Potenziale zu erörtern (*wie* können Bildreferenzen Bedeutung generieren?).

In diesem Kapitel werden nun Theoriemodelle der semiotischen und ikonischen Bildtheorie dargestellt und anschließend im Rahmen einer ›Possible Worlds Theory‹ perspektiviert. Dabei geht dem Forschungsreferat eine grundlegende Einschränkung voraus. Denn obzwar semiotische und ikonische Bildtheoreme in ihren Grundzügen referiert werden, folgt dies gezielt dem Entwurf einer Analyseheuristik Das Forschungsreferat erhebt also keineswegs den Anspruch, die Bilderfrage umfassend darzustellen oder bestenfalls zu beantworten. Allein die Komplexität des Gegenstandes ›Bild‹ verbietet ein solches Unterfangen. Stattdessen geht es um die Frage, auf welche Weise Einzelbilddarstellungen narrative Inhalte transportieren können, wie Sinnkonstitution in derartigen Bildern greifbar gemacht werden kann und daran anschließend auf welche Weise ihre Visualität in Text transformiert werden kann. Im Hinblick auf die zu entwerfende Analyseheuristik erfolgt die Theoriebildung im Anschluss an das Forschungsreferat folglich in einem Zweischritt, bei dem ausgehend von den Spezifika bildlicher Sinnkonstitution die Bedingungen ihrer medialen Transformation erörtert werden, um anschließend potenzielle Mechanismen ihrer Rezeption darzustellen.

Bildsemiotik und ikonische Bildtheorie

Was ist ein Bild? Diese Frage stellt sich 1994 schon Gottfried Boehm in seinem gleichnamigen Sammelband. »Wer nach dem Bild fragt, fragt nach den Bildern«,[50] schreibt er einleitend. Es existiere nicht *das* Bild. Vielmehr handele es sich um eine Pluralität der Bilder und Bildbegriffe. Dabei entwirft Boehm mit seinem ikonischen Bildbegriff ein Gegenmodell zum vorherrschenden Logozentrismus und stellt der bildsemiotischen Idee einer Zeichenhaftigkeit der Bilder ein neues Bildverständnis entgegen.

Noch gegen Ende des letzten Jahrtausends herrscht Uneinigkeit über den Bildbegriff. Die Lager teilen sich in Bildsemiotik und ikonische Bildtheorie. Ihr Hauptstreitpunkt ist die Frage, ob Bilder repräsentieren oder präsentieren und folglich, wie die Repräsentation bzw. Präsentation von Inhalten konzeptualisiert werden kann. Die Grundannahme der Bildsemiotik lautet: Bilder sind Zeichen. Ihre Wurzeln hat die Wissenschaft in der strukturalistischen Linguistik. Damit folgt die Bildsemiotik Konzeptionen der Textsemiotik. Ferner geht sie zurück auf die beiden Theoretiker Ferdinand de Saussure und Charles S. Peirce, die jeweils Anfang des 20. Jahrhunderts die europäische, strukturalistische Semiologie (Saussure) und die amerikanische, pragmatische Semiotik (Peirce) entwickeln. Diese »doppelte Seele«[51] der Semiotik, wie Ugo Volli es nennt, sei bis in die heutige Auseinandersetzung mit Zeichensystemen spürbar. Dabei zieht sich die Frage nach einer Theorie der Zeichen als roter Faden durch die Philosophiegeschichte und ist, wie Winfried Nöth ausführlich darstellt, bereits bei Platon und Aristoteles zu finden und somit fester Bestandteil der Epistemologie.[52]

Saussure trennt das sprachliche Zeichen in zwei Konstituenten. Er schreibt: »Le signe linguistique est [...] une entité psychique à deux faces«.[53] Diese psychische Einheit setzt sich zusammen aus den Elementen *signifié* und *signifiant*. Das Bezeichnende verweist auf das Bezeichnete, Ausdrucksseite und Inhaltsseite bedingen sich gegenseitig.[54] Saussure ist Strukturalist. Sein Begriff von Wortbedeutung ist radikal relational. Sprache wird als

50 Gottfried Boehm: Die Wiederkehr der Bilder. In: Was ist ein Bild. Hrsg. von Gottfried Boehm. München: Wilhelm Fink 1994 (= Bild und Text). S. 11–38. S. 11.

51 Ugo Volli: Semiotik. Eine Einführung in die Grundbegriffe. Tübingen: Francke 2002. S. 1.

52 Winfried Nöth: Handbuch der Semiotik. 2. Aufl. Stuttgart: Metzler 2000. S. 1–56.

53 Ferdinand de Saussure: Cours de linguistique générale [1916]. Hrsg. von Charles Bally u. Albert Séchehaye in Zusammenarbeit mit Albert Riedlinger. Paris: Payot 2005. S. 99.

54 Vgl. Saussure: Cours de linguistique générale. S. 97–100.

abstraktes System verstanden, das aus Zeichen besteht, die in vielfältiger Weise in Beziehung zueinanderstehen.[55] Peirce hingegen ist Pragmatiker, Sinnkonstitution funktioniert für ihn nicht ohne Rezeption. Er stellt sich in die Tradition aristotelischer Semiose: Zeichen sind Repräsentation von Dingen.[56] Im Gegensatz zu Saussure umfasst sein Modell eine dritte Größe: den Interpretanten. Das Zeichen (Signifikant), welches er Repräsentamen nennt, verweist auf einen Gegenstand. Erst der Interpretant ermögliche jedoch, diese Verbindung herzustellen, indem er über das nötige Wissen verfügt, einem Zeichen seinen konkreten Bedeutungshorizont zuzuordnen. Er schreibt: »A sign, or representamen, is something which stands to somebody for something in some respect or capacity.«[57]

Ausschlaggebend für den Erfolg der Peirce'schen Zeichentheorie ist die Systematisierung unterschiedlicher Objektrelationen. Peirce bestimmt, in welchem Verhältnis Repräsentamen und Objekt zueinanderstehen können. Dabei unterscheidet er zwischen indexikalischen, ikonischen und symbolischen Zeichen.[58] Im Gegensatz zu Saussures bilateralem Modell fokussiert Peirces Triade auch nicht-sprachliche Elemente und öffnet so die Semiotik auch für Bilder. In der Folge entstehen unter anderem behavioristische (Charles W. Morris) sowie strukturalistische (Roland Barthes) Theoriemodelle, die jedoch allesamt Bilder als ›eine andere Art von Zeichen‹ konzeptualisieren. So stellt Nöth rückblickend fest, dass mit jener Orientierung am

55 Saussures bilaterales Zeichenmodell ist gewissermaßen hermetisch, eine ›Außenwelt‹ existiert nicht. Stattdessen wird das jeweilige sprachliche Zeichen durch seine Stellung im Relationssystem definiert. Die Bedeutung eines Zeichens ist demnach die Summe seiner Unterschiede zu anderen Sprachzeichen. Signifiés gewinnen ihre individuelle Bedeutung aus der spezifischen Abgegrenztheit gegen andere. Ein Zeichen definiere sich somit über seine Position im Relationssystem der Sprache, über sein *valeur*, seinen Wert. Zum Begriff des ›valeur linguistique‹ siehe Saussure: Cours de linguistique générale. S. 155–169.

56 Vgl. Jürgen Trabant: Elemente der Semiotik. Tübingen: Francke 1996 (= UTB Sprachwissenschaft, Semiotik 1908). S. 23f.; 31.

57 Charles Sanders Peirce: On Signs [1897]. Collected Papers of C. S. Peirce. Bd. 2. Cambrigde, Mass.: Harvard University Press. S. 227–229. S. 228.

58 Peirce fasst zusammen: »Now what is Logic? [...] That led me to think that logic has to do with some kind of signs. But, I had observed that the most frequently useful division of signs is by trichotomy into first Likenesses, or, as I prefer to say, *Icons*, which serve to represent their objects only in so far as they resemble them in themselves; secondly *Indices*, which represent their objects independently of any resemblance to them, only by virtue of real connections with them, and thirdly *Symbols*, which represent their objects, independently alike of any resemblance or any real connection, because dispositions or factitious habits of their interpreters insure their being so understood.« (Charles Sanders Peirce: A Sketch of Logical Critics [1911]. In: The Essential Peirce Selected Philosophical Writings. Volume 2 (1893–1913). Hrsg. vom Peirce Edition Project. Bloomington, IN: Indiana University Press 1998. S. 451–474. S. 460f.).

»Modell des sprachlichen Zeichens«[59] implizit eine bildliche Eigenständigkeit verneint wurde, indem etwa von einer ›Rhetorik des Bildes‹[60] die Rede gewesen ist oder in Anlehnung an Peirces Zeichenmodell der »Aspekt der kulturellen Arbitrarität«[61] der Bilder betont wurde.

Der bildsemiotischen Grundidee ›Bilder sind Zeichen‹ steht seit den 1990er Jahren ein neuer, ikonischer Bildbegriff gegenüber. Als Gegenentwurf zum ausgeprägten Logozentrismus der Bildsemiotik proklamieren die beiden Kunsthistoriker Gottfried Boehm und William J. T. Mitchell unabhängig voneinander die Wendung: Weg vom Wort und hin zum Bild, den ›iconic turn‹.[62]

Boehms Grundannahme ist, dass sich Bildsinn nicht restlos in Sprache transformieren lässt. Er schreibt: »Bilder verfügen weder über eine diskrete Menge wiederkehrender Elemente oder Zeichen, noch sind die Regeln der Verkoppelung von Farbe und Form in irgendeiner Weise systematisierbar.«[63] Im Umkehrschluss geht er der Frage nach, ob Bilder mehr zeigen können, als Worte sagen.[64] Aus der neugewonnenen Eigenständigkeit der Bilder heraus formuliert er ihr Potenzial: Bilder sind keine Zeichen, sie repräsentieren nicht, sie *präsentieren*. Bilder verweisen Boehm zufolge auf keine außerbildlichen Referenzobjekte, in erster Linie zeige sich ein Bildgegenstand selbst. Bilder sind, so Boehm, Darstellungsformen, in denen sich »Faktisches *als* Wirkung, Materialität *als* luzider Sinn erschliesst.«[65] Ihr Bedeutungsspektrum basiere dabei auf einem Spannungsverhältnis von »Sichtbarem und Unsichtbarem, von thematisch Identifizierbarem und unthematischem Horizont«.[66] – Anders formuliert es der Bild- und Medienwissenschaftler

59 Winfried Nöth: Bildsemiotik. In: Bildtheorien. Anthropologische und kulturelle Grundlagen des Visualistic Turn. Hrsg. von Klaus Sachs-Hombach. Frankfurt: Suhrkamp 2009 (= Suhrkamp Taschenbuch Wissenschaft 1888). S. 235–254. S. 246.

60 Hier sei verwiesen auf Roland Barthes Essay *Rhétorique de l'image* (1990).

61 Nöth: Bildsemiotik. S. 246.

62 Boehm (1994) und Mitchell (1992) lassen sich beide als Urheber der ›ikonischen Wende‹ feststellen. Unabhängig voneinander entwickeln beide Konzepte nicht-zeichenhafter Bildlichkeit. Vgl. hierzu Doris Bachmann-Medick: Gegen Worte – Was heißt ›Iconic/Visual Turn‹? In: Gegenworte 20 (2008). S. 9–15. S. 9f.; William J. T. Mitchell: Picture Theory. Essays on the Verbal and Visual Representation. Chicago: Chicago UP 1994. S. 5.

63 Boehm: Die Wiederkehr der Bilder. S 22.

64 Vgl. Franziska Kümmerling: Gottfried Boehm: Sinn und Logik der Bilder. In: Kultur. Theorien der Gegenwart. Hrsg. von Stephan Moebius u. Dirk Quadflieg. 2., erw. und aktual. Aufl. Wiesbaden: VS Verlag für Sozialwissenschaften 2011. S. 519–529. S. 521.

65 Gottfried Boehm: Ikonische Differenz. Rheinsprung 11 – Zeitschrift für Bildkritik 1 (2011). S. 170–176. S. 170.

66 Gottfried Boehm: Wie Bilder Sinn erzeugen. Die Macht des Zeigens. Berlin: UP 2007. S. 210f.

Hans Belting, für den Bilder keine Zeichen, sondern ›Verkörperungen‹ sind. In Abgrenzung zu Peirces Ikonizitätsbegriff betont er:

> Es mag ikonische Zeichen geben, aber es wäre ein Irrtum, *Bilder* und *ikonische Zeichen* gleichzusetzen. Bildlichkeit geht weder in Ähnlichkeit noch überhaupt im Abbilden auf. [...] Repräsentation, ein zentraler Begriff der Zeichentheorie, muß für Bilder anders bestimmt werden[.][67]

Das Bild verweise nicht auf etwas Abwesendes, sondern mache einen Bildgegenstand vielmehr visuell anwesend. Dabei spricht auch Belting vom ›Unsichtbaren‹ der Bilder, die präsentieren, indem sie verbergen. Er schreibt:

> Das ist die paradoxe Fähigkeit von Bildern, das zu verbergen, was sie darstellen wollen. Solche Bilder [figurative, bildkünstlerische Darstellungen; M.M.] erschöpfen sich nicht in der Sichtbarkeit, sondern erregen unsere Neugier gerade durch das, was sie unsichtbar lassen. Wenn wir uns ihrer Wirkung überlassen, erfahren wir durch sie etwas, das wir nicht eigentlich sehen können, von dem wir aber *wissen*, dass es im Bild vorhanden ist.[68]

Bilder ›Sehen‹ und ›Verstehen‹ wird somit zu einem rezeptionsästhetischen Akt, bei dem das, was im Bild zwar vorhanden, aber nicht sichtbar ist, von den Betrachter:innen konstruiert wird. Diese medienspezifische Eigenheit von Bildern führt (im Vergleich zu Text) zu anderen Formen der Sinnextraktion und Sinnkonstruktion. Bilder verfügen daher über einen eigenen medienspezifischen ›Logos‹, wie Boehm es nennt, der mit einem sprachlichen Logos nicht gleichgesetzt werden kann.[69]

Kommt man von hier zurück zur eingangs formulierten Frage, auf welche Weise narrative Einzelbilder Inhalte transportieren können und was diese spezifische Form der Sinnkonstitution für eine Transformation der Bildinhalte in Text bedeutet, – so präsentieren Saussure und Peirce zwei semiotische Referenzmodelle unterschiedlicher Couleur. Während Saussure noch von eindeutigen Relationen ausgeht, bei denen abstrakte Zeichen auf abstrakten Sinn verweisen, betont Peirce die Bedeutung des interpretierenden Subjekts, das einem Zeichen seinen konkreten Sinn zuweist. Überträgt man

67 Hans Belting: Nieder mit den Bildern. Alle Macht den Zeichen. Aus der Vorgeschichte der Semiotik. In: Bild-Zeichen. Perspektiven einer Wissenschaft vom Bild. Hrsg. von Stefan Majetschak. München: Wilhelm Fink 2005. S. 31–47. S. 32f.

68 Hans Belting: Echte Bilder und falsche Körper – Irrtürmer über die Zukunft des Menschen. In: Iconic Turn. Die neue Macht der Bilder. Hrsg. von Christa Maar u. Hubert Burda Köln: DuMont 2004. S. 350–364. S. 355.

69 Vgl. Boehm: Ikonische Differenz. S. 171.

jene Modelle nunmehr auf Bildreferenzen, erscheinen diese als sprachliche Zeichen, die auf die Darstellungselemente einer außerliterarischen künstlerischen Arbeit verweisen. Dabei bedarf es einer gewissen Abstraktion des semiotischen Theorems. Während aus semiotischer Perspektive die Bildelemente als visuelle Zeichen auf Bedeutung rekurrieren, verweist bei Bildreferenzen eine textuelle Sequenz auf die Bildelemente einer konkreten künstlerischen Arbeit (die wiederum als bildliche Zeichen auf Bedeutung verweisen). Das Bezugsverhältnis bleibt hingegen dasselbe: Etwas verweist auf etwas anderes.

Eine andere Sichtweise zeichnet dagegen die ikonische Bildtheorie. Denn wenn – mit Boehm gesprochen – Bilder über einen eigenen, nicht eindeutig in Sprache wandelbaren Logos verfügen, ist eine authentische Übertragung der Bildinhalte in Sprache äußerst fragwürdig. Denn hierfür werden die ›unsichtbaren‹ Sinnelemente der Bilder gewissermaßen ›sichtbar‹ gemacht, zumindest textuell. Die visuellen Leerstellen werden benannt und interpretiert, was den Bildrezipient:innen und Textproduzent:innen eine zentrale Rolle bei der Sinnkonstitution zukommen lässt. Gleichzeitig erlangt die Bildreferenz als Textsequenz eine ästhetische und narrative Eigenständigkeit, da sie stets mehr ist als ›nur‹ ein Rekurs auf die Darstellungselemente eines außerliterarischen Kunstobjekts. Dabei geht die Ikonizität der Bilder im Rahmen der literarischen Transformation verloren. Das ikonische Bedeutungspotenzial wird in eine sprachliche Eindeutigkeit transformiert. Oder um es mit Boehms Sprachbild weiterzudenken: Aus einem bildlichen ›Sinnhorizont‹ wird eine sprachliche Sinnvertikale. Mehrdeutiger Bildsinn wird zu eindeutigem Textsinn. Das Ikonische der Bildelemente weicht ihrer sprachlichen Transformation. Im Rezeptionsprozess erfüllen die Bildreferenzen jedoch weiterhin eine Doppelposition. Zur Disposition steht sowohl der textsemantische Gehalt, gleichzeitig verweisen sie auf ihr einst ikonisches Wesen. Ob verschriftlichte Bilder in literarischen Texten nunmehr als ›Verweis auf‹ die Darstellungselemente künstlerischer Arbeiten gelesen werden – oder als quasi-autonome Textsequenz mit narrativer Qualität – oder eben als beides,[70] erscheint dabei abhängig von der spezifischen Konstitution des Texts und der individuellen Rezeptionsfähigkeit der Lesenden.

70 Wie sich dieses ›beides‹ rezeptionsästhetisch gestalten kann, versucht das Kapitel »Intertextualität und Dialogizität« unter dem Aspekt der ›doppelten Gerichtetheit‹ von Bildreferenzen zu beantworten.

Bilder, Symbole und Possible Worlds

Auch Nelson Goodman reflektiert den medienästhetischen Konflikt zwischen Repräsentation und Präsentation, wenngleich auf eine andere Art und Weise. Goodman ist philosophischer Vertreter eines subjektiven, mitunter auch radikalen Relativismus.[71] Seine epistemologischen Überlegungen stehen ebenfalls in einer semiotischen Tradition. Dabei erweitert er die bisherigen Konzeptionen von Peirce um einige erkenntnistheoretische und metaphysische Elemente. Unter Rückgriff auf Immanuel Kant betont er, dass Rezeption und Interpretation von Zeichen sich nicht trennen ließe. Ferner sei der »Begriff eines epistemologischen Primats des absolut Gegebenen [...] leer und die Suche nach ihm vergeblich«.[72] Goodman postuliert, dass Repräsentation nicht auf Ähnlichkeit, nicht auf Nachahmung basiere. Ähnlichkeit kann Goodman zufolge keine »hinreichende Bedingung für Repräsentation sein.«[73] Sie allein reiche nicht aus, um einen Gegenstand zu repräsentieren. Er schreibt: »[F]ast alles kann für fast alles andere stehen.«[74] Entsprechend müsse ein Bild vielmehr Symbol sein.

Mit seiner Symboltheorie orientiert sich Goodman an Peirces Symbolbegriff. Er überträgt diesen jedoch auf Bilder im Allgemeinen, denen demnach stets ein symbolisches Moment innewohne. Bilder werden als Bedeutungsträger verstanden, deren Verhältnis von Darstellung und Sinn arbiträr ist. Die Peirce'sche Objektrelation (Index, Ikon, Symbol) erhält nunmehr den Status einer Darstellungsrelation. Sie beschreibt Goodman zufolge lediglich die Darstellungsweise eines spezifischen Zeichens. Das Bedeutungsverhältnis sei hingegen stets ein symbolisches. Bilder knüpfen demnach unweigerlich an das Vorwissen der Rezipient:innen an, die das Bezugsverhältnis von Darstellung und Bildsinn kennen müssen. Im Umkehrschluss bedeutet

71 Vgl. Stefanie Kreuzer: Traum und Erzählen in Literatur, Film und Kunst. Paderborn: Wilhelm Fink 2014. S. 66.

72 Nelson Goodman: Sprachen der Kunst. Entwurf einer Symboltheorie [1976; eng.: Languages of Art – An Approach to a Theory of Symbols]. Übers. von Bernd Philippi. 2. Aufl. Frankfurt: Suhrkamp 1998. S. 20.

73 Goodman: Sprachen der Kunst. S. 16.

74 Goodman: Sprachen der Kunst. S. 17.

dies jedoch auch, dass die Rezeption von Zeichen stets subjektiv geprägt ist, da Rezeption und Interpretation korrelieren.[75]

Goodmans symboltheoretische Überlegungen bilden die Grundlage eines erkenntnistheoretischen Modells, welches zu Ansätzen der Possible Worlds Theory der 1970er Jahre in Beziehung steht.[76] Dabei spricht Goodman nicht von der Präsentation bzw. Repräsentation von Bildsinn, sondern von der rezeptionsästhetischen Konstruktion von Bildwelt. Erst im Rezeptionsprozess werde Welt produziert.[77]

Bei seinen Überlegungen orientiert sich Goodman maßgeblich an dem Erkenntnistheoretiker und Kulturphilosophen Ernst Cassirer, welcher sich bereits Anfang der 1920er Jahre mit Symbolen und ihrer schöpferischen Kraft auseinandersetzt. Goodman übernimmt Cassirers Theorem, nach dem die Wahrnehmung, Beschreibung und Abbildung von Welt diese erst konstruiere. Cassirer schreibt: »Nicht das bloße Betrachten, sondern das Tun bildet vielmehr den Mittelpunkt, von dem für den Menschen die geistige Organisation der Wirklichkeit ihren Ausgang nimmt.«[78] Rezeption wird so zu einer Handlung, welche die Bildwelt (mit-)gestaltet. Ähnlich formuliert es dann auch Goodman, der schreibt, dass Symbolen eine »schöpferische

---

75 Etwa zeitgleich (Mitte der 1970er Jahre) problematisiert auch Umberto Eco den Peirce'schen Begriff der Ikonizität als Referenz durch Ähnlichkeit. Eco beschreibt den »absurden Sachverhalt, daß die Semiotik auf die Analogie zurückgreifen muß, um die Ikonizität zu erklären, während sie sich auf die Ikonizität beruft, um die Analogie zu erklären.« (S. 267) Eco zufolge handelt es sich bei der ikonischen Korrespondenz von Zeichen und Referenz daher um »kein *Theorem*, das die Semiotik beweisen könnte; sie ist eines ihrer *Postulate*.« (S. 270) Die Behauptung der Bildhaftigkeit der Zeichen – und umgekehrt: einer Zeichenhaftigkeit der Bilder – ist so verstanden vor allem Produkt ihrer semiotischen Tradition. (Umberto Eco: Semiotik. Entwurf einer Theorie der Zeichen [1975; ital.: Trattato di semiotica generale]. Übers. von Günter Memmert. Hrsg. von Hans-Horst Henschen. München: Wilhelm Fink 1987 (= Supplemente 5).)

76 Eine Darstellung der Entstehung und philosophischen Tradition der Possible Worlds Theory bietet Stefanie Kreuzer in ihrer Habilitationsschrift. Im Hinblick auf eine literaturwissenschaftliche Possible Worlds Theory erörtert sie drei unterschiedliche philosophische Formen der Realitätskonstruktion und überträgt die Überlegungen auf das Bezugsverhältnis von Traum- und Wachwelten (vgl. Traum und Erzählen in Literatur, Film und Kunst. S. 63–67).

77 Bei dem hier verwendeten Begriff von *possible worlds* handelt es sich dezidiert um Goodmans radikal subjektivistische Perspektive und *nicht* um das später u. a. von Marie-Laure Ryan geprägte literaturwissenschaftliche Konzept, bei dem der fiktionale Text durch ein ›recentering‹ zur vorrübergehenden Wirklichkeit (*actual world*) wird (vgl. Marie-Laure Ryan: Possible Worlds, Artificial Intelligence, and Narrative Theory. Bloomington, IN: Indiana UP 1991. S. 13–30).

78 Ernst Cassirer: Philosophie der symbolischen Formen. Bd. II: Das mythische Denken [1925]. 6. unveränderte Aufl. Darmstadt: Wiss. Buchges. 1973. S. 187.

Kraft«[79] innewohne, da sie nicht eine objektive Welt abbildeten, sondern eine Vielzahl von »Welt-Versionen«[80] produzierten. Weiter führt er aus: »Wir sprechen nicht von vielen möglichen Alternativen zu einer einzigen wirklichen Welt, sondern einer Vielheit wirklicher Welten.«[81]

Obgleich Goodmans Semiotik über einen universalistischen Charakter verfügt, fokussiert sie doch primär Werke der bildenden Kunst. Der Philosoph Heinz Paetzold attestiert Goodmans Symboltheorie daher eine wichtige Rolle für die philosophische Ästhetik, da sie versuche, »die Künste von den in ihnen je spezifisch gelegenen Weisen der Symbolik zu verstehen.«[82] Weiter heißt es über Goodman: »Kunst verstehen heißt, das in ihr tragende Symbolsystem zu beachten.«[83] Ein Bild wird so verstanden zu einem Bedeutungsraum, in dem vieles möglich aber nichts willkürlich ist. Die Sinnzuschreibung bewegt sich im Rahmen der bildlich-symbolischen Potenziale.

Goodman stellt den Dialog von Subjekt und Symbol ins Zentrum seines Modells der rezeptionsästhetischen Welterschaffung. Dabei ist sein Symbolbegriff keineswegs als Postulat eines radikalen Subjektivismus zu verstehen. Ferner stellt Stefanie Kreuzer im Hinblick auf Goodmans Überlegungen heraus, dass »der subjektive Relativismus [...] einen Pluralismus von Welten und damit die Relativität von Realität [propagiert.]«[84] Weiter führt sie aus: »Im Gegensatz zum radikalen Konstruktivismus ist die Pluralität der Welten indes ein durchaus positiv konnotierter Teil des allgemeinen Erkenntnisprozesses.«[85] So ist nach Goodman die Akzeptanz von verschiedenen, teils disparaten Weltversionen selbst »Teil des Erkennens.«[86] Goodmans Theorem bietet somit besonders im Hinblick auf die Rezeption künstlerischer Arbeiten einen durchaus fruchtbaren Ansatz. Es zeigt, dass das Nebeneinander unterschiedlicher Einzelerfahrungen die semantische Dimension einer künstlerischen Arbeit vervielfältigen kann. Am Beispiel der unterschiedlichen Sichtweisen auf die Gemälde des niederländischen Malers Vincent van Gogh illustriert Goodman: »Selbst wenn man alle

79 Nelson Goodman: Weisen der Welterzeugung [1978; eng.: Ways of Worldmaking]. Übers. von Max Looser. 5. Aufl. Frankfurt: Suhrkamp 2001 (= Suhrkamp Taschenbuch Wissenschaft 863). S. 13.
80 Goodman: Weisen der Welterzeugung. S. 17.
81 Goodman: Weisen der Welterzeugung. S. 14.
82 Heinz Paetzold: Die Realität der symbolischen Formen. Die Kulturphilosophie Ernst Cassirers im Kontext. Darmstadt: Wiss. Buchges. 1994. S. 79.
83 Paetzold: Die Realität der symbolischen Formen. S. 79.
84 Kreuzer: Traum und Erzählen in Literatur, Film und Kunst. S. 67.
85 Kreuzer: Traum und Erzählen in Literatur, Film und Kunst. S. 66.
86 Goodman: Weisen der Welterzeugung. S. 37.

illusorischen, falschen oder zweifelhaften Versionen beiseite läßt, bleiben die übrig gebliebenen disparat.«[87] Die Konvergenz unterschiedlicher, subjektspezifischer Rezeptionserfahrungen – bei gleichzeitiger Akzeptanz ihrer Verschiedenheit – wird somit zum konstitutiven Element des Erkenntnisgewinns. Übertragen auf Bildreferenzen lassen sich mit Goodmans symboltheoretischen Überlegungen vor allem die Produktionsbedingungen von Bildreferenzen beleuchten. Denn mit der medialen Transformation findet auch eine eindeutige Interpretation von Bildwelt statt, bei der lediglich *eine* Bild- bzw. Weltversion präsentiert wird. Verschriftlichung von Bildwelt bedeutet auch Interpretation bei gleichzeitiger Reduktion der bildlichen Potenziale. Ferner schlagen Goodmans Überlegungen hier eine sehr frühe Brücke zu ikonischen Bildtheoremen und der Boehm'schen Idee eines medienspezifischen Logos sowie dem rezeptionsästhetischen Nebeneinander sichtbarer und unsichtbarer Bildelemente.

87 Goodman: Weisen der Welterzeugung. S. 15.

III Bildreferenzen und visuelles Erzählen

Bilder stellen dar. Sie präsentieren und repräsentieren. Aber auf welche Weise erzählen sie? Während Bildsemiotik und ikonische Bildtheorie über einen zwar einschränkbaren aber dennoch grundsätzlich weitgefassten Begriff von Bildlichkeit verfügen, bedarf es bei der Frage nach einem visuellen Erzählen eines enger gefassten Bildbegriffs. Visuelles Erzählen verlangt zwangsläufig nach handlungstragenden Bildelementen, nach Figuration und Raum. Im Hinblick auf die Narrativität bildkünstlerischer Arbeiten bedarf es wiederum eines noch enger gefassten Bildbegriffs, der sich auf das narrative Einzelbild beschränkt. Entsprechend meint der hier verwendete Begriff von narrativen Bildern ›fiktionale Einzelbildwelten‹ und fokussiert ausschließlich figurative Bildwerke der bildenden Kunst.

Um nun die erzählerische Qualität von bildkünstlerischen Darstellungen zu beleuchten, werden zunächst Theoreme eines bildlichen Erzählens der kunstgeschichtlich orientierten Bildwissenschaft betrachtet. Anschließend folgt die Gegenüberstellung eines postklassischen und medienunabhängigen Narratologiemodells von Werner Wolf. Ähnlich wie im vorangegangenen Kapitel zur Bildtheorie schließt an das Forschungsreferat die Frage, wie Sinnkonstitution in narrativen Bildern greifbar gemacht, auf welche Weise Visualität in Text transformiert werden kann und ferner, welche rezeptionsseitigen Potenziale diese produktionsseitigen Aspekte von Bildreferenzen haben können. Dabei werden basierend auf Wolfs Begriff der ›Narrativierung‹ von Bildern drei Formen der narrativen Transformation von Bildreferenzen isoliert und anschließend kurz exemplifiziert.

Kunstgeschichte und postklassische Narratologie

Die Kunstgeschichte ist reich an Darstellungen geschichtlicher, mythologischer und biblischer Themen. So stellt etwa der Kunsthistoriker Ivan Nagel fest, dass in antiker Tradition Hauptgegenstand der Kunst die

»Nachbildung großer geschichtlicher oder mythischer Ereignisse«[88] gewesen ist. Das hieraus hervorgegangene Genre der Historienmalerei sei daher untrennbar mit der Aufgabe verbunden, ein ›erzählendes Bild‹ zu sein. Bei der Betrachtung derartige Bilder werden diese primär vor dem Hintergrund ihres historischen oder literarischen Prätexts gelesen. Obwohl sich die Darstellungsformen im Rahmen der bildkünstlerischen Transformation von ihrem literarischen oder historischen Ursprung emanzipieren, verweisen sie doch weiterhin auf ihre zumeist bekannte Vorlage.[89] Dabei problematisiert Nagel, dass es sich bei jenen Bilderzählungen lediglich um Stellvertreter für sprachliche Erzählungen handele. Das Dargestellte sei abhängig von seiner Überlieferung, da die Figuren erst mit dem Wissen um die Geschichte gedeutet werden könnten.[90] Wie jedoch verhält es sich, wenn die Rezipient:innen die literarischen oder historischen Vorlagen nicht (mehr) abrufen können? Und was ist mit Bildern, die nicht über ein quasi-illustratives Abbildverhältnis verfügen?

Die Antwort auf die Frage, *wie* Bilder nun erzählen, summiert sich in zwei rezeptionsästhetischen Modellen: einerseits der Extraktion eines bildinhärenten Narrativs, andererseits der Einordnung der Bildelemente in narrative Kontexte. Die Differenzierung erinnert an die bildwissenschaftliche Dichotomie von Präsentation und Repräsentation und ähnlich der Diskussion um die Bilderfrage liegt auch hier die rezeptionsästhetische Entsprechung in der Konvergenz beider Modelle. Dabei lassen sich zwei Strömungen ausmachen, die jeweils aus unterschiedlicher Perspektive die

88 Ivan Nagel: Die lange Herrschaft des Historiengemäldes. In: Das erzählende und das erzählte Bild. Hrsg. von Alexander Honold u. Ralf Simon. München: Wilhelm Fink 2010 (= eikones). S. 29–53. S. 29.

89 Die bildkünstlerische Adaption eines Texts ist auch stets eine Interpretation durch den pinselführenden Künstler oder die steinschlagende Künstlerin. Dabei werden die Texte im medialen Transformationsprozess zwangsläufig interpretiert. Der Kunsthistoriker Werner Busch spricht in diesem Fall von Bildern als ›Erscheinungen‹ statt Erzählungen und führt vor, wie zahlreiche bildkünstlerische Literaturadaptionen explizit von ihrer literarischen Vorlage abweichen und so bestimmte Aspekte neu perspektiveren. So zeigt Busch exemplarisch, wie Tizians Gemälde *Diana und Aktäon* (1556–59) bestimmte Elemente des Ovid'schen Prätexts ins Gegenteil verkehrt, indem etwa die von Ovid beschriebene Grotte, in der die Jagdgöttin mit ihrer Gefolgschaft badet, in eine gotische Gewölbearchitektur umgewandelt wird. Ovid beschreibt die Grotte in seinen *Metamorphosen* als von der Natur geformtes Kunstwerk. Indem der Künstler die Göttin in einer menschengemachten Architektur darstellt, definiere er Busch zufolge das von Ovid proklamierte Verhältnis von Kunst und Natur neu. (Vgl. Werner Busch: Erscheinung statt Erzählung. In: Das erzählende und das erzählte Bild. Hrsg. von Alexander Honold u. Ralf Simon. München: Wilhelm Fink 2010 (= eikones). S. 55–79. S. 63f.).

90 Vgl. Nagel: Die lange Herrschaft des Historiengemäldes. S. 30.

erzählerische Qualität von bildkünstlerischen Darstellungen fokussieren: die kunstgeschichtlich orientierte Bildwissenschaft der 1950er Jahre sowie die postklassische Narratologie der frühen 2000er Jahre. Im Folgenden werden beide Theoriemodelle vorgestellt.

Die Frage nach der bildlichen Darstellbarkeit von Handlung findet ihren medienästhetischen Ursprung freilich bei Lessing und seiner Unterscheidung zwischen einer räumlich-bildnerischen und einer zeitlich-literarischen Kunst. Lediglich im ›fruchtbaren Augenblick‹ werde Lessing zufolge Handlung nachvollziehbar.[91] Lessings Medientheorie bestimmt lange Zeit den medienästhetischen Diskurs. Erst in der ersten Hälfte des 20. Jahrhunderts prägt der Kunsthistoriker Erwin Panofsky gemeinsam mit dem Kunst- und Kulturwissenschaftler Aby Warburg den Begriff der Ikonologie, welcher die Bestimmung und Deutung von Bildzeichen in der Malerei und Bildhauerei beschreibt. Bildliche Darstellungen werden hierbei an ihre teils vielseitigen literarischen und bildnerischen Ursprünge rückgebunden, um sie anschließend interpretieren zu können.[92] Entgegen jener kontextualisierenden Leseweise formuliert der Kunsthistoriker Ernst H. Gombrich etwa zeitgleich die Lesbarkeit von Bildern in Analogie zur Lesbarkeit von Texten. Dabei betrachtet er die Bildrezeption aus kognitionspsychologischer Perspektive und beschreibt diese als Prozess, bei dem die einzelnen Bildelemente nacheinander gelesen werden. Er schreibt:

> Wir lesen Bilder, wie wir eine gedruckte Zeile lesen, das heißt, wir fassen erst einzelne hervorstechende Buchstaben oder Zeichen auf, die wir dann aneinanderfügen, bis wir das Gefühl haben, daß wir durch die Zeichen hindurch den hinter ihnen liegenden Sinn sehen.[93]

Gombrich, Panofsky und Warburg flankieren mit ihren Überlegungen schon Mitte der 1950er Jahre das Feld einer kunstgeschichtlichen Bildtheorie, die Bilder als eigenständige Sinnträger versteht. Einer (wenngleich auch dezidiert ikonologischen) Kontextualisierung von Bildelementen steht das Lesen von Bildzeichen als Mittel der Sinnextraktion gegenüber. Bilder können demnach erzählen, indem figuren- und objektspezifische Narrative an ihre literarischen oder historischen Erzähltexte rückgebunden werden.

91 Vgl. Lessing: Laokoon. S. 117.

92 Warburgs und Panofskys Überlegungen werden im Exkurskapitel zu ›literarisierten Ikonografien‹ weiter ausgeführt.

93 Ernst H. Gombrich: Kunst und Illusion. Zur Psychologie der bildlichen Darstellung [1959; eng.: Art and Illusion]. Aus dem Englischen übertragen von Lisbeth Gombrich. 2. Aufl. Stuttgart: Belser 1986. S. 69.

Oder sie erzählen, indem ihre Bildelemente zu einer Ereignisdarstellung zusammengelesen werden.

Auf Gombrich bezieht sich nunmehr auch die Literatur- und Medienwissenschaftlerin Monika Schmitz-Emans, die ebenfalls von einer Lesbarkeit der Bilder spricht. Dabei nimmt auch sie eine rezeptionsästhetische Zweiteilung vor. Ähnlich wie Gombrich schreibt sie, dass Bildelemente einerseits »beim Betrachten zusammengelesen«[94] werden können. Andererseits könnten sie »interpretierend [in] Kon-Texte eingeordnet«[95] werden. Jedoch ist Schmitz-Emans' zweite Leseweise nicht ikonologischer sondern vielmehr strukturalistischer Natur und fokussiert das Bild als Teil eines globalen Sinnsystems. ›Kon-Texte‹ meint hier also Texte, die zum Bild »in Beziehung stehen oder gestellt werden können.«[96] Die bildliche Darstellung korreliert somit mit dem individuellen Vorwissen der Rezipient:innen.[97] Schmitz-Emans führt weiter aus: »Die Grenzen des Bildes zu den sie aktuell oder virtuell umgebenden Texten sind genauso offen wie die zwischen Text und Text. Man liest ja auch nie einen Text, ohne ihn auf andere Texte zu beziehen.«[98] Dabei fokussiert sie mit ihrer rezeptionsästhetischen Kontextualisierung sowohl faktuale als auch fiktionale Texte. Gleichzeitig vermeidet sie die einleitend von Nagel problematisierte kunstgeschichtliche Prämisse, bildliche Darstellungen literarischer Texte als bloße Repräsentanten zu betrachten, deren Narrativ sich primär auf Basis ihrer Referenz im Bildtitel erschließt. Stattdessen spricht sie von einer ›Macht‹ der paratextuellen Betitelung, »etwa wenn eine Figurengruppe mit dem Personal eines Mythos, einer Legende oder einer historischen Situation identifiziert wird.«[99] Eine wenngleich als Adaption einer mythologischen Erzählung produzierte künstlerische Darstellung erscheint somit im Rezeptionsprozess nicht zwingend als Stellvertreter ihrer literarischen Vorlage. Stattdessen korreliert das figurenspezifische Narrativ mit genuinen Bildelementen.

---

94 Monika Schmitz-Emans: Die Aufhebung der Bilder im Text. In: Bildlichkeit. Aspekte einer Theorie der Darstellung. Hrsg. von Dirk Rustenmeyer. Würzburg: Könighausen & Neumann 2003 (= Wittener Kulturwissenschaftliche Studien 2). S. 195–224. S. 196.

95 Schmitz-Emans: Die Aufhebung der Bilder im Text. S. 197.

96 Schmitz-Emans: Die Aufhebung der Bilder im Text. S. 197f.

97 Jene Unterscheidung zwischen Texten, die in Beziehung zum Bild stehen und Texten, die in Beziehung zum Bild gestellt werden können, erinnert wiederum an Karlheinz Stierles Unterscheidung zwischen einer produktionsästhetischen und einer rezeptionsästhetischen Intertextualität, welche im Kapitel zu intertextualitätstheoretischen Perspektiven auf Bildreferenzen dargestellt wird.

98 Schmitz-Emans: Die Aufhebung der Bilder im Text. S. 198.

99 Schmitz-Emans: Die Aufhebung der Bilder im Text. S. 200.

Obgleich die kunstgeschichtlich orientierte Bildwissenschaft einige fruchtbare Perspektiven auf das Lesen von Bildern entwirft, fokussieren ihre Rezeptionsmodelle dennoch primär die darstellerische Qualität von Bildern und nicht ihre erzählerische. Erst die postklassische Narratologie der frühen 2000er Jahre benennt Bilder als Medien mit erzählerischem Potenzial. Gleichzeitig verschiebt sich die Perspektive von einem rezeptionsästhetischen Ansatz hin zu einer Untersuchung medienimmanenter Eigenschaften. Die grundsätzliche Unterscheidung zwischen einer bildimmanenten und einer kontextorientierten Sinnextraktion bleibt hingegen dieselbe.

Die klassische Narratologie ist maßgeblich beeinflusst vom französischen Strukturalismus sowie dem russischen Formalismus der 1960er Jahre. Zu ihren Hauptdenkern gehören Gérard Genette und Tzvetan Todorov. In den 1990er Jahren entwickeln sich weitere ›postklassische‹ Ansätze, welche einerseits die strukturalistische Tradition fortführen. Andere versuchen hingegen neue Theoriemodelle zu entwickeln, die sich vom Strukturalismus entfernen. Für die Betrachtung bildkünstlerischer Arbeiten kommt hierbei den transgenerischen und intermedialen Perspektiven eine besondere Bedeutung zu. Dabei machen Ansgar und Vera Nünning darauf aufmerksam, dass es bei der Betrachtung von nicht-literarischen Erzählmedien ein deutlich »höheres Maß an Modifikation, Revision und Erweiterung«[100] der klassischen Analysekriterien bedarf, da diese an die jeweiligen medienspezifischen Besonderheiten angepasst werden müssten.

Nun steht der Begriff des ›Erzählens‹ in einer literarischen Tradition und die Übertragung auf visuell-narrative Medien ist besonders bei literaturwissenschaftlichen Positionen umstritten. Entsprechend definieren Tom Kindt und Tilmann Köppe das ›Erzählen‹ in ihrer *Erzähltheorie: Eine Einführung* auch noch im Jahr 2014 als ein dezidiert sprachliches Phänomen. Bei ihrer Einführung handelt es sich um einen stark rezipierten Text, der hier exemplarisch als Negativfolie dienen soll. Kindt und Köppe schreiben dort: »*Ein Text ist genau dann eine Erzählung, wenn er von mindestens zwei Ereignissen handelt, die temporal geordnet sowie in mindestens einer weiteren sinnhaften Weise miteinander verknüpft sind.*«[101] An ihre ›minimalistische

100 Ansgar Nünning u. Vera Nünning: Von der strukturalistischen Narratologie zur ›postklassischen‹ Erzähltheorie: Ein Überblick über neue Ansätze und Entwicklungstendenzen. In: Neue Ansätze der Erzähltheorie. Hrsg. von Ansgar Nünning u. Vera Nünning. Trier WVT Wissenschaftsverl. 2002 (= WVT-Handbücher zum literaturwissenschaftlichen Studium 4). S. 1–34. S. 14.

101 Tom Kindt u. Tilmann Köppe: Erzähltheorie. Eine Einführung. Stuttgart: Reclam 2014 (= Universal-Bibliothek 17683). S. 43.

Definition‹ anschließend postulieren sie, Bilder seien keine Erzählungen. Sie könnten jedoch »zu Erzählungen anregen oder Episoden aus Erzählungen [...] darstellen. Das bedeutet: *Anhand* der auf dem Bild dargestellten Szenerie kann man eine Erzählung rekonstruieren.«[102] – Nun ist schon der Begriff der ›Rekonstruktion‹ bereits irreführend, suggeriert dieser doch ein dezidiert immanentes Narrativ, welches *wieder*hergestellt wird, also bereits vorhanden gewesen sein muss. Freilich können Bilder auf Erzählungen verweisen. Jedoch sind nicht alle Bilderzählungen Illustrationen literarischer Texte. Die Erzählung als literarische Form über den Aspekt der temporalen Ordnung von Ereignissen zu definieren, ist zwar zweifelsohne legitim. Im Umkehrschluss Bildern als (vermeintlich) nicht-zeitliche Medien die Performanz des Erzählens abzusprechen bzw. nur in Form einer sprachlichen Rekonstruktion zuzusprechen, erscheint jedoch zu kurz gegriffen. Bilder verfügen schlichtweg über eine andere erzählerische Qualität.[103] Auch Kreuzer hält fest, dass »der bildenden Kunst [...] ein erhebliches narratives Potenzial zugesprochen werden kann.«[104] Das ›Erzählerische‹ von bildlichen Darstellungen ist also in erster Linie eine Eigenschaft ihrer Bildlichkeit und nicht erst ihrer potenziellen Transformation in eine sprachliche Form.

Doch noch einmal zurück: Schon Anfang der 2000er Jahre öffnet der Anglist Werner Wolf den Erzählbegriff auch für nonverbale Medien. Er plädiert mit Blick auf die narrative Qualität bildkünstlerischer Darstellungen für einen medienübergreifenden Begriff von Erzählen, der nicht auf Sprache beschränkt ist. Er schreibt: »*Erzählen* ist intermedial. Dasselbe gilt für das *Erzählerische* und das *Narrative* [...] sowie für die *Narrativität*, also die spezifische Qualität des Narrativen.«[105] Wolf postuliert einen weitgefassten Erzählbegriff. Unter Rückgriff auf prototypensemantische Konzeptionen und Überlegungen einer kognitivistischen Frame-Semantik entwickelt

102 Kindt u. Köppe: Erzähltheorie. S. 45.

103 Obzwar Kindt und Köppe behaupten, dass Bilder keine Erzählungen seien, relativieren sie jedoch im Vorfeld, dass die Frage, ob es nicht-sprachliche Erzählungen gibt, »für unterschiedliche nicht-sprachliche Medien gesondert beantwortet [werden muss.]« (Kindt u. Köppe: Erzähltheorie. S. 45).

104 Kreuzer: Traum und Erzählen in Literatur, Film und Kunst. S. 126.

105 Werner Wolf: Das Problem der Narrativität in Literatur, bildender Kunst und Musik: Ein Beitrag zu einer intermedialen Erzähltheorie. In: Erzähltheorie transgenerisch, intermedial, interdisziplinär. Hrsg. von Vera Nünning u. Ansgar Nünning. Trier: WVT 2002 (= WVT-Handbücher zum literaturwissenschaftlichen Studium 5). S. 23–104. S. 23.

er ein Theoriemodell bildlichen bzw. medienunabhängigen Erzählens.[106] Hierfür geht er von einer a-medialen Form des Narrativen aus, die in verschiedenen Medien mit unterschiedlicher Intensität realisiert werden kann.[107] Bildelemente mit narrativer Funktion bezeichnet er wiederum als ›Narreme‹. Dabei unterscheidet er zwischen qualitativen, inhaltlichen und syntaktischen Narremen. Qualitative Narreme verfügen über eine Darstellungs- und Erlebnisqualität, sie stellen eine ›sinnvolle‹ Welt dar. Inhaltliche Narreme konstituieren Handlung in Form anthropomorpher Figuren. Syntaktische Narreme ermöglichen eine Verortung von Zeit und Raum. Im Zusammenspiel erzeugen sie Bildhandlung.[108]

Im Hinblick auf die Narrativität von Einzelbildern unterscheidet Wolf wiederum zwischen genuinen Bildnarrativen und solchen Darstellungen, die über ein indirektes oder ›geborgtes‹ Narrativ verfügen, also auf einen Prätext (Bibelszene, antiker Mythos, Nationalerzählung etc.) verweisen. Er spricht hier von »genuinely or directly narrative works and texts with ›borrowed or indirect narrativity‹ «.[109] Auch hier erscheinen bildliche Darstellungen einerseits als Präsentation eines bildinhärenten Narrativs und andererseits als Repräsentation einer bekannten fiktionalen oder historischen Erzählung. Ähnlich wie Schmitz-Emans exemplifiziert auch Wolf den Fall, dass ein Bild mit einem geborgten bzw. indirekten Narrativ ohne das Wissen um die etwaige Referenz betrachtet wird. In diesem Fall spricht er nicht vom ›narrativen‹, sondern vom ›deskriptiven Potenzial‹ der

106 Zum Begriff der kognitivistischen Narratologie und konkret zur Idee des Framings von Narrativität vgl. Sophia Wege: Kognitive Aspekte des Erzählens. In: Erzählen. Ein interdisziplinäres Handbuch. Hrsg. von Matías Martínez. Stuttgart: Metzler 2017. S. 346–354. S. 350f.

107 Vgl. Werner Wolf: Die Transmedialität des Narrativen und das erzählerische Potential von Einzelbildern. In: Narration. Transdisziplinäre Wege zur Kunstdidaktik. Hrsg. von Garbiele Lieber u. Bettina Uhlig. München: kopaed 2016 (= Kontext Kunstpädagogik 45). S. 99–118. S. 107.

108 Vgl. Wolf: Das Problem der Narrativität in Literatur, bildender Kunst und Musik. S. 52.

109 Werner Wolf: Framings of Narrative in Literature and the Pictorial Arts. In: Storyworlds across Media. Introduction. In: Storyworlds across Media. Toward a Media-Conscious Narratology. Hrsg. von Marie-Laure Ryan u. Jan-Noël Thon. Lincoln, NE: Nebraska UP 2014 (= Frontiers of narrative). S. 126–147. S. 129f.

Bilder.[110] Andersrum formuliert bedeutet dies schlichtweg: ohne Referenz, keine Erzählung. Im Gegensatz zu Schmitz-Emans unterscheidet Wolf bei indirekten Narrativen also strikt zwischen einer referenziellen Leseweise und einer Bildbetrachtung, bei der eine etwaige Referenz unerkannt bleibt. Schmitz-Emans' Begriff der ›Macht‹ einer Identifikation bekannter historischer oder mythologischer Figuren erscheint hier weitaus offener und damit produktiver.

Bilder erzählen auf vielfältige Weise. Einerseits können Bildelemente einer Ereignisdarstellung zusammengelesen werden. Darstellungselemente werden räumlich und zeitlich geordnet, Handlung wird ablesbar. Andererseits können Bilder in Kontexte eingeordnet werden, indem sie implizit an das Vorwissen der Rezipient:innen anknüpfen oder explizit auf literarische oder historische Prätexte verweisen. Das bildliche Narrativ bildet sich auf Basis der literarischen Vorlage. Figurenspezifische Narrative können hierbei mit genuinen Bildelementen korrelieren. Übertragen auf Bildreferenzen zeigt sich, dass je nach narrativer Struktur des zitierten Bildes – also dem Verhältnis von genuinen und indirekten Bildnarrativen – die Art und Weise der literarischen Transformation variieren kann. Die Übertragung von einer bildlichen Darstellung in eine literarische Form unterliegt dabei – wie schon in den vorangegangen Kapiteln erörtert – der individuellen Leseweise der spezifischen Textstimme, der Erzählinstanz oder interpretierenden Figur. Auf welche Weise genuine Bildnarrative nunmehr konkret rezipiert und in eine sprachliche Form transformiert werden können, versucht Wolf unter dem Aspekt der ›Narrativierung‹ bzw. ›narrativen Funktionalisierung‹ von Bildern zu konzeptualisieren. Seine Überlegungen werden im Folgenden Kapitel ausgeführt und auf Bildreferenzen übertragen.

110 Am Beispiel eines Reiterporträts von Napoleon führt er aus: »A relatively recent case in point, which happens do combine action-loaded historicity with a portrait, is Jacques-Louis David's *Napoleon at the Saint Bernard Pass* […], recalling Napoleon's memorable crossing of the Alps in 1800 in order to reconquer Italian territory that the Austrians had previously occupied. If one focuses on the historical component, the painting is at least indirectly narrative […]; but if one concentrates on the portrait component, its non-narrative, descriptive quality becomes apparent.« (Wolf: Framings of Narrative in Literature and the Pictorial Arts. S. 137).

Narrativierung von Bildern

Diese Arbeit beschäftigt sich nicht mit künstlerischen Bildwerken in ihrer bildlichen Form, sondern mit Verfahren ihrer textuellen (Re-)Präsentation, mit Bildreferenzen. Nun sind Bildreferenzen per se textuell, sie sind in Text und damit in einem Medium mit erzählerischer Qualität gefasst. Dennoch ist der erzählte Inhalt bildlichen Ursprungs. Ein Bild muss also zwangsläufig über narrative Elemente verfügen, um literarisiert werden zu können. Doch auf welche Weise können diese Bildnarrative in Text transformiert werden?

Wie im vorigen Kapitel ausgeführt, ist lange Zeit die Nachbildung historischer oder mythologischer Ereignisse Hauptgegenstand der bildenden Kunst gewesen. Gut sichtbar im Bildtitel markiert verweisen die Darstellungen auf ihr textuelles Vorbild. Wird nun auf derartige bildkünstlerische Darstellungen in einem literarischen Text verwiesen, werden diese zumeist vor dem Hintergrund ihrer literarischen Vorlage betrachtet. Die Darstellungselemente der Bilder werden in narrative Textsequenzen (rück-)gewandelt. Dabei können figurenspezifische Narrative und genuine Bildelemente korrelieren: Text wird zu Bild wird zu (einem anderen) Text.

Während Historienbilder oder die Darstellungen mythologischer Figuren stets im Schatten ihres Prätexts stehen, verweilt das restliche Feld der figurativen Darstellungsweisen referenzlos. Genremalereien etwa zeigen häufig Szenen des alltäglichen Lebens, ohne dabei durch einen literarischen oder historischen Prätext vorweggedeutet zu werden. Jedoch auch diese Darstellungen erzählen. Wolf schreibt zu jener Art von Darstellung: »[A] genre painting […] is per se ambiguous.«[111] Zwar verfügen derartige Bilder über ein genuines Bildnarrativ, welches sich durch das Zusammenspiel von qualitativen, inhaltlichen und syntaktischen Narremen konstituiert. Gleichzeitig ist ihnen eine stete Bedeutungsoffenheit inhärent. Noch radikaler formuliert es der Philosoph und Kunsthistoriker Hans Ulrich Reck, für den Polysemie eine Grundvoraussetzung für bildkünstlerische Narrativität ist. Er schreibt: »Ein Bild […] kann je nach Kontext verschiedene Bedeutungen haben. […] Die Identität eines Bildes bedingt eine interne Doppelkodierung«.[112] – Im literarischen Übersetzungsprozess werden die Bildelemente nun sprachlich fixiert. Ablesbare Bildhandlung wird benannt

111 Wolf: Framings of Narrative in Literature and the Pictorial Arts. S. 139.

112 Hans Ulrich Reck: Jenseits des Strukturalismus. Erweiterndes Erzählen zwischen Texten und Bilder. In: Expanded Narration. Das neue Erzählen. Hrsg. von Bernd Kracke u. Marc Ries. Bielefeld: Transcript 2013. S. 45.–56. S. 55.

und in Text transformiert: Eine zuvor bildliche Momentaufnahme, die abgebildete Welt, die Figuren und Gegenstände werden zu narrativen Textsequenzen. Ein potenziell mehrdeutiges Bild wird in eine sprachliche Eindeutigkeit überführt. Die Übertragung in eine sprachliche Form bewegt sich dabei zumeist zwischen der *Beschreibung* und der *Zuschreibung* von Bildsinn. Wolf spricht hierbei von ›Narrativierung‹ in Abgrenzung zu einer ›narrativen Funktionalisierung‹.[113] Während ersteres eine Sinnzuschreibung »nach Maßgabe des kognitiven Rahmens des Narrativen«[114] beschreibt, lässt sich die narrative Funktionalisierung als eine Sinnzuschreibung fernab der ›sinnvollen‹ narrativen Möglichkeiten verstehen. Am Beispiel der Rezeptionsgeschichte altägyptischer Grabkunst exemplifiziert Wolf, dass diese Darstellungen weniger narrativ sind, sie werden narrativ-funktionalisiert. Handlung wird ihnen von einem interpretierenden Subjekt zugeschrieben und zwar in einem Maße, dass den narrativen Rahmen überschreitet. Dabei sensibilisiert Wolfs Grabkunst-Szenario für eine ästhetische Eigenheit visuell-narrativer Medien: Rezeption bedeutet zum einen Interpretation, zum anderen kann es aber auch Formen der subjektspezifischen Aneignung und Funktionalisierung bedeuten. Im Hinblick auf Bildreferenzen und die Transformation von narrativen Bildsinn in Text stellt sich somit die Frage, was passiert, wenn eine Bildbeschreibung durch eine Textstimme den von Wolf benannten ›kognitiven Rahmen des Narrativen‹ überschreitet?

Die potenzielle Mehrdeutigkeit bildkünstlerischer Darstellungen und die damit einhergehende Uneindeutigkeit der dargestellten Handlung ist keineswegs ein Problem. Sie ist eine ihrer Qualitäten. Übertragen auf die Literarisierung künstlerischer Arbeiten und verstanden als produktives Vehikel der poetologischen Konstruktion erscheint Ambiguität im Sinne einer bildlichen Mehrdeutigkeit bzw. einer bildlichen Zweifelhaftigkeit daher besonders fruchtbar. Im Kontext von Bildreferenzen beschreibt Wolfs Aspekt einer narrativen Funktionalisierung also keine Problemkonstellation, sondern lediglich eine weitere Weise der narrativen Transformation. Im Hinblick auf Bildreferenzen ergeben sich damit drei Formen der Narrativierung, die jeweils abhängig sind von der narrativen Struktur der jeweiligen künstlerischen Darstellung und dem transformativen Gestus der beschreibenden und interpretierenden Textstimme. Sie werden im Folgenden kurz exemplifiziert.

113 Vgl. Wolf: Das Problem der Narrativität in Literatur, bildender Kunst und Musik. S. 53.
114 Wolf: Die Transmedialität des Narrativen und das erzählerische Potential von Einzelbildern. S. 102.

(1) Bildreferenzen können als Quasi-Intertexte fungieren. Rekurse auf bildkünstlerische Arbeiten, die wiederum selbst Darstellungen von biblischen oder mythologischen Erzählungen sind, verweisen ist erster Linie auf ihren literarischen Prätext. Gleichwohl können hierbei prätextuell geprägte Narrative mit genuinen Bildelementen korrelieren. Als Beispiel hierfür lässt sich ein Rekurs auf Nicolas Poussins *Esther vor Ahasverus* (1644, franz.: *Esther devant Assuérus*) in Goethes Roman *Die Wahlverwandtschaften* (1809) anführen. Zur allgemeinen Bespaßung stellt dort eine Hochzeitsgesellschaft verschiedene bekannte Malereien nach. Zur Inszenierung von Poussins Gemälde heißt es über die Braut Luciane, sie »entwickelt in der ohnmächtig hingesunkenen Königin alle ihre Reize«.[115] Dabei fungiert die Bildreferenz als Quasi-Intertext und verweist auf die biblische Erzählung des persischen Königs Ahasveros und seiner jüdischen Frau Ester, der es gelingt, durch ihr Flehen großes Leid vom jüdischen Volk abzuwenden.[116] Im Zentrum von Lucianes Inszenierung stehen dabei ihre weiblichen Reize, die ihr ähnlich wie Ester weniger politischen, dafür aber gesellschaftlichen Handlungsraum ermöglichen.[117]

(2) Bildreferenzen können als reduzierte Narrative auftreten. Bildkünstlerische Darstellungen, die über kein prätextuell geprägtes Narrativ verfügen, sind zumeist keine eindeutigen Handlungsträger, vielmehr erscheinen sie als Bedeutungsräume, in denen vieles möglich aber nichts willkürlich ist. Die Sinnzuschreibung bewegt sich im Rahmen der bildlich-narrativen Potenziale. Oder mit Boehm gesagt: Die ›Sichtbarmachung‹ des Unsichtbaren bewegt sich im Rahmen des ikonischen Sinnhorizonts. Oder mit Wolf: Narrativierung geschieht im kognitiven Rahmen des Narrativen. Dabei ist die Benennung von Bildelementen im medialen Transformationsprozess zwangsläufig exkludierend, da sie implizit alternative Betitelungen und somit alternative Leseweisen und Interpretationen der künstlerischen Darstellung ausschließt. Oder um es hier noch einmal mit Goodman zu formulieren: Der Text präsentiert seinen Rezipient:innen nur *eine* von vielen Welt- bzw. Bildversionen. Um das Ganze kurz anhand eines Beispiels

115 Johann Wolfgang Goethe: Die Wahlverwandtschaften [1809]. In: Ders.: Sämtliche Werke, Briefe, Tagebücher und Gespräche. Hrsg. von Dieter Borchmeyer u. a. Bd. 8: Abt. 1, Sämtliche Werke: Die Leiden des jungen Werthers, Die Wahlverwandtschaften, Kleine Prosa, Epen. Hrsg. von Waltraud Wiethölter. Frankfurt: Dt. Klassiker Verl. 1994 (= Bibliothek deutscher Klassiker 109). S. 269–529. S. 428

116 Vgl. Buch Ester: 8, 3–6.

117 Eine ausführliche Darstellung und Interpretation der Textstelle findet sich im entsprechenden Analysekapitel.

auszuführen, lohnt ein Blick auf Robert Walsers Prosastück *Das Van Gogh-Bild* (1918). Dort heißt es vom Erzähler-Ich über das Gemälde *L'Arlésienne* (1888) des niederländischen Malers, das Bild zeige eine »Frau aus dem Volke, die still auf einem Stuhle sitzt und ernsthaft vor sich hinschaut.«[118]

Abb. 1–2: Vincent van Gogh: *L'Arlésienne*. Öl auf Leinwand. 91,4 × 73,7 cm. 1888. Metropolitan Museum of Art, New York. – Detailansicht: Das ausdrucksstarke Gesicht der Frau.

Alternative Betitelungen des Gesichtsausdrucks (verträumt, traurig, gelassen, gelangweilt etc.) werden implizit ausgeschlossen.[119] Die potenzielle Mehrdeutigkeit des Gesichtsausdrucks wird so zugunsten der literarischen Transformation auf eine von vielen Versionen reduziert. Besondere Brisanz erfährt der implizite Ausschluss anderer Deutungsweisen durch die Benennung von Bildelementen wiederum im Kontext des romantischen Prinzips der Ambiguität, bei dem unterschiedliche Leseweisen teilweise diametral zueinanderstehen können.

---

118 Robert Walser: Das Van Gogh-Bild [1918]. In: Ders.: Das Gesamtwerk in 12 Bänden. Bd. VIII: Verstreute Prosa I (1907–1919). Hrsg. von Jochen Greven. Zürich: Suhrkamp 1978. S. 339–342. S. 339.

119 Christoph Eykman spricht bei der Beschreibung einer künstlerischen Arbeit im literarischen Text sogar von einem ›doppelten Deutungsprozess‹. Er schreibt: »Das Werk des bildenden Künstlers, sei es nun ungegenständlich oder nicht, zeigt dem Betrachter eine nicht unmittelbar reproduzierte sondern eine *ausgelegte* Welt. Eine solche Auslegung wird nun, so problematisch dies auch sein mag, in der sprachlichen Deutung etwa eines Gemäldes noch einmal ausgelegt, nämlich vom Schreibenden. Die bildhafte Exegese des Malers erfährt nun ihrerseits eine sprachliche Interpretation.« (Christoph Eykman: Über Bilder Schreiben. Zum Umgang der Schriftsteller mit Werken der bildenden Kunst. Heidelberg: Universitätsverl. Winter 2003 (= Beiträge zur neueren Literaturgeschichte 198). S. 51).

(3) Bildreferenzen können als negierte Intertexte fungieren. Während die vorigen beiden Referenzformen Bildreferenzen hinsichtlich der narrativen Verfasstheit ihrer bildkünstlerischen Vorlage typologisieren, ergibt sich eine dritte Form, die gewissermaßen eine Kombination der vorigen darstellt und die transformierende Textstimme ins Zentrum rückt. So offenbart Wolfs Begriff einer ›narrativen Funktionalisierung‹ die Möglichkeit einer narrativen Transformation fernab der (sinnvollen) narrativen Potenziale einer künstlerischen Arbeit. Verstanden als poetologisches Mittel erscheinen jene Funktionalisierungen jedoch als besonders fruchtbar. Hierbei wird eine bildkünstlerische Illustration eines biblischen oder mythologischen Prätexts gerade nicht vor dem Hintergrund ihrer literarischen Vorlage gelesen. Stattdessen werden die (eigentlich prätextuell definierten) Bildelemente anders benannt. Die Abkehr von prätextuellen Zuschreibungen öffnet so die Darstellungen für neue subjektspezifische Projektionen und Interpretationen. Als Beispiel lässt sich hier ein Auszug aus Sacher-Masochs *Venus im Pelz* anführen. Dort heißt es über Tizians Gemälde *Venus mit dem Spiegel* (1555; ital.: *Venere allo specchio*), dass dieses in Wirklichkeit gar keine Venus zeige. Vielmehr habe der Künstler »einfach das Porträt irgendeiner vornehmen Messaline gemacht [...]. Später hat dann irgendein ›Kenner‹ der Rokokozeit die Dame auf den Namen Venus getauft«.[120] Den Pelzmantel trage die Frau wiederum vielmehr »aus Furcht vor dem Schnupfen als Keuschheit«.[121] An jenem Beispiel wird indes sichtbar, dass sich die ›freie‹ Bildinterpretation und das tatsächliche, prätextuell geprägte Narrativ inhaltlich beeinflussen können, besonders, wenn beide Leseweisen vom Text ausgeführt werden.[122] Gleichzeitig verfügen derartige Referenzverfahren über ein erhebliches medienreflexives Potenzial, indem sie unterschiedliche Formen einer narrativen Transformation offenlegen und gegenüberstellen.

120 Leopold von Sacher-Masoch: Venus im Pelz [1870]. In: Ders.: Venus im Pelz und andere Erzählungen. Hrsg. von Bettina Hesse. Köln: Könemann 1996. S .7–147. S. 15.

121 Sacher-Masoch: Venus im Pelz. S. 15.

122 Wie sich ein derartiges ›inhaltliches Beeinflussen‹ äußern kann und konzeptualisieren lässt, wird im Kapitel »Intertextualität und Dialogizität« unter dem Aspekt der ›semantischen Differenz‹ ausgeführt.

IV Bildreferenzen und Ekphrasis

In den vorigen beiden Kapiteln wurde erörtert, wie sich (narrativer) Sinn im Bild konstituiert und darauf aufbauend, auf welche Weise(n) sich dieser Bildsinn in Text transformieren lässt. Mit der Ekphrasis soll nun ein medienästhetisches Phänomen betrachtet werden, welches seit der Antike eben jene ›Beschreibungskunst‹ tituliert, nämlich die kunstvolle Beschreibung von Gemälden und Skulpturen durch Dichter:innen. Damit ändert sich in diesem Kapitel die methodische Perspektive. Während zuvor die inhaltliche und narrative Struktur von künstlerischen Darstellungen betrachtet wurde, um etwaige Möglichkeiten einer medialen Transformation daraus abzuleiten, handelt es sich bei der Ekphrasis bereits selbst um ein Transformationsprodukt. Im Folgenden werden daher ekphrasis-theoretische Überlegungen dargestellt und hinsichtlich einer Analyse von Bildreferenzen perspektiviert. Im Zentrum steht hierbei die Frage, inwieweit sich Figuren des literarischen Texts selbst als Autor:innen einer Bildbeschreibung konzeptualisieren lassen. Hierfür wird der Begriff der poetischen Ekphrasis von Stefan Greif auf Bildreferenzen übertragen.

Betrachtet man Rekurse auf Kunst in literarischen Texten, so sind es doch primär narrative Aspekte, die den semantischen Gehalt ausmachen. Gleichwohl sind künstlerische Arbeiten mehr als bloße (narrative) Visualität. Sie sind materiell gefertigt und im Rahmen genre- und stilspezifischer Muster komponiert. Im zweiten Teil dieses Abschnitts wird daher die Frage nach der narrativen Transformation von Bildkunst erweitert um die Frage nach einer Narrativierung ›nicht-narrativer Elemente‹, sprich: Materialität, Stil, Epochenmerkmale. Hierfür wird zurückgegriffen auf Überlegungen von Andreas Böhn zum intermedialen Formzitat sowie auf den Begriff der Intermaterialität von Christoph Kleinschmidt. Zuletzt wird die Bildreferenz zur Präzisierung in einem kurzen Exkurs gegenüber literarisierten Ikonografien abgegrenzt.

Transfer und Transformation

Wenn Karl Philipp Moritz Ende des 18. Jahrhunderts Johann Joachim Winckelmanns Beschreibung der hellenistischen Skulptur *Apollo im Belvedere* (130–140 v. Chr.; ital.: *Apollo Belvedere*) als »viel zu zusammengesetzt und gekünstelt«[123] beschreibt, problematisiert er die authentische Wahrnehmung von Bildern als sprachliche Abbilder. Seit der *Laokoon*-Debatte ist das Verhältnis der darstellerischen und narrativen Qualitäten von Bild und Text bekannter Topos und vielbeforschter Gegenstand des medienästhetischen Diskurses. Gleichwohl gewinnt die Frage nach den Möglichkeiten und Potenzialen einer medialen Transformation mit dem Vorstoß der Visual Culture Studies in den 1990er Jahren an neuer Bedeutung. Aktuell wird die Ekphrasis in Bezug auf Fragen der Multimodalität besonders in der anglophonen Forschung thematisiert, wobei hier nun das Nebeneinander von Bild und Text in digitalen Medien im Fokus steht.[124]

Obgleich die Ekphrasis seit der *Laokoon*-Debatte in der deutschsprachigen Literatur vermehrt beachtet wird, etabliert sich die Bildbeschreibung als literarische Form bereits in der Antike. Seit der klassischen Frühzeit wird mit dem Begriff der Ekphrasis (›descriptio‹) die bildhafte Beschreibung von Dingen und Sachverhalten bezeichnet. Die »[r]hetorische[n] Ursprünge der Ekphrasis«[125] liegen sowohl in der Gerichtsrede als auch der antiken Literatur, wohl am bekanntesten vertreten durch Homers berühmte Beschreibung des Schildes des Achilles in der *Ilias* (8.–7. Jh. v. Chr.). Dabei folgt die antike Ekphrasis stets den Prinzipien der Anschaulichkeit (›repraesentatio‹) und der Vergegenwärtigung (›evidentia‹).[126] Dem antiken Rhetoriker Marcus Fabius Quintilianus zufolge ermöglicht die Ekphrasis, Vorgänge in Worten derart auszugestalten, »daß man eher glaubt, sie zu sehen als zu hören«.[127]

Im Laufe der folgenden Jahrhunderte entwickelt sich die poetische Ekphrasis zu einer etablierten literarischen Form. Dabei changieren die Bildbetrachtungen zwischen einem Dechiffrieren der allegorischen Zei-

123 Moritz: Reisen eines Deutschen in Italien in den Jahren 1786 bis 1788. S. 415.

124 Vgl. hierzu exemplarisch Mats Jansson: Ekphrasis and Digital Media. In: Poetics Today 39 (2018) H. 2. S. 299–318; Tamar Yacobi: Ekphrastic Double Exposure and the Museum Book of Poetry. In: Poetics Today 34 (2013). S. 1–52.

125 Greif: Die Malerei kann ein sehr beredtes Schweigen haben. S. 81.

126 Vgl. Greif: Die Malerei kann ein sehr beredtes Schweigen haben. S. 81.

127 Marcus Fabius Quintilianus: Ausbildung des Redners. Zwölf Bücher [ca. 95 n. Chr.; lat.: INSTITUTIONIS ORATORIAE. LIBRI XII]. Hrsg. u. übers. von Helmut Rahn. Bd. 2: Buch XII–XII. Darmstadt: Wiss. Buchges. 1995. IX 2, 40.

chen und freieren Wirkungsbeschreibungen.[128] Mit der aufkommenden Christianisierung und dem Übergang ins Mittelalter scheint das Interesse der Literaten an Ekphrasen jedoch zu schwinden. Als Gründe hierfür werden indes »weniger die Kunstfeindlichkeit der Kirche als die aus glaubenspädagogischen Gründen um Wiedererkennbarkeit bemühte klerikale Bildästhetik«[129] ausgemacht.

Erst die Literatur der Renaissance belebt die Ekphrasis erneut – jedoch unter anderem Vorzeichen. Während von spätantiken Kritiker:innen der Ekphrasis noch die Haltung vertreten wurde, »ein Gemälde [sei] als ›ruhende‹ Handlung zu betrachten […], die nicht in eine bewegte Erzählung überführt werden darf«,[130] ändert sich in der Renaissance die Perspektive hin zur Beschreibung einer Bildhandlung. Prägend sind hier insbesondere die Ideen des italienischen Humanisten Leon Battista Alberti, der schreibt, »dass die Bewegung aller Figuren durch das bestimmt werde, worum es sich auf dem Bilde handelt«.[131]

Im 18. Jahrhundert verschiebt sich der Fokus der ekphrastischen Praxis abermals, und die Betrachtung inhaltlicher Bildaspekte weicht einer stark wirkungsästhetischen Ausprägung. Dieses individuelle *Bildgewirke* entfaltet sich wiederum vor allem entlang der Farbigkeit und Lichtführung eines Gemäldes.[132]

Die *Laokoon*-Debatte im 18. Jahrhundert und das Aufkommen der Visual Culture Studies im 20. Jahrhundert markieren die beiden bedeutsamsten wissenschaftlichen Auseinandersetzungen mit medienästhetischen Fragestellungen zur Ekphrasis. Gut 200 Jahre nach Lessings *Laokoon* definiert James Heffernan den Begriff der Ekphrasis in seiner vielzitierten Studie *Museum of Words* (1993) als »verbal representation of visual representations.«[133] An anderer Stelle führt er aus: »[Ekphrasis is] the art of describing works of art. But unlike the art of describing that she has described, ekphrasis

128 Vgl. Greif: Die Malerei kann ein sehr beredtes Schweigen haben. S. 135f.
129 Greif: Die Malerei kann ein sehr beredtes Schweigen haben. S. 154.
130 Greif: Die Malerei kann ein sehr beredtes Schweigen haben. S. 136.
131 Leon Battista Alberti: Drei Bücher über die Malerei [1436.; ita.: Della pittura di Leon Battista Alberti libri tre]. In: Ders.: Kleinere kunsttheoretische Schriften. Hrsg. u. übers. von Hubert Janitschek. Wien 1877 (= Quellenschriften für Kunstgeschichte und Kunsttechnik des Mittelalters und der Renaissance XI), S. 45–163. S. 122.
132 Vgl. Greif: Die Malerei kann ein sehr beredtes Schweigen haben. S. 192f.
133 James A. W. Heffernan: Museum of Words. The Poetics of Ekphrasis from Homer to Ashbury. Chicago: Chicago UP 1993. S. 3.

is purely verbal: the translation of visual art into words.«[134] Das Postulat jener doppelten Repräsentation folgt dabei einem dezidiert semiotischen Bild- und Textverständnis. So schreibt etwa Renate Brosch zu Heffernans Überlegungen: »Moreover, the narrow concept of ekphrasis foregrounds its intermedial quality by insisting on the binary opposition between two sign systems.«[135] Der Text wird somit zu Darstellung von etwas bereits Dargestelltem. Oder wie es bei Heffernan heißt, »the works of art typical represented by ekphrasis are themselves representational.«[136]

Auch in der jüngeren Forschung ist der Begriff der Ekphrasis semantisch doppelt belegt. Dabei changiert er ähnlich der antiken Begriffstradition zwar nicht zwischen Gerichtsrede und poetischer Bildbeschreibung, dafür aber zwischen einer poetischen Beschreibung von künstlerischen Arbeiten und der kunstgeschichtlichen Praxis der Bildkritik, zwischen Beschreibungskunst und Katalogtext. Der Anspruch auf ›repraesentatio‹ und ›evidentia‹ ist hier vor allem bei primär kunsthistorischen Texterzeugnissen wiederzufinden, auf die sich nunmehr auch Heffernans populäre Überlegungen beziehen.

Der Literaturwissenschaftler Stefan Greif grenzt die poetische Bildbeschreibung ebenfalls gegenüber der klassischen Bildbeschreibung der Kunstwissenschaft ab. Unter Rückgriff auf epistemologische Theoreme von Friedrich Schleiermacher und Ludwig Wittgenstein formuliert er Ende der 1990er Jahre eine wirkungsästhetische Perspektive auf Bildbeschreibungen. In seiner problemgeschichtlich orientierten Studie geht er der These nach, dass die Ekphrasis »weder als Text zum Bild noch allein als subjektive Interpretation einzelner Gemälde charakterisiert werden kann.«[137] Vielmehr erscheine »die poetische Bildbeschreibung [...] als spannungsvoll angelegte Form der Bildaneignung«,[138] die eben nicht in kunstwissenschaftlicher Genauigkeit aufginge, sondern im Gegenteil: ihr »Objektivitätspostulat«[139] verneine. Während die kunsthistorische Bildkritik darauf bedacht sei, eine Wertung oder Interpretation zu vermeiden, besagten die »poetischen

134 James A. W. Heffernan: Entering the Museum of Words: Browning's ›My Last Duchess‹ and Twentieth-Century Ekphrasis. In: Icons – Texts – Iconotexts. Essays on Ekphrasis and Intermediality. Hrsg. von Peter Wagner. Berlin: De Gruyter 1996 (= European Cultures. Studies in Literature and the Arts 6). S. 262–280. S. 262.

135 Renate Brosch: Ekphrasis in the Digital Age: Responses to Image. In: Poetics Today 39 (2018) H. 2. S. 225–243. S. 226.

136 Heffernan: Entering the Museum of Words. S. 262.

137 Greif: Die Malerei kann ein sehr beredtes Schweigen haben. S. 9.

138 Greif: Die Malerei kann ein sehr beredtes Schweigen haben. S. 11f.

139 Greif: Die Malerei kann ein sehr beredtes Schweigen haben. S. 24.

Bildbeschreibungen […] in erster Linie etwas über ihren Verfasser und nur bedingt etwas über das jeweilige Kunstwerk.«[140] Sie beschreiben Greif zufolge eher ein »Oszillieren zwischen Schilderung und ansatzweiser Interpretation«.[141] Gleichwohl räumt er ein, dass die Übergänge zwischen poetischen Ekphrasen und kunsthistorischen sowie feuilletonistischen Bildkritiken fließend sind bzw. sein können.

Greif konzentriert sich bei seiner Untersuchung ausschließlich auf Bildbeschreibungen von Dichtern und *nicht* auf literarische Bildbeschreibungen, also der Beschreibungen von Kunst in fiktionalen Texten durch Figuren oder die Erzählstimme. Sein Begriff des ›Verfassers‹ meint explizit den Autor des ekphrastischen Texts, sprich: Goethe, Diderot oder Rilke. Im Hinblick auf Bildbeschreibungen in literarischen Texten kann der Begriff des ›Verfassers‹ jedoch auch doppelt gelesen werden. Denn dort fungieren unter anderem die Figuren als Verfasser:innen ihrer eigenen Bildbetrachtungen, die somit zum Gegenstand jener psychologisierenden Leseweise werden.[142] Wenn beispielsweise in Sacher-Masochs Erzählung *Venus im Pelz* der Protagonist bei der Betrachtung einer Venusdarstellung die »kalte Koketterie, […] die Strenge, Härte«[143] der abgebildeten Frau bejubelt, sagt dies wenig über die tatsächliche Darstellung aus. Umso mehr offenbart die Bildbeschreibung seine Erotisierung des Kunstobjekts und gibt Aufschluss über seine sexuelle Disposition. Überträgt man hier Greifs Begriff der poetischen Ekphrasis, fungieren von Figuren besprochene und interpretierte Gemälde und Skulpturen weniger als Repräsentanten eines extrafiktionalen Originals. Vielmehr entwerfen die Beschreibenden eine eigene Version der besprochenen künstlerischen Arbeit. Es handelt sich somit auch hier nicht um eine

140 Greif: Die Malerei kann ein sehr beredtes Schweigen haben. S. 27.

141 Greif: Die Malerei kann ein sehr beredtes Schweigen haben. S. 27.

142 Greif formuliert ebenfalls ein Szenario, in dem eine Bildbeschreibung in einen fiktionalen Text integriert wird. Dabei sei diese Art der Bildbeschreibung von einer poetischen Ekphrasis abzugrenzen. Er schreibt: »Solche Transformationen verlangen jedoch eigene Untersuchungskriterien, die sich nicht ohne weiteres auf die problemgeschichtliche Beschäftigung mit der Theorie und Praxis poetischen Bildbeschreibens übertragen lassen. Zur Begründung für diese Annahme sei darauf hingewiesen, daß eine literarische Bildbeschreibung zwar ein Kunstobjekt zum Gegenstand hat, aber dennoch als Textkorpus unlösbar mit dem poetischen Werk verbunden bleibt.« (Greif: Die Malerei kann ein sehr beredtes Schweigen haben. S. 24f.) Damit antizipiert Greif eine Problemkonstellation, der sich auch die vorliegende Arbeit widmet, nämlich die doppelte Gerichtetheit einer Bildreferenz als einerseits intrafiktionaler Gegenstand der Figurenrede und extrafiktionales Referenzobjekt andererseits.

143 Leopold von Sacher-Masoch: Venus im Pelz [1870]. In: Ders.: Venus im Pelz und andere Erzählungen. Hrsg. von Bettina Hesse. Köln: Könemann 1996. S. 7–147. S. 21.

Bildbeschreibung, sondern um eine interpretatorische Bildaneignung.[144] Diese individuellen und mitunter wirkungsorientierten Bildbeschreibungen sind wiederum – mit Goodman gesprochen – eine von vielen möglichen Welt- bzw. Bildversionen und damit Teil der Vielheit von Weltversionen, die einer bildkünstlerischen Arbeit innewohnen.[145]

Die Literaturwissenschaftlerin Tamar Yacobi betrachtet wiederum schon Mitte der 1990er Jahre die Beschreibung von künstlerischen Arbeiten in literarischen Texten. Sie definiert Ekphrasis als ›interart transfer‹ und ›Re-Präsentation‹, als Repräsentation zweiter Ordnung. Maßgeblich orientiert sie sich hierbei an der Zitat-Theorie von Meir Steinberg. Obgleich der terminologischen Nähe zum Begriff der (Re-)Präsentation, wie ihn diese Arbeit vornimmt, meint Yacobi jedoch *nicht* die Koexistenz von Präsentation und Repräsentation, von Selbstdarstellung und Verweisungscharakter. Yacobis Begriff der Re-Präsentation erinnert vielmehr an die Heffernan'sche Doktrin der erneuten Darstellung von etwas bereits Dargestelltem, der doppelten Repräsentation. Oder wie es bei ihr heißt: »The one work's representation of the world then becomes the other's re-presentation, a mimesis in the second degree.«[146]

Yacobi fokussiert in ihrer Studie die narrative Qualität von Bildbeschreibungen in literarischen Texten. Sie verwendet hierfür den Begriff der ›narrativen Ekphrasis‹ und spricht von einer Narrativierung der bildkünstlerischen Darstellung durch die Brille einer interpretierenden Figur. Sie schreibt: »Thus, when a visual cliché is transmitted through the subjectivity of an inside observer, it enters into narrative patterns such as plot and characterization, as well as point of view.«[147] Dabei versteht sie Narrativierung primär als Gegenbegriff zur klassisch-deskriptiven Bildbeschreibung. Die Ekphrasis präsentiere eine zeitliche Abfolge von Handlung, eine Narration.

144 Unter Rückgriff auf Schleiermachers Ausführungen zur modernen Bildästhetik schreibt Greif: »Zwar dokumentieren die Beschreibungen den Prozeß subjektiver Wahrnehmung. […] In einer Beschreibung die subjektive Wahrnehmung sowie den privaten Bildbegriff transparent zu machen, schließt aber keineswegs ein, obendrein noch zu erklären, warum jenes ›Individuelle‹ im Gemälde wie auch in den persönlichen Reaktionen des Beschreibenden eben nicht ›unmittelbar‹ oder impulsiv geschildert wird« (Greif: Die Malerei kann ein sehr beredtes Schweigen haben. S. 37). Im Fall von Sacher-Masochs Protagonisten obliegt die Frage nach dem ›Warum‹ indes ebenfalls dem Interpretationsvermögen der Leser:innen.

145 Vgl. hierzu das Kapitel »Bilder, Symbole und Possible Worlds«.

146 Tamar Yacobi: Pictorial Models and Narrative Ekphrasis. In: Poetics Today 16 (1995) H. 4. S. 599–649. S. 600.

147 Yacobi: Pictorial Models and Narrative Ekphrasis. S. 599.

Mit Werner Wolfs Narrativierungsbegriff hat sie also nichts gemein.[148] Eine Psychologisierung der beschreibenden Figur – wie sie Greifs Ekphrasis-Begriff nahelegt – existiert hier ebenfalls nicht. Indes stellt auch Greif fest, dass Autor:innen stets auf epische Grundformen zurückgreifen, um Bilder zu beschreiben.[149]

Blickt man von hier aus auf Bildreferenzen, eröffnen Yacobis Begriff der narrativen Ekphrasis sowie Greifs Begriff der poetischen Ekphrasis einen durchaus produktiven Zugriff, indem sie weniger die beschriebene künstlerische Darstellung ins Zentrum rücken, als vielmehr die Art und Weise, wie und von wem die Kunst beschrieben wird und was jene Beschreibung über das interpretierende Subjekt aussagt. Dabei kann eine figurenspezifische Bildbeschreibung auch als charakterisierendes Moment fungieren, indem sie Einblicke in die psychische Disposition einer interpretierenden Figur ermöglicht.

Material, System und Diskurs

Während in den vorigen Kapiteln der Blick auf die Transformation von Visualität in Verbalität gerichtet war, sollen nun alle ›weiteren‹ Aspekte einer medialen Transformation betrachtet werden. Künstlerische Arbeiten sind ja nicht bloß Visualität, sondern auch Material, Kunstsystem und Diskurs. Im Kontext einer intermedialen Bezugnahme werden diese Aspekte stets ›mitzitiert‹. Ästhetisch relevant werden sie, sofern sie hierbei über eine sinnkonstitutive Funktion verfügen.

Im Folgenden werden nun all die Aspekte einer künstlerischen Arbeit betrachtet, die nicht Teil der bildlichen Darstellung sind. Denn auch im literarischen Text erscheinen Bildreferenzen nicht *nur* als Narrative. Ein Bild ist in diesem Sinne nicht pure Visualität, bzw. deren literarisierte Transformation. Bildreferenzen vergegenwärtigen auch stets die physische Beschaffenheit des Kunstmediums. Ein Bild ist materiell. Es ist aus Öl, Pigment, Stoff und Stein. Es ist haptisch und räumlich erfahrbar. Gleichzeitig situiert es sich im Rahmen gerne- und stilspezifischer Muster mit eigner Produktions- und Rezeptionsgeschichte.

148 Vgl. hierzu das Kapitel »Narrativierung von Bildern«.
149 Vgl. Greif: Die Malerei kann ein sehr beredtes Schweigen haben. S. 27.

Der Literatur- und Medienwissenschaftler Andreas Böhn fasst Rekurse auf die formalen Besonderheiten eines Kunstmediums zusammen unter dem Begriff des Formzitats. Böhn zufolge fungieren Rekurse auf Kunst in literarischen Texten als »Strategien ästhetischer Selbstreflexivität«,[150] da sie implizit die poetologische Konstruktion des Texts thematisierten und so zu einer Offenlegung der Poiesis führten, dem ästhetischen Verfahren der Textkonstruktion und Sinnkonstitution. Dabei stellt Böhn fest, dass verschiedene Kunstmedien, die im Rahmen einer intermedialen Montage zusammenkommen, dazu tendieren, auch »die formalen Qualitäten des Werks und sein ursprüngliches Medium«[151] zu vergegenwärtigen. Dabei können das Material, seine Eigenschaften und Konnotationen mitunter sinnkonstitutive Funktion erlangen. Der Literaturwissenschaftler Christoph Kleinschmidt benennt jene Form der materialbezogenen Verweisstruktur wiederum als ›Intermaterialität‹. Er definiert:

> *Von Intermaterialität ist dann zu sprechen, wenn auf die Materialität einer anderen Kunst oder eines anderen Kunstgebildes Bezug genommen wird. […] Intermaterialität beschreibt die direkte oder indirekte Relation zweier oder mehrerer Artefakte, Zeichengebilde, Künste, Medien oder Dingmaterialien, wenn sie auf materieller Ebene interagieren.*[152]

Zitierte künstlerische Arbeiten umfassen somit Bild *und* Bildgrund, das Abgebildete *und* das Abbildende, Inhalt *und* Medium. Die materielle Beschaffenheit, ihre Eigenschaften und Konnotationen werden so gleichermaßen Teil des Bedeutungskosmos. Kleinschmidt führt weiter aus,

> Wenn Künste in Verbindung treten, dann verweisen sie auf die Form und die Verfahren ihres Gemachtseins. Machen sie dies explizit, indem ein Material bedeutungskonstitutiv auf das Material eines anderen hin verwendet wird, dann handelt es sich im eigentlichen Sinn um Intermaterialität.[153]

Das Resultat eines solchen Materialrekurses ist Kleinschmidt zufolge »eine *ästhetische Dichte* und Intensivierung der Wahrnehmung von Kunst, weil sie sich mit ihrer Materialität in exponierter Weise ausstellt.«[154] Wie ein

150 Andreas Böhn: Einleitung: Formzitat und Intermedialität. In: Formzitat und Intermedialität. Hrsg. von Andreas Böhn. St. Ingbert: Röhring 2003 (= Mannheimer Studien zur Literatur- und Kulturwissenschaft 30). S. 7–12. S. 8.

151 Böhn: Einleitung zu Formzitat und Intermedialität. S. 10.

152 Christoph Kleinschmidt: Intermaterialität. Zum Verhältnis von Schrift, Bild, Film und Bühne im Expressionismus. Bielefeld: Transcript 2012. S. 43.

153 Christoph Kleinschmidt: Intermaterialität. S. 44.

154 Christoph Kleinschmidt: Intermaterialität. S. 44.

derartiger Materialrekurs aussehen kann, zeigt sich beispielsweise in Weiss' *Ästhetik des Widerstands*. Dort heißt es gleich im ersten Satz: »Rings um uns hoben sich die Leiber aus dem Stein, [...] zu Fragmenten zersprengt«. – Die Figuren stehen hier vor den Überresten des *Pergamonaltars* (2. Jh. v. Chr.) im Berliner Pergamonmuseum. Dabei übertragen sie die Darstellung des Kampfes der Titanen gegen die Giganten auf ihren Widerstand in Hitlerdeutschland, wobei die ›Fragmentierung‹ und ›Zersprengung‹ der Leiber vor allem eine Eigenschaft ihrer steinernen Materialität ist, die hier unter Verwendung von Kriegsvokabular (›sprengen‹) beschrieben wird. Die Materialität erfährt hier eine bedeutungskonstitutive Funktion im Kleinschmidt'schen Sinn. Gleichwohl zeigt sich, dass die Grenzen zwischen den materiellen und narrativen Aspekten einer Bildreferenz fließend sein können, da die ›versprengten Steinleiber‹ freilich mit dem kriegerischen Handlungsmoment der Darstellung korrelieren.

Bildreferenzen können auch systemische Aspekte einer künstlerischen Arbeit zitieren und adaptieren. Jede künstlerische Arbeit steht im Kontext ihres spezifischen kunstgeschichtlichen Diskurses. Epochen-, genre- und stilspezifische, also systemische Erscheinungsformen sind jeder Bildreferenz inhärent. Die systemischen Eigenschaften umfassen dabei nicht die konkrete Darstellung, sondern die Darstellungsweise. Sie beschreiben nicht das *Was*, sondern das *Wie*. Besonders mit der künstlerischen Avantgarde des frühen 20. Jahrhunderts gewinnen systemische Darstellungsweisen zunehmend an Bedeutung.

Die Trennung von Einzeldarstellung und Darstellungssystem lässt sich wiederum auch in der literaturwissenschaftlichen Forschung finden. So hält etwa Manfred Pfister fest, dass jeder Text ebenfalls die »Aktualisierung eines abstrakten Systems [ist], wie die Aktualisierung selbst wieder Systemcharakter hat.«[155] Ein Märchen wird also zum Märchen, indem es seine Genrekonventionen reproduziert, gleichzeigt schreibt es diese fort. Selbiges gilt indes auch für künstlerische Arbeiten, die stets Verkörperung *und* Aktualisierung ihres Kunstsystems sind, welches im literarischen Text zwangsläufig mitzitiert wird. Ein Rekurs auf eine Malerei von Karl Schmidt-Rottluff ist so verstanden nicht bloß ein Verweis auf eine bestimmte Darstellung, es ist implizit auch einen Verweis, auf das malerische System des Expressionismus.

155 Manfred Pfister: Konzepte der Intertextualität. In: Intertextualität. Formen, Funktionen, Anglistische Fallstudien. Hrsg. von Ulrich Broich u. Manfred Pfister. Tübingen: Niemeyer 1985 (= Konzepte der Sprach- und Literaturwissenschaft 35). S. 1–30. S. 19.

Die systemischen Elemente einer Bildreferenz können mitunter sinnkonstitutive Funktion erlangen. Wie eine Bezugnahme auf systemische bzw. stilspezifische Eigenschaften einer künstlerischen Arbeit aussehen kann, zeigt sich beispielsweise in Stamms Roman *Agnes.* Dort sagt der Protagonist bei der Betrachtung eines pointilistischen Gemäldes von Georges Seurat zu seiner Freundin: »Du mußt, wenn du unser Glück beschreiben willst, ganz viele kleine Punkte machen wie Seurat. Und daß es Glück war, wird man erst aus der Distanz sehen«.[156] Dabei rekurriert er auf das malerische Prinzip des Pointilismus und überträgt dieses auf die eigene Lebenswelt. Gleichwohl zeigt sich auch an diesem Beispiel, dass die Grenzen zwischen materiellen, systemischen und narrativen Aspekten einer Bildreferenz fließend sein können. So handelt es sich zwar beim Pointilismus um ein malerisches, epochenspezifisches und somit systemisches Prinzip. Gleichzeitig ist die Malweise an der materiellen Qualität der Farbe gewachsen. Darstellungsweise und Darstellungsmaterial korrelieren hier.

Die narrativen, die materiellen und die systemischen Aspekte einer künstlerischen Arbeit bilden den semantischen Kern einer Bildreferenz und lassen sich als werkimmanente Sinnelemente zusammenfassen. Dieses semantische Zentrum begleitet ein diffuses Feld von sekundären Bedeutungselementen, die aus produktions- und rezeptionsästhetischen Aspekten hervorgehen sowie Teil des zeitgeschichtlichen und soziokulturellen Diskurses sind. Die Elemente der sekundären Bedeutungsebene sind nicht statisch und entziehen sich der ästhetischen Konstruktion. Beispielsweise sind zahlreiche kanonisierte künstlerische Arbeiten eingebettet in eine bewegte Rezeptionsgeschichte, die mitunter an sich bereits Qualitäten eines Narrativs aufweist. So evoziert die Nennung von Leonardo Da Vincis *Mona Lisa* (1503–06; ital.: *La Gioconda*) ab 1911 nicht mehr nur das Bild einer jungen Florentinerin, ebenso ruft es den Raub des Gemäldes, seine damit einhergegangene Popularität sowie die Mystifizierung ihres unscheinbaren Lächelns ins Gedächtnis.[157] – Ähnlich verhält es sich bei Rekursen auf antike Bildwerke. Wenn etwa in Wilhelm Jensens Novelle *Gradiva. Ein pompejanisches Phantasiestück* (1903) eine Flitterwochentouristin zu ihrem

156 Peter Stamm: Agnes. Zürich: Arche 1998. S. 69.

157 Besonders in der bildenden Kunst etabliert sich ein regelrechter Kult um Da Vincis Gemälde. Künstler wie Marcel Duchamp, Andy Warhol, Kasimir Malewitsch und Timm Ulrichs avancieren das Bild der jungen Frau zum Gegenstand der Populärkultur. Vgl. hierzu Judith Elisabeth Weiss: Dem Gesicht den Hintern zeigen. Reines und verunreinigtes Bild am Beispiel der *Mona Lisa*. In: Interpiktorialität. Theorie und Geschichte der Bild-Bild-Bezüge. Hrsg. von Guido Isekenmeier. Bielefeld: Transcript 2013. S. 187–217.

Ehemann sagt: »Mein einziger August, du gefällst mir viel besser als der Apoll von Belvedere«,[158] dann ist nicht das antike Narrativ des Gottes der Heilung Gegenstand der Bezugnahme, sondern primär der von Winckelmann geprägte Diskurs der hellenistischen Marmorstatue als Inbegriff klassischer Schönheit.[159]

Eine Bildreferenz konstituiert sich als ein komplexes Konvolut von Referenzfeldern. Bei jedem Verweis werden gleichzeitig narrative, materielle, systemische, sowie rezeptions- und produktionsästhetische Aspekte assoziiert. Dabei rufen die Leser:innen jeweils individuell bekannte, für die Lektüre relevante und sinnkonstitutive Bezugsfelder auf und beziehen diese in den Kontext des literarischen Texts ein. Die Rezeption von Bildreferenzen ist damit abhängig von den Wahrnehmungskompetenzen der Rezipient:innen und ihrem Vermögen, die Referenz zu erkennen, ihr nötiges Vorwissen zu aktivieren und schließlich relevante Deutungsaspekte in die Lektüre einzubetten.

Exkurs: Literarisierte Ikonografien

Mit der strukturellen Analyse von Verweisen auf künstlerische Arbeiten in literarischen Texten ist es zwangsläufig erforderlich, auch einen Blick auf ikonografische Darstellungsweisen zu werfen und diese gegenüber Bildreferenzen abzugrenzen. Daher soll an dieser Stelle noch einmal das Prinzip der Ikonografie und vor allem das Prinzip ihrer literarischen Repräsentation verdeutlicht werden. Im Rahmen einer intermedialen Montage treten Bildreferenzen des Öfteren in Verbindung mit Rekursen auf ikonografische Figuren auf. Dabei unterscheiden sich ikonografische Darstellungen insofern von Bildreferenzen, als sie *nicht* auf eine konkrete künstlerische Arbeit verweisen. Ikonografien sind immateriell und bezeichnen vielmehr einen historisch konventionalisierten Bildzeichencode und sein Bedeutungsspektrum. Wenn Ikonografien wiederum bildlich realisiert werden, handelt es sie

158 Wilhelm Jensen: Gradiva. Ein pompejanisches Phantasiestück (1903). In: Sigmund Freud. Der Wahn und die Träume in W. Jensens ›Gradiva‹. Mit dem Text der Erzählung von Wilhelm Jensen und Sigmund Freuds Randbemerkungen. Hrsg. u. eingel. von Bernd Urban. 4. Aufl. Frankfurt: Fischer. 2009 S. 128–216. S. 146.

159 Zum antik-mythologischen Narrativ des Apollon vgl. Kai Brodersen u. Bernhard Zimmermann (Hrsg.): Apollon. In: Kleines Lexikon mythologischer Figuren der Antike. Stuttgart: Metzler 2015. S. 24f.

stets um ein semiotisches Sinnsystem: Die Bildelemente sind Bildzeichen, die auf Sinn verweisen.

Ikonografien sind das Resultat einer langen Adaptionsgeschichte. Ursprünglich beziehen sich die Darstellungen zumeist auf einen antik-literarischen oder biblischen Ausgangstext. Losgelöst von ihrem literarischen Ursprung werden die Bildsequenzen erweitert, verfremdet oder kombiniert. Im Laufe ihrer Produktionsgeschichte entwickeln sie ein selbstreferenzielles Formenrepertoire. Die Darstellungen verfügen nunmehr über kein eindeutig illustratives Abbildverhältnis mehr. Ihre Bedeutung generiert sich aus verschiedenen Text- und Bildbezügen. Einem Darstellungsmuster steht ein Bedeutungsmuster gegenüber. Ihr Bezugsverhältnis ist zu großen Teilen arbiträr.

In der Mitte des 20. Jahrhunderts prägt der Kunst- und Kulturwissenschaftler Aby Warburg gemeinsam mit dem Kunsthistoriker Erwin Panofsky den Begriff der Ikonologie, welcher die Bestimmung und Deutung von Bildzeichen in der Malerei und Bildhauerei beschreibt. Bildlich konventionalisierte und sprachlich fixierbare Bildmotive verweisen demnach stets auf gleiche Bedeutungsmuster, die sich zu einer ikonografischen Figur zusammenfassen lassen. Warburg verwendet erstmalig 1893 ein ikonologogisches Interpretationsverfahren. In seiner Dissertationsschrift zu zwei Malereien von Sandro Botticelli setzt er die Bildfiguren der Renaissance-Gemälde in Beziehung zu ihren verschiedenen literarischen und bildnerischen Vorbildern und analysiert so das Bild der Antike in der italienischen Frührenaissance.[160] In einem Beitrag von 1912 spricht er dann erstmals von einer ›ikonologischen Analyse‹, welche versuche, »die großen allgemeinen Entwicklungsvorgänge in ihrem Zusammenhange [zu] beleuchte[n].«[161]

160 Vgl. Aby Warburg: Sandro Botticellis »Geburt der Venus« und »Frühling«. Eine Untersuchung über die Vorstellungen von der Antike in der italienischen Frührenaissance [1893]. In: Ders.: Die Gesammelte Schriften. Studienausgabe. Horst Bredekamp u. a. Erste Abteilung, Bd. 1.1: Sämtliche zu Lebzeiten veröffentlichte Schriften. »Die Erneuerung der heidnischen Antike.« Kulturwissenschaftliche Beiträge zur Geschichte der europäischen Renaissance. Reprint der von Gertrud Bing unter Mitarbeit von Fritz Rougemont editierten Ausgabe von 1932. Neu hrsg. von Horst Bredekamp u. Michael Diers. Berlin: Akademie Verl. 1998. S. 1–68.

161 Aby Warburg: Italienische Kunst und internationale Astrologie im Palazzo Schifanoja zu Ferrara [1912]. In: Ders.: Die Gesammelte Schriften. Studienausgabe. Horst Bredekamp u. a. Erste Abteilung, Bd. 1.2: Sämtliche zu Lebzeiten veröffentlichte Schriften. »Die Erneuerung der heidnischen Antike.« Kulturwissenschaftliche Beiträge zur Geschichte der europäischen Renaissance. Reprint der von Gertrud Bing unter Mitarbeit von Fritz Rougemont editierten Ausgabe von 1932. Neu hrsg. von Horst Bredekamp u. Michael Diers. Berlin: Akademie Verl. 1998. S. 459–481. S. 479.

Panofsky greift Warburgs Ansatz wiederum in seinen *Studies in Iconology* (1939) auf und schreibt: »ICONOGRAPHY is that branch of the history of art which concerns itself with the subject matter or meaning of works of art, as opposed to their form.«[162] Er unterscheidet hier zwischen der Bedeutung einer künstlerischen Darstellung einerseits und der konkreten darstellerischen Form auf der anderen Seite. 1955 entwirft er schließlich sein interpretatorisches Dreistufenmodell, welches die Analyse von ikonografischen Darstellungen methodisch strukturiert: Auf eine Darstellungsbeschreibung folgt eine Kontextualisierung allegorischer und anekdotischer Elemente, um zuletzt den symbolischen Wert der Darstellung zu ermitteln. Bildliche Darstellungen werden so an ihre teils vielseitigen literarischen Ursprünge rückgebunden, um sie anschließend interpretieren zu können.[163]

Während in der bildenden Kunst ikonografischen Bildelementen ein konkretes Bedeutungsmuster gegenübersteht, stehen in literarischen Texten Darstellungs- und Bedeutungselemente nebeneinander. Ein biblischer oder antik-literarischer Prätext fließt mit ikonografischen Bildzeichen zusammen. Requisiten und Körperhaltung stehen neben Namen, Charaktereigenschaften und Figurenhandeln. In Goethes *Wahlverwandtschaften* wird beispielsweise die Figur Ottilie häufig bei Spaziergängen im Garten beschrieben. Bettina Brandl-Risi erkennt hierin einen Rekurs auf das christlich-ikonografische Motiv des *hortus conclusus*.[164] Das Bildthema zeigt Maria mit Kind in einem umzäunten und buntbewachsenen Garten. Es geht zurück auf das Hohelied des Alten Testaments, in dem Maria als »eine Rose unter den Dornen«[165] besungen wird. Mauer und Pflanzen werden dabei assoziiert mit Jungfräulichkeit, Geborgenheit, Demut, Barmherzigkeit und Wachstum – Attribute, die auch auf Ottilie zutreffen. Entsprechend heißt es im Text:

162 Erwin Panofsky: Studies in Iconology. Humanistic Themes in The Art of the Renaissance [1939]. New York, NY: Routledge 2018. S. 18.

163 Vgl. Erwin Panofsky: Ikonographie und Ikonologie [1955]. In: Ders.: Ikonographie und Ikonologie. Bild-interpretation nach dem Dreistufenmodell. Köln: DuMont 2006. S. 33–60. S. 57.

164 Vgl. Bettina Brandl-Risi: Wahlverwandtschaften. Zur Theatralisierung von Bildern und Texten im »tableau vivant«. In: Formzitat und Intermedialität. Hrsg. von Andreas Böhn. St. Ingbert: Röhring 2003 (= Mannheimer Studien zur Literatur- und Kulturwissenschaft 30). S .183–208. S. 197.

165 Hohelied: 2, 2. Zitiert nach: Evangelische Kirche in Deutschland (Hrsg.): Die Bibel. Nach Martin Luthers Übersetzung. Revidiert 2017. Mit Apokryphen. Stuttgart: Deutsche Bibelgesellschaft 2016.

> [U]nd so trug sie es [das Kind] am liebsten selbst heraus, das schlafende unbewußte zwischen Blumen und Blüten her, die dereinst seiner Kindheit so freundlich entgegen lachen *sollten*, zwischen jungen Sträuchern und Pflanzen, die mit ihm in die Höhe zu wachsen durch ihre Jungend bestimmt *schienen*. [Herv. M.M.][166]

Ein Blick ins *Handbuch der Ikonografie* (2005) zeigt ergänzend: »Ein todesähnlicher Schlaf des Kindes verweist […] auf sein späteres Schicksal«.[167] Auch die Textstelle antizipiert den nahenden Tod des schlafenden Jungen durch die Verwendung der relativierenden Verben ›sollen‹ und ›scheinen‹. Hinzu kommt, dass die Gottesmutter in der mittelalterlichen Kunst zumeist mit marientypischen Pflanzen wie Rosen, Erdbeeren, Veilchen und Maiglöckchen dargestellt wird, die das Bildmotiv wie einen Vorhang umranken.[168] Jene Blumenumrandung greift wiederum Ottilie auf, wenn sie anschließend in medienreflexiver Manier bildliche und paratextuelle Rahmung gleichsetzt und in ihrem Tagebuch resümiert: »Veilchen und Maiblumen sind wie Überschriften oder Vignetten«.[169] – Garten, Pflanzen, Frau und Kind fließen zusammen mit Charakterspezifika. Erst das Zusammenspiel von Darstellungselementen und Figurenhandeln evoziert den Rekurs auf die ikonografische Figur.

Obgleich das Wechselspiel von Bild und Text seit jeher Bestandteil literarischer und bildnerischer Praxis ist, begründet doch erst die Romantik eine Tradition der selbstreflexiven Intermedialität und etabliert den Rekurs auf ikonografische Figuren als ästhetisches Mittel der poetologischen Konstruktion.[170] So führen beispielsweise die verschriftlichten Bildcodes in der Wiener Moderne zu einer Potenzierung der literarischen Kunst. Dirk Niefanger hält hierzu fest: »[Fast] jeder Dichter des Jungen Wiens variiert Renaissance-Motive, benutzt die Ikonographie dieser Epoche […] oder staffiert seine Werke mit Bildern und Bildelementen der Renaissance

166 Goethe: Die Wahlverwandtschaften. S. 461.

167 Sabine Poeschel: Handbuch der Ikonographie. Sakrale und profane Themen der bildenden Kunst. Darmstadt: Wiss. Buchgesellschaft 2005. S. 118.

168 Vgl. Poeschel: Handbuch der Ikonographie. S. 118f.

169 Goethe: Die Wahlverwandtschaften. S. 462.

170 Die Wechselbeziehung von Bild und Text beginnt freilich nicht erst mit Schlegels Konzept der progressiven Universalpoesie, vielmehr kann sie als »Parallelgeschichte zur Theoriebildung der Einzelkunstästhetiken« (Kleinschmidt: Intermaterialität. S. 23) verstanden werden. Dennoch begründet die romantische Literatur eine sinnkonstitutive, mitunter selbstreflexive Intermedialität, bei der Rekurse auf bildkünstlerische Medien unter anderem den Zweck verfolgen, Potenziale der ästhetischen Disziplinen zu untersuchen und deren Grenzen zu überwinden.

aus«.[171] – Die Dekadenzdichtung verschränkt wiederum einen ikonografischen Bilderrekurs mit dem literarischen Hedonismus eines Oscar Wilde oder dem sprachlichen Ästhetizismus eines Thomas Mann.[172]

Die von Panofsky und Warburg begründete Ikonologie führt in der Kunst- und Literaturwissenschaft zu einem neuen Verständnis der Bild-Text-Beziehung antiker, mittelalterlicher und altmeisterlicher Bildwerke. Dabei stehen nicht nur bildkünstlerische Darstellungen im Zentrum der kunst- und literaturgeschichtlichen Spurensuche. Mitte der 1970er Jahre rücken zunehmend literarisierte Ikonografien in den Fokus der fachwissenschaftlichen Analyse und so verfasst Ludwig Uhlig 1975 seine wegweisende Studie zur Ikonografie des *Todesgenius in der deutschen Literatur* und analysiert erstmals die Hermesmotivik in Texten von Thomas Mann, Herder, Lessing, Winckelmann und Goethe.

Literarisierte Ikonografien stehen in einer literarischen Tradition. Dabei ist der Prozess der medialen Transformation ebenso von Bedeutung wie das zitierte Bildmotiv selbst. Der Rekurs auf eine ikonografische Figur impliziert zwangsläufig ihren literarischen Ursprung und vergegenwärtigt somit das Prinzip der Intermedialität als Mittel der poetologischen Konstruktion. Im Gegensatz zu Bildreferenzen ist das Bezugsfeld ikonografischer Figuren jedoch immateriell. Sie beziehen sich *nicht* auf eine konkrete künstlerische Arbeit, sondern einen historisch konventionalisierten Bildzeichencode und sein Bedeutungsspektrum. Im Rezeptionsprozess führen sie somit *kein* bildkünstlerisches Objekt vor Augen, sie transportieren auch *keine* systemischen

171 Dirk Niefanger: Produktiver Historismus. Raum und Landschaft in der Wiener Moderne. Tübingen: Niemeyer 1993 (= Studien zur deutschen Literatur 128). S. 139.

172 Oscar Wilde rekurriert in seiner Erzählung *Das Bildnis des Dorian Gray* (1890; eng.: *The Picture of Dorian Gray*) weniger auf konkrete ikonografische Darstellungsmuster, dafür umso mehr auf deren Wirkung als ästhetisches Phänomen, deren Aura. Timothy O'Leary hält hierzu fest: »Oscar Wilde […] represents a movement which embraces both the Baudelairean dandy and the pre-Raphaelite aesthete – a movement which represents not only the rejection of traditional moral codes, but also the reduction of religious symbolism and iconography to mere aesthetic phenomena.« (Timothy O'Leary: Foucault. The Art of Ethics. London: Continuum 2002. S. 41). – In Thomas Manns *Der Tod in Venedig* (1913) werden wiederum die Beschreibungen des jugendlichen Knabe Tadzio mit zahlreichen antik-mythologischen Ikonografien amalgamiert. Zur Hermes- und Eros-Ikonografie in Manns Erzählung vgl.: Dieter Boschung: Der Tod und der Jüngling. Tadzios antike Präfiguration. In: Auf schwankendem Grund. Dekadenz und Tod im Venedig der Moderne. Hrsg. von Sabine Meine, Günter Blamberger, Björn Moll u. Klaus Bergdolt. Paderborn: Wilhelm Fink 2014 (= Morphomata 15). S. 131–143. S. 138; Ludwig Uhlig: Der Todesgenius in der deutschen Literatur. Von Winckelmann bis Thomas Mann. Tübingen: Niemeyer 1975 (= Untersuchungen zur deutschen Literaturgeschichte 12). S. 105.

oder materiellen Eigenschaften. Und zuletzt sind sie *nicht* narrativierbar. Zwar verfügen sie über ein inhärentes Narrativ, dieses ist jedoch konventionalisiert. Potenziell vieldeutige Bildelemente, die im literarischen Text eindeutig benannt werden, existieren *nicht*. Literarisierte Ikonografien und Bildreferenzen sind somit zwar gleichermaßen transmediale Phänomene an der Grenze zwischen bildender Kunst und Literatur. Sie verfügen jedoch über jeweils unterschiedliche ästhetische Qualitäten.

V Bildreferenzen und Intertextualitätstheorie

Bildreferenzen sind komplex. Sie sind in Text transformierte künstlerische Darstellungen, gleichzeitig verweisen sie auf ein außerliterarisches Original. Sie sind gleichermaßen Präsentation einer eigenständigen textuellen Sequenz mit narrativer Qualität *und* Repräsentation einer eigenständigen extrafiktionalen künstlerischen Arbeit. Während in den vorigen Theoriekapiteln die mediale Transformation von visuell-narrativen Bildelementen sowie materiellen und systemischen Aspekten im Fokus stand, wird nun im Folgenden ein Blick auf die Bildreferenz als Verweis auf ein außerliterarisches Kunstobjekt betrachtet. Im Zentrum steht also der Dialog zwischen Text und zitierter künstlerischer Arbeit.

Als Repräsentant eines außerliterarischen Kunstobjekts stellt die Bildreferenz dem Text eine ästhetische Entität zur Seite. Ein Nebeneinander von literarischem Text und künstlerischer Arbeit entsteht. Kunstobjekt und Text treten in einen inhaltlichen Dialog. Doch auf welche Weise kann ein solcher Dialog stattfinden? Wie äußert er sich? Und was ist das Resultat? – Als Eckpfeiler der Intertextualitätstheorie ist die Dialogizität Grundlage semantischer Bedeutsamkeit. Sie beschreibt das inhaltliche Spannungsfeld zweier literarischer Entitäten, die im Rahmen einer intertextuellen Montage aufeinandertreffen. Um nun das Spannungsverhältnis von literarischen Texten und den ihnen eingeschriebenen Bildreferenzen zu beleuchten, sollen diese aus intertextualitätstheoretischer Perspektive betrachtet werden. Hierfür werden zunächst grundlegende Konzeptionen der Intertextualitätstheorie präsentiert. Anschließend wird basierend auf Überlegungen zur Kommunikativität intertextueller Verweise der Frage nachgegangen, auf welche Weise Bildreferenzen markiert sein können. Zuletzt wird unter Rückgriff auf das Konzept der Dialogizität die oftmals doppelte (textinterne *und* textexterne) Gerichtetheit von Bildreferenzen konzeptualisiert.

Strukturalistische und hermeneutische Intertextualitätstheorie

Die Intertextualitätstheorie ist seit längerer Zeit ein etablierter Begriff der neueren Literaturwissenschaft. In den 1960er Jahren überträgt Julia Kristeva das Konzept des intratextuellen Dialogs von Figurenstimmen auf das bezugnehmende Verhältnis von unterschiedlichen Texten und begründet damit die Intertextualitätstheorie. Kristeva bedient sich bei ihrer Theoriebildung vornehmlich an den Überlegungen des russischen Formalisten Michail Bachtin. Bachtins Konzept des intratextuellen Dialogs verlässt den Rahmen der literarischen Diegese jedoch nicht. In seiner Studie zur Dialogizität benennt er den Roman als »künstlich organisierte Redevielfalt«,[173] in der sich verschiedene ideologische und soziale Horizonte unterschiedlicher Figuren gegenüberstehen. Diese Redevielfalt sei die

> notwendige Voraussetzung für die Romangattung: der Roman orchestriert seine Themen, seine gesamte abzubildende und auszudrückende Welt der Gegenstände und Bedeutungen mit der sozialen Redevielfalt und der auf ihrem Boden entstehenden individuellen Stimmenvielfalt. [...] Jede von ihnen begründet eine Vielzahl von sozialen Stimmen und eine Vielfalt von (immer mehr oder weniger dialogisierten) Verbindungen und Korrelationen zwischen den Aussagen und den Sprachen.[174]

Unterschiedliche Figuren aber auch die Erzählinstanz verfügen Bachtin zufolge jeweils über eine individuelle Stimme, die sozial oder ideologisch motiviert sein kann. Ihr Zusammenkommen führe zu einer Stimmenvielfalt, indem beispielsweise Figuren im Text denselben Sachverhalt unterschiedlich bewerten und interpretieren können. Die semantische Ebene eines Texts sei daher nicht statisch, sondern bewege sich in einem Feld intersubjektiver Meinungsbilder der individuellen und vielfältigen Textstimmen.

Kristeva überträgt Bachtins Konzept der Vielstimmigkeit literarischer Figuren auf die Vielstimmigkeit literarischer Texte. Sie schreibt:

> [J]eder Text baut sich als Mosaik von Zitaten auf, jeder Text ist Absorption und Transformation eines anderen Textes. An die Stelle des Begriffs der In-

173 Michail M. Bachtin: Das Wort im Roman [1934/35; rus.: Слово вромане]. In: Ders.: Die Ästhetik des Wortes. Hrsg. u. eingel. von Rainer Grübel. Aus dem Russ. übers. von Rainer Grübel u. Sabine Reese. Frankfurt: Suhrkamp 1979. S. 154–300. S. 157.

174 Bachtin: Das Wort im Roman. S. 157.

> tersubjektivität tritt der Begriff der *Intertextualität*, und die poetische Sprache lässt sich zumindest als eine *doppelte* lesen.[175]

Kristeva »radikalisiert Bachtins historisch determinierte, intertextuelle Bezüge«,[176] wie Stefanie Kreuzer im Hinblick auf die Theoriebildung der Literaturtheoretikerin festhält. Dabei impliziere sie, dass

> Intertextualität [einerseits] eine Eigenschaft aller Texte ist, und andererseits, dass es – und genau darauf zielt die poststrukturalistische Dezentrierung des Subjekts ab – kein originäres Schreiben mehr geben kann, da sich jeder Textproduzent zwangsläufig in eine Tradition von Texten einreihen muss.[177]

Zwar ist nach Kristevas Verständnis jeder Text per se ein intertextueller, gleichwohl setzt sie mit ihren Überlegungen den Startpunkt für zahlreiche Theoretiker:innen, die das Konzept der Intertextualität konkretisieren, weiterentwickeln und auf andere medienwissenschaftliche Bereiche übertragen. Besonders die dekonstruktivistische Literaturtheorie führt Kristevas radikalen Ansatz fort. So proklamiert Roland Barthes 1968 den sinnbildlichen ›Tod des Autors‹[178] und erklärt die Rezipient:innen zum Konvolut einer Vielzahl von Texten und Erzählcodes. Die Autor:innen begreift er indes als eine »chambre d'échos«,[179] in der sich Hall und Rauschen fremder Texte bündeln. Jacques Derrida wiederum versteht Intertextualität als essenziellen Bestandteil jeglicher Form von Textualität, da seiner Meinung nach jeder Text zwangsläufig Teil und Weiterentwicklung eines »texte générale«[180] sei. Renate Lachmann hingegen überträgt das Konzept Anfang der 1990er Jahre auf die vorherrschende Memoria-Diskussion. Sie schreibt, das »Gedächtnis des Textes ist seine Intertextualität.«[181] Der Text schreibe

175 Julia Kristeva: Bachtin, das Wort, der Dialog und der Roman [1967; franz.: Bakhtine, le mot, le dialogue et le roman]. Übers. von Michael Korinman u. Heiner Stück. In: Literaturwissenschaft und Linguistik. Ergebnisse und Perspektiven. Bd. 3: Zur linguistischen Basis der Literaturwissenschaft II. Hrsg. von Jens Ihwe. Frankfurt: Athenäum 1972. S. 345–375. S. 348.

176 Stefanie Kreuzer: Literarische Phantastik in der Postmoderne. Klaus Hoffers Methoden der Verwirrung. Heidelberg: Winter 2007. S. 101.

177 Kreuzer: Literarische Phantastik in der Postmoderne. S. 101.

178 Vgl. Roland Barthes: Der Tod des Autors [1968; franz.: La morte de l'auteur]. In: Ders. Kritische Essays IV: Das Rauschen der Sprache. Aus dem Franz. von Dieter Hornig. Frankfurt: Suhrkamp 2006 (= Edition Suhrkamp 1695). S. 57–63.

179 Roland Barthes: Roland Barthes par Roland Barthes [1975]. Paris: Édition du Seuil 2010. S. 89.

180 Jacques Derrida: Le facteur de la vérité. In: Poétique, revue de théorie et d'analyse littéraires 6 (1975). S. 96–147. S. 96.

181 Renate Lachmann: Gedächtnis und Literatur: Intertextualität in der russischen Moderne. Frankfurt: Suhrkamp 1990. S. 35.

sich ein in einen »Gedächtnisraum«,[182] in dem sich alles (Buch-)kulturelle Wissen konzentriere.

Doch nicht nur die strukturalistische Literaturtheorie greift Kristevas Intertextualitätsbegriff auf. Auch die hermeneutische Literaturwissenschaft adaptiert ihr Theorem, sie definiert Intertextualität jedoch als spezifisches und sinnkonstitutives Verhältnis zwischen zwei Texten. Claes Schaar beispielsweise benennt das Identifizieren jener sinnkonstitutiven Verweise als »text archaeology«[183] und grenzt die intertextuelle Spurensuche gegenüber einer globalen Quellen- und Einflussforschung ab.[184] Im Zentrum der literaturwissenschaftlichen Untersuchung steht fortan das spannungsreiche Verhältnis von einem literarischen Text zu seinen (potenziellen) Vorbildern.

Die auf Basis von Kristevas Überlegungen entstehenden Modelle changieren vorerst zwischen einer einerseits poststrukturalistischen Perspektive, aus der heraus jeder literarische Text als Teilmenge eines universalen Intertexts gesehen wird, – und einer andererseits hermeneutischen Sichtweise, der nach Intertextualität ausschließlich intendierte und sinnkonstitutive Bezüge bezeichnet. Gleichwohl wird jene Trennung gegen Mitte der 1980er Jahre durch Theoretiker wie Manfred Pfister und Karlheinz Stierle aufgebrochen, die jene strukturalistischen und hermeneutischen Ansätze unter rezeptionsästhetischen Gesichtspunkten zusammenführen. Während auf Pfisters und Stierles Überlegungen an späterer Stelle ausführlich eingegangen wird, soll es vorerst jedoch um die Frage gehen, auf welche Weise intertextuelle Bezüge markiert sein können und inwieweit sich jene Überlegungen auch auf Bildreferenzen anwenden lassen.

Intertextualität und Markierung

In seiner vielbeachteten Studie zur Intertextualität setzt sich Ulrich Broich mit den unterschiedlichen Formen der Markierung intertextueller Ver-

182 Lachmann: Gedächtnis und Literatur. S. 36

183 Claes Schaar: The Full Voic'd Quire Below: Vertical Context Systems in Paradise Lost. Lund: CWK Gleerup 1982. S. 22.

184 Schaar betitelt jene sinnkonstitutiven Verweisstrukturen als ›vertical context systems‹. Prätexte nennt er ›infracontexts‹. Er schreibt: »While the search for sources is concerned with the tracing of origins, the quest for infracontexts is an attempt to enlarge and stratify meaning.« (Claes Schaar: Vertical context systems. In: Style and Text. Studies presented to Nils Erik Enkvist. Hrsg. von Håkan Ringbom u. a. Stockholm: Sprakförlaget Skriptor 1975. S. 145–157. S. 149).

weise auseinander. Bei seiner Analyse verwendet er einen enger gefassten Intertextualitätsbegriff, bei dem Intertextualität als kommunikatives Mittel verstanden wird. Basierend auf dieser Annahme formuliert Broich, dass intertextuelle Verweise in irgendeiner Weise markiert sein müssen, »damit der Leser die Bezüge sieht und sie auch als intendiert erkennt.«[185] Die Intensität der Markierung einzelner Verweise könne hierbei variieren. Je sichtbarer potenzielle ›Marker‹ seien, desto einfacher könne ein Rekurs erkannt werden. Dabei sind Broich zufolge etwaige Verweise einfacher zu identifizieren, wenn sich die Leser:innen bereits der intertextuellen Konstruktion bewusst sind. Durch eine entsprechende Sensibilisierung werden demnach alle folgenden Textpassagen im »Kontext permanenter Intertextualität«[186] gelesen, was eine umfangreiche Markierung aller folgenden Bezugnahmen weniger notwendig mache. Broich spricht in diesem Fall von einer ›Dynamisierung der Markierung‹, bei der intertextuelle Verweise zuerst stark markiert werden und anschließend die Intensität der Markierungen im Verlauf des Texts stetig abnimmt.[187]

Im Rahmen seiner Darstellung intertextueller Markierungsverfahren unterscheidet Broich zwischen Markierungen im Neben- und Haupttext, sowie zwischen Markierungen im inneren und äußeren Kommunikationssystem. Eine Markierung im Nebentext erzeuge eine sehr ausgeprägte Sichtbarkeit der Referenz. Besonders Markierungen im Titel und Untertitel ermöglichen Broich zufolge, die gesamte Lektüre vor dem Hintergrund ihrer literarischen Vorlage zu lesen. Gleiches gelte – wenngleich weniger intensiv – für Mottos oder Widmungen, ebenso könne in Vor- und Nachworten auf die Bezüge aufmerksam gemacht werden. Auch sei es möglich, dass Autor:innen im Nachhinein ihre literarischen Vorlagen offenlegen. So erörtert beispielsweise Thomas Mann mit seiner Schrift *Die Entstehung des Doktor Faustus* (1949) sämtliche literarischen, musikalischen, künstlerischen und wissenschaftlichen Vorlagen seines zwei Jahre zuvor erschienenen *Faust*-Romans.

Im Haupttext unterscheidet Broich zwischen Markierungen im inneren und äußeren Kommunikationssystem. Im inneren Kommunikationssystem sei es möglich, dass Figuren andere Texte benennen oder in der freien Rede rezitieren. Im äußeren Kommunikationssystem – und damit außerhalb des

185 Ulrich Broich: Formen der Markierung von Intertextualität. In: Intertextualität. Formen, Funktionen, Anglistische Fallstudien. Hrsg. von Ulrich Broich u. Manfred Pfister. Tübingen: Niemeyer 1985 (= Konzepte der Sprach- und Literaturwissenschaft 35). S. 31–47. S. 31.

186 Broich: Formen der Markierung von Intertextualität. S. 43.

187 Vgl. Broich: Formen der Markierung von Intertextualität. S. 44.

Wissenshorizonts der Figuren – könnten unter anderem Personen- und Ortsnamen auf andere literarische Vorlagen verweisen. Ebenso benennt er die Möglichkeit, dass einzelne Textpassagen aus anderen literarischen Texten übernommen werden. Für eine gesteigerte Sichtbarkeit könnten die Zitatsegmente visuell markiert werden und sich durch graphemische Zeichen, durch Kursivierung, Einführungszeichen oder andere Hervorhebungen vom restlichen Text abgrenzen.[188]

Überträgt man Broichs Überlegungen auf Bildreferenzen, bedarf es zunächst einer Trennung bzw. Präzisierung der Begriffe Referenz und Markierung. Zwar klingt auch bei Broich eine Trennung zwischen der eigentlichen intertextuellen Konstruktion und seiner Markierung an, sie bleibt jedoch lediglich implizit. Im Fall von Bildreferenzen erscheint es jedoch sinnvoll und notwendig, jene Differenzierung konkret auszuführen: Während es sich bei einer Bildreferenz um eine textuelle Sequenz handelt, in der eine Figur eine künstlerische Arbeit beschreibt, meint der Begriff der Markierung hingegen die Sichtbarmachung und Betitelung eben jener Referenz. Entsprechend muss nicht jede Bildreferenz markiert sein. Eine Textstimme kann eine künstlerische Arbeit beschreiben, ohne dass diese explizit benannt wird. Gleichwohl ist eine konkrete Bildbeschreibung durch eine Person im Text häufig nur dann zu erkennen, wenn weitere Eckdaten zum besprochenen ästhetischen Gegenstand benannt werden. Dass beispielsweise die Figuren zu Beginn von Weiss' Roman *Die Ästhetik des Widerstands* seitenlang die Darstellungen des *Pergamonaltars* diskutieren, wird erst später ersichtlich, wenn das antike Steinrelief retrospektiv benannt wird.[189] Obgleich das Szenario eindeutig ist (Figuren beschreiben Kunst), muss nicht zwangsläufig eindeutig sein, um welche Kunst es sich handelt.

Mit der Unterscheidung zwischen der Markierung einer Bildreferenz und der tatsächlichen bildreferenziellen Textsequenz stellt sich die Frage nach einer Sichtbarkeit unmarkierter Bildreferenzen. Als Beispiel für jene Problemkonstellation lässt sich eine Textstelle aus Eichendorffs romantischer Novelle *Das Marmorbild* anführen. Dort entwirft die Erzählstimme einen Rekurs auf Sandro Botticellis Gemälde *Die Geburt der Venus* (1485; ital.:

188 Vgl. Broich: Formen der Markierung von Intertextualität. S. 41.

189 Der erste ca. zehnseitige Absatz des Romans zeigt eine Beschreibung der Relieffiguren des Steinaltars. Erst gegen Ende des Absatzes erwähnt eine Figur, dass es sich um den *Pergamonaltar* handelt (vgl. Weiss: Die Ästhetik des Widerstands. Bd. I. S. 18f.).

La nascita di Venere).[190] Obgleich es sich hierbei um keine Bildreferenz im engeren Sinne handelt, verdeutlicht das Beispiel die Schwierigkeit des Erkennens unmarkierter Verweise auf bildliche Darstellungen. Im Text begegnet der Protagonist nachts einer Venusskulptur im Schlosspark. Die Erzählinstanz berichtet:

> So in Gedanken schritt er noch lange fort, als er unerwartet bei einem großen, von hohen Bäumen rings umgebenen Weiher anlangte. Der Mond [...] beleuchtete scharf ein marmornes Venusbild, das dort dicht am Ufer auf einem Steine stand, als wäre die Göttin soeben erst aus den Wellen aufgetaucht und betrachte nun, selber verzaubert, das Bild der eigenen Schönheit, das der trunkene Wasserspiegel zwischen den leise aus dem Grunde aufblühenden Sternen widerstrahlte.[191]

Die Textstelle beschreibt kein Gemälde. Sie beschreibt eine Szenerie, die implizit auf Botticellis Gemälde verweist. Zitiert wird jedoch nicht die gesamte Darstellung, sondern nur die ikonographische Zentralfigur sowie Weiher, Wellen und Waldrand.[192] Hauptverknüpfungspunkt von Bild und Text ist dabei das Narrativ der imaginären Belebung einer marmornen Venus. Dabei äußert sich der Verweis lediglich in einer ausgeprägten Visualität der Szenerie, die ein Bild evoziert, welches auf das extrafiktionale Vorbild verweist. Das Broich'sche Markierungsmodell mit seinem kommunikationsorientierten Verständnis von Intertextualität lässt sich hier nur bedingt anwenden. Der Rekurs ist unmarkiert und offenbart sich lediglich durch mehr oder weniger diffuse Bild- und Textkorrelationen.

Sobald Informationen wie Bildtitel oder Name fehlen, ist eine Referenz nur spärlich identifizierbar. Der mediale Transformationsprozess vom Bild hin

190 Das Beispiel entstammt einer Untersuchung von Peter Brandes, der auf jenen Gemälderekurs bereits aufmerksam gemacht hat (vgl. Brandes: Das Leben der Bilder im Text. S. 73).

191 Joseph von Eichendorff: Das Marmorbild [1819]. In: Ders.: Sämtliche Werke des Freiherrn Joseph von Eichendorff. Historisch-kritische Ausgabe. Begründet von Wilhelm Koch u. August Sauer. Hrsg. von Hermann Kunisch u. Helmut Koopmann. Bd. 5.1: Erzählungen. Erster Teil. Hrsg. von Karl Konrad Polheim. Tübingen: Max Niemeyer 1998. S. 29–82. S. 45.

192 Peter Wagner benennt diese besondere Form der Bezugnahme als Iconotext. Ein Iconotext evoziere das Bild einer künstlerischen Arbeit durch die Anordnung der Figuren und Requisiten und sei in erster Linie ein Phänomen von Prosatexten. Dabei versteht er Iconotexte als Form der Transposition, Supplementierung, Assoziation und Interpretation (vgl. Peter Wagner: Introduction: Ekphrasis, Iconotexts, and Intermediality – the State(s) of At(s). In: Icons – Texts – Iconotexts. Essays on Ekphrasis and Intermediality. Hrsg. von Peter Wagner. Berlin: De Gruyter 1996 (= European Cultures. Studies in Literature and the Arts 6). S. 1–40. S. 15).

zum Text verwischt gewissermaßen seine Spuren. Rekurse auf bildkünstlerische Darstellungen unterscheiden sich hier grundlegend von ihrem literarischen Pendant. Während nach dem Broich'schen Markierungsmodell auch nicht-markierte intertextuelle Verweise identifiziert werden können, entzögen sich unmarkierte Bezüge zu künstlerischen Darstellungen jeglicher Bestimmbarkeit.

Der Literaturwissenschaftler Jörg Helbig setzt sich in seiner Monografie *Intertextualität und Markierung* (1996) mit verschiedenen Formen unmarkierter Intertextualität auseinander. Entgegen dem Broich'schen Markierungsmodell ermittelt Helbig Formen unmarkierter Intertextualität, bei der Verweise isoliert betrachtet nicht identifizierbar sind.[193] Bei jenen Rekursen handelt es sich *nicht* um unmarkierte Zitatsegmente, die dennoch auf einen konkreten Prätext rückführbar sind. Vielmehr haben die Verweise einen allusorischen Charakter und sind erst durch das Hinzukommen anderer Markierungen bestimmbar. Diese – wie Helbig es nennt – ›impliziten Markierungsverfahren‹ lieferten lediglich »ein *Indiz* für das Vorhandensein einer intertextuellen Einschreibung«[194] und bedürfen des Kontexts sowie weiterer Indizien, die den etwaigen Rekurs plausibilisieren. Die Summe der Indizien führe zu einer ›Emphase durch Quantität‹. Zwar üben Helbig zufolge derartige Verfahren »keinen unmittelbaren Einfluß auf die Transparenz einer Referenz aus, sie rücken diese jedoch (mit unterschiedlicher Intensität) in den Wahrnehmungsfokus des Rezipienten.«[195]

Helbig formuliert unterschiedliche Indikatoren einer möglichen Markierung wie etwa sprachliche Codewechsel, sprachliche Verfremdungssignale, die Darstellung eines Rezeptionsvorgangs, die vorangegangene Beschreibung

193 Helbig unterscheidet zwischen vier Stufen der Markierung von Intertextualität: der Nullstufe, der Reduktionsstufe, der Potenzierungsstufe und der Vollstufe. Helbigs Nullstufe bildet das Äquivalent zu Broichs Idee der nicht markierten Intertextualität, bei der ein Zitatsegment des Prätexts in den Textfluss des Posttexts einfließt und nicht durch graphemische und/oder linguistische Signale oder eine sprachlich-stilistische Inkongruenz gekennzeichnet ist. Die Reduktionsstufe hingegen beschreibt implizit markierte Verweise, die eher als Indiz fungieren. Die Potenzierungsstufe betitelt eine explizite Form der Markierung, bei der etwa durch meta-kommunikative Verben (lesen, ablesen, rezitieren …) Intertextualität markiert wird. Die Vollstufe ist die stärkste Form der Explizitheit eines intertextuellen Verweises, bei dem durch Nennung des Titels des zitierten Texts der Verweis direkt offengelegt wird (vgl. Jörg Helbig: Intertextualität und Markierung. Untersuchungen zur Systematik und Funktion der Signalisierung von Intertextualität. Heidelberg: Winter 1996 (= Beiträge zur neueren Literaturgeschichte. Dritte Folge 141). S. 83–137).

194 Helbig: Intertextualität und Markierung. S. 112.

195 Helbig: Intertextualität und Markierung. S. 97.

des Referenzobjekts oder auch die Thematisierung von Intertextualität durch Figuren oder die Erzählinstanz.[196] Übertragen auf Bildreferenzen zeigt sich, dass nicht markierte Verweise identifiziert werden können, indem etwaige Indikatoren die Aufmerksamkeit von Leser:innen erregen. Dabei gilt auch hier, dass besonders explizite Markierungen die Rezipient:innen für etwaige implizite Verweisstrukturen sensibilisieren und die Lektüre in Broich'scher Manier in einem Kontext permanenter Intermedialität gelesen wird.

Implizite Verweise sind die Summe von Indizien, die mit hoher Wahrscheinlichkeit die Bezugnahme auf ein ästhetisches Objekt formulieren. Diese können jedoch – so Helbig – »niemals […] als eindeutiger Beweis«[197] gelten. Das zuvor zitierte Beispiel aus Eichendorffs *Marmorbild* mit seinem (vermeintlichen) Rekurs auf das frühe Renaissance-Gemälde ist hier exemplarisch. Mit der Bestimmung eines potenziellen Verweises als ›implizit‹ stellt sich zwangsläufig die Frage nach der Intendiertheit der Bezugnahme. Helbig nennt hier zahlreiche Gründe, warum Autor:innen auf die Markierung intertextueller Verweise verzichten. Beispielsweise um der Genette'schen Idee der Intertextualität als Mischung aus »Scharfsinn und Spieltrieb«[198] nachzukommen und die Leser:innen auf eine spannungsreiche Spurensuche zu schicken. Die Frage, ob es sich bei einem vermeintlich unmarkierten Verweis tatsächlich um eine intendierte Bezugnahme handelt, bleibt jedoch unbeantwortet. Karlheinz Stierle unterscheidet mit Blick auf das vorliegende Problem wiederum zwischen einer produktionsästhetischen und einer rezeptionsästhetischen Intertextualität.

Stierle schlägt mit seinen Überlegungen den Bogen von einem weitgefassten, strukturalistischen Intertextualitätsbegriff hin zu einem hermeneutischen, enger gefassten Begriff von Intertextualität, bei dem Bezüge intendiert und sinnkonstitutiv sind. Nach Stierle situiert sich jeder Text »in einem schon vorhandenen Universum der Texte, ob er dies beabsichtigt oder nicht.«[199] Werden während des Leseaktes Bezüge der Lesenden hergestellt, handelt es sich Stierle zufolge um eine rezeptionsästhetische Intertextualität. Ob die Bezüge intendiert sind, sei irrelevant. Er schreibt: »Prinzipiell ist jedes

196 Vgl. Helbig: Intertextualität und Markierung. S. 94.

197 Helbig: Intertextualität und Markierung. S. 95.

198 Gérard Genette: Palimpseste. Die Literatur auf zweiter Stufe [1982; franz.: Palimpsestes. La Littérature au second degré]. Aus dem Franz. von Wolfram Bayer u. Dieter Hornig. Frankfurt: Suhrkamp 1993 (= Aesthetica 683). S. 543.

199 Karlheinz Stierle: Werk und Intertextualität. In: Das Gespräch. Hrsg. von Karlheinz Stierle u. Rainer Warning. München: Wilhelm Fink 1984. S. 139–150. S. 139.

Werk mit jedem korrelierbar.«[200] Ob durch Ähnlichkeit oder Abgrenzung: »In jedem Fall ist das Ergebnis solcher Korrelation ein Bewußtsein konkreter Differenz, das die pure Faktizität des je einzelnen Werks aufhebt und perspektiviert.«[201] Jenem weitgestrickten Universum von Bezügen setzt Stierle den Begriff der produktionsästhetischen Intertextualität gegenüber. Diese beschreibe Verweise, bei denen Autor:innen bewusst auf ein anderes Werk Bezug nehmen. Die Verweise müssen – so Stierle – nicht zwangsläufig über eine sinnkonstituierende Funktion verfügen, sind jedoch für die Produktion des Texts von Bedeutung gewesen. Entsprechend muss nicht jede produktionsästhetische Intertextualität auch eine rezeptionsästhetische sein – und umgekehrt. Ist dies jedoch der Fall, handelt es sich um intendierte und sinnkonstitutive Verweise, wie sie auch Broich beschreibt. Übertragen auf einen weitgefassten Begriff von Bildreferenzen könnte man mutmaßen, dass auch hier rezeptionsästhetische Bezüge denkbar sind. Prinzipiell wären also Texte im Sinne Stierles ebenso mit künstlerischen Arbeiten bzw. mit jedem anderen ästhetischen Produkt korrelierbar. Verstanden als Mittel der poetologischen Konstruktion müssen Bildreferenzen jedoch intendiert *und* sinnkonstitutiv sein. Dabei ist das Erkennen der Referenz im Rezeptionsprozess notwendige Voraussetzung zur Ausbildung einer semantischen Spannung. Ob direkt oder in Form impliziter Markierungsverfahren: Ein Text muss seinen Bezugspunkt sichtbar machen, denn ein Dialog benötigt Partner.

Intertextualität und Dialogizität

In seiner Studie *Konzepte der Intertextualität* (1985) versucht Manfred Pfister die bis dato vorherrschenden strukturalistischen und hermeneutischen Intertextualitätstheorien zusammenzuführen. Dabei skizziert er Entwürfe zur Strukturalität intertextueller Verweise auf Basis zahlreicher literaturwissenschaftlicher Positionen und summiert unterschiedliche Konzepte von Dialogizität.[202] Vereinfacht zusammengefasst existiert ein Dialog Pfis-

200 Stierle: Werk und Intertextualität. S. 141.

201 Stierle: Werk und Intertextualität. S. 141.

202 Pfister kanalisiert in seiner Studie eine Gemengelage verschiedener Intertextualitätstheorien. Neben den zuvor dargestellten Positionen von Bachtin, Kristeva, Barthes, Derrida, Lachmann, Schaar und Stierle kommen Ausführungen zu Überlegungen von Gérard Genette und Michael Riffaterre.

ter zufolge in viererlei Hinsicht: im Sinne Derridas als ›texte général‹, im Sinne Schaars als spezifisches und sinnkonstitutives Verhältnis zwischen literarischen Texten, im Sinne Bachtins als Dialog sozial und kulturell unterschiedlich geprägter Figurenstimmen und zuletzt als Dialog in seiner primären Bedeutung, als Gespräch zwischen zwei Sinnpositionen.[203] Bei seinem Modell zur Skalierung der Intensität intertextueller Verweise orientiert sich Pfister wiederum vorwiegend an Bachtin und entwickelt dessen Idee der ›ideologischen Distanz‹[204] zwischen Figurenstimmen weiter hin zu einer ideologischen Distanz literarischer Texte als notwendige Voraussetzung konstruktiver Sinnkonstitution. Er schreibt:

> *Dialogizität* [...] besagt, daß [...] ein Verweis auf vorgegebene Texte oder Diskurssysteme von umso höherer intertextueller Intensität ist, je stärker der ursprüngliche und der neue Zusammenhang in semantischer oder ideologischer Spannung zueinander stehen.[205]

Je größer die semantische Differenz von Prä- und Posttext ist, desto größer ist Pfister zufolge die intertextuelle Intensität. Als Mittel der Differenzbildung nennt er eine Neukontextualisierung des zitierten Texts, eine ideologische Unterminierung oder eine ironische Relativierung, eine – wie er es nennt – »Textverarbeitung gegen den Strich des Originals.«[206]

Bildreferenzen sind in den Text eingeschriebene Dialogizität. Folgt man Pfisters Definition von Dialogizität, steigt ihre Intensität, je höher die ideologische und semantische Spannung von Prä- und Posttext ist. Jenes Bezugsmodell zweier fixierbarer Entitäten trifft beim Zusammenkommen von Bild und Text jedoch nicht zwangsläufig zu. Bildreferenzen können eine Komplexität aufweisen, die sich mit einem bipolaren Dialogizitätsbegriff nicht vollends fassen lässt. Sobald Figuren eine künstlerische Arbeit beschreiben, nachstellen oder interpretieren, ist das Bezugsverhältnis von literarischem Text und Kunstobjekt kein zweipoliges mehr.

Während Bachtin noch zwischen den ideologischen Horizonten einzelner Textstimmen unterscheidet, fokussieren die verschiedenen Weiterentwicklungen seines Konzepts stets den intertextuellen Dialog zweier ästhetischer Entitäten. Im ursprünglichen, Bachtin'schen und damit *intra*textuellen

203 Vgl. Pfister: Konzepte der Intertextualität. S. 11–20.
204 Zum Begriff der ideologischen Distanz bei Bachtin vgl. Kristeva: Bachtin, das Wort, der Dialog und der Roman. S. 351f.
205 Pfister: Konzepte der Intertextualität. S. 29.
206 Pfister: Konzepte der Intertextualität. S. 29.

Sinn verstanden, zeigt sich jedoch, dass die Vielseitigkeit unterschiedlicher Figurenhorizonte die semantische Dimension eines von den Figuren besprochenen Kunstobjekts potenzieren kann. Eine künstlerische Arbeit kann demnach von mehreren Figuren im Text unterschiedlich gedeutet werden. Im Umkehrschluss zeichnet sich nicht immer ein konsistentes Bild der besprochenen Arbeit ab, da die individuellen Zugriffe der verschiedenen Figuren anders motiviert sein können. Damit kann in einigen Fällen die klassische Dialogstruktur von Text und künstlerischer Arbeit erweitert werden hin zu einem Verhältnis zwischen einem Kunstobjekt und den jeweiligen figurenspezifischen interpretatorischen Zugriffen.[207] Bachtins ›künstlich angelegte Stimmenvielfalt‹ wird so zu einer ›künstlich angelegten Interpretationsvielfalt‹.

Um diese ›Interpretationsvielfalt‹ einmal anhand dreier kurzer Beispiele deutlich zu machen, lohnt erneut ein Blick in Weiss' *Ästhetik des Widerstands*. Dort stellt die Romanfigur Bertolt Brecht im Gespräch über das sich anbahnende Terror-Regime in Frankreich fest: »Was jetzt begann, [...] gehörte [...] in die ungeheuren Landschaften der Duellen Griet oder des Triumphs des Todes, wie sie von Brueghel gemalt worden waren.«[208] – Brecht illustriert hier anhand der Kriegsdarstellungen *Der Triumph des Todes* und *De Dulle Griet* (beide 1562) von Pieter Bruegel d. Ä. die aufkommende politische Situation im von Nazideutschland besetzten Frankreich. Dabei handelt es sich bei den beiden Gemälden keineswegs um stereotype Kriegsdarstellungen, wie sie im Genre der Historienmalerei typisch wären. Stattdessen steht Bruegels *De Dulle Griet* in einer »Traditionslinie der Traumkombinatorik«[209] und weise eine deutliche motivische Ähnlichkeit mit »(proto-)surrealistischen Bildern«[210] auf, wie Kreuzer betont. Im Kontext von Weiss' Roman ermöglicht dies nunmehr eine subjektive Leseweise der Figuren. Entsprechend heißt es wenig später vom Erzähler-Ich zu denselben Gemälden: »Vor fast zwei Jahren [...] hatte ich diese Bilder vor mir gehabt,

207 Der Bezug auf extrafiktionale Elemente durch Figurenstimmen existiert auch schon bei Bachtin. Jedoch hält Pfister fest, dass »Bachtins Theorie dominant intratextuell, nicht intertextuell [ist]. Und die fremden Wörter außerhalb seiner selbst, auf die sich ein Sprachkunstwerk bezieht, sind in Bachtins Sicht nicht dominant literarisch, sondern eben ›alle sozioideologischen Stimmen der Epoche‹, der allgemeine Diskurs der Zeit, für den der literarische Diskurs nur einen schmalen Sektor ausmacht.« (Pfister: Konzepte der Intertextualität. S. 5).

208 Peter Weiss: Die Ästhetik des Widerstands. Zweiter Band [1978]. In: Ders.: Die Ästhetik des Widerstands. Hrsg. mit einem editorischen Nachwort von Jürgen Schutte. Berlin: Suhrkamp 2016. S. 449–855. S. 631.

209 Kreuzer: Traum und Erzählen in Literatur, Film und Kunst. S. 142.

210 Kreuzer: Traum und Erzählen in Literatur, Film und Kunst. S. 144.

jetzt, nach den spanischen Erfahrungen, ging eine neue Wirklichkeit von ihnen aus.«[211] Die ›spanischen Erfahrungen‹ meinen hier sein Wirken als Sanitäter im Widerstand gegen das faschistische Franco-Regime. Mit dem veränderten Erfahrungsschatz des Ich-Erzählers verändert sich auch seine Sichtweise auf die Kriegsdarstellungen. Der Begriff der ›neuen Wirklichkeit‹ postuliert dabei eine Pluralität von subjektiven und wandelbaren Bildrealitäten, die abhängig sind, von der Lebenswelt seiner Rezipient:innen und deren Projektionen. Die Nähe zu Goodmans Idee von Bildrezeption als subjektivistische Konstruktion von Bildwelt ist frappierend.[212]

Bei der Betrachtung von Bruegels Gemälden wählen die Figuren denselben Bezugsrahmen: Kriegsdarstellungen werden auf Kriegserfahrungen bezogen. Etwas anders verhält es sich hingegen bei der schon zuvor erwähnten Besprechung des *Pergamonaltars* zu Beginn des Romans. Nach einer anfänglichen Diskussion darüber, inwieweit sich die Darstellung der besiegten Giganten auf die missliche Lage der Proletarier übertragen lässt, kommt die Figur Heilmann zu der Überzeugung, dass »Werke wie jene, die aus Pergamon stammen, immer wieder neu ausgelegt werden müßten, bis eine Umkehrung gewonnen wäre«.[213] Impliziert wird damit auch die Möglichkeit einer Umkehrung der politischen Situation. Durch die Neuauslegung der Werke, so lässt sich schlussfolgern, kann auch der Widerstand obsiegen. Das Ausmaß der politisch motivierten Aneignung einer künstlerischen Arbeit wird hier besonders deutlich. Ebenso erinnert jene Umkehrung des Bildsinns an Pfisters Idee einer Stoffverarbeitung ›gegen den Strich des Originals‹ zur Erzeugung semantischer Spannung.

Die Idee einer ›künstlich angelegten Interpretationsvielfalt‹ kann freilich nicht nur auf Bildreferenzen, sondern auch auf andere ästhetische Produkte angewandt werden. So behauptet das Erzähler-Ich in Weiss' Roman – um nun zum dritten Beispiel zu kommen –, dass sich in Franz Kafkas *Das Schloss* (1926) das »Gebäude das Kapitalismus«[214] zeige und dass Kafkas Roman »ein Proletarierroman«[215] sei. Dabei verweist jenes Amalgam aus Ideologisierung und Kunstrezeption einerseits auf Kafkas extrafiktionales Original, andererseits offenbart es, wie der zitierte Text von den Figuren der Erzählung interpretiert wird.

211 Weiss: Die Ästhetik des Widerstands. Bd. II. S. 633.
212 Vgl. Kapitel »Bilder, Symbole und Possible Worlds«.
213 Weiss: Die Ästhetik des Widerstands. Bd. I. S. 66.
214 Weiss: Die Ästhetik des Widerstands. Bd. I. S. 219.
215 Weiss: Die Ästhetik des Widerstands. Bd. I. S. 222.

Intratextuelle Dialogizität findet überall dort statt, wo Figuren denselben Sachverhalt sozial oder ideologisch motiviert besprechen. Handelt es sich bei dem besprochenen Gegenstand zudem um ein real-existierendes ästhetisches Produkt – sei es ein Roman oder ein Gemälde –, erweitert sich der Pool an Dialogpartnern zwangsläufig um die semantische Dimension des anderen ästhetischen Gegenstandes sowie seiner Interpretation durch die Leser:innen. Die Dialogizität ist hier zudem eine intertextuelle.

Bildreferenzen fungieren häufig als ein Doppeltes. Als Kunstobjekt sind sie einerseits Gegenstand der Diegese. Andererseits eröffnen sie ein intertextuelles Spannungsfeld und stehen dem literarischen Text als ästhetische Entität zur Seite. Tom Kindt und Tilmann Köppe unterscheiden im Rahmen jener semantischen Doppelposition zwischen einem »internen und externen Standpunkt.«[216] Zwar fokussiert ihre Differenzierung primär die unterschiedlichen Betrachtungsmöglichkeiten literarischer Figuren, jedoch betonen sie, dass diese Unterscheidung »grundsätzlich alle beschriebenen Gegenstände fiktionaler Welten [betrifft].«[217] Jene Betrachtungsweise lässt sich nunmehr auch auf Bildreferenzen übertragen. Dabei stellt sich bei einer internen Betrachtung die Frage, welche Aussagen eine künstlerische Arbeit über die sie betrachtenden Figuren ermöglicht. Sie fragt nach der Bedeutung des Kunstobjekts für die literarische Welt und ihre Figuren. Eine externe Betrachtung fokussiert wiederum, auf welche Weise die künstlerische Arbeit textuell verarbeitet wird, wie der Text komponiert ist und wie die Referenz textuelle Strukturen reflektiert. Im Rahmen dieser Unterscheidung zeigt sich, dass ein Dialog gleichzeitig zwischen einer künstlerischen Arbeit und dem literarischen Text stattfinden kann *und* zwischen den einzelnen Figurenstimmen, die das Kunstobjekt individuell motiviert und unterschiedlich perspektiviert interpretieren. In diesem Fall ist eine Bildreferenz textintern *und* textextern, also doppelt gerichtet.

Bildreferenzen sind gleichermaßen Rekurse auf eine extrafiktionale bildkünstlerische Entität *und* deren literarische Transformation. Wie schon zuvor im Kapitel zur *Narrativierung von Bildern* ausgeführt wurde, lässt sich bei Bildreferenzen grundlegend unterscheiden zwischen der Beschreibung von einerseits prä- und paratextuell geprägten und somit eindeutig benennbaren Bildhandlungen – und andererseits ambigen Bildelementen, die im Rahmen der literarischen Transformation sprachlich fixiert werden. Besonders die Literarisierung mehrdeutiger Bilder zeigt sich hierbei als fruchtbares

216 Kindt u. Köppe: Erzähltheorie. S. 118f.
217 Kindt u. Köppe: Erzähltheorie. S. 119.

Mittel der Erzeugung semantischer Spannung. In Goodman'scher Manier präsentiert der Text seinen Rezipient:innen nur *eine* von vielen Welt- bzw. Bildversionen. Die subjektiven Kunstbeschreibungen verfügen dabei über ein erhebliches dialogisches Potenzial. Während Pfisters Postulat der »Textverarbeitung gegen den Strich des Originals«[218] die Implikation einer ästhetischen Entität in einen fremden Kontext beschreibt, gestaltet sich bei der Narrativierung eines ambigen Bildes nicht nur der Kontext des Posttexts als Messlatte der Andersartigkeit. Da lediglich *eine* von vielen Rezeptionsversionen in den Text eingeschrieben wird, ist vor allem die durch die Literarisierung erzeugte Variation Mittel der Differenzbildung. Im Zentrum des Dialogs steht die Differenz von Bild und sprachlichem Abbild sowie ihr Verhältnis zum literarischen Text. Dabei zeigt sich: Dialogizität benötigt zwangsläufig das Original, um seine Variation zu thematisieren. Es zeigt aber auch: Narrativierung ist ein Motor für Dialogizität. Ohne die subjektivierten Kunstbetrachtungen existiert keine Variation des Originals.

Trotz vieler Gemeinsamkeiten zwischen intertextuellen Verweisen und Rekursen auf künstlerische Arbeiten ergibt sich ebenso eine Vielzahl an Unterschieden. Die Übertragung bildlicher Zeichen in sprachliche Zeichen sowie deren Rückübersetzung im Rezeptionsprozess führen zu differenten Formen von Markierung. Vor allem aber die oftmals doppelte Gerichtetheit des Verweises erweist sich als strukturelle Besonderheit. Die in diesem Analyseteil vorangegangene Entwicklung eines semiotischen bzw. narratologischen Modells literarisierter Bilder sowie der hier vorgenommene Transfer verschiedener Intertextualitätstheorien wird im folgenden Kapitel Grundlage einer Analyseheuristik sein.

218 Pfister: Konzepte der Intertextualität. S. 29.

Analytischer Teil

I Bildreferenzen: Eine Analyseheuristik

Eine Bildreferenz ist die Bezugnahme eines literarischen Texts auf eine künstlerische Arbeit.[219] Im engeren Sinn meint der Begriff ›Bildreferenz‹ Bildkunst, die von Figuren eines literarischen Texts betrachtet, zitiert oder besprochen wird. Die künstlerische Arbeit ist dabei Teil der Diegese und Gegenstand der Figurenrede. Mit den Kunstrekursen gehen häufig weitere Formen der medialen Transformation einher. Im erweiterten Sinn umschließt die Bildreferenz daher alle ›weiteren‹ medialen Transformationsprozesse, bei der bildkünstlerische Visualität in Verbalität übersetzt wird.

Obzwar jede Bildreferenz gleichzeitig narrative, materielle und systemische Eigenschaften mittransportiert, scheint es dennoch heuristisch sinnvoll, zwischen einzelreferenziellen, materialreferenziellen und systemreferenziellen Verweisen zu unterscheiden:

(1) Einzelreferenzielle Verweise beschreiben die Bezugnahmen auf eine extrafiktionale künstlerische Arbeit, die sich eindeutig bestimmen lässt. Im literarischen Text können sie einerseits als Narrative fungieren, indem Bildhandlung benannt und in Text transformiert wird. Andererseits rekurrieren sie auf ihr extrafiktionales Pendant. Sie sind somit gleichermaßen Präsentation einer textuellen Sequenz mit narrativer Qualität *und* Repräsentation einer eigenständigen extrafiktionalen künstlerischen Arbeit.

(2) Materialreferenzielle Verweise beschreiben – ganz der Kleinschmidt'schen Definition folgend – sinnkonstitutive Rekurse auf die Materialität eines Kunstmediums. Obgleich Materialität und Kunstobjekt unweigerlich zusammenhängen, kann eine Referenz auch primär die materiellen Eigenschaften eines Mediums fokussieren. Die Materialität wird hierbei zum bedeutungstragenden Element.

(3) Systemreferenzielle Verweise beschreiben Rekurse auf stil- oder genrespezifische Charakteristika mit sinnkonstitutiver Funktion. Epochen-, genre- und stilspezifische, also systemische Erscheinungsformen sind

219 Die hier entworfene Heuristik basiert auf den im theoretischen Teil dargestellten und adaptierten bildwissenschaftlichen, text- und bildnarratologischen, ekphrasistheoretischen und intertextualitätstheoretischen Analysemodellen.

ebenfalls jeder Bildreferenz inhärent. Gleichwohl kann ein Text primär die systemischen Aspekte einer zitierten künstlerischen Arbeit fokussieren, sodass diese zum zentralen Bedeutungselement werden.

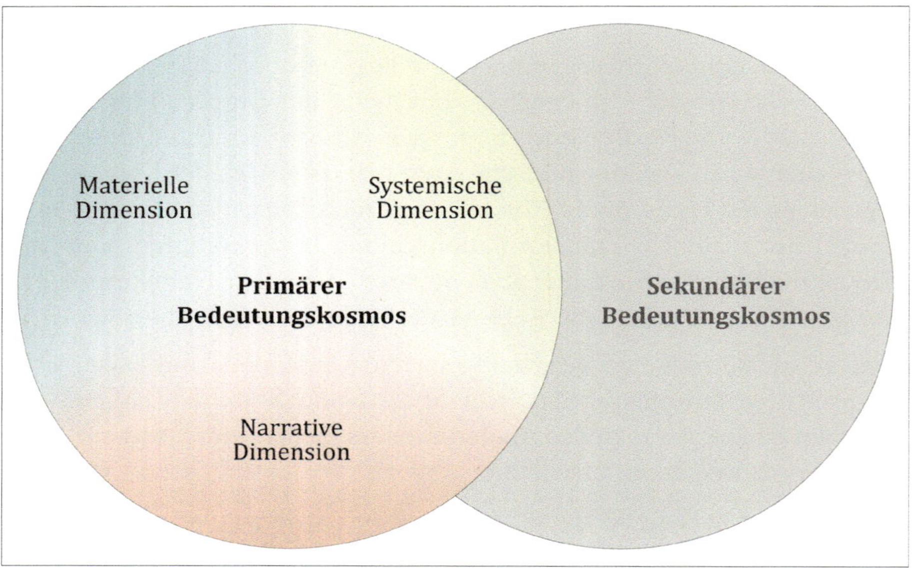

Abb. 3: Bedeutungselemente einer Bildreferenz.

Die Narrative, die materielle und die systemische Dimension einer Bildreferenz bilden den primären Bedeutungskosmos und lassen sich als werkimmanente Sinnelemente zusammenfassen. Ihre Übergänge können fließend sein. Sie werden begleitet von Elementen eines erweiterten oder auch sekundären Bedeutungskosmos. Dieser umfasst Aspekte der Produktions- und Rezeptionsgeschichte sowie des zeitgeschichtlichen Diskurses. Die sekundären Bedeutungselemente sind nicht statisch und entziehen sich der ästhetischen Konstruktion der zitierten künstlerischen Arbeit. Gleichzeitig können etwaige produktions- und rezeptiongeschichtliche Mythen selbst die Qualität eines Narrativs erlangen und so als eigentliches Sinnelement fungieren.

Markierung

Bildreferenzen müssen markiert sein, um erkannt zu werden. Während es sich bei einer Bildreferenz um eine textuelle Sequenz handelt, in der eine Textstimme Darstellungselemente einer künstlerischen Arbeit beschreibt, meint der Begriff der Markierung hingegen die Sichtbarmachung und Betitelung eben jener Referenz. Zur Identifikation von Bildreferenzen wird nunmehr unterschieden zwischen *expliziten* und *impliziten* Markierungsverfahren. Unterschiedliche Formen der Markierung können parallel auftreten und so die Sichtbarkeit einer Referenz intensivieren. Der Broich'schen Idee einer ›Dynamisierung der Markierung‹ folgend, sensibilisieren starke Marker die Leser:innen für eine intermediale Konstruktion und potenzieren so die Sichtbarkeit schwach markierter Verweise. Besonders Markierungen im Titel und Untertitel können befördern, die gesamte Lektüre unter dem Gesichtspunkt einer intermedialen Montage zu lesen.

Im inneren Kommunikationssystem können Figuren Werktitel sowie Künstler:innen benennen oder auf Orte verweisen, an denen sie bestimmte künstlerische Arbeiten betrachten. Im äußeren Kommunikationssystem des Texts – und damit außerhalb des Wahrnehmungsbereichs der Figuren – kann die Erzählinstanz auf etwaige Referenzen verweisen. Die konkrete Benennung einer Referenz im Haupt- oder Nebentext gehört den expliziten Markierungsverfahren an.

Explizite Verweise bezeichnen typischerweise eine klare Benennung der Referenz im literarischen Text. Durch Nennung eines Titels oder Namens ist der Rekurs auf eine bestimmte Darstellung eindeutig erkennbar. Je konkreter die Informationen zu Titel oder Künstler:in aber auch zum Material oder Ausstellungsort sind, desto eindeutiger lässt sich eine Referenz bestimmen. Umgekehrt existieren auch weniger eindeutige Formen der expliziten Markierung, bei der Name und Titel elliptisch sind.

Das Gegenstück zur expliziten Markierung bilden implizite Markierungsverfahren. Sie äußern sich in der sprachlichen Wiedergabe von Bildelementen. Den Leser:innen ist es lediglich möglich, die Referenz anhand der Werkbeschreibung zu identifizieren. Bildbeschreibungen von Figuren im literarischen Text vergegenwärtigen dabei stets die physische Präsenz des beschriebenen Referenzobjekts. Obgleich nicht zwangsläufig deutlich sein muss, *welches* Kunstobjekt von den Figuren beschrieben wird, so ist doch unweigerlich klar, dass es sich um *irgendeine* Darstellung handeln muss. Das Szenario ist auch hier eindeutig: Figuren beschreiben Kunst.

Isoliert betrachtet fungieren implizite Markierungen lediglich als Indizien. Erst ihr Zusammenkommen mit anderen Markierungen kann einen etwaigen Rekurs auf eine tatsächliche künstlerische Arbeit plausibilisieren und konkretisieren. Implizite Markierungen führen so – ganz im Sinne Jörg Helbigs – zu einer ›Emphase durch Quantität‹. Dabei existieren unterschiedliche Indikatoren, die die Leser:innen für implizite Verweisstrukturen sensibilisieren: sprachliche Codewechsel, die Darstellung eines Rezeptionsvorgangs, die vorangegangene Beschreibung des Referenzobjekts oder die Thematisierung von Kunst und Intermedialität durch Figuren oder die Erzählinstanz. Die Indikatoren irritieren durch sprachlich-stilistische Inkongruenz sowie die Verwendung kontextspezifischer und damit fremdartig wirkender Begriffe – oder sie sensibilisieren durch den Gebrauch rezeptionsbezogener Verben sowie der Vergegenwärtigung der intermedialen Konstruktion des Textes. Implizite Verweise sind somit die Summe von Indizien, die jedoch niemals einen Beweis darstellen können.

Narrativierung

Bildreferenzen sind einerseits die Repräsentation einer außerliterarischen Entität, gleichzeitig können sie als eigenständige Narrative fungieren. Bei der Narrativierung von künstlerischen Arbeiten werden Bildelemente benannt und in den literarischen Text transformiert. Figuren, Gegenstände und ihre Umgebung werden beschrieben und zu einer Bildhandlung zusammengeführt. Es existieren unterschiedliche Spielformen von Narrativierung, die abhängig sind von der narrativen Struktur der bildlichen Vorlage:

(1) Bildreferenzen können als Quasi-Intertexte fungieren. Zahlreiche bildkünstlerische Arbeiten stehen in einer literarischen Tradition, illustrieren antik-mythologische und biblische Erzählungen oder sind Darstellungen historischer Ereignisse. Obzwar bei Rekursen auf derartige bildkünstlerische Darstellung stets deutlich ist, dass hier Text auf Bildkunst verweist, bildet sich ihr Narrativ dennoch primär auf Basis ihres literarischen Prätexts. Auch wenn figurenspezifische Narrative mit genuinen Bildelementen interagieren können, so fungiert die Bildreferenz in erster Linie als Stellvertreter einer intertextuellen Bezugnahme.

(2) Bildreferenzen können als reduzierte Narrative auftreten. Im Gegensatz zu Darstellungen historischer oder mythischer Ereignisse verfügen Alltagsdarstellungen oder Genremalereien zumeist über keine prätextuellen Zuschreibungen. Die Bildelemente sind ambig und nicht klar benennbar. Durch die literarische Transformation werden potenziell mehrdeutige Bildelemente nun ›ein-deutig‹ benannt. Dabei schließt die Benennung implizit alternative Betitelungen und somit alternative Leseweisen und Interpretationen der künstlerischen Darstellung aus. Nelson Goodmans Idee einer Bildwelt als ›Pluralität von Weltversionen‹ folgend, präsentiert der Text seinen Rezipient:innen nur *eine* von vielen Bildrealitäten.

(3) Bildreferenzen können als negierte Intertexte auftreten. Die dritte Spielform der Literarisierung visueller Narrative erscheint gleichermaßen als eine Kombination der vorigen beiden Varianten. Die bildkünstlerische Illustration eines biblischen oder mythologischen Prätexts muss von einer Textstimme nicht zwangsläufig vor dem Hintergrund ihrer literarischen Vorlage gelesen werden. Die Abkehr von prätextuellen Zuschreibungen öffnet so die Darstellungen für neue, subjektive Projektionen und Interpretationen. Dabei korrelieren zumeist die ›freie‹ Bildinterpretation und das tatsächliche, prätextuell geprägte Narrativ.

Dialogizität

Dialogizität ist der Kern ästhetischer Referenzverfahren. Das Zusammenkommen verschiedener ästhetischer Entitäten im Rahmen einer intermedialen Textmontage führt zu einem Dialog, basierend auf einer ›semantischen Differenz‹ von Text und Bild. Eine Bildreferenz kann dabei sowohl *intern* als auch *extern* gerichtet sein. Je nach Gerichtetheit variieren die Dialogpartner.

Wenn Figuren Kunst betrachten, ist das Kunstobjekt einerseits Gegenstand der Diegese und Figurenrede: Der Verweis ist intern gerichtet. Andererseits verweist das Kunstobjekt auf sein extrafiktionales Original: Der Verweis ist extern gerichtet.

Bei einer externen Gerichtetheit steht dem literarischen Text eine künstlerische Arbeit als extrafiktionale ästhetische Entität gegenüber. Hierbei fungiert die Bildreferenz als Repräsentant eines außerliterarischen Kunstobjekts. Das

Zusammenkommen von Bildsinn und Textsinn kann wiederum Bedeutung generieren und zu einem tieferen Textverständnis führen.

Sobald Figuren im Text ein künstlerisches Bildwerk darstellen, nachstellen, inszenieren oder interpretieren, verändert sich das dialogische Bezugsystem. Dialogizität meint in diesem Fall den Dialog zwischen einem intrafiktionalen Kunstobjekt und den figurenspezifischen interpretatorischen Zugriffen: Der Verweis ist intern gerichtet. Dabei müssen die Figuren eine künstlerische Arbeit nicht immer gleich interpretieren. In Anlehnung an den Bachtin'schen Dialogizitätsbegriff kann diese ›künstlich angelegte Interpretationsvielfalt‹ zu differenten Sichtweisen führen. Unterschiedliche Stimmen ermöglichen unterschiedliche Blicke und können so die semantische Dimension des dargestellten Kunstobjekts pluralisieren. Ferner ist es möglich, dass sich nicht immer ein konsistentes Bild der besprochenen künstlerischen Arbeit abzeichnet, indem die vom Text präsentierten Sichtweisen divergieren.

Die subjektivierten Bildbeschreibungen können Einblicke in die psychische Disposition und Motivation der Figuren ermöglichen. Stefan Greifs Begriff der ›poetischen Ekphrasis‹ folgend, sagen die Bildbeschreibungen weniger über das eigentliche Werk aus, dafür umso mehr über die Interpretierenden selbst. Dabei sind die figurenspezifischen interpretatorischen Zugriffe zumeist ideologisch motiviert. Künstlerische Darstellungen können so im intrafiktionalen und rezeptionsästhetischen Ich-Bezug der Akteure funktionalisiert werden, um sie für figureneigene Zwecke nutzbar zu machen.

II Kunst und Materialität

Figuren betrachten Kunst. Sie identifizieren sich mit Bildakteuren, finden sich in ihnen wieder, eifern ihnen nach. Dabei findet zwangsläufig eine Interpretation der bildkünstlerischen Welt statt, bei der lediglich *eine* von potenziell vielen Rezeptionserfahrungen zur Schau gestellt wird. Doch auch die Materialität des zitierten Kunstmediums kann über eine sinnkonstitutive Funktion verfügen. Mediale Eigenschaften oder genrespezifische Gestaltungselemente werden hierbei auf Facetten des literarischen Texts, Teile der Handlung oder die narrative Struktur übertragen.

In Peter Stamms Roman *Agnes* (1998) betrachten die zwei Hautfiguren Kunst. Bei einem Museumsbesuch stehen sie als Liebespaar vor einem pointilistischen Gemälde. »Das bist du«,[220] sagt der Mann und schreibt seiner Freundin eine Bildfigur zu. Wenn die Frau dann später resümiert: »Du mußt, wenn du unser Glück beschreiben willst, ganz viele kleine Punkte machen« (A 69), rekurriert sie auf das malerische Prinzip der pointilistischen Darstellung und überträgt dieses auf ihre eigene Lebenswelt.

In Leopold von Sacher-Masochs Erzählung *Venus im Pelz* (1870) finden sich die Romanfiguren ebenfalls in Gemäldefiguren wieder. »So ist es auf dem Bilde von Titian«,[221] meint die Frau, sich in einen Pelzmantel kleidend. Dabei stilisiert der Mann seine Geliebte als Kunstwerk, sieht sie als marmorne Venus oder erkennt sie in Gemälden und Fresken wieder. Ferner korreliert die Stilisierung der Frau als marmorne Skulptur mit ihrer wachsenden emotionalen Kälte und Härte gegenüber dem Mann. Der kalte Steinkörper und der ›kalte‹ Menschenkörper werden hierbei motivisch verbunden.

Und auch in Robert Walsers *Eine Art Kleopatra* (1928/29) spielt die Malerei eine entscheidende Rolle. Das Prosastück präsentiert szenenhafte Einblicke in das von Lethargie geprägte Leben einer jungen Frau. Wenn die Erzählinstanz schließlich betont, dass die Hauptfigur auf einem »sich nachmals

220 Peter Stamm: Agnes. Zürich: Arche 1998. S. 69. Im Folgenden abgekürzt mit der Sigle ›A‹.
221 Leopold von Sacher-Masoch: Venus im Pelz [1870]. In: Ders.: Venus im Pelz und andere Erzählungen. Hrsg. von Bettina Hesse. Köln: Könemann 1996. S .7–147. S. 83. Im Folgenden abgekürzt mit der Sigle ›VP‹.

mit zahlreichen Rissen überziehende[m] Gemälde«[222] beruht, korrelieren die Darstellung der Frauenfigur und der Zerfall des Mediums.

In allen drei Texten dienen Bildfiguren den weiblichen Hauptfiguren als Vorbild. Gleichzeitig werden medien- bzw. genrespezifische Aspekte der künstlerischen Arbeiten auf Elemente der Handlung übertragen. Dabei fungieren etwa malereispezifische Darstellungsaspekte als Vorlage für die narrative Textgestaltung, Materialeigenschaften werden auf Charaktereigenschaften übertragen oder materielle Alterungsspuren korrelieren als sichtbarer Zerfall eines Gemäldes mit dem sinnbildlichen Zerfall der Hauptfigur. Damit kommt der Materialität der zitierten künstlerischen Arbeiten in allen drei Texten eine bedeutungskonstitutive Funktion zu, bei der das Material und seine materialspezifischen Eigenschaften auf besondere Weise hervorgehoben werden.

Stamms *Agnes* (1998): Pointilismus, Material und Narrativität

Stamms Debütroman *Agnes* erzählt die tragische Liebesgeschichte eines namenlosen Ich-Erzählers und seiner Freundin. Als Sachbuchautor recherchiert er in der Chicago Public Library, dort trifft er auf die junge kunst-, literatur- und musikinteressierte Chemiedoktorandin Agnes. Die beiden verlieben sich und ziehen in eine gemeinsame Wohnung. Nach einiger Zeit motiviert Agnes ihren Freund, ihr gemeinsames Leben aufzuschreiben und ihr daraus vorzulesen. Er kommt ihrer Bitte nach und schreibt fortan »Das Buch *Agnes*« (A 138). Im Laufe der Zeit wechselt der zuvor retrospektive Blick des fiktiven Agnes-Romans zu einem prospektiven: Der Ich-Erzähler resümiert nun nicht mehr sein Zusammenleben mit seiner Freundin, stattdessen phantasiert er es fort. Rahmen- und Binnenhandlung beginnen zusammenzufließen und zu einem Handlungsstrang zu werden, obgleich sie weiterhin graphemisch voneinander getrennt bleiben. – Agnes ist schwanger, ihr Freund möchte jedoch kein Kind bekommen. Sie verlässt ihn, woraufhin er sich in seine Romanproduktion flüchtet und ein alternatives, gemeinsames und glückliches Leben fortschreibt. Nach einiger Zeit sucht er Agnes auf Anraten einer Bekannten auf. Sie hat das Kind verloren.

222 Robert Walser: Eine Art Kleopatra [1928/29]. In: Ders.: Das Gesamtwerk in 12 Bänden. Bd. XII: Verstreute Prosa V (1928–1933). Hrsg. von Jochen Greven. Zürich: Suhrkamp 1978. S. 258–260. S 285. Im Folgenden abgekürzt mit der Sigle ›K‹.

Die beiden führen ihre vorige Beziehung fort und schreiben gemeinsam an der Geschichte, in der ihr Kind weiterlebt. Der Tod ihres ungeborenen Kindes belastet Agnes sehr. Ihr Freund will das Schreibprojekt daher schnell beenden und präsentiert ihr ein »*happy ending*« (A 124), parallel schreibt er jedoch heimlich an einem zweiten Ende, in dem Agnes allein im Schnee stirbt. Sie liest den Schluss und verschwindet spurlos.

Agnes' Tod ist ebenso fragwürdig wie innerfiktionale Realität. Dabei ist die Frage nach dem ›tatsächlichen‹ Tod der Hauptfigur – wie Hartmut Vollmer festhält – »freilich bereits irreführend, denn die ›Realität‹ des Romans, mit der die akzentuierte Fiktionalität der Binnengeschichte [...] kollidiert, ist ja selbst wiederum fiktiv.«[223] Dennoch postuliert schon der erste Satz des Romans den Tod der jungen Frau und lässt gleichermaßen Zweifel an seiner Faktizität aufkommen: »Agnes ist tot. Eine Geschichte hat sie getötet.« (A 9) Ihr Ableben im Schnee beschreibt der Ich-Erzähler wiederum lediglich in seinem fiktiven Agnes-Roman. Es ergeben sich zwei Ebenen fiktionaler Welt, die jeweils von derselben Figur erzählt werden und dennoch signifikant divergieren. Das Nebeneinander von Rahmen- und Binnenhandlung erzeugt so eine kohärente Erzählung, die jedoch ein Urteil über Phantasie und Wirklichkeit innerhalb der literarischen Fiktion unmöglich macht.

Stamms Roman ist ein Konvolut intertextueller Bezüge und beinhaltet Rekurse auf Texte von John Keats, Dylan Thomas und Robert Frost sowie auf das romantische Motiv des Kältetodes, den antiken Athene-Stoff und den Pygmalion-Mythos.[224] Die intertextuelle Konstruktion des Romans steht dabei analog zur Literarisierung der Titelfigur. So steckt nicht nur »das ganze Personal der Weltliteratur« (A 120) in ihrem Kopf, wie ihr Freund und Erzähler feststellt. Auch wird sie als Vorbild des fiktiven Agnes-Romans zum Spielball desselbigen. Diese doppelte Literarisierung der Frau findet sich nicht zuletzt im Titel des Romans selbst wieder, der – wie Jàn Jambor unter Bezug auf Gérard Genettes Typologie der Funktionen literarischer Titel[225]

223 Hartmut Vollmer: »Glück malt man mit Punkten, Unglück mit Strichen«. Peter Stamms Roman »Agnes«. In: Monatshefte 100 (2008) H. 2. S. 266–281. S. 273.

224 Für eine ausführlichere Darstellung der intertextuellen Verweise vgl. Ján Jambor: Von der biographischen zur intertextuellen Fabulierwelt: Zu den intertextuellen Bezügen zwischen Jacobus de Voragines *Legenda aurea* und Peter Stamms *Agnes*. In: Fabulierwelten. Zum (Auto)Biographischen in der Literatur der deutschen Schweiz. Festschrift für Beatrice Sandberg zum 75. Geburtstag. Hrsg. von Isabel Hernández u. Dorotea Sośnicka. Würzburg: Könighausen & Neumann 2017. S. 174–193. S. 175.

225 Vgl. hierzu Gérard Genette: Paratexte. Das Buch vom Beiwerk des Buches [1987; franz.: Seuils]. Aus dem Franz. von Dieter Hornig. 6. Aufl. Frankfurt: Suhrkamp 2016 (= Suhrkamp Taschenbuch Wissenschaft 1510). S. 81–91.

festhält – gleichzeitig auf (1) die titelgebende Heldin verweist, außerdem (2) den fiktiven Roman als Gegenstand des Texts benennt und zuletzt (3) eine intertextuelle Spur legt. So verweise der Titel gleichermaßen auf die Geschichte der heiligen Agnes von Rom sowie John Keats' Verserzählung *The Eve of St. Agnes* (1820), welche dem Roman als Motto vorangestellt ist.[226] Der Topos der Frau als Heilige findet sich dabei an anderer Stelle erneut wieder, wenn Agnes erklärt, »sie habe noch nie mit einem Mann geschlafen« (A 26). Motto, Titel und Jungfräulichkeitsmotivik generieren eine Aura der Heiligkeit. Dass Agnes jenem Bild – zum Erstaunen des Ich-Erzählers – direkt zuwiderhandelt und sich ihm ganz unbefangen nackt zeigt, entlarvt zugleich seine eindimensionale Konstruktion der Frauenfigur und offenbart, dass die Figur Agnes der subjektiven Wahrnehmung und Präsentation ihres Erzählers unterliegt.

Agnes ist ein Produkt ihres Erzählers. Sie wird erzählt, intra- wie extradiegetisch. Die Erschaffung der Frau aus dem kreativen Geist des Mannes ist ein bekanntes Motiv der Literaturgeschichte und geht zurück auf den Pygmalion-Mythos sowie den antiken Athene-Stoff. Entsprechend hält auch ihr Freund über das anstehende Schreibprojekt fest: »Du wirst aus meinem Kopf neu geboren, wie Athene aus dem Kopf von Zeus« (A 55). Die Amalgamierung der beiden antiken Prätexte hat jedoch Folgen. Während der Pygmalion-Mythos die erotisch konnotierte Belebung einer Frauenskulptur schildert, beschreibt der Athene-Mythos die Geburt einer Tochter aus dem Geist ihres Vaters. Väterliche und erotische Liebe fließen zusammen.[227] Passend hierzu heißt es an anderer Stelle zum Schreibprojekt: »Ich plante ihre Zukunft, wie ein Vater die Zukunft seiner Tochter plant.« (A 62) Im Anschluss resümiert er: »Ich ahnte schon, daß Agnes in meiner Geschichte

226 Vgl. Ján Jambor: Überlegungen zu den Funktionen von literarischen Titeln. Am Beispiel von Peter Stamms *Agnes*. In: Slowakische Zeitschrift für Germanistik 5 (2013). S. 95–99. S. 96.

227 Pygmalion ist Bildhauer und erschafft eine Frauenskulptur aus Elfenbein. Er verliebt sich in die Skulptur, die daraufhin von der Liebesgöttin Venus zum Leben erweckt wird. Sie heiraten und bekommen Kinder. Der Pygmalion-Mythos proklamiert die Erschaffung der idealen Frau aus dem kreativen Geist des Mannes. Der Athene-Mythos wiederum beschreibt die Geburt einer Frau aus dem Geist ihres Vaters. Zeus verschlingt seine schwangere Frau Metis. Aufgrund starker Kopfschmerzen spaltet ihm sein Sohn Hephaistos den Schädel mit einer Axt. Aus seinem Kopf entspringt in voller Rüstung seine Tochter Athene. Da Athene niemals eine Liebesbeziehung eingegangen ist, trägt sie unter anderem den Beinamen ›Parthenos‹, die Jungfräuliche. Zum Pygmalion-Mythos vgl. Ovid: Metamorphosen, X, 243–297. Zum Athene-Mythos vgl. Hesiod: Theogonie. 886–896. Zum antiken Athene-Kult vgl: Kai Brodersen u. Bernhard Zimmermann (Hrsg.): Athena. In: Kleines Lexikon mythologischer Figuren der Antike. Stuttgart: Metzler 2015. S. 31f.

irgendwann zum Leben erwachen würde« (A 62f). – Dabei geht der Wunsch zur Literarisierung ihrer Person zunächst noch von Agnes selbst aus, die ihren Freund bittet, jenes Porträt von ihr anzufertigen. »Könntest du nicht eine Geschichte über mich schreiben?«, fragt sie ihn. »Es gibt kein einziges gutes Bild von mir. Auf dem man mich sieht, wie ich bin.« (A 48) Dass sie ausgerechnet der Literatur zuschreibt, ein exakteres Bild ihrer Person zu zeichnen, deutet auf einen medienästhetischen Konflikt, der die Frage nach dem Verhältnis von Abbildung und Konstruktion einer dargestellten Welt problematisiert.

Mit Pygmalion und der Bildhauerei als Vorbild für sein Schöpfungsprojekt fordert der Erzähler Agnes nunmehr auf, ihm »Modell [zu] sitzen.« (A 53) Er stellt dem Wunsch nach einem literarischen Porträt einen bildkünstlerischen Gestus entgegen. Ähnlich wie Pygmalion bildet er keine Frau ab. Er erschafft sie. Und so sind auch die ersten Zeilen seines fiktiven Agnes-Romans nicht Dokumentation, sondern Konstruktion von Lebenswelt. Seine erste Schreibhandlung beschreibt die nahe Zukunft und gibt der Frau vor, was sie als nächstes zu tun hat. Dem geschriebenen Vorgriff wird gefolgt. Agnes handelt – wenn zunächst auch im Spaß – wie ihr ›vorgeschrieben‹ wird:

> ›Komm wir fangen gleich an‹, sagte Agnes, ›eine Liebesgeschichte mit dir und mir.‹
> ›Nein‹, sagte ich, ›nicht wir. Ich schreibe die Geschichte. Und vorher möchte ich mir das Feuerwerk anschauen.‹
> Agnes sagte, sie interessiere sich nicht für das Feuerwerk und ob ich nicht gleich mit dem Schreiben beginnen könnte. Ich nahm ein Blatt Papier und schrieb.
>
> *Am Abend des dritten Juli gingen wir auf die Dachterrasse und schauten uns gemeinsam das Feuerwerk an.* (A 50f.)

Sie betreten das Dach und betrachten das Feuerwerk. Anschließend beschränkt sich die Textproduktion vorerst auf die Wiedergabe von Vergangenem, obgleich auch hier binnenfiktionale Darstellung und rahmenfiktionale Wirklichkeit oftmals auseinandergehen. Das Resultat jener Divergenz ist jedoch weniger Einigung, sondern eine betont einseitige Präsentation der Geschehnisse.[228] Die subjektivierte Darstellung der Frau führt dabei sukzessive zu einer Aneignung ihrer Figur durch ihren Erzählerfreund. Als die

228 Im Roman heißt es hierzu vom Ich-Erzähler: »Ich war erstaunt, wie vieles Agnes und ich anders erlebt oder anders in Erinnerung hatten […] und auch wenn ich mich mit meiner Version meistens durchsetzte, war ich mir nicht immer sicher, ob Agnes nicht vielleicht doch recht hatte.« (A 56)

binnenfiktionale Retrospektive die Rahmenhandlung nunmehr überholt, beginnt ihr Freund, zukünftige Ereignisse zu ersinnen. Er führt das Spiel der Feuerwerksnacht fort und schreibt Agnes vor, in welchem Kleid sie zu erscheinen hat, wo sie sitzt und wie sie sich bewegt. Ganz im Sinne seines Ovid'schen Vorbilds meint er: »Jetzt war Agnes mein Geschöpf.« (A 62) Agnes folgt jenen betont spielerischen ›Vorschriften‹. Die Macht über das Leben seiner Romanfigur verlässt den humoristischen Schutzraum jedoch spätestens, wenn der Ich-Erzähler das Ende der Beziehung sowie seinen Unwillen zur Vaterschaft in der Binnenerzählung ausspart. Sonja Klimek hält hierzu fest: »Aus gleichberechtigten Partnern werden so patriarchaler Schöpfergott und fremdbestimmtes weibliches Geschöpf.«[229] Darüber hinaus zeigt sich an dieser Stelle das ebenfalls auf Ovids Pygmalion zurückgehende Motiv des ›männlichen Gebärneids‹.[230] Während der Ich-Erzähler seine Partnerin als literarisches Projekt erschafft, soll Sie kein Kind gebären. Denn als Mutter – denkt man die Kombination von Athene- und Pygmalion-Mythos fort – kann Agnes nur noch schwer die ›Kindfrau‹ des Erzählers sein.

Die literarische Tradition der zu Kunst gewordenen Frau findet ihre Fortführung im (Frei-)Tod der Protagonistin als vermeintlichen Ausweg aus der patriarchalen Fremdbestimmtheit. Entsprechend stirbt auch Agnes einen literarischen Tod. Sie stirbt einerseits als Heldin der fiktiven Liebesgeschichte, andererseits greift ihr Sterben die romantische Vorstellung eines kathartischen Kältetods auf und akzentuiert ihr Ableben so auch literaturgeschichtlich.[231] Das Schlussbild der sterbenden Frau im Schnee wird – wie Vollmer feststellt – bereits mit »einigen proleptischen Reflexionen, Szenen und Motiven vorbereitet.«[232] So sinniert Agnes schon bei einer

229 Sonja Klimek: Postmoderner Solipsismus. Über den psychischen Zentralismus in ›La secte des Égoïstes‹ (1994) von Éric-Emmanuel Schmitt und ›Agnes‹ (1998) von Peter Stamm. In: Germanistik in der Schweiz. Zeitschrift der Schweizerischen Akademischen Gesellschaft für Germanistik. 10 (2013). S. 431–438. S. 436.

230 Das Motiv des ›männlichen Gebärneids‹ und der Mythos vom ›schwangeren Mann‹ lassen sich bereits in der jüdisch-christlichen Schöpfungsgeschichte wiederfinden. Dort ist es nicht der kreative Geist, sondern die Rippe des Mannes, aus der die Frau erschaffen wird. Damit ist auch Eva kein Individuum, sondern eine Frau nach männlichem Bilde. Zur Korrelation von Pygmalion-Mythos und Schöpfungsgeschichte siehe Vera Zingsem: Lilith. Adams erste Frau [1999]. Stuttgart: Reclam 2009 (= Reclam-Taschenbuch 21708). S. 140–145; 212–214.

231 Zum Motiv des Kältetods in der Literatur der Romantik vgl. Hans Richard Brittnacher: Kältetod. Eismeer und Polarreisefantasien um 1800. In: Populäre Erscheinungen. Der Schauerroman um 1800. Hrsg. von Barry Murnane. München: Wilhelm Fink 2011 (= Laboratorium Aufklärung 6). S. 291–308.

232 Vollmer: »Glück malt man mit Punkten, Unglück mit Strichen«. S. 270.

Wanderung über einen zerfallenen Friedhof: »Es heißt, zu erfrieren sei ein schöner Tod.« (A 78) – Ihr binnenfiktionales Ende wird somit auf Ebene der Rahmenhandlung bereits motivisch eingeleitet. Erneut erscheint ein Urteil über Phantasie und Wirklichkeit innerhalb der literarischen Fiktion unmöglich.

Abb. 4: Georges Seurat: *Un dimanche après-midi à l'Île de la Grande Jatte* (dt.: *Ein Sonntagnachmittag auf der Insel La Grande Jatte*). Öl auf Leinwand. 207,6 × 308 cm. 1884–86. Art Institute of Chicago.

Während der Pygmalion-Mythos sowie der Rekurs auf den antiken Athene-Stoff per se literarische Motive einer künstlerisch motivierten Erschaffung respektive Objektivierung der Frau sind, wird an anderer Stelle der Rekurs auf eine künstlerische Arbeit zum Mittel der poetologischen Konstruktion. Bei einem Museumsbesuch betrachten Agnes und ihr Freund Georges Seurats pointilistisches Gemälde *Ein Sonntagnachmittag auf der Insel La Grande Jatte* (1884–86; franz.: *Un dimanche après-midi à l'Île de la Grande Jatte*). Die Textstelle bzw. der Rekurs auf das Gemälde sind sehr präsent markiert und werden paratextuell gerahmt. Eine Abbildung der Malerei ziert das Vor- und Nachsatzpapier der Züricher Erstausgabe. Auf der Vorderseite des Schutzumschlags befindet sich ebenfalls eine Abbildung, rückseitig befindet sich ein Auszug der besagten Textstelle.[233] Dabei ist der Rekurs doppelt gerichtet. Das Gemälde dient den Figuren einerseits als Projektionsfläche eigner Identitätsentwürfe, andererseits gibt es Aufschluss über die narrative Struktur der Erzählung und reflektiert das reziproke Zusammenspiel von Rahmen- und Binnenhandlung. Bei der Betrachtung des Gemäldes heißt es:

> ›Das bist du‹, sagte ich und zeigte auf ein junges Mädchen, das im Mittelgrund des Bildes auf der Wiese saß und einen Blumenstrauß in der Hand hielt. Es saß aufrecht, aber es hielt den Kopf gesenkt, um die Blumen zu betrachten. Neben ihm lagen ein Hut und ein Sonnenschirm, die es nicht brauchte, da es im Schatten war.
> ›Nein‹, sagte Agnes, ›ich bin das Mädchen im weißen Kleid und du bist der Affe.‹
> ›Ich bin der Mann mit der Trompete‹, sagte ich, ›aber niemand hört mir zu.‹
> ›Alle hören dich‹, sagte Agnes. ›Man kann die Ohren nicht schließen.‹ (A 69)

Agnes und ihr Freund benennen für sich sowie ihr Gegenüber jeweils eine Bildfigur als Identifikationsfigur. Die Rollenzuschreibungen geben Aufschluss über ihr Selbst- und Fremdbild. So sieht der Ich-Erzähler seine Freundin als junge Frau mit Blumenstrauß, sich selbst erkennt er im Trompetenspieler wieder. Agnes hingegen identifiziert sich mit einem Mädchen im weißen Kleid, ihr Freund sei hingegen der Affe. Um nun die verschiedenen Figurenzuschreibungen gewinnbringend zu semantisieren, werden diese hinsichtlich ihrer narrativen Qualität betrachtet. Dabei soll der Blick vorerst auf Agnes und ihre beiden Bildrollen gerichtet sein.

Der Ich-Erzähler benennt bei seiner Figurenbeschreibung zwei Merkmale, welche die Frauenfigur näher charakterisieren und so ein Narrativ generieren: Sie hält ihren Kopf gesenkt, um den Blumenstrauß in ihrer Hand zu betrachten. Hut und Schirm benötigt sie nicht, da sie im Schatten sitzt. – Da es sich bei der Figurenbeschreibung gewissermaßen ebenfalls um die

233 Auf dem Buchrücken der Frankfurter Taschenbuchausgabe (erschienen 2009 im Fischer-Verlag) befindet sich wiederum lediglich der Textauszug: »Glück malt man mit Punkten, Unglück mit Strichen … Du musst, wenn du unser Glück beschreiben willst, ganz viele kleine Punkte machen … Und dass es Glück war, wird man erst aus der Distanz sehen.« – Dabei wird der Name ›Seurat‹ durch Auslassungspunkte ausgespart. Auf dem Schutzumschlag der Erstausgabe befindet sich hingegen nahezu das gesamte Bildgespräch der Seiten 68f. inklusive expliziter Nennung des Gemäldes. Der Werbetext der Taschenbuchausgabe lenkt somit zwar ebenfalls den Fokus auf die besagte Textstelle. Dennoch ist der Rekurs auf die pointilistische Malerei deutlich schwächer hervorgehoben als in der Züricher Erstausgabe.

Beschreibung seiner Freundin handelt, korrelieren hier Gemälde- und Romanfigur. So erzeugt der Erzähler das Bild einer introvertierten jungen Frau, die den Trubel meidet und sich zurückzieht. Dass Agnes mit der Art ihrer Darstellung unzufrieden ist, zeigt bereits ihr Unbehagen über ihr literarisches Porträt. Der Ich-Erzähler präsentiert Agnes den ersten Entwurf seiner Geschichte:

> *Ich sah Agnes zum ersten Mal in der Chicago Public Library, im April dieses Jahres.* [...] *Ihre linkischen Bewegungen paßten nicht recht zum schlanken, fast zerbrechlichen Körper. Ihr Gesicht war schmal und bleich, ihr Haar fiel dunkel auf ihre Schultern.* [...] *Sie hatte strenge Ansichten. Mein Zynismus reizte sie und wenn sie aufgeregt war, wurde sie rot und wirkte noch verletzlicher als sonst.*
>
> Agnes ärgerte sich. ›Das brauchst du wirklich nicht so zu schreiben.‹ (A 54)

Ihre Rollenzuschreibung im Museum bewertet Agnes hingegen nicht. Stattdessen antwortet sie mit einer eignen Bildbesetzung: »Ich bin das Mädchen im weißen Kleid« (A 69).

Hervorstechend ist, dass der Erzähler seine Figurenbeschreibung ausschließlich im narrativen Modus ausführt. Seine direkte Rede umfasst lediglich die Worte »Das bist du« (A 69). Zieht man hier Genettes Leitfrage zur Perspektive des Erzählmodus heran – nämlich: »*Welche Figur liefert den Blickwinkel, der für die narrative Perspektive maßgebend ist?*«[234] –, lässt sich eindeutig der Ich-Erzähler als fokale Figur identifizieren. Die Geschehnisse werden ausschließlich aus seiner Perspektive wiedergegeben. Dabei liegt zwischen der direkten Rede im Präsens und der indirekten Rede im Präteritum eine zeitliche und räumliche Distanz. Agnes' Erzählerfreund berichtet mit Abstand. Oder anders formuliert: Alle Aussagen, die er über seine Freundin trifft, geschehen nicht in ihrer Gegenwart. Ferner verfügt Agnes über keine andere Stimme als ihre direkte Rede, um sich mitzuteilen. Während die Leser:innen bei der Bildbetrachtung des Ich-Erzählers weitere Informationen erhalten, die das Narrativ formieren und so seine Rollenzuschreibung nachvollziehbar machen, beschränkt sich Agnes' Selbstdarstellung lediglich auf ihr gesprochenes Wort. Ihre selbstgewählte Bildfigur verweilt kontextlos und erscheint nicht greifbar. Dass der Erzähler seine Perspektive großzügig ausformuliert, Agnes' eigene Identifikationsfigur jedoch diffus

234 Gérard Genette: Die Erzählung [franz.: Discours du récit (1972; dt.: Über die Erzählung); franz.: Nouveau discours du récit (1983; dt.: Neuer Diskurs über die Erzählung). Aus dem Franz. von Andreas Knop, mit einem Nachwort hrsg. von Jochen Vogt. 3. durchgeseh. u. korr. Aufl. Paderborn: Wilhelm Fink 2010, S. 119.

bleibt, verdeutlicht abermals das asymmetrische Darstellungsverhältnis der beiden Romanfiguren. Erst der Abgleich mit Seurats Original ermöglicht, Agnes' Figurenwahl zu ermitteln und anschließend zu kontextualisieren. Und so sieht sich die Frau als kindliche Lichtgestalt, die den Blick der Rezipient:innen direkt auf sich zieht.

Abb. 5–6: Detailansichten von *Ein Sonntagnachmittag auf der Insel La Grande Jatte*: Junge Frau mit Blumenstrauß. – Kleines Kind im weißen Kleid.

Vergleicht man die Beschreibung der Bildfiguren im Roman mit dem tatsächlichen Gemälde, ist auffällig, dass das ›Mädchen im weißen Kleid‹ im Vergleich zum ›Mädchen mit dem Blumenstrauß‹ deutlich jünger ist. Während die Benennung der beiden Bildfiguren als ›Mädchen‹ Frauenfiguren in einem ähnlichen Alter vermuten lässt, zeigt hingegen der Blick aufs Gemälde einen signifikanten Altersunterschied. Die Selbstinszenierung als Kind kommentiert das paternale Verhältnis des Liebespaares sowie die Verkindlichung der Frau durch ihren Erzähler. Sie findet ihr Korrelat in der Amalgamierung des Pygmalion- und Athene-Intertexts. Dabei entlarvt die Bildrolle nicht nur den väterlichen Habitus des Erzählerfreundes. Sie bildet zudem einen semantischen Gegenentwurf zum ›Mädchen mit dem Blumenstrauß‹.

Die Frauenfigur mit Blumenstrauß ist im Profil zu sehen. Sie trägt dunkle, geschlossene Kleidung und sitzt im Schatten. Ihr Blick ist abgewandt. Sie wirkt unauffällig, besonnen und in sich gekehrt. Das ›Mädchen im weißen Kleid‹ hingegen schaut – im Gegensatz zu allen anderen Bildfiguren – die Betrachter:innen direkt an. Ihr Kleid ist die hellste zentrale Fläche des

Gemäldes und bildet gleichzeitig den geometrischen Bildmittelpunkt. Das Kind erscheint somit als zentrale Bildfigur, die den Blick der Rezipient:innen stetig einfängt. Übertragen auf die Rollenzuschreibungen des Romans steht einer introvertierten jungen Frau eine strahlende Lichtgestalt gegenüber, offensiv und lebensfroh.[235]

Abb. 7–8: Detailansichten von *Ein Sonntagnachmittag auf der Insel La Grande Jatte*: Trompete spielender Mann mit Hut. – Affe, der von einer Frau an einer Leine geführt wird.

235 Der Kunsthistoriker Hajo Düchting spricht dem Mädchen im weißen Kleid eine symbolische Funktion zu und deutet es als »Hoffnungsträger, als Prinzip Hoffnung inmitten einer zur Formelhaftigkeit erstarrten Gesellschaft«. (Hajo Düchting: Georges Seurat. 1859–1891. Malerei auf den Punkt gebracht. Köln: Taschen 1999. S. 37.)

Das Spiel mit den selbst- und fremderwählten Identifikationsfiguren wiederholt sich. Agnes beschreibt ihren Freund als Affen. Dieser entgegnet jedoch, er sei der Mann mit der Trompete, dem aber niemand zuhöre. Er identifiziert sich mit der einzigen Künstlerfigur im Gemälde. Dass er ungehört bleibe, rekurriert wiederum auf seine Erfolglosigkeit als Autor fiktionaler Erzähltexte. Seine einzige Kurzgeschichtensammlung wurde lediglich »hundertsiebenundachtzigmal verkauft.« (A 48) Auffällig ist abermals, dass der Ich-Erzähler ausreichend Informationen vermittelt, die jene Bildrolle nachvollziehbar machen. Er entwirft das Narrativ eines erfolglosen Künstlers. Ähnlich seiner Beschreibung der Frau mit Blumenstrauß entpuppt sich die Figurenbeschreibung jedoch als Projektion eigener Phantasien. Der Musiker dient dem Erzähler als Projektionsfläche seines Selbstbildes. Dem Greif'schen Begriff der ›poetischen Ekphrasis‹ folgend, sagt diese Figurenbeschreibung hier weniger über das eigentliche Bild, dafür umso mehr über den Interpretierenden selbst aus.

Während der Erzähler die Wahl seiner Identifikationsfigur ausführt, bleibt Agnes' Vorschlag erneut unerklärt. Sie meint lediglich, ihr Freund sei »der Affe« (A 69). Dass es sich hierbei um ein domestiziertes Tier handelt, welches – im Kontrast zum tollenden Hund – von einer Frau an einer Leine geführt wird, eröffnet erst der Blick auf das tatsächliche Gemälde. Folgt man Agnes' (Bild-)Perspektive, steht hier nicht die Frau in väterlicher Abhängigkeit zu ihrem Erzählerfreund. Vielmehr ist der Mann als Haustier abhängig von der Gunst seiner Herrin. Im Text selbst bleiben jene Bildinformationen ausgespart. Dort gebührt die Deutungshoheit dem Mann und Erzähler.

Der Kontrast von präsentiertem und referiertem Bildnarrativ illustriert abermals das asymmetrische Darstellungsverhältnis der beiden Romanfiguren. Während der Ich-Erzähler subjektive Narrativierungen einzelner Bildfiguren präsentiert, verweisen Agnes' Figurenbenennungen ausschließlich auf ihr außerliterarisches Original. Erst der Blick auf Seurats Gemälde ermöglicht, die Identifikationsfiguren zu ermitteln, anhand derer Agnes ein gänzlich anderes Bild von sich und ihrem Freund entwirft. Der Rekurs auf das Gemälde wird so zum poetologischen Mittel, dem subjektivistischen Blick des männlichen Erzählers ein unverfälschtes Selbstbild der Frauenfigur gegenüberzustellen, welches sich – der Erzähllogik folgend – nur außerhalb des literarischen Texts manifestieren kann.

Neben seiner Funktion als Projektionsfläche figureneigener Identitätsentwürfe dient Seurats Gemälde noch einem weiteren Zweck: Es formuliert den medienästhetischen Gegenentwurf zur Literatur. Denn Agnes und ihr Freund stehen vor einem literarischen Problem: »[U]nser gleichmäßiges Leben eignete sich nicht dazu, beschrieben zu werden. […] Glück läßt sich nicht beschreiben.« (A 68) Sie gehen ins Museum, um »ein Nebel- oder Rauchbild […] oder ein Bild von glücklichen Menschen« (A 68) zu suchen. Im Text heißt es:

> Vor Seurats *Un Dimanche d'été à l'Ile de la Grande Jatte* blieben wir lange stehen. Seurat hatte keine glücklichen Menschen gemalt, aber das Bild strahlte eine Ruhe aus, die dem, was wir suchten, am nächsten kam. Es zeigt ein Flussufer an einem Sonntagnachmittag. Spaziergänger sind da, und hier und da auf der Wiese, zwischen den Bäumen, ruhen sich Menschen aus. (A 68)

Die Aussage, dass Seurat keine glücklichen Menschen gemalt habe, gestaltet sich abermals als Projektion des Ich-Erzählers. Auffällig ist zudem, dass der Gemäldetitel nicht korrekt ist. Der Erzähler macht aus Seurats ›Sonntagnachmittag‹ (dimanche après-midi) einen ›Sommersonntag‹ (dimanche d'été). Der ›falsche‹ Bildtitel korreliert mit der ›falschen‹ Darstellung der Titelfigur.[236] Das Postulat einer Unbeschreibbarkeit von Glück in Abgrenzung zur bildlichen Darstellung eines glücklichen Moments erinnert wiederum an Gotthold Ephraim Lessings *Laokoon*-Rezeption und der Differenzierung zwischen einer zeitlich-literarischen und einer räumlich-bildlichen Kunst.[237] Lessings ›fruchtbarer Augenblick‹ findet so im ›glücklichen Augenblick‹ von Stamms Ich-Erzähler seine glücks-ästhetische Entsprechung. Denn auf ähnliche Weise fragt sich auch Lessing, welches Medium überhaupt in der Lage ist, nicht ›Glück‹, sondern ›Schönheit‹ darzustellen. Ähnlich wie Stamms Erzähler meint Lessing, Schönheit ließe sich nicht beschreiben. Stattdessen kommt er zu dem Ergebnis, dass nur die Malerei »und nur sie allein, körperliche Schönheit nachahmen [kann].«[238]

---

236 Wobei dieser Deutung entgegensteht, dass in späteren Druckversionen der korrekte Gemäldetitel verwendet wird. Es könnte sich somit auch lediglich um einen tatsächlichen Fehler handeln. (Siehe hier zum Vergleich etwa die Frankfurter Taschenbuchausgabe: Peter Stamm: Agnes [1998]. Frankfurt: Fischer 2009. S. 68).

237 Die Gegenüberstellung darstellungsspezifischer Asymmetrien findet sich mehrfach im Roman. Beispielsweise reagiert Agnes auf die literarische Kunst ihres Freundes mit einem Filmprojekt: »Du schreibst, und ich filme« (A 70). Das asymmetrische Darstellungsverhältnis äußert sich hier im Versuch des Ich-Erzählers, die von Agens filmisch dokumentierte Lebenswelt retrospektiv zu benennen. Dabei bleibt er gezwungenermaßen wage. Die (Video-)Bildzeichen sind nicht eindeutig: »Ich liege auf dem Boden, scheine zu schlafen oder habe zumindest die Augen geschlossen.« (A 11)

238 Gotthold Ephraim Lessing: Laokoon: oder über die Grenzen der Malerei und Poesie [1766]. In: Ders.: Werke und Briefe: in zwölf Bänden. Hrsg. von Wilfried Barner u. a. Bd. 5.2: Werke 1766–1769. Hrsg. von Wilfried Barner. Frankfurt: Dt. Klassiker Verl. 1990 (= Bibliothek deutscher Klassiker 57). S. 11–321. S. 144.

Bei der weiteren Betrachtung des Gemäldes macht das Liebespaar sodann eine interessante Beobachtung:

> Als wir näher traten, zerfiel das Bild vor unseren Augen in ein Meer von kleinen Punkten. Die Konturen verschwammen, die Flächen flossen ineinander. Die Farben auf dem Bild waren nicht gemischt, sondern zusammengesetzt [...]. Es gab kein reines Weiß und Schwarz. Jede Fläche enthielt alle Farben und wirkte erst aus der Distanz. (A 68f.)

Das hier beschriebene divisionistische Malprinzip ist charakteristisch für pointilistische Gemälde. Gleichzeitig illustriert es die narrative Struktur des Romans. Vollmer schreibt hierzu: »In Analogie zu dieser visuellen Komplettierung hat sich die erzählte Geschichte [...] Punkt für Punkt zu einem farbigen Ganzen entwickelt.«[239] Das Nebeneinander einzelner und für sich bedeutungsloser Farbkleckse, die erst in der Summe Bildhandlung erzeugen, steht analog zum Neben- bzw. sukzessivem Nacheinander der einzelnen extra- und intradiegetischen Handlungselemente. Erst die lineare Aneinanderreihung der rahmen- und binnenfiktionalen Sequenzen erzeugt eine kohärente Erzählung. Der systemreferenzielle Verweis gibt somit Aufschluss über die poetologische Konstruktion des Romans. Ferner versucht auch Agnes anhand der Maltechnik Glück und Unglück ihrer Beziehung zu illustrieren, indem sie ihre ästhetische Bilderfahrung auf ihre Lebenswelt überträgt. Im Anschluss an den Museumsbesuch resümiert sie:

> ›Glück malt man mit Punkten, Unglück mit Strichen‹, sagte sie. ›Du mußt, wenn du unser Glück beschreiben willst, ganz viele kleine Punkte machen wie Seurat. Und daß es Glück war, wird man erst aus der Distanz sehen.‹ (A 69)

Auch hier fungiert Seurats pointilistisches Malprinzip als Summenformel: Viele glückliche Momente ergeben ein glückliches Leben. Jedoch handelt es sich bei diesem Verständnis von Pointilismus bereits selbst um eine rezeptionsästhetische Konstruktion. Dass ein Nebeneinander von Farbflecken ein Gesamtbild erzeugt, ist freilich unumstritten. Gleichwohl hat Seurat mit seiner innovativen Maltechnik ein gänzlich anderes Ziel verfolgt. Wie Herbert Wotte in seiner Seurat-Monographie darstellt, wäre dem Künstler die Bezeichnung »Chromoluminarismus«,[240] also Farblichtmalerei, deutlich lieber gewesen. Die Bezeichnung ›Pointilismus‹ lege einen falschen Fokus. Das Nebeneinander der unzähligen Farbpunkte ist keineswegs als frühstrukturalistische

239 Vollmer: »Glück malt man mit Punkten, Unglück mit Strichen«. S. 275.
240 Herbert Wotte: Georges Seurat. Wesen, Werk, Wirkung. Dresen: Verl. d. Kunst 1988. S. 36.

Untersuchung bildkonstitutiver Mittel zu verstehen. Vielmehr habe Seurat versucht, in impressionistischer Tradition die Strahlkraft seiner Malerei durch Simultankontraste zu steigern.[241] Ironischerweise habe dies nur bedingt funktioniert. Wotte führt hierzu aus: »Die Pigmentfarben, mit denen der Künstler zu arbeiten genötigt war, gehorchen bei ihren Mischungen anderen Gesetzen als die körperlosen Spektralfarben der Physiker.«[242] Die neue Maltechnik hielt ihrem eigentlichen Anspruch nicht stand. Wotte zufolge stellten schon Seurats Zeitgenossen fest, dass statt der farbigen Leuchtkraft »eine unerwartete und höchst unerwünschte Wirkung ein[trat]: Beim größeren Abstand schien sich ein grauer Schleier über das Bild zu legen.«[243] – Übertragen auf Stamms Roman zeigt der kurze rezeptionsgeschichtliche Exkurs, dass Agnes' Glücksformel trügerisch ist. Ihr Glück vergraut aus der Distanz betrachtet. Ferner wird deutlich, dass die Grenzen zwischen systemischen und materiellen Eigenschaften der Bildreferenz fließend sein können. So handelt es sich beim Pointilismus zwar um ein malerisches, epochenspezifisches und somit systemisches Prinzip. Gleichzeitig ist die Malweise an der materiellen Qualität der Farbe gewachsen und die unbeabsichtigte Fernwirkung des Gemäldes vor allem eine Eigenschaft des Materials. Im Roman korreliert diese optische Vergrauung nunmehr mit dem Motiv des Nebel- oder Rauchbildes, zu dem der Ich-Erzähler meint: »Glück […] ist wie Nebel, wie Rauch, durchsichtig und flüchtig.« (A 68) – Die divisionistische Malweise von Seurats Gemälde steht somit gleichzeitig analog zur narrativen Struktur der Erzählung *und* zum Misserfolg der Liebesgeschichte.

Der Rekurs auf Seurats Gemälde ist funktionsreich und fokussiert sowohl narrative als auch systemische bzw. materielle Bedeutungselemente. Im Hinblick auf die systemische Dimension illustriert das pointilistische Malprinzip die narrative Struktur der Erzählung. Gleichzeitig steht die hiermit einhergehende Fernwirkung und Vergrauung analog zum gescheiterten Liebesglück und dem tragischen Ende. Im Hinblick auf seine narrative Dimension dient das Gemälde Agnes und ihrem Freund als Projektionsfläche

241 Das Gesetz der Simultankontraste basiert auf den Überlegungen des Chemikers Michel Eugène Chevreul. Wotte fasst zusammen: »[Das Gesetz] besagt, daß zwei benachbarte Flächen von verschiedener Farbe aufeinander einwirken; betrachtet man sie gleichzeitig, so erscheint jede überlagert von einem Ton der Komplementärfarbe der anderen – also anders, als sie ›wirklich‹ ist. Sind die beiden benachtbarten Farben von ungleichem Tonwert, so wird die dunklere infolge des Simultankontrastes noch dunkler, die hellere noch heller erscheinen. Sind die benachbarten Farben einander komplementär […], so wird jede durch den Simultankontrast in ihrer Intensität gesteigert.« (Wotte: Seurat. S. 34f.)

242 Wotte: Seurat. S. 37.

243 Wotte: Seurat. S. 53.

eigener Identitätsentwürfe und illustriert so das asymmetrische Darstellungsverhältnis der beiden Figuren. Ferner ermöglicht das Spiel mit den Identifikationsfiguren der Protagonistin, dem subjektivistischen Blick des Mannes ein außerliterarisches Selbstbild entgegenzusetzen. Dabei erweisen sich die Bildbeschreibungen des Ich-Erzählers als Präsentation seiner individuellen Sichtweise auf das Gemälde. Agnes' Figurenbenennungen fungieren hingegen als Repräsentation ihres außerliterarischen Originals. Als Mädchen im weißen Kleid stellt sie der eindimensionalen Konstruktion ihres Erzählerfreundes ein außerliterarisches Selbstbild als kindliche Lichtgestalt gegenüber, offensiv und lebensfroh.

Sacher-Masochs *Venus im Pelz* (1870): Marmor und Sexualität

Venus im Pelz ist Sacher-Masochs wohl bekannteste und erfolgreichste Erzählung. Schon früh erlangt sie besondere Berühmtheit durch Richard Krafft Ebbings medizinische Studie *Psychopathia sexualis* (1886), in der dieser auf Basis des Texts die Begriffe ›Masochismus‹ und ›Sadismus‹ prägt. Barbara Wróblewska resümiert die frühe Rezeption der Erzählung und stellt die Reaktionen Sacher-Masochs Zeitgenossen dar. So habe zwar die »konservative Kritik [...] dem Schriftsteller Ostentation, ästhetische Ignoranz und einen unverständlichen Drang zur naturalistischen Enthüllung von Perversion vor[geworfen].«[244] Dennoch habe Sacher-Masoch die Marktbedürfnisse genau getroffen, was einerseits zu einem regen Interesse des Publikums an seinem Roman geführt habe. Andererseits habe der Erfolg den Autoren dazu veranlasst, in seinen weiteren Texten fortan die »masochistischen Sehnsüchte und Rituale [...] mit monotoner, nahezu obsessiver Regelmäßigkeit«[245] aufzugreifen. Obgleich sich die bisherige literaturwissenschaftliche Forschung größtenteils mit den Spuren der Erzählung in Texten anderer Autor:innen auseinandergesetzt hat, zeigt die komplexe

244 Barbara Wróblewska: Zur Problematik der masochistischen Phantasie in Leopold von Sacher-Masochs *Venus im Pelz*. In: Colloquia Germanica Stetinesia 21 (2013). S. 113–129. S. 114.

245 Wróblewska: Zur Problematik der masochistischen Phantasie. S. 114.

intermediale Konstruktion und der ausgeprägte Bilderfetischismus zunehmende Relevanz im jüngeren Forschungsdiskurs.[246]

Die stark autobiographisch geprägte Erzählung handelt von Severin Kusiemski, der in einem abgelegenen Badeort in den Karpaten lebt und die junge und reiche Witwe Wanda von Dunajew als seine neue Nachbarin kennenlernt.[247] Seit seiner Jugend verspürt Severin eine sexuelle Abneigung gegenüber Frauen. Aufgrund einiger Erlebnisse in seiner Kindheit und seiner vielseitigen Auseinandersetzung mit Kunst und Literatur widmet er daher seine sexuelle und emotionale Aufmerksamkeit dem steinernen Bild der Venus. Seine sexuelle Disposition sowie seine Sexualisierung von Kunstobjekten erscheinen dabei als Resultat seiner sozialen und biografischen Determiniertheit.[248] – Severin ist von der Schönheit Wandas fasziniert. Seinen Heiratsantrag ablehnend, schlägt Wanda dem Mann eine einjährige Beziehung auf Probe vor. Die Probezeit entwickelt sich zu einem vertraglich geregelten Verhältnis, in dem Severin der Frau als ihr Sklave namens Gregor dienen muss. Wanda kommt Severins sexuellen Phantasien nach und misshandelt ihn, dabei trägt sie stets einen Pelzmantel. Bald jedoch beginnt sie eine Beziehung mit einem jungen, sadistischen Griechen. Das

246 Zu den intertextuellen Spuren, die Sacher-Masochs Roman hinterlassen hat, vgl. exemplarisch Holger Rudloffs Monografie *Gregor Samsa und seine Brüder. Kafka – Sacher-Masoch – Thomas Mann* (1997) sowie seine Untersuchung *Zum Einfluss von Leopold Sacher-Masochs Roman ›Venus im Pelz‹ auf Heinrich Manns frühe Romane ›In einer Familie‹ und ›Zwischen den Rassen‹* (2002). Zur jüngeren Auseinandersetzung mit dem Bilderfetischismus vgl. etwa Catriona MacLeods Essay *Still Alive. Tableau Vivant and Narrative Suspensions in Sacher-Masoch's Venus im Pelz* (2005) sowie Larissa N. Polubojarinovas Aufsatz *Venus auf dem Weg zur Fotografie. Zur Spezifik der Bildlichkeit bei Leopold von Sacher-Masoch* (2007).

247 Ende 1868 begibt sich Sacher-Masoch auf eine Reise nach Italien. Dort verliebt er sich in die Baronesse Fanny von Pistor. Einen Privatvertrag eingehend, fügt sich Sacher-Masoch für sechs Monate in die Rolle eines Sklaven. Dabei sieht der Vertrag vor, dass seine bürgerliche Ehre unangetastet bleibt und ihm täglich einige Stunden für seine Textproduktion zur Verfügung stehen. In Florenz beginnt Fanny von Pistor ein Dreiecksverhältnis mit einem Schauspieler, was bei Sacher-Masoch zu großer Eifersucht führt. Mit dem Ende der Beziehung von Fanny von Pistor und dem Schauspieler löst sich auch die Beziehung zu Sacher-Masoch auf. (Vgl. Wróblewska: Zur Problematik der masochistischen Phantasie. S. 113).

248 Severins sexuelle Vorlieben werden akribisch hergeleitet, sodass jegliches unkonventionelles Handeln seinerseits direkt auf seine Erfahrungen in der Jugend zurückzuführen ist: Als Kind wird er von seiner Tante misshandelt. Sie fesselt den Jungen und schlägt ihn »mit einer großen Rute […], und sie hieb so tüchtig, daß Blut floß« (VP 42), dabei trägt sie einen »pelzgefütterten Kazabaika« (VP 42). Anschließend muss Severin ihr »kniend für die Strafe danken und die Hand küssen« (VP 42). Gepaart mit Severins ausführlich beschriebener Abneigung gegenüber allen sonstigen Frauen und seiner Hinwendung zu kulturellen Gütern, bietet der Text allerhand Hinweise, die seine sadomasochistische Orientierung erklären sollen. Sein Handeln wird dabei stets auf seine jugendlichen Erfahrungen zurückgeführt.

Verhältnis der beiden endet, als Wanda den gefesselten Severin von ihrem neuen Liebhaber auspeitschen lässt und lachend zusieht. Anschließend kehrt Severin gebrochen in seine Heimat zurück. Rückblickend betrachtet er die Trennung als seine Heilung. Erzählstrukturell unterteilt sich der Roman in Rahmen- und Binnenhandlung. Auf Ebene der Rahmenhandlung empfängt Severin einen Bekannten, dem er sein Tagebuch präsentiert. Das Tagebuch eröffnet die Binnenhandlung, in der das Zusammenleben von Wanda und Severin erzählt wird.

Dass ein Mann keine Frau, sondern ein Kunstobjekt – und noch konkreter eine Venusskulptur – begehrt, ist ein prominentes literarisches Motiv und geht zurück auf Ovids Pygmalion aus den *Metamorphosen* (1–8 n. Chr.; lat.: *Metamorphoseon libri*). Severin erinnert in Grundzügen an jenen Bildhauer, der sich in sein eigenes Kunstwerk verliebt. Ähnlich wie Pygmalion entsagt auch Severin den Frauen. Die körperliche Liebe erscheint ihm als etwas »Niederes und Unschönes« (VP 41). Es Pygmalion gleichtuend, wendet er sich von den Frauen ab. Beide Männer verlieben sich daraufhin in eine Skulptur: das Abbild der Venus. Dass Severin sich seine Frau dem Pygmalion'schen Vorbild nach modelliert, wird deutlich, wenn Wanda wiederholt betont, dass ihr brutales Verhalten gegen den Mann nicht ihrem eigenen Wesen entspringt: »[W]enn ich Vergnügen daran finde, dich zu quälen, dich zu mißhandeln, bist nur du schuld, du hast aus mir gemacht, was ich jetzt bin« (VP 134). – Während Pygmalion jedoch mit seiner frisch belebten Lebensgefährtin eine Tochter bekommt, scheitert Severin an seiner Liebe und wird ausgepeitscht und gedemütigt zurückgelassen. Ein entsprechender Rekurs auf den Ovid'schen Prätext lässt sich zu Beginn der Erzählung finden. In Severins Traum erwacht eine marmorne Venusstatue zum Leben, anschließend wird die Szene direkt mit Pygmalions wundersamer Verlebendigung verglichen: »Ja, sie ist mir lebendig geworden, wie jene Statue, die für ihren Meister zu atmen begann« (VP 23). Dabei schreibt der Rekurs auf Pygmalion die literarische Tradition der romantischen Skulpturenbegegnung fort und perspektiviert Severins Handeln auch literaturhistorisch.[249]

Das Spektrum der künstlerischen, literarischen und historischen Vorbilder ist groß. Passagen aus Johann Wolfgang Goethes *Faust* (1808) werden zitiert. Goethes *Römische Elegien* (1795) finden mehrfach Erwähnung. Zur letzten Strophe seines zweiten *Koptischen Liedes* (1796) heißt es: »nirgends paßt Goethes ›Du mußt Hammer und Amboß sein‹ so vortrefflich hin wie

249 Zum Pygmalion-Mythos und dem romantischen Topos der Skulpturenbegegnung siehe die Ausführungen im Kapitel »Bildreferenzen und ihre Kulturgeschichte«.

auf das Verhältnis von Mann und Weib« (VP 22).[250] Und auch die letzten beiden Zeilen des Gedichts *Willkommen und Abschied* (1775) werden von Severin frei wiedergegeben: »Lieben, geliebt werden, welch ein Glück!« (VP 21)[251] – Hinzu kommen Verweise zum Nibelungen-Mythos, den tschechischen Sagenfiguren Šárka und Ctirad sowie zahlreichen historischen Frauenfiguren wie Agnes von Ungarn und Katharina II.[252] Die vielfältigen Verweise dienen allesamt dem Mann, sein unkonventionelles Begehren zu rechtfertigen und die Legitimität seines Handelns zu behaupten. In faustischer Manier verschreibt er seine Seele dem Teufel in Form einer jungen, rotgelockten Frau – »sie ist eine Teufelin« (VP 118) – oder er gibt sich als liebestoller Stürmer und Dränger, als Phantast.[253]

Severins sexuelle Fantasien sind Kulturarbeit. Der Liebesdienst wird zur Kunstrezeption, der Museumsbesuch zur Sinneslust. Seine künstlerischen Vorbilder erstrecken sich von marmornen Venusskulpturen über malerische Darstellungen der Liebesgöttin hin zu fiktiven Malereien und Deckenfresken. Und auch seine Spaziergänge zu einer Venusskulptur im Park werden bildträchtig aufgeladen. Im Text heißt es:

> Nach einem kurzen, aber heftigen Gewitterregen besuchen wir zusammen die Wiese und das Venusbild. Die Erde dampft ringsum, Nebel steigen wie Opferdünste gegen den Himmel [...]. Wir können die Wiese nicht überschrei-

250 In Goethes *Ein andres (Koptisches Lied)* heißt es: »Du mußt herrschen und gewinnen, / Leiden oder triumphieren, / Amboß oder Hammer sein.« (Johann Wolfgang Goethe: Ein andres (Koptisches Lied) [1796]. In: Ders.: Sämtliche Werke, Briefe, Tagebücher und Gespräche. Hrsg. von Dieter Borchmeyer u. a. Bd. 1: Abt. 1, Sämtliche Werke: Gedichte 1765–1799. Hrsg. von Karl Eibl. Frankfurt: Dt. Klassiker Verl. 1987 (= Bibliothek deutscher Klassiker 18). S. 651).

251 In Goethes Gedicht lauten die letzten beiden Zeilen: »Und doch, welch Glück, geliebt zu werden, / Und lieben, Götter, welch ein Glück!« (Johann Wolfgang Goethe: Willkommen und Abschied [1775]. In: Ders.: Sämtliche Werke, Briefe, Tagebücher und Gespräche. Hrsg. von Dieter Borchmeyer u. a. Bd. 1: Abt. 1, Sämtliche Werke: Gedichte 1765–1799. Hrsg. von Karl Eibl. Frankfurt: Dt. Klassiker Verl. 1987 (= Bibliothek deutscher Klassiker 18). S. 283).

252 Im Text heißt es hierzu: »Ich beneidete König Gunther, den die gewaltige Brunhilde in der Brautnacht band; den armen Troubadour, den seine launische Herrin in Wolfsfelle nähen ließ, um ihn dann gleich einem Wild zu jagen; ich beneidete den Ritter Ctirad, den die kühne Amazone Scharka durch List im Walde bei Prag gefangennahm, auf die Burg Divin schleppte, und nachdem sie sich einige Zeit mit ihm die Zeit vertrieben hatte, auf das Rad flechten ließ – [...] alle jene Frauen, welche in den Blättern der Weltgeschichte als wollüstig, schön und gewalttätig verzeichnet sind, wie Libussa, Lucretia Borgia, Agnes von Ungarn, Königin Margot, Isabeau, die Sultanin Roxolane, die russischen Zarinnen des vorigen Jahrhunderts, alle sah ich in Pelzen oder hermelinverbrämten Roben.« (VP 47f.)

253 Zum Faustischen in Sacher-Masochs Erzählung vgl. Doerte Bischoff: Poetischer Fetischismus. Der Kult der Dinge im 19. Jahrhundert. München: Wilhelm Fink 2013. S. 411–415.

> ten, denn sie ist noch ganz naß und erscheint von der Sonne beglänzt, wie ein kleiner Teich, aus dessen bewegtem Spiegel die Liebesgöttin emporsteigt, um deren Haupt ein Mückenschwarm tanzt, welcher, von der Sonne beschienen, wie eine Aureole über ihr schwebt. (VP 32f.)

Das Regenwasser der nassen Wiese sammelt sich zu einem Teich. Die Sonne lässt die Wasseroberfläche wie einen Spiegel reflektieren. Venus scheint aus dieser Reflektion emporzusteigen, über ihrem Kopf schwebt ein Heiligenschein aus Mücken und Sonnenlicht. Die magische Vitalisierung einer steinernen Venusstatue im Park erinnert hier unweigerlich an Joseph von Eichendorffs romantische Erzählung *Das Marmorbild* (1819), wird doch dort ein Steinbild vom Protagonisten Florio auf gleiche Weise imaginär belebt. Ferner – so stellt Georg Leisten fest – wird Severins Parkbesuch mit Elementen von Sandro Botticellis *Geburt der Venus* (1485; ital.: *La nascita di Venere*) amalgamiert.[254] Dabei beschreibt die Textstelle kein Gemälde. Sie beschreibt eine Szenerie, die in der Anordnung der Figuren, der Requisiten und Umgebung ihr Vorbild implizit evoziert. Doch nicht nur auf formaler Ebene lassen sich Parallelen finden. Inhaltlicher Verknüpfungspunkt von Bild und Text ist zudem die Vitalisierung der steinernen Venusstatue. So zeigt auch Botticellis Gemälde – wie etwa der französische Kunsthistoriker Georges Didi-Huberman festhält – eine marmorne, mediceische Venus, die durch »die Färbung ihres Körpers […] unfehlbar auf die freistehenden Statuen der Antike«[255] verweist und durch eine magische Eingebung belebt wird. So wie die Venus für Severin (und für Eichendorffs Florio) zum Leben erwacht, zeigt auch Botticellis Gemälde die Vitalisierung einer steinernen Skulptur.[256]

Die Besuche häufen sich. Severin findet Venusstatuen in seinem privaten Park, in der Loggia seiner Florentiner Villa, in einer kleinen tempelarti-

254 Vgl. Georg Leisten: Bildnisbegegnung – Fetischismus – Schrift: Leopold von Sacher-Masochs Novelle *Venus im Pelz*. In: Behext von Bildern? Ursachen, Funktionen und Perspektiven der textuellen Faszination durch Bilder. Hrsg. von Heinz J. Drügh u. Maria Moog-Grünewald. Heidelberg: Winter 2001. S. 101–114. S. 106.

255 Georges Didi-Huberman: Venus öffnen. Nacktheit, Traum, Grausamkeit. Aus dem Franz. von Mona Belkhodja u. Marcus Coelen. Zürich: Diaphanes 2006 (= Das sich öffnende Bild 1). S. 19.

256 Ein impliziter Rekurs auf Botticellis Gemälde lässt sich – wie Peter Brandes feststellt – wiederum auch in Eichendorffs Novelle finden. Sacher-Masochs Text wiederholt somit die Bezugnahme. Damit ergibt sich ein quasi dreifacher Rekurs. Sacher-Masochs Textstelle verweist gleichzeitig auf Eichendorffs *Marmorbild,* auf Botticellis *Geburt der Venus* und auf Eichendorffs intermedialen Rekurs auf dasselbe Gemälde. (Vgl. Peter Brandes: Das Leben der Bilder im Text. Ovids Pygmalion und Eichendorffs »Marmorbild«. In: Weimarer Beiträge 54 (2008). S. 63–87. S. 72).

gen Kapelle und auch das Urbild seiner Begierde – die *Venus de' Medici* (1. Jh. v. Chr.) – wird in Florenz angekommen sogleich in der Tribuna der Uffizien besichtigt: »Heute habe ich die mediceische Venus besucht.« (VP 110) Der Liebesdienst am steinernen Frauenbild erinnert an Besuche von Pilgerstätten und christlichen Marienkult.[257] Momente von Heimlichkeit und

Abb. 9–10. Sandro Botticelli: *La nascita di Venere* (dt.: *Die Geburt der Venus*). Tempera auf Leinwand. 172,5 × 278,5 cm. 1485–86. Uffizien, Florenz. – Anonymus (hellenistisch): *Venus de' Medici* (dt.: *Medici Venus*). Marmor. 151 cm. 1. Jh. v. Chr. Uffizien, Florenz.

Schauer begleiten Severins Treiben. Beim Besuch der kleinen Kapelle im Garten der Florentiner Villa heißt es:

> Ich habe den Garten durchstreift und auf einem runden Hügel einen kleinen Tempel entdeckt, dessen Tor ich verschlossen fand; aber das Tor hat eine

257 Der Kontrast zwischen christlicher Marienverehrung und heidnischem Venuskult ist ein stetig wiederkehrendes Motiv der Erzählung, bei dem Moral und Tugend einer heidnischen Wollust gegenübergestellt werden. Laut Doerte Bischoff findet diese Kontrastierung sowohl auf religiöser Ebene (Venuskult / Marienkult), auf topografischer Ebene (heidnischer Süden / christlicher Norden) und zeitlicher Ebene (Antike / Gegenwart) statt. Besonders deutlich tritt jene Gegenüberstellung hervor, wenn Severin den ersten Entwurf des Malers betrachtet: »Er hat eben eine Madonna angefangen, eine Madonna mit rotem Haare und grünen Augen! Aus diesem Rasseweibe ein Bild der Jungfräulichkeit machen, das kann nur der Idealismus eines Deutschen.« (VP 113) Die Gegenüberstellung von Venus und Maria, von Wollust und Jungfräulichkeit, setzt die romantische Literaturtradition fort. Bischoff schreibt zur Dichotomie von Venus und Maria in Sacher-Masochs Erzählung: »So ist es die schon in den Venusberg-Erzählungen der Romantik regelmäßig thematisierte Kluft zwischen Ehefrau und Liebesgöttin, zwischen sozialer und idealer Begegnung, die sich in diesen Konflikten zeigt. Indem hier dieselbe Figur in beiden Rollen auftritt […] spitzt sich die in der Phantasie von der Verkörperung und Verfügbarkeit des Idealischen angelegte Problematik jedoch offensichtlich zu.« (Bischoff: Poetischer Fetischismus. S. 415.)

> Ritze, und wie ich das Auge an dieselbe lege, sehe ich auf weißem Piedestal die Liebesgöttin stehen. Mich ergreift ein leiser Schauer. Mir ist, als lächle sie mir zu: ›Bist du da? Ich habe dich erwartet.‹ (VP 88)

Jene ›Schlüssellochszene‹ zeigt Severin als Voyeur und verdeutlicht den Stellenwert der Frauenskulptur nicht als Gegenstand kultureller, sondern sexueller Begierde. Dabei stellt Larissa Polubojarinova fest, dass die Kunstobjekte »in der Erzählung Sacher-Masochs nicht bloß exzessiv ›skopophilisch‹ rezipiert«[258] werden. Sie dienen Polubojarinova zufolge nicht bloß der Befriedigung voyeuristischer Lust, auch dienen die künstlerischen Darstellungen den beiden Charakteren als Handlungsanweisung. Besonders eine fiktive Deckenmalerei in der Florentiner Villa illustriert dabei zunächst Severins erotische Phantasien, um postwendend in die Tat umgesetzt zu werden. Während der Unterzeichnung seines Sklavenvertrags betrachtet er das Deckengemälde. Es zeigt die alttestamentliche Szene von Samson und Delila, in der die Frau den geliebten Mann fesseln und die Augen ausstechen lässt:

> Delila, eine üppige Dame mit flammendem roten Haare, liegt halb entkleidet in einem dunklen Pelzmantel auf einer roten Ottomane und beugt sich lächelnd zu Simson herab, den die Philister niedergeworfen und gebunden haben. Ihr Lächeln ist in seiner spöttischen Koketterie von wahrhaft infernalischer Grausamkeit, ihr Auge, halb geschlossen, begegnet jenem Simsons, das noch im letzten Blicke mit wahnsinniger Liebe an dem ihren hängt, denn schon kniet einer der Feinde auf seiner Brust, bereit, ihm das glühende Eisen hineinzustoßen. (VP 92)

Das Deckenfresko fungiert hier als eine Art Quasi-Intertext, bei dem die Beschreibungen der Darstellung vor dem Hintergrund der biblischen Szene gelesen werden. Dabei erweist sich das fiktive Fresko (bzw. Severins Beschreibung desselbigen) bereits selbst als sado-masochistisch konnotierte Interpretation der biblischen Vorlage.

Nach Vertragsschluss lässt Wanda den Mann von ihren Bediensteten fesseln. Severin werden »Beine und Hände fest zusammengeschnürt und die Arme wie einem, der hingerichtet werden soll, auf den Rücken gebunden« (VP 93). Er wird ausgepeitscht. Die Szene erinnert unmittelbar an das zuvor ausgiebig betrachtete Deckengemälde. Ähnlich dem geblendeten

258 Larissa N. Polubojarinova: Venus auf dem Weg zur Fotografie. Zur Spezifik der Bildlichkeit bei Leopold von Sacher-Masoch. In: Arcadia 42 (2007) H. 2. S. 227–239. S. 234.

Samson wird Severin gefesselt, gedemütigt und misshandelt. Auch trägt Delila auf der Deckenmalerei einen dunklen Pelzmantel passend zu ihren ›flammend roten‹ Haaren. Die Nachbildung jener Gewaltszene illustriert das wechselseitige Verhältnis von Figurenhandeln und Kunstbetrachtung: Künstlerische Darstellungen werden sexuell inspiriert rezipiert und als Handlungsanweisung verstanden reinszeniert. Gleichzeitig handelt es sich bei dem Deckenfresko bereits selbst um eine lustvolle Gewaltdarstellung, deren Nachahmung zu einer Diallele im Wechselspiel von Bildproduktion und Bildadaption führt.

Severin und Wanda folgen mit ihrer Neuaufführung der Folterszene einer bildkünstlerischen Tradition. Denn die griechische wie auch die christliche Mythologie geben der bildenden Kunst zahlreiche Vorlagen für ihre erotisch konnotierten Bildmotive.[259] Die Rückbindung jener Darstellungen an einen antik-literarischen oder biblischen Kanon legitimiert, Nacktheit in Malerei und Skulptur darzustellen. So hält Ulrich Stadler zum Verhältnis von Kunst und Voyeurismus fest, dass Werke der bildenden Kunst seit jeher »etwas darstellen dürfen, und zwar sanktionslos darstellen dürfen, was verboten wäre und bestraft würde, wenn es sich außerhalb der Kunst ereignete.«[260] Entsprechend orientieren sich auch Severin und Wanda bei ihren unkonventionellen Liebespraktiken an religiös motivierten Bildwerken und führen mit ihrer szenischen Rekonstruktion der alttestamentlichen Folterszene jene Nachahmungstradition fort. Dabei spielt Wanda ihre ihr auferlegte Rolle und übernimmt im Laufe der Erzählung immer mehr Facetten ihrer bildkünstlerischen Vorlagen.

Wandas imaginäre Verwandlung hin zu einer steinernen Venus findet auf unterschiedliche Weise statt. Auffällig ist eine Stilisierung der Frau als Skulptur durch materialreferenzielle Verweise auf Marmor und seine bildhauerische Verwendung. Wanda werden Eigenschaften zugeschrieben, die ebenso

259 Beispielsweise berichtet Ovid in seinen *Metamorphosen* von Aktaion, der im Wald Diana und einige Nymphen beim Bad überrascht (III, 173–193). Eine Szene, die unter anderem Tizian 1556 darstellt. Die beim Bad überraschte Jagdgöttin verwandelt Aktaion daraufhin in einen Hirsch. Er wird von seinen eigenen Hunden zerfleischt (III, 193–252). Auch diese Szene illustriert Tizian 1560. Im Alten Testament heißt es beispielsweise über König David, dass dieser abends vom Dach seines Königshauses eine fremde Frau beim Bad beobachtet. David lässt die Frau namens Bathseba zu sich rufen und schwängert sie (Samuel, 11 V. 2–5). ›Bathseba im Bade‹ wird zu einem vielfach dargestellten Bildthema des 17. und 18. Jahrhunderts.

260 Ulrich Stadler: Schaulust und Voyeurismus. Ein Abgrenzungsversuch. Mit einer Skizze zur Geschichte des verpönten Blicks in Literatur und Kunst. In: Schaulust. Heimliche und verpönte Blicke in Literatur und Kunst. Hrsg. von Ulrich Stadler u. Karl Wagner. München: Wilhelm Fink 2005. S. 9–38. S. 10.

Materialeigenschaften von Marmor sind. Ihre Haut ist kalt, hell, weiß. Ihre Gesichtszüge sind hart. Jene sinnbildliche Petrifikation findet schleichend statt. Im Laufe der Erzählung wandelt sich Wandas menschliches Wesen zunehmend zum Statuesken. Ihre Attribute werden invertiert. War ihr Blick zuvor noch ›sonnig‹, ›ruhig‹, ›zärtlich‹ und ›forschend‹ (vgl. VP 33, 48), ist er nun »hart und hat einen unheimlichen Ausdruck von Müdigkeit, von Übersättigung.« (VP 97) Zu Beginn betont Severin Wandas »kleine[] warme[] Hand«, (VP 48) später dann: »Ich faßte ihre kleine kalte Hand« (VP 76). Schließlich dann – Wanda ist mittlerweile gefestigt in ihrer Rolle als venushafte Despotin – schmiegt sich Severin an den »kalten Marmorleib« (VP 112) der Frau. Der Wechsel vom warmen Menschenkörper hin zum kalten Statuenkörper ist vollzogen.[261]

Ein weiteres Mittel der Stilisierung ist der direkte Vergleich der Frau mit ihrem steinernen Vorbild. Nach dem Besuch in den Uffizien wird prompt auch Wanda mit der mediceischen Venus verglichen, wenn sie sich vor Severin entkleidet und »wie die Göttin in der Tribuna« (VP 110) dasteht. Wenngleich auch Severin sich anschließend eingestehen möchte, dass Wandas menschliche Schönheit die Schönheit der Kunst überragt – »ein lebendiges Weib ist schöner als eine Venus aus Stein« (VP 112) –, so findet doch anschließend erneut eine künstlerische Stilisierung der Frau statt, indem sich Severin an Wandas zuvor erwähnten ›kalten Marmorleib‹ schmiegt und eben nicht an ihre warme Brust.

In Sacher-Masochs Erzählung hängen Bild und Fetischismus unweigerlich zusammen. Die Mechanismen des Fetischisierens von Kunst bewegen sich zwischen dem antiken Narrativ des erotischen Begehrens eines künstleri-

261 Die sinnbildliche Versteinerung Wandas geht einher mit der zunehmenden Identifikation mit der ihr auferlegten Rolle. Dabei zeigt sie sich als nicht autonomes Wesen. Obgleich Wanda zu Beginn der Erzählung als emanzipierte und selbstbestimmte Femme fatale charakterisiert wird, agiert sie doch lediglich als Projektionsfläche männlicher Phantasien. Ihre Rolle als Despotin definiert sich über ihr Verhältnis zu Severin. Jenes Verhältnis beendet sie, indem sie sich in eine ebenfalls gewaltsame Beziehung mit einem nun sie unterwerfenden Liebhaber begibt. Damit konstruiert die Erzählung das Bild einer scheinbar emanzipierten Frau, die zuletzt dennoch die Unterwerfung durch den Mann sucht. Ferner betrachtet auch Severin nach der Beziehung zu Wanda weiterhin ein asynchrones Machtverhältnis zwischen Mann und Frau als Grundvoraussetzung für ein funktionierendes Miteinander. Er übt nun selbst Gewalt gegenüber seiner neuen Partnerin aus. Einziges Korrektiv jenes chauvinistischen Beziehungsmodells ist Severins Freund, der einwendet: »wie kannst du die hübsche kleine Frau so traktieren!« – »Geh' du mir, so muß man die Weiber dressieren«, entgegnet Severin (VP 16).

schen Objekts und dem Postulat kultureller Integrität.[262] Hervorstechend ist jedoch, dass Severins Venusbild nicht anhand einer antik-literarischen Tradition gebildet wird, sondern anhand einer künstlerischen. Der Pygmalion-Mythos und etwaige Rekurse auf Eichendorffs *Marmorbild* sind zwar fester Bestandteil der poetologischen Konstruktion der Erzählung. Die Verweise zu künstlerischen Arbeiten bestimmen jedoch aktiv das Handeln der Figuren. Sie werden zum subjektivistischen Mittel der Welterschließung und zum Despositiv der männlichen Hauptfigur. Im Zentrum der sexuell motivierten Nachahmungspraxis steht dabei vor allem Tizians altmeisterliches Gemälde *Venus mit dem Spiegel* (1555; ital.: *Venere allo specchio*).

Der Rekurs auf Tizians Malerei ist omnipräsent und offenbart sich in der vielfachen Nennung von Künstler, Bildtitel und Bildelementen. Dabei sind die Gemäldebeschreibungen stets sexuell konnotiert. So heißt es gleich zu Beginn der Erzählung bei der Betrachtung einer kleinen fotografischen Reproduktion:

> Die kalte Koketterie, mit der das herrliche Weib seine Reize mit den dunklen Zobelfellen drapiert, die Strenge, Härte, welche in dem Marmorantlitz liegt, entzücken mich und flößen mir zugleich Grauen ein. (VP 21)

Severins Beschreibung gibt wenig Aufschluss über die tatsächliche Gestaltung des Gemäldes. Greifs Begriff der ›poetischen Ekphrasis‹ folgend, sagt Severins Bildbeschreibung hier weniger über das eigentliche Werk, dafür umso mehr über ihn als Interpretierenden aus. Es offenbart eine sexuell inspirierte Rezeption, eine objektive Betrachtung existiert nicht. Dabei ›rahmt‹ das Gemälde die Erzählung in mehrfacher Hinsicht. Zum einen lässt sich der Romantitel als Rekurs auf den Gemäldetitel lesen. Zum anderen bietet die Entstehungsgeschichte einer – wenngleich auch sehr freien – malerischen Adaption den Auftakt der Binnenhandlung.

Sacher-Masochs Erzählung beginnt mit dem Zusammentreffen von Severin und einem alten Bekannten. Der Besucher bemerkt ein eigentümliches Gemälde, das Severin zu Füßen der nichts als einen Pelz tragenden Wanda zeigt. In ihrer Hand hält sie eine Peitsche. Seinem Besucher gegenüber erklärt Severin daraufhin, dass das »Gegenstück […] eine treffliche Kopie

262 Zum antiken Narrativ des erotischen Begehrens von Skulpturen vgl. Peter Brandes: Leben die Bilder bald? Ästhetische Konzepte bildlicher Lebendigkeit in der Literatur des 18. und 19. Jahrhunderts. Würzburg: Könighausen & Neumann 2013 (= Studien zur Kulturpoetik 19). S. 24; sowie die Ausführungen hierzu im Kapitel »Laokoon, Ekphrasis und der Pygmalion-Mythos«.

der bekannten ›Venus mit dem Spiegel‹ von Titian in der Dresdener Galerie [bildet].« (VP 15) Um die Entstehung des Gemäldes nachvollziehen zu können, überreicht Severin seinem Bekannten sein Tagebuch, in dem dieser vom Zusammenleben mit Wanda und der Entstehung des Gemäldes berichtet. Die szenische Rekonstruktion und Variation des Tizian'schen Gemäldes ist

Abb. 11–12: Tizian: *Venere allo specchio* (dt.: *Venus mit dem Spiegel*). Öl auf Leinwand. 106 × 136 cm. 1555. National Gallery of Art, Washington. – Detailansicht: Amor hält Venus einen Spiegel, über den sie ihren vornehmlich männlichen Rezipienten fixiert und bei seiner Schaulust ertappt.

ein stets wiederkehrendes Motiv. Dabei wird die Malerei von dem Liebespaar zunächst noch unbewusst nachgestellt. Am ersten Abend in Florenz betrachtet Severin verliebt die Frau:

> Die gelben Lichter der Armleuchter, die auf dem Trumeau stehen, ihre Reflexe in dem großen Spiegel und die roten Flammen des Kaminfeuers spielen herrlich auf dem grünen Samt, dem dunkelbraunen Zobel des Mantels, auf der weißen, glatt gespannten Haut, und in dem roten, flammenden Haare der schönen Frau, welche mir ihr helles, aber kaltes Antlitz zukehrt, und ihre kalten, grünen Augen auf mir ruhen läßt. (VP 82)

Die gelblich-rote Lichtstimmung, der grüne Samt im Hintergrund, das dunkelbraune Zobelfell des Mantels, die weiße Haut und der Spiegel erinnern an Tizians Gemälde. Unmittelbar nach Severins Beschreibung der bildhaften Szenerie registriert nunmehr auch das Paar die Ähnlichkeit ihrer Pose mit dem Tizian'schen Vorbild. Wanda, die noch grade zuvor ihren Mantel abgeworfen hat, erhält diesen von Severin zurück: »Wanda schlüpfte mit dem rechten Arme in den Ärmel. [...] So ist es auf dem Bilde von Titian« (VP 83), hält sie fest. Ähnlich dem Deckenfresko von Samson und Delila ist auch hier eine Wechselwirkung von Bildrezeption und Bildproduktion unverkennbar.

Die Szene wiederholt sich etwas später auf ähnliche Weise. Diesmal betrachtet sich das Paar in einem Spiegel. Severin berichtet:

> Zufällig glitt mein Blick über den massiven Spiegel an der Wand gegenüber, und ich schrie auf, denn ich sah uns in seinem goldenen Rahmen wie im Bilde, und dieses Bild war so wunderbar schön, so seltsam, so phantastisch, daß mich eine tiefe Trauer bei dem Gedanken faßte, daß seine Linien, seine Farben zerrinnen sollen, wie Nebel. (VP 112)

Severin deutet auf den Spiegel, um das Bild Wanda zu zeigen, welche beklagt, »daß man den Augenblick nicht festhalten kann.« (VP 113) – Ein Maler wird eingestellt, um die beiden zu porträtieren. Das Endprodukt soll jenes Gemälde sein, welches Severin eingangs seinem Besucher präsentiert und ihn mit Wanda und Peitsche darstellt. Wenn Severin dann auf Tizians Gemälde als Vorbild des Peitschen-Porträts verweist, ergibt sich ein Zirkelschluss vom Gemälde zur Nachahmung hin zur eigenen Bildproduktion. Dabei schreibt der Rekurs die Malerei ein in eine altmeisterliche Bildtradition und macht so das Dargestellte erst salonfähig.

Obgleich Severin Tizians Gemälde fetischisiert, ist er sich der subjektivistischen Inbesitznahme sehr wohl bewusst. Zu Beginn der Erzählung beschreibt er den historischen Aneignungsprozess, den jene Frauendarstellung seines Wissens nach durchlaufen habe. Seinem Besucher erklärt er:

> [I]ch glaube nicht, daß der alte Venetianer [Tizian] damit eine Absicht verbunden hat. Er hat einfach das Porträt irgendeiner vornehmen Messaline gemacht und die Artigkeit gehabt, ihr den Spiegel, in welchem sie ihre majestätischen Reize mit kaltem Behagen prüft, durch Amor halten zu lassen, dem die Arbeit sauer genug zu werden scheint. Das Bild ist eine gemalte Schmeichelei. Später hat dann irgendein ›Kenner‹ der Rokokozeit die Dame auf den Namen Venus getauft, und der Pelz der Despotin, in den sich Titians schönes Modell wohl mehr aus Furcht vor dem Schnupfen als Keuschheit gehüllt hat, ist zu einem Symbol der Tyrannei geworden, welche im Weibe und seiner Schönheit liegt. (VP 15)

Die ikonografische Gestaltung des Gemäldes zeigt freilich, dass Tizian sich der Darstellung einer Venus bewusst gewesen sein muss. Ebenso handelt es sich bei der Betitelung des Pelzes als ›Symbol der Tyrannei‹ erneut um Severins erotische Fiktion und subjektive Sinnzuschreibung. Dennoch: Die rezeptionsgeschichtliche Aneignung und nachträgliche Betitelung der Malerei ist Severin bekannt. So hält Doerte Bischoff fest: »Seine [Severins] eigene Benennung der abgebildeten Frau als ›Venus im Pelz‹ erscheint auf diese Weise als Wiederholung dieser kulturellen Benennungs- und Aneignungspraxis«[263] und legitimiere – jener Logik folgend – Severins eigene sexuelle Aneignung der Frauendarstellung. Weiterführend dekonstruiert der Roman hier in medienreflexiver Manier die literarische Tradition literarisierter Bilder, indem Severin das prätextuelle Narrativ der bildkünstlerischen Darstellung verneint und so Platz für eigene interpretatorische Zuschreibungen macht.

Während die narrativen Transformationen, szenischen Interpretationen und Adaptionen im textinternen Dialog Aufschluss über die psychische Disposition der Figuren geben, erweist sich auch der Blick auf das tatsächliche Gemälde als gewinnbringend. Denn der in der vorigen Textstelle erstmals erwähnte und sonst wenig von Severin und Wanda beachtete Amor hat auf dem Gemälde eine ganz besondere Funktion. Dem Kunsthistoriker Peter Springer zufolge fungiert der römische Liebesgott in Tizians Malerei als Offenbarer des Narzissmus und der »erotische[n] Verführungsmacht des Blicks«.[264] Der von Amor gehaltene Spiegel illustriere wiederum das voyeuristische Treiben des vornehmlich männlichen Rezipienten, welchen Venus über den Spiegel fixiert. Der Betrachter sieht Venus, die Reflexion der Venus im Spiegel sieht den Betrachter und ertappt ihn bei seiner Schaulust. Inwieweit im Tandem der Bildfiguren Severin als Amor betitelt werden kann, wenn Wanda die Rolle der Venus zukommt, bleibt hier offen. Gleichwohl leistet auch Severin erheblichen Vorschub, Wanda ihr despotisches Selbst erkennen zu lassen respektive es selbst zu gestalten. Und auch das von Springer in Tizians Gemälde festgestellte Voyeurismus-Thema ist programmatisch für den Roman und korreliert mit Severins heimlichen Blicken auf Frau und Kunst – sosehr wie es auch mit dem voyeuristischen Interesse des Romanpublikums an den sado-masochistischen Ausführungen korreliert.[265]

Die Binnenfiktion endet für Severin auf schmerzvolle, aber heilsame Weise. Nach einem gescheiterten Selbstmordversuch kehrt er zu Wanda zurück. Wanda besänftigt und liebkost ihn, erklärt ihm, die Beziehung zu ihrem sadistischen Liebhaber sei beendigt und diente nur der Erfüllung Severins erotischer Phantasien. Nach einer Zeit der Gewaltlosigkeit wünscht Wanda

263 Bischoff: Poetischer Fetischismus. S. 418.
264 Peter Springer: Voyeurismus in der Kunst. Berlin: Reimer 2008. S. 24.
265 Vgl. hierzu die eingangs zitierte Darstellung der Rezeptionsgeschichte des Romans.

ihren Geliebten erneut »ein wenig [zu] peitschen« (VP 139). Sie lässt den Mann fesseln, anschließend jedoch verspottet und verhöhnt sie ihn. Der Grieche erscheint hinter einem Vorhang. Severin, der nicht ahnt, wie ihm geschieht, wird vom neuen Liebhaber unerbittlich gepeitscht. Wanda sieht zu und lacht. Anschließend fliehen beide und lassen Severin blutend und fluchend zurück.

Indes folgt auch Severins Peiniger und Wandas neuer Liebhaber einem bildästhetischen Programm. Nach der ersten Begegnung wird dieser von Severin prompt mit der hellenistischen Skulptur *Apollo von Belvedere* (130–140 v. Chr.; ital.: *Apollo Belvedere*) vergleichen. Im Text heißt es: »Er ist bei Gott ein schöner Mann. […] Im Belvedere steht er in Marmor gehauen.« (VP 119) Dabei erscheint Apollon in Winckelmann'scher Tradition als Inbegriff klassischer Schönheit. – Später jedoch legt Severin seinen Ästhetizismus ab: Apollon erscheint nun nicht mehr als Ideal antiker Kunst. Stattdessen kommt er seiner eigentlichen Rolle nach und fungiert als Gott der Heilung, der Severin von seiner Venus-Manie kuriert. »[I]ch bin gesund geworden« (VP 148), heißt es auf den letzten Seiten. Denn »Apollon peitschte mir die Poesie heraus« (VP 143). Der Referenzkosmos der antiken Plastik verschiebt sich dabei von seiner rezeptionsgeschichtlichen Tradition zurück zu seinem werkimmanenten und prätextuell geprägten antik-literarischen Narrativ. Der Winckelmann'sche Klassizismus weicht dem Gott der Ordnung und Heilung.[266] Severins Ästhetizismus scheitert hier auf medienreflexive Weise.

Severins Referenzrepertoire ist groß. Es erstreckt sich von antiken und altmeisterlichen Venusdarstellungen, über mythologische und literarische Vorlagen, hin zu historischen Frauenfiguren. Pelztragende, despotische Frauen bilden den Gegenstand seiner erotischen Fiktion. Besonders die Fixierung auf künstlerische Arbeiten postuliert dabei Severins kulturelle Integrität, indem die sexuellen Phantasien stets an einen bildkünstlerischen Kanon rückgebunden werden. Dabei greift der Roman das durch die Romantik reanimierte und tradierte Motiv der Pygmalion'schen Skulpturenbegegnung auf und verkehrt es hin zu einer erotischen Petrifikation des weiblichen Frauenkörpers. Ferner präsentiert die Erzählung verschiedene Formen der medialen Transformation und subjektivistischen Aneignung von Kunst, bei der bildkünstlerische Darstellungen von den Figuren erotisch inspiriert rezipiert und sexuell motiviert reproduziert werden.

266 Zum antik-mythologischen Narrativ des Apollon vgl. Kai Brodersen u. Bernhard Zimmermann (Hrsg.): Apollon. In: Kleines Lexikon mythologischer Figuren der Antike. Stuttgart: Metzler 2015. S. 24f.

Walsers *Eine Art Kleopatra* (1928/29): Transformation und Nicht-Sein

Walsers *Eine Art Kleopatra* beschreibt szenenhaft die Tristesse im Alltag einer vermögenden Frau. Als moderne Kleopatra ist sie gelangweilt von ihrem Ehemann und liegt wochenlang zwischen Sofakissen und Zimmerpflanzen. In ihrer »Beschäftigungslosigkeit« (K 258) fantasiert sie sich in verschiedene Rollen, imaginiert sich als Knaben, der eine Frau sein möchte, – oder als Mädchen, das in einer strengen Erziehungsanstalt aufgewachsen ist und daher nach dem Unbekannten sucht. Nach der kurzen Einführung der Titelfigur wechselt die personale Erzählstimme zu einem Erzähler-Ich, welches in medienreflexiver Manier erklärt, dass die zuvor beschriebene Frau einem Gemälde von Hans Makart entstammt. Anschließend wechselt die Erzählperspektive abermals und die moderne Kleopatra wird mit ihrem malerischen Vorbild verglichen: Statt begehrt und geliebt zu werden, ist das Dasein der Protagonistin geprägt von Einsamkeit, Belanglosigkeit und Lethargie.

Das knapp dreiseitige Prosastück gehört zum Fundus Walsers unveröffentlichter Manuskripte. Das Œuvre des Schriftstellers ist groß und umfasst zahlreiche literarische Schriften, die die Wechselwirkung von Literatur und bildender Kunst theoretisieren oder sich als Formen literarisierter Bildlichkeit beschreiben lassen. Mit dem ›iconic turn‹ der 1990er Jahre wird Walsers literarische Verarbeitung künstlerischer Darstellungen zunehmend zum Gegenstand des medienästhetischen Forschungsdiskurses. Gut zwanzig Jahre später rücken seine Texte erneut in den literatur- und medienwissenschaftlichen Fokus.[267] 2014 untersucht das Aargauer Kunsthaus in der Ausstellung *Ohne Achtsamkeit beachte ich alles* abermals das Verhältnis des Literaten zur bildenden Kunst, gleichzeitig präsentiert es zeitgenössische Kunstpositionen im Dialog mit Walsers Texten. Im Folgejahr erscheint sodann das *Robert Walser-Handbuch* (2015) Im Metzler-Verlag. Obgleich immer wieder Walsers Verflechtungen von Kunst und Literatur Gegenstand der

267 Eine Übersicht der Forschungshistorie zur Bild-Text-Beziehung ab den 1990er Jahre liefert hier Dominik Müller: Text und Bild. In: Robert Walser-Handbuch. Leben, Werk, Wirkung. Hrsg. von Lucas Marco Gisi. Stuttgart: Metzler 2015. S. 283–289. S. 283.

wissenschaftlichen Auseinandersetzung sind, steht jüngst vor allem das Motiv der Ambivalenz im Zentrum literaturwissenschaftlicher Forschung.[268]

Yasmin Afschar und Thomas Schmutz zeichnen ein wechselseitiges Bild der Walser'schen Kunstrezeption. So habe sich der Literat mit Bildwelten befasst, »die unterschiedlicher kaum hätten sein können.«[269] Seine literarischen Texte umfassten einerseits Auseinandersetzungen mit künstlerischen Arbeiten der deutschen und französischen Avantgarde. Andererseits ließen sich ebenso Beschreibungen von Landschaftsmalereien Schweizer Künstler finden, die – so Afschar und Schmutz – »in mancher Hinsicht provinzieller, harmloser, kleiner und bescheidener daher[kommen]«.[270] Obgleich Walser mit seinen feuilletonistischen Bildbetrachtungen durchaus einen modernen Habitus aufweise, seien seine Romane dezidiert vormoderner Natur und ständen, wie Moritz Baßler festhält, in erster Linie in der Tradition des poetischen Realismus. Anders verhalte es sich jedoch in seinen Prosatexten. Baßler schreibt:

> Moderner als die Romane, Gedichte und Szenen wirken die Prosastücke und Mikrogramme Walsers, die sein Hauptwerk ausmachen. Die Kleine Prosa erlaubt tendenziell eine Befreiung aus den Zwängen diegetischer, also realistischer Textkonstruktion und zwar – für Walser wichtig – ohne große programmatische Verpflichtungen[.][271]

Mit der Orientierung an künstlerischen Bildwelten entkommt Walser dem »Realismus-Problem«,[272] wie Bernhard Echte es nennt. Durch die Literarisierung künstlerischer Darstellungen wird ein Realitätsbezug vermieden. Grundlage seiner literarischen Texte ist nicht die Wirklichkeit, sondern fremde bildkünstlerische Fiktion. Und so orientiert sich auch die Erzählinstanz in Walsers *Eine Art Kleopatra* bei ihrer Darstellung der Protagonistin an einem Gemälde. Der erste Satz lautet:

---

268 Hier zu nennen sind vor allem der Sammelband *Robert Walsers Ambivalenzen* (2018) sowie die Neuauflage von Peter Utz' richtungsweisender Monographie *Tanz auf den Rändern* (1998, 2018).

269 Yasmin Afschar u. Thomas Schmutz: Robert Walsers Bildwelten – Das Sehen sehen. In: Ohne Achtsamkeit beachte ich alles. Robert Walser und die bildende Kunst. [Anlässlich der gleichnamigen Ausstellung, 10. Mai bis 27. Juli 2014, Aargauer Kunsthaus, Aarau.] Hrsg. von Madeleine Schuppli, Thomas Schmutz u. Reto Sorg. Sulgen: Benteli 2014. S. 93–121. S. 98.

270 Afschar u. Schmutz: Robert Walsers Bildwelten. S. 98.

271 Moritz Baßler: Robert Walsers Moderne. In: Robert Walser-Handbuch. Leben, Werk, Wirkung. Hrsg. von Lucas Marco Gisi. Stuttgart: Metzler 2015. S. 68–72. S. 69f.

272 Bernhard Echte: Nachwort. In: Robert Walser: Vor Bildern. Geschichten und Gedichte. Hrsg. von Bernhard Echte. Frankfurt: Insel-Verl. 2006 (= Insel-Bücherei 1282). S. 103–113. S. 107.

> Nicht allzu vieles im Laufe ihrer nicht sonderlich reichlichen Erfahrungen hinsichtlich sich selber erlebt habend, eignete sie sich auf Grund eines sich wie spielend oder scherzend aufhäufenden Einkommens eine Blattpflanzen und eine Menge von Sofakissen aufweisende, silberne und goldene Gabel-, Messer- und Suppenlöffelhaushaltung an, worin es eine Leichtigkeit für ihre Phantasie war, die nachdem sie vielleicht tage- ja wochenlang geschlafen oder ausgeruht hatte, mit einmal zu erwachen oder arbeitsam zu sein begann, ihr die pfauenfederwedelnde, sanft wie auf einem Strom und wie in einem blumenumkränzten Kahn dahingleitende Illusion zuzuführen, sie sei eine sich nach Aspisbissen sehnende Art von Kleopatra. (K 258)

Die Beschreibung der Sofakissen sowie die liegende Position der Frau lässt vermuten, dass es sich bei der Bildvorlage um Makarts Gemälde *Der Tod der Kleopatra* von 1875 handeln muss. Es zeigt Kleopatra auf einer üppig gepolsterten Liegefläche, der Blick ist ins Leere gerichtet. In ihrer linken Hand hält sie eine Schlange.[273]

Der zuvor zitierte Textauszug beschreibt kein Gemälde. Vielmehr wird Makarts Darstellung in eine literarische Narration überführt, die sich jedoch von ihrer bildlichen Vorlage emanzipiert: Die Frau liegt in Gedanken versunken. Tierfelle und ornamentierte Stoffe werden durch Sofakissen und Blattpflanzen ersetzt. Repräsentant von Macht und Erfolg sind nun ein gut ausgestatteter Haushalt mit goldenen Gabeln, Messern und Suppenlöffeln. – Echte schreibt über Walsers Produktionsverfahren, er habe »die Anregungen, welche die Bilder ihm boten, aufgegriffen und im literarischen Medium ausgesponnen.«[274] Ähnlich formuliert es Dominik Müller, der schreibt, dass Walsers Kunstbetrachtungen immer wieder durch »ostentative Willkürakte der Beschreibung«[275] gekennzeichnet seien. Echte und Müller betonen jeweils das ästhetische Prinzip, Bildnarrative in der literarischen Transformation zu erweitern oder zu verfremden. Jedoch erscheinen Walsers Gemäldeerzählungen weitaus komplexer, als ein bloßes ›Weiterspinnen‹ bildlicher Impulse. Sie werden kombiniert mit medienästhetischen Reflexionen, die das poetologische Prinzip ihrer literarischen Konstruktion thematisieren und zum Teil offenlegen.

273 Es existieren zwei Gemälde mit dem Titel *Der Tod der Kleopatra* von Hans Makart, beide sind 1875 entstanden. Das andere Gemälde (Öl auf Holz, 122,5 × 83 cm) zeigt Kleopatra im Hochformat als Halbfigur. Die Beschreibung des Interieurs lässt jedoch vermuten, dass es sich bei Walsers Bildvorlage um die Version in der Neuen Galerie, Kassel handelt.

274 Echte: Nachwort zu Vor Bildern. S. 106.

275 Müller: Text und Bild. S. 286.

Im Fall der *Kleopatra*-Erzählung verdeutlicht sich jenes Wechselspiel aus Willkür und Autoreflexivität in den Phantastereien der Protagonistin. Diese imaginiert sich in verschiedene Rollen und verlässt somit den inhaltlichen Rahmen ihrer bildlichen Vorlage, ihre Körperhaltung verändert sie dabei jedoch nicht. Auch in der analeptischen Erzählung von ihrem Ehemann, den sie erst ruft und dann gelangweilt wieder wegschickt, bleibt sie die starre Bildfigur. Wenn es dann zu Beginn heißt, die Frau habe »vielleicht tage-, ja wochenlang geschlafen« (K 258), zeigt sich auch hier eine scheinbar bildbedingte Unbeweglichkeit. Starre Bildpose und ostentativ-willkürliches Erzählen greifen hier ineinander.

Abb. 13–14: Hans Makart: *Der Tod der Kleopatra*. Öl auf Leinwand. 191 × 255 cm. 1875. Neue Galerie, Kassel. – Detailansicht: Kleopatra führt die Schlange an ihre Brust.

Die Spuren eines bildlichen Ursprungs lassen sich auch an anderer Stelle finden. Betrachtet man erneut den ersten Satz von Walsers Prosastück, erscheint die dreifache Verwendung des Wortes ›oder‹ als signifikante Auffälligkeit: Die Frau hat ›spielend *oder* scherzend‹ ein Einkommen angehäuft, sie hat ›geschlafen *oder* geruht‹, sie begann ›zu erwachen *oder* arbeitsam zu sein‹. Die Verbpaare beschreiben jeweils optisch ähnliche Handlungen. Rückbezogen auf die bildliche Vorlage zeigt sich hier ein poetologisches Prinzip, bei dem die Erzählinstanz potenziell mehrdeutige Bildelemente in ihrer Bedeutungsvielfalt benennt. Eine bildliche Ambiguität wird in eine sprachliche Ambivalenz überführt. Dabei achte ein »entfaltetes Verständnis von Ambivalenz [...] auf den Möglichkeitssinn und auf das Alternative«,[276] wie Kurt Lüscher festhält.[277] Im *Kleopatra*-Text wird durch die Benennung jener Alternativen der bildliche und damit potenziell vieldeutige Ursprung nunmehr implizit thematisiert.

Die Protagonistin bleibt der starren Pose ihrer bildlichen Vorlage verhaftet. Gegenstand der Erzählung sind lediglich ihre Sehnsüchte und Gedanken. Dabei ist das selbsternannte Ziel der Erzählinstanz, sich das Makart'sche Vorbild ›zu eigen zu machen‹. Nach der Darstellung der Frauenfigur wechselt die Erzählstimme von einem personalen zu einem Ich-Erzähler. Die Erzählinstanz berichtet:

> Der Münchener Maler Hans Makart machte sich eines schönen Tages [...] an die Aufgabe heran, ein sich nachmals mit zahlreichen Rissen überziehendes Gemälde herzustellen, dessen Figuration sich auf das faszinierende Motiv bezog, das mich hier vor Furcht und Sorge, daß ich es mir nicht zu eigen machen imstande sei, zittern macht[.] (K 259)

Die metafiktionale Offenlegung des literarischen Produktionsverfahrens durch ein unbekanntes Erzähler-Ich führt zu einer impliziten Vermengung von Autor und Erzählinstanz. Autofiktionalität ist ein gängiges Motiv in Walsers Texten und manifestiert sich, wie Peter Utz feststellt, häufig im Wechsel von Tempus und Erzählstimme.[278] Entsprechend geht auch im *Kleopatra*-Text mit dem Wechsel der Stimme ein Wechsel vom Präteritum ins Präsens einher. Ähnliches lässt sich in Walsers Text *Eine Art Bild* (1930/31) beobachten, in dem der Ich-Erzähler ein Selbstbild betrachtet und eine Geschichte über die porträtierte Person respektive sich selbst ersinnt, Tempus- und Stimmenwechsel eingeschlossen. Im ersten Satz heißt es dort: »Er

276 Kurt Lüscher: Robert Walser Sensibilität für Ambivalenzen. Eine transdisziplinäre Annäherung. In: Robert Walsers Ambivalenzen. Hrsg. von Kurt Lüscher, Reto Sorg, Bernd Stiegler u. Peter Stocker. Paderborn: Wilhelm Fink 2018. S. 9–31. S. 15.

277 Lüscher bezieht sich mit seinem Ambivalenz-Begriff auf Frauke Berndt und Stephan Kammer, welche Ambivalenz als ›antagonistisch-gleichzeitige Zweiwertigkeit‹ definieren. Die Bedeutungspaare erscheinen damit als Antonyme und bezeichnen eine semantische Gegensatzrelation. Der hier verwendete Ambiguitätsbegriff meint ›Ambiguität‹ jedoch stets im bildkünstlerischen Sinn und beschreibt nicht zwingend eine semantische Gegensätzlichkeit. Sie meint auch ein Nebeneinander lediglich unterschiedlicher (aber nicht zwingend gegensätzlicher) Bildrealitäten. (Vgl. Frauke Bernd u. Stephan Kammer: Amphibolie – Ambiguität – Ambivalenz. Die Struktur der antagonistisch-gleichzeitigen Zweiwertigkeit. In: Amphibolie – Ambiguität – Ambivalenz. Hrsg. von Frauke Bernd u. Stephan Kammer. Würzburg: Könighausen & Neumann 2009. S. 7–30. S. 7–24).

278 Vgl. Peter Utz: Ambivalenzen eigener Art. Robert Walsers *Eine Art Bild* (1930/31). In: Robert Walsers Ambivalenzen. Hrsg. von Kurt Lüscher, Reto Sorg, Bernd Stiegler u. Peter Stocker. Paderborn: Wilhelm Fink 2018. S. 195–209. S. 203.

besaß vielleicht von jeher eine zu gute Meinung von sich selbst, sage ich hier und erlaube mir, außerdem auszusprechen: Er hielt sich unteranderem für liebenswürdig.«[279] – Utz liest die Tempusambivalenz von Präsens und Präteritum der Erzählstimme analog zur *Laokoon*-Problematik, die Walser hier am Beispiel seiner fiktiven Bildbetrachtung exemplifiziere.[280] Zusätzlich tritt der Ich-Erzähler als Bildfigur *und* Bildrezipient in den Vordergrund.

Im *Kleopatra*-Text verfügt die Erzählinstanz ebenfalls über eine Doppelrolle und fungiert gleichzeitig als Ich-Erzähler und Rezipient des eigenen Texts, der von ihr kritisch geprüft wird. Denn nachdem die Erzählinstanz Zweifel an ihrer eigenen Schöpfung geäußert hat, wird die auf Basis des Gemäldes entworfene Frauenfigur nunmehr mit dem ›Original‹ verglichen. So heißt es anschließend:

> Sklaven, die man im Nu um Haupteslänge kürzer machen lassen konnte, [...] wie dies in der Umgebung des Originals der Fall war, besaß die Nachfolgerin zu ihrem Nach- sowohl wie gewiß auch Vorteil nicht [...].
>
> Weder Cäsare noch Antoniusse wollten, wie es den Anschein hatte, die Gewogenheit und Güte besitzen, sich vor ihrem zweifellos an sich fabelhaften Gebieterinnenantlitz einzufinden. (K 259f.)

Die Frage nach dem ›Original‹ erscheint jedoch problematisch. Im Figurenvergleich verbinden sich die historische Person Kleopatra mit dem von Makart fortgeschriebenen Narrativ einer exotischen Diva.[281]

---

279 Robert Walser: Eine Art Bild [1930/31]. In: Ders.: Das Gesamtwerk in 12 Bänden. Bd. XII: Verstreute Prosa V (1928–1933). Hrsg. von Jochen Greven. Zürich: Suhrkamp 1978. S. 273–274. S. 273.

280 Vgl. Utz: Ambivalenzen eigener Art. S. 203.

281 Die historische Kleopatra VII lebte von 69–30 v. Chr. und war die letzte ptolemäische Königin im antiken Ägypten. Sie wurde von Caesar zur Königin ernannt und erhielt die Herrschaft über Zypern. Nach der Ermordung Caesars kehrte sie nach Ägypten zurück. Sie heiratete den römischen Feldherren Marcus Antonius und wurde zur ›Königin der Könige‹ und ›neuen Isis‹ gekrönt. Gemeinsam rief das Paar ein orientalisches Großreich aus. Octavian (später Kaiser Augustus genannt) intervenierte kriegerisch. Nach der verlorenen Schlacht von Actium floh Kleopatra nach Alexandria. Mit ihrem Selbstmord endete das ptolemäische Reich. Der Althistoriker Walter Ameling macht darauf aufmerksam, dass die Vorstellung von Kleopatra in der römisch-antiken Literatur durch Dichter geprägt ist, die ein einseitiges Bild der Königin zeichnen. Kleopatra diene dort als Sinnbild des Ostens und stehe für Verweichlichung und das ›Unrömische‹. (Vgl. Walter Ameling: Kleopatra VII. In: Der Neue Pauly. Enzyklopädie der Antike. Hrsg. von Hubert Cancik und Helmuth Schneider. Bd. 6: Altertum. Iul–Lee. Stuttgart: Metzler 1999. Sp. 591–593).

Das »ausschweifende Luxusmotiv der Femme fatale Kleopatra«[282] – wie es der Kunsthistoriker Werner Telesko nennt – gliedert sich ein in den Makart'schen Orientalismus.[283] Die eigentliche Todesgeschichte der altägyptischen Königin wird auf eine (un-)historische Anekdote reduziert und als exotisches Dekor erotisch verklärt. Im Mittelpunkt der Orientfantasien des späten 19. Jahrhunderts steht dabei – wie Agnieszka Luliński festhält – »das beunruhigende Bild einer fremdartigen Frau, deren erotisch aufreizende Präsenz eine ideale Projektionsfläche für vielfältige Fantasien der patriarchalen Gesellschaft«[284] geboten hat.

Es ergibt sich eine doppelte Adaptionsgeschichte. Makarts malerische Darstellung des historischen Stoffs zeichnet das Bild einer exotischen Femme fatale, die ihrem Freitod entzückt entgegenblickt. Walsers Text greift das misogyne Frauenbild wiederum auf, invertiert es jedoch. Das Gemälde wird zwar vor dem Hintergrund des antik-literarischen Prätexts gelesen, gleichzeitig entwirft der Ich-Erzähler eine eigene Frauenfigur, indem das historische Inventar der Darstellung durch Sofakissen aktualisiert und so Platz für neue Zuschreibungen und Projektionen gemacht wird. Zwar gibt sich auch die Protagonisten dem Gedanken hin, »sie sei eine sich nach Aspisbissen sehnende Art von Kleopatra.« (K 258) Im weiteren Verlauf zeigt sich die Frau jedoch gleichermaßen von der Männerwelt gelangweilt und unbegehrt. Im Text heißt es:

> Unausstehlich belanglos kam ihr bei den meisten Anlässen und Gelegenheiten vor, was sich Mann nannte.
>
> Sämtliche Jetztzeitküsse besaßen nicht das in genügendem Maß vorhandene unmittelbar lodernde Brennen und Versengen. (K 260)

---

282 Werner Telesko: Historie als »poetische Erfindung«. Makart und die österreichische Geschichtsmalerei im 19. Jahrhundert. In: Makart. Maler der Sinne. [Anlässlich der gleichnamigen Ausstellung, 9. Juni bis 9. Oktober 2011, Belvedere, Wien.] Hrsg. von Agnes Husslein-Arco u. Alexander Klee. München: Prestel 2011. S. 37–45. S. 42.

283 Der Begriff des ›Orientalismus‹ ist hier einerseits als mitteleuropäische Stilrichtung in der zweiten Hälfte des 19. Jahrhunderts zu verstehen. Andererseits ist hiermit die vom Literaturwissenschaftler Edward W. Said in den 1970er Jahren geprägte Bezeichnung für ein westliches, eurozentristisches und hegemoniales Denken gemeint, dass Europa (Okzident) als geographisches, politisches und kulturelles Zentrum versteht und den Orient als rückständige, aber exotische Peripherie stilisiert. (Vgl. Edward W. Said: Orientalismus [1978; eng.: Orientalism]. Aus dem Englischen von Hans Günter Holl. 5. Aufl. Frankfurt: Fischer 2017. S. 13–18).

284 Agnieszka Luliński: Von der *femme orientale* zur *femme fatale* – Kleopatra zwischen Historie und Anekdote. In: Kleopatra. Die ewige Diva. [Anlässlich der gleichnamigen Ausstellung, 28. Juni bis 6. Oktober 2013, Bundeskunsthalle, Bonn] Hrsg. von Elisabeth Bronfen u. Agnieszka Luliński. München: Hirmer 2013. S. 218–233. S. 219.

Das »Spiel mit der Differenz zur Vorlage«,[285] wie Echte es nennt, findet in Walsers Text somit auf doppelte Weise statt. Im Zentrum des dialogischen Spannungsfelds steht die Differenz von Bild und sprachlichem Abbild sowie ihr Verhältnis zum literarischen Text.

Der Drang zur erneuten Aktualisierung des dargestellten Frauenbildes findet sein Korrelat in Walsers ›Jetztzeitstil‹, also der wiederholten Verwendung von Begriffen, die ihren eigenen Gegenwartsbezug postulieren. Utz schreibt, Walser greife mit dem Begriff der ›Jetztzeit‹ bewusst zu einem »Modewort, das von der konservativen Sprach- und Kulturkritik negativ besetzt ist.«[286] – Betonte Jetztzeitigkeit impliziert dabei auch stets eine andersartige Vorzeitigkeit. Das Postulat der ›Jetztzeitküsse‹ fragt gleichzeitig nach dem Davor. Und auch der ›Echtheitskuss‹ antizipiert sein Gegenteil. Jenem Muster der Ambivalenz-Konstruktion folgend, entwirft die Erzählinstanz die Frauenfigur primär durch die Verneinung und somit Implikatur einstiger Fähigkeiten und Erfahrungen: Die Jetztzeitküsse »besaßen *nicht* das [...] lodernde Brennen und Versengen«. Und unter des »Echtheitskusses Unangekränkeltheitsdruck zu vergehen, war ihr *nicht* vergönnt.« (K 260, Herv. M.M.) Die Makart'sche Darstellung einer exotischen Femme fatale wird invertiert. Ihr steht eine lethargische Frau gegenüber, einsam und verlassen: »Oft wünschte sie, sie wünsche rein gar nichts.« (K 260) – Die Frau gliedert sich damit ein, in die Walser'sche Idee von Weiblichkeit. Beatrice von Matt fasst Walsers stereotype Frauenkonstruktionen zusammen als »die der unglücklichen Verliebten, die der Verführten und Sitzengelassenen, der gesellschaftlich Absteigenden.«[287] Fatalistisch ist hier niemand mehr.

Während sich die zeitliche Ambivalenz auf Handlungsebene durch die Betonung der Jetztzeitigkeit konstituiert, findet sie an anderer Stelle ihre materielle Manifestation. So ist die Vorlage der beschriebenen Frauenfigur ein sich »nachmals mit zahlreichen Rissen überziehendes Gemälde« (K 259). Ganz dem Kleinschmidt'schen Begriff von Intermaterialität folgend, exponiert ein derartiger Materialrekurs nicht nur Form und Verfahren des ›Gemachtseins‹ eines Kunstmediums. Gleichzeitig erlangt die Materialität bedeutungskonstitutive Funktion, indem der Zerfall des Mediums analog zur Evolution des Kleopatra- bzw. Frauenbildes steht. So wie die

285 Echte: Nachwort zu Vor Bildern. S. 112.

286 Peter Utz: Tanz auf den Rändern. Robert Walsers »Jetztzeitstil« [1998]. Frankfurt: Suhrkamp 2018. S. 17.

287 Beatrice von Matt: Frauenbilder. In: Robert Walser-Handbuch. Leben, Werk, Wirkung. Hrsg. von Lucas Marco Gisi. Stuttgart: Metzler 2015. S. 330–332. S. 331.

Nachfolgerin lediglich durch ihr Nicht-Sein und ihre Nicht-Erfahrungen, quasi ex negativo charakterisiert wird, zeigt auch der Zerfall des Gemäldes lediglich, was jetzt *nicht* mehr ist. So wie die Farbe des Gemäldes reißt, bröckelt auch das Dargestellte.

Walsers *Eine Art Kleopatra* ist ein Spiel mit Gegensätzen. Es opponiert Literatur und bildende Kunst, Text und Bild, Momenthaftigkeit und Sukzessivität, früher und heute, Präsens und Präteritum, Exzess und Lethargie. Dabei dient der Verweis auf Makarts *Kleopatra* der Protagonistin gleichermaßen als Identifikationsfigur *und* Gegenbild. Zum einen fungiert das Gemälde als Stellvertreter seines antik-literarischen Prätexts, gleichzeitig wird das Luxusmotiv der Makart'schen Darstellung aufgegriffen und zu Suppenlöffeln, Topfpflanzen und einer Kissenlandschaft verkehrt. Zuletzt zeigt sich die auf Basis des Gemäldes entworfene Frauenfigur als Gegenentwurf ihrer malerischen Vorlage. Dabei öffnet die Verneinung der prätextuellen Zuschreibungen die Darstellungen für neue Projektionen und Interpretationen, die jedoch stets mit der semantischen Dimension des Originals korrelieren. Der ›modernen Kleopatra‹ steht das prätextuell geprägte Narrativ einer exotischen Femme fatale gegenüber. Ihr Wesen und ihre Gestalt konstituiert sich durch ihr Nicht-Sein.

Marmor, Punkte, Risse: Eine Zusammenführung

Sacher-Masochs, Stamms und Walsers Frauenfiguren sind ästhetische Produkte im doppelten Sinn. Sie sind Figuren in einem fiktionalen Text, gleichzeitig ist ihre ästhetische Konstruktion Gegenstand der Handlung. Dabei werden sowohl Agnes als auch Kleopatra explizit als Produkte ihrer Erzähler benannt. Doch auch Wandas Leben wird ausschließlich binnenfiktional in Severins Tagebuch und damit durch die Feder des Mannes erzählt. In Stamms Roman heißt es entsprechend: »Ich plante ihre Zukunft, wie ein Vater die Zukunft seiner Tochter plant.« (A 62) Walsers Ich-Erzähler reflektiert seine Text- und Figurenproduktion wiederum, wenn er befürchtet, sich sein Makart'sches Vorbild »nicht zu eigen machen imstande« (K 259) zu sein. Und auch Sacher-Masochs Wanda kennzeichnet sich selbst als (Erzähl-) Produkt männlicher Fantasien, wenn sie ihrem Geliebten entgegenhält: »[D]u hast aus mir gemacht, was ich jetzt bin« (VP 134). Alle drei Frauenfiguren stehen damit in einem darstellerischen Abhängigkeitsverhältnis, da ihre Konstruktion stets ihren Ich-Erzählern unterliegt.

Eine weitere Gemeinsamkeit der Texte ist die Orientierung der ›männlichen Schöpferfiguren‹[288] an Darstellungen der bildenden Kunst, an Seurats *Ein Sonntagnachmittag auf der Insel La Grande Jatte*, Makarts *Der Tod der Kleopatra* und Tizians *Venus mit dem Spiegel.* Dabei fungieren die künstlerischen Darstellungen als Schnittstelle divergenter Figurenentwürfe, die anhand der Bildfiguren formuliert werden. Walsers Erzähler fabuliert auf Basis der Makart'schen Malerei eine ›moderne‹ Kleopatra, die er gegenüber ihrer (un-)historischen Vorgängerin abgrenzt. Stamms Figuren finden in Seurats pointilistischem Gemälde jeweils zwei Bildrollen, die ebenfalls durch ihre Gegensätzlichkeit brillieren. Und auch in Sacher-Masochs Erzählung dient die Kunst als Aushandlungsort des Frauenbildes. Wenn dort der Maler Wanda als »Madonna mit rotem Haare und grünen Augen« (VP 113) darstellt und so, wie Severin feststellt, aus dem »Rasseweibe ein Bild der Jungfräulichkeit« (VP 113) macht, steht dem kunsthistorisch konventionalisierten Bild der Venus das christlich-ikonografische Motiv der Gottesmutter gegenüber.

Die Kunst fungiert in den drei Texten gleichermaßen als Vor- und Gegenbild. Die Kunstbilder sind Gegenstand der Identifikation *und* Abgrenzung. In Walsers Prosastück wird jene Ambivalenz besonders in der Verneinung einstiger Fähigkeiten und Eigenschaften der Protagonistin deutlich. Die moderne Kleopatra konstituiert sich durch ihr Nicht-Sein, in allen Dingen ist sie *nicht*, was ihre Vorgängerin einst war. In Stamms *Agnes* ist es ebenfalls der Widerspruch der Frau, der vermuten lässt, dass ihr Erzähler ein trügerisches Bild zeichnet. »Das brauchst du wirklich nicht so schreiben«, (A 54) erwidert Agnes auf die ersten Textversuche ihres Freundes. Der Widerspruch lässt vermuten, dass Agnes ein gänzlich anderes Bild von sich selbst besitzt. Sichtbar (und zwar im wörtlichen Sinn) wird dieses jedoch erst bei der Betrachtung ihrer malerischen, extrafiktionalen Identifikationsfigur.

Eine weitere Gemeinsamkeit der drei Texte ist ihr ausgeprägtes medienästhetisches Reflexionspotenzial. Sie thematisieren jeweils Probleme und Potenziale der medialen Transformation von bildlichen Zeichen in eine sprachliche Form. In Stamms und Walsers Texten liegt dabei vor allem ein Fokus auf Ambiguität, also visueller Mehrdeutigkeit bzw. Zweifelhaftigkeit.

288 Walsers Ich-Erzähler wird in dieser Reihe unter Vorbehalt als männlicher Ich-Erzähler gelistet. Im Rahmen des Autofiktionalitäts-Diskurses erscheint die Vermengung von Autor und Erzählinstanz zwar naheliegend, sie bleibt jedoch im Bereich des Interpretativen.

So heißt es vom Ich-Erzähler in Stamms *Agnes* bei der Betrachtung eines Urlaubsvideos: »Ich liege auf dem Boden, scheine zu schlafen oder habe zumindest die Augen geschlossen.« (A 11) Der Erzähler differenziert hier zwischen dem Ausdruck und der tatsächlichen Handlung, zwischen den geschlossenen Augen und dem Akt des Schlafens. Ähnlich verhält es sich in Walsers *Kleopatra*, wenn die Erzählinstanz durch die Doppelnennung optisch ähnlicher Handlungen auf den bildlichen Ursprung der beschriebenen Frauenfigur verweist. Im Text heißt es, die Frau habe »spielend oder scherzend« (K 258) ein Einkommen angehäuft. Sie habe Wochenlang »geschlafen oder ausgeruht« (K 258). Einmal schien sie »zu erwachen oder arbeitsam zu sein« (K 258).

So wie die Erzählinstanz in Walsers Prosastück durch die Verb-Doppelnennungen implizit auf den bildlichen Ursprung der beschriebenen Szenerie verweist, problematisiert auch Stamms Erzähler den Bedeutungsspielraum der bildlichen Darstellung. Besonders das Verbpaar ›schlafen und ruhen‹ findet bei seiner Videobetrachtung die gleiche Verwendung wie in Walsers Prosastück: Eine bildliche Ambiguität wird in eine sprachliche Ambivalenz überführt. Doch auch Sacher-Masochs Erzählung problematisiert die rezeptionsästhetische Benennungspraxis von Bildelementen, wenn Severin erklärt, dass Tizians Gemälde lediglich eine einfache Frau und keine antike Gottheit zeige. Ferner thematisiert der Text die Koexistenz unterschiedlicher Bedeutungsfacetten von Kunst, wenn sich der Referenzkosmos der hellenistischen Skulptur *Apollo von Belvedere* von seiner rezeptionsgeschichtlichen Tradition als Wickelmann'scher Inbegriff klassischer Schönheit zurück zu seinem werkimmanenten und prätextuell geprägten Narrativ des ›Gottes der Heilung‹ verschiebt.

Die medienästhetische Reflexion findet ihre Fortführungen in Rekursen auf systemische und materielle Eigenschaften der zitierten Bildwerke, die jeweils mit Elementen der Handlung korrelieren. Derartige Rekurse führen, wie es bei Christoph Kleinschmidt heißt, zu einer »*ästhetische*[*n*] *Dichte* und Intensivierung der Wahrnehmung von Kunst«,[289] da sie die Materialität des jeweiligen Kunstmediums in exponierter Weise herausstellten. So rekurriert Sacher-Masochs Erzählung auf die materielle Qualität von Marmor, überträgt diesen auf die vermeintlich wachsende emotionale Kälte der Protagonistin und greift so gleichermaßen den literaturhistorischen Topos der Skulpturenbegegnung auf. In Stamms *Agnes* steht wiederum das poin-

289 Christoph Kleinschmidt: Intermaterialität. Zum Verhältnis von Schrift, Bild, Film und Bühne im Expressionismus. Bielefeld: Transcript 2012. S. 44.

tilistische Malprinzip von Seurats Gemälde analog zur narrativen Struktur. Dabei erlangt die ›pointilistische Glücksformel‹ (viele glückliche Momente = glückliches Leben) selbst die Qualität eines Narrativs. Gleichzeitig antizipiert die optische Vergrauung das tragische Ende der Protagonistin. Und auch in Walsers Prosatext ist dem Rekurs auf die materielle Beschaffenheit des zitierten Kunstobjekts eine bedeutungskonstitutive Funktion inhärent. Das »sich nachmals mit zahlreichen Rissen überziehende[] Gemälde« (K 258) steht analog zur Lethargie der Frauenfigur und korreliert mit ihrer Konstruktion als Nicht-Kleopatra. So wie das Gemälde zerfällt, konstituiert sich auch die Protagonistin durch ihr Nicht-Sein. Pointilismus und Craquelé, Punkte und Risse bilden so das medienästhetische Pendant zu Glück und Zerfall. Dabei handelt es sich jeweils um dezidiert system- bzw. medienimmanente Aspekte von Kunst. Andreas Böhns Feststellung, dass Texte, die auf künstlerische Arbeiten Bezug nehmen, dazu tendieren, »die formalen Qualitäten des Werks und sein ursprüngliches Medium«[290] zu vergegenwärtigen, trifft hier im besonderen Maße zu. Dabei sind jene system- und materialreferenziellen Verweise nicht nur »Strategien ästhetischer Selbstreflexivität«,[291] wie Böhn es nennt. Die Transformation von kunstimmanenten und materialspezifischen Bedeutungselementen in Literatur wird hier zum poetologischen Mittel der Textkonstruktion und zum konstitutiven Element des literarischen Texts.

290 Andreas Böhn: Einleitung: Formzitat und Intermedialität. In: Formzitat und Intermedialität. Hrsg. von Andreas Böhn. St. Ingbert: Röhring 2003 (= Mannheimer Studien zur Literatur- und Kulturwissenschaft 30). S. 7–12. S. 10.

291 Böhn: Einleitung zu Formzitat und Intermedialität. S. 8.

III Kunst und Weiblichkeit

Kunst, Weiblichkeit und Tod sind motivgeschichtlich verbandelt. Die von Ovid begründete Erschaffung ideeller Weiblichkeit entwickelt sich im literaturhistorischen Verlauf hin zu einem Sterben der Frau am Bild. Dabei ist die künstlerische Stilisierung einerseits Mittel der Sexualisierung: Die Frau wird als Kunst rezipierbar gemacht. – Andererseits dienen die Kunstbilder den Frauen als vermeintliche Vorbilder: Eine idealisierte und konstruierte Vorstellung von Weiblichkeit wird zum Vorbild des figureneigenen Identitätsentwurfs. Frappierend ist in diesem Kontext, dass sich unter allen sechs in dieser Arbeit analysierten Texten ausschließlich männliche Autoren befinden, deren männliche Hauptfiguren weibliche Bildfiguren betrachten. Dabei handelt es sich um eine außerordentliche Form des ›male gaze‹,[292] wie ihn die Filmkritikerin Laura Mulvey schon Mitte der 1970er Jahre beschrieben hat: Männliche Autoren lassen männliche Figuren auf bildkünstlerische Darstellungen von Frauen blicken, die wiederum ebenfalls von männlichen Malern porträtiert worden sind. Dass die Inbesitznahme der weiblichen Figuren durch ihre männlichen Gegenspieler im Rahmen künstlerischer Stilisierungsprozesse ein literarischer Topos ist, der ausschließlich[293] von männlichen Autoren reproduziert wurde, ist jedoch eine Beobachtung, auf die im Kontext der hier durchgeführten primär erzähltheoretischen Analysen nicht weiter eingegangen werden kann. Motivische und erzählstrukturelle Formen des männlichen Darstellens und weiblichen Dargestellt-Werdens werden daher ausschließlich auf Textebene und nicht auf Autorenebene thematisiert.[294]

Seinen populären Ursprung findet die Trias aus Frau, Kunst und Tod in Gotthold Ephraim Lessings Dramentext *Emilia Galotti* (1772), in dem das

292 Vgl. hierzu: Laura Mulvey: Visual Pleasure and narrative Cinema. In: Screen 16 (1975) H. 3. S. 6–18.

293 ›Ausschließlich‹ bedeutet in diesem Kontext, dass ich keinen deutschsprachigen Text einer Autorin habe finden können, in dem literarische Figuren Kunst betrachten und ein Spiel der Identifikation mit und Zuschreibung von Bildrollen stattfindet.

294 Eine Perspektive auf die vorliegende Problemkonstellation als Anknüpfungspunkt für weitere Forschung wird indes auf den letzten Seiten dieser Arbeit im »Ausblick«-Kapitel formuliert.

Porträt der Titelfigur Ausgangspunkt und Gegenstand männlicher Besitzphantasien ist. Nach dem Erwerb des Gemäldes heißt es dort: »Ah! Schönes Werk der Kunst, ist es wahr, daß ich dich besitze?«[295] – Zwar findet sich in Lessings Dramentext noch keine intermediale Bezugnahme auf eine realexistierende künstlerische Arbeit, dennoch liest sich der Text als Blaupause des literarischen Motivs der Verbildlichung der Frau samt Todesfolge und ist auf gleiche Weise später in Johann Wolfgang Goethes Roman *Die Wahlverwandtschaften* (1809) und Arthur Schnitzlers Novelle *Fräulein Else* (1924) zu finden.

In Goethes Roman spielt die bildende Kunst zunächst eine begleitende Rolle. Zum allgemeinen Amüsement werden drei Gemälde von bekannten Malern von einer Hochzeitsgesellschaft nachgestellt. Dabei wird die junge Frau Ottilie entgegen ihrer Selbstwahrnehmung auf vielfache Weise inszeniert und moralisch überhöht. Beim Nachstellen eines christlich-ikonografischen Gemäldes überträfe sie in »Gestalt, Gebärde, Miene, Blick [...] aber alles was je ein Maler dargestellt hat.«[296] – Eine Rollenzuschreibung, der sie selbst widerspricht. Und auch in Schnitzlers Novelle soll die Titelfigur Else zum Bildgegenstand werden. Ein Maler möchte sie porträtieren und für einen Kunstsammler soll sie als antike Schönheit einer Skulptur gleich posieren. Die Männer der Erzählung möchten das »bildschöne[] Mädchen«[297] nackt sehen, sie kaufen und betrachten, als wäre sie ein Objekt, ein Kunstwerk. Die unterschiedlichen Arten der Inszenierung geben auch hier Aufschluss über das Selbst- und Fremdbild der jungen Frau sowie das verquere Treiben der männlichen Akteure.

Im Hinblick auf eine Exemplifikation des Semantisierungspotenzials von Bildreferenzen erweist sich in diesem Themenblock lediglich Goethes Roman als typischer Beispieltext, bei dem im Sinne einer engen Begriffsdefinition Figuren Kunst betrachten. Da die Betrachtung von weiblichen

295 Gotthold Ephraim Lessing: Emilia Galotti. Ein Trauerspiel in fünf Aufzügen [1772]. In: Ders.: Werke und Briefe: in zwölf Bänden. Hrsg. von Wilfried Barner u. a. Bd. 7: Werke 1770–1773. Hrsg. von Klaus Bohnen. Frankfurt: Dt. Klassiker-Verl. 2000 (= Bibliothek deutscher Klassiker 172). S. 291–371. S. 299f. Im Folgenden abgekürzt mit der Sigle ›EG‹.

296 Johann Wolfgang Goethe: Die Wahlverwandtschaften [1809]. In: Ders.: Sämtliche Werke, Briefe, Tagebücher und Gespräche. Hrsg. von Dieter Borchmeyer u. a. Bd. 8: Abt. 1, Sämtliche Werke: Die Leiden des jungen Werthers, Die Wahlverwandtschaften, Kleine Prosa, Epen. Hrsg. von Waltraud Wiethölter. Frankfurt: Dt. Klassiker Verl. 1994 (= Bibliothek deutscher Klassiker 109). S. 269–529. S. 439. Im Folgenden abgekürzt mit der Sigle ›WV‹.

297 Arthur Schnitzler: Fräulein Else [1924]. In: Ders.: Fräulein Else. Berlin 1924. Hrsg. u. mit einem Nachwort von Joseph Kiermeier-Debre. München: dtv: Bibliothek der Erstausgaben 2013. S. 7–98. Im Folgenden abgekürzt mit der Sigle ›FE‹.

Bildfiguren – respektive die Betrachtung von Frauenfiguren als Kunstfiguren – motivgeschichtlich eng mit Bildreferenzen verzweigt ist, scheint es indes heuristisch sinnvoll, anhand von Lessings und Schnitzlers Texten den durchaus weitrechenden Bedeutungsumfang des intermedialen Phänomens zu beleuchten.

Goethes *Wahlverwandtschaften* (1809): Vater oder Freier? Bild und Ambiguität

Goethes Roman erzählt die Geschichte der Eheleute Eduard und Charlotte, die ihrer Zweisamkeit frönen, bis der Besuch eines Dritten die gewohnte Ordnung stört. Der Hauptmann, ein alter Freund Eduards, verweilt auf dem Hof. Wenig später trifft Charlottes Nichte Ottilie ein. Die Liebesgefühle des Ehepaars wechseln. Charlotte fühlt sich zum Hauptmann hingezogen, Eduard zu Ottilie. Nach einem Geständnis der neuen Verliebtheit mahnt Charlotte zu Tugend und Treue, Eduard hingegen bevorzugt das neue Liebesglück. Als Ausweg entschließt er, einen entfernten Landsitz zu bereisen. Seine Frau und seine Geliebte sollen allein auf dem Gut verweilen, bis Eduard sich seiner Gefühle im Klaren ist. Ein Brief ereilt ihn, in dem Charlotte mitteilt, schwanger zu sein und dass sie seine baldige Heimkehr wünscht. Eduard, der hingegen auf eine Scheidung hoffte, zieht daraufhin in den Krieg. Während seiner Abwesenheit heiratet Tochter Luciane und Charlotte gebärt ihren Sohn Otto. Eduard kehrt aus dem Krieg zurück, er wünscht und erhält Charlottes Einwilligung zur Scheidung. Ebenso trifft er Ottilie wieder. Diese, vom freudigen Wiedersehen erregt, lässt bei der Heimfahrt über den See versehentlich das Kind aus dem Boot fallen. Charlotte und Ottilie geben sich gleichermaßen die Schuld am Tod des Kindes. Eduard hingegen sieht alle Hürden einer neuen Vermählung beseitigt. Die von Schuldgefühlen geplagte Ottilie verweigert Sprache und Essen, bis sie schließlich stirbt. Sie wird in einem gläsernen Sarg in der Kapelle beigesetzt. Menschen pilgern herbei, um sie zu betrachten. Wenig später stirbt auch Eduard.

Die Romantik zeichnet sich wie kaum eine andere Stilepoche durch Sinnoffenheit und Mehrdeutigkeit aus. Als Reaktion auf die Literatur der Aufklärung widersagt sie der Eindeutigkeit eines antiken bild- und textästhetischen Kanons. Reinhard Wegner zufolge ermöglicht diese neue Bedeutungsoffenheit der romantischen Kunst,

> tradierte Sichtweisen, Normen und Gesetzmäßigkeiten außer Kraft [zu] setzen. Ambiguität, verstanden als ein Oszillieren zwischen zwei oder mehreren Möglichkeiten der Betrachtung und der Bedeutung eines Kunstwerks, konstituiert jene Transformationsprozesse, die im frühen 19. Jahrhundert den Aufbruch in neue Darstellungsformen begleiten.[298]

Goethe distanziert sich zu Lebzeiten von der Romantik.[299] Sein Roman ist durchzogen von romantischen Motiven, die das ästhetische Programm der jüngeren Generation aufgreifen und ironisch konterkarieren. Mit seinen Wechseln zwischen Realität und Schein sowie oftmals komisch wirkenden, magischen Elementen,[300] Doppeldeutigkeiten und sich häufig wiederholenden Handlungsmustern beschwöre Goethes Erzählung »die Gefahr einer romantischen Verwirrung«,[301] wie es bei Wegner heißt. Für die Figuren endet diese Verwirrung letztlich in einer Katastrophe.

Im Rahmen dieser ›anti-romantischen‹ Agenda zeichnet der Text die romantische Poesie indes weniger als positiven Gewinn einer Bedeutungsoffenheit, dafür umso mehr als Verlust greifbarer Ideale. So erweist sich der Roman gleichzeitig als ein zumeist ironisch akzentuiertes Amalgam verschiedener wissenschaftlicher Disziplinen (womit er die romantische Programmatik aufgreift) – *und* antiker kanonisierter Literaturvorlagen. Waltraud Wiethölter hält hierzu fest: Zum einen zeige sich »eine kaum dividierbare Gemengelage aus Naturwissenschaft, Naturphilosophie und

---

298 Reinhard Wegner: Von Klapp-Bildern und Klapp-Figuren. »Tournez s'il vous plaît« – ein Schlüsselmotiv in Goethes »Wahlverwandtschaften«. In: Goethes »Wahlverwandtschaften«. Werk und Forschung. Hrsg. von Helmut Kühn. Berlin: De Gruyter 2010. S. 493–520. S. 219.

299 Goethe kritisiert zu Lebzeiten junge Talente, die einer klassischen Tradition entsagen. Wegner stellt heraus, dass zu Beginn des 19. Jahrhunderts und Goethes Zeit in Weimar »erste polemische Auseinandersetzungen mit den […] Protagonisten romantischer Ideen [beginnen].« (Wegner: Von Klapp-Bildern und Klapp-Figuren. S. 220).

300 Hier sei etwa an die wundersame Angleichung des Schriftbilds der Handschrift von Ottilie und Eduard erinnert, die Eduard zu der Erkenntnis kommen lässt, dass auch Ottilie in ihn verliebt sein muss (vgl. WV 355). Ebenfalls magisch wie auch komisch ist die Erscheinung von Charlottes und Eduards neugeborenem Sohn Otto, der nicht seinen Eltern ähnelt, sondern Ottilie und dem Hauptmann. Eduard erklärt das untypische Aussehen des Kindes damit, dass er – wie auch Charlotte – beim Zeugungsakt jeweils an ihre neue Liebschaft haben denken müssen (vgl. WV 457, 492).

301 Wegner: Von Klapp-Bildern und Klapp-Figuren. S. 220.

experimentell erprobter Naturkunde«,[302] zum anderen ließen sich subtile Verweise auf diverse mythologische Figuren wie etwa Narziss, den Hermaphroditen und die Pandora wiederfinden. Hinzu kämen zahlreiche Rekurse auf die christliche Marienikonografie, flämische Gemälde und künstlerische Arbeiten des Barocks und der Renaissance.[303]

Die traditionellen Gattungsgrenzen verschwimmen in der Romantik und auch Goethes Romans spielt mit den transformativen Übergriffen zwischen den Künsten. Die von Gotthold Ephraim Lessing noch gut drei Jahrzehnte zuvor formulierte Trennung von Literatur und bildender Kunst wird dabei im literarischen Experiment aufgelöst. Lessings Trennung zwischen der bildenden Kunst als eine räumliche Darstellungsform, die in einem Akt simultaner Wahrnehmung zu erfassen sei, und der Literatur als eine zeitliche Form der Darstellung, wird in Goethes Roman entsprechend ironisch verkehrt. Direkt zu Beginn der Erzählung misslingt Eduard jene ganzheitliche Schlaglichtrezeption, wenn er im Flur seines Hauses auf einem Stuhl derart niedersitzt, »daß er durch Tür und Fenster die verschiedenen Bilder, welche die Landschaft gleichsam im Rahmen zeigten, auf einen Blick übersehen konnte.« (WV 272) Doch nicht nur die Bildrezeption will nicht ganz dem Lessing'schen Vorbild nach funktionieren. Auch beim Vorlesen eines naturwissenschaftlichen Texts hebt Charlotte die von Lessing proklamierte Kontinuität des Leseaktes auf, indem sie dem vorlesenden Eduard ins Buch schaut, »mit dem Auge vorspringt« (WV 299) und so die zeitliche Aneinanderreihung von Textinformationen auflöst.

Die Landschaftsmalereien in Eduards Flur sind programmatisch. Goethes Text ist durchzogen von Landschaftsbeschreibungen, häufiges Thema ist die Umgestaltung der englischen Gartenanlage im Stil romantischer Landschaftsarchitektur. Angelegte Spazierwege und Ausflugsorte werden akribisch geplant. Dabei versuchen die Figuren nicht nur die Naherholungsorte stimmig ins Landschaftsbild einzufügen, auch wird die Landschaft selbst dem neuen Blickpunkt angepasst und entsprechend moduliert. Bäume werden entfernt, und drei Teiche sollen zu einem See zusammengefasst werden. Die vorgegebenen Blickpunkte ins Grün illusionieren ein statisches Landschaftsbild, welches die Umgebung nun einem Gemälde

302 Waltraud Wiethölter: Die Wahlverwandtschaften. Zur Deutung. In: Johann Wolfgang von Goethe: Sämtliche Werke, Briefe, Tagebücher und Gespräche. Hrsg. von Dieter Borchmeyer u. a. Bd. 8 Abt. 1: Die Leiden des jungen Werthers, Die Wahlverwandtschaften, Kleine Prosa, Epen. Hrsg. von Waltraud Wiethölter. Frankfurt: Dt. Klassiker Verl. 1994 (= Bibliothek deutscher Klassiker 109). S. 984–1017. S. 991.

303 Vgl. Wiethölter: Die Wahlverwandtschaften. Zur Deutung. S. 995–1001.

gleich rezipierbar macht und nicht zuletzt einen englischen Gast anhält, »die malerischen Aussichten des Parks […] zu zeichnen« (WV 466). Wenn Eduard in sein selbstgewähltes Exil aufbricht und Ottilie, Charlotte, sein Haus und die künstlich angelegten Gartenanlagen zurücklässt, verschlägt es ihn hingegen in eine Landschaft, die, »wenn nicht zum Malen, […] doch zum Leben vorzüglich geeignet« (WV 385) scheint. Im Umkehrschluss bedeutet dies jedoch auch: Ein Leben in der Kunst fällt schwer.

Bei all diesen Verschränkungen von künstlerisch-ästhetischen Disziplinen irritiert, dass sich die Erzählinstanz vor einer Vermischung der literarischen Gattungen Epik und Lyrik scheut. Bei der Grundsteinlegung zu Charlottes Geburtstag heißt es: »Ein wohlgeputzter Maurer, die Kelle in der einen, den Hammer in der anderen Hand, hielt in Reimen eine anmutige Rede, die wir in Prosa nur unvollkommen wiedergeben können.« (WV 331) Entsprechend wird jenes Gedicht nicht ausgeführt, seine Erwähnung muss genügen. Dabei zeigt sich die Erzählinstanz im höchsten Grade medienreflexiv, indem sie ihre eigene Gattungszugehörigkeit benennt und gegenüber der Lyrik abgrenzt. Während sie jedoch die Vermengung von Lyrik und Epik nicht zulässt, wird – wie Wegner feststellt – an anderer Stelle die Vermischung unterschiedlicher Kunstformen auf die Spitze getrieben. Sie finde ihre Verkörperung in der Figur des Architekten, »der als Zeichner, Maler, Restaurator, Gartengestalter und als Baumeister auftritt und damit gegen die präzise Trennung verschiedener Kunstformen verstößt.«[304]

Das Spiel mit den Übergriffen zwischen unterschiedlichen ästhetischen Disziplinen zieht sich als roter Faden durch den Roman. Während im ersten Teil die Verbildlichung der Landschaft das intermediale Begleitprogramm darstellt, ist es im zweiten Teil die Verbildlichung der Figur Ottilie und ihre damit einhergehende Stilisierung als Heilige. Gleich zu Beginn präsentiert dort der Architekt den beiden Frauen antike Gegenstände und Kunstdrucke. Zentral erscheint hier ein »größeres Portefeuille« (WV 401), ein schemenhafter Abdruck eines Gemäldes. Darauf zu sehen: »Der Greis mit dem kahlen Scheitel, der reichlockige Knabe, der muntere Jüngling, der ernste Mann, der verklärte Heilige, der schwebende Engel« (WV 402). Während der Architekt und Charlotte der sakralen Darstellung jedoch wie »nach einem verlorenen Paradies« (WV 402) hinterherschauen, heißt es hingegen über Ottilie: »Nur vielleicht Ottilie war in dem Fall sich unter ihres Gleichen zu fühlen.« (WV 402)

304 Wegner: Von Klapp-Bildern und Klapp-Figuren. S. 225.

Es finden weitere Vergleiche zwischen Ottilie und Heiligenfiguren statt. Dabei wird sie nicht nur mit sakralen Darstellungen verglichen, auch dient sie selbst als Bildvorlage. Beim Ausbau der Kapelle und der Restauration der Deckenmalerei erneuert der Architekt die zahlreichen Engelsgesichter und orientiert sich an der Erscheinung der jungen Frau. Im Text heißt es hier, die Gesichter »fingen sämtlich an Ottilien zu gleichen [...], so daß es schien als wenn Ottilie selbst aus den himmlischen Räumen heruntersähe.« (WV 408) Die Verbildlichung der Frau wird kombiniert mit zahlreichen Verweisen zu Motiven der Marienikonografie: Bei den Spaziergängen durch die Natur wird Ottilie dargestellt wie Maria in den Gärten; der Roman greift damit das Bildmotiv des ›Hortus conclusus‹ auf.[305] Den Knaben Otto durch den Garten tragend und ein Buch lesend wird sie als ›Penserosa‹ benannt: das ikonografische Bild der Maria mit Buch und Kind.[306] Zu Weihnachten stellt sie der Architekt in seinem Tableau vivant als Mutter Gottes zur Schau.[307] Und zuletzt, eingerahmt von einem gläsernen Sarg, wird sie präsentiert als

305 Bettina Brandl-Risi macht auf diese ikonografische Figur aufmerksam (vgl. Brandl-Risi: Wahlverwandtschaften. Zur Theatralisierung von Bildern und Texten im »tableau vivant«. In: Formzitat und Intermedialität. Hrsg. von Andreas Böhn. St. Ingbert: Röhring 2003 (= Mannheimer Studien zur Literatur- und Kulturwissenschaft 30). S. 183–208. S. 197). Das Motiv des ›Hortus conclusus‹ (der ›geschlossene Garten‹) ist ein Bildthema, welches Maria in einem umzäunten und buntbewachsenen Garten zeigt. Mauer, Garten und Pflanzen werden mit Jungfräulichkeit, Barmherzigkeit, Wachstum und Geborgenheit assoziiert. Spaziergänge im Garten lassen sich im Roman häufig finden. An einer Stelle heißt es: »[U]nd so trug sie es [das Kind] am liebsten selbst heraus, das schlafende unbewußte zwischen Blumen und Blüten her, die dereinst seiner Kindheit so freundlich entgegen lachen sollten, zwischen jungen Sträuchen und Pflanzen, die mit ihm in die Höhe zu wachsen durch ihre Jungend bestimmt schienen.« (WV 461) – Eine ausführlichere Betrachtung und ikonologische Semantisierung jener Textstelle findet sich im Kapitel »Exkurs: Literarisierte Ikonografien«.

306 Im Roman heißt es: »Sie hatte das Milchfläschchen bei sich, um dem Kinde, wenn es nötig, seine Nahrung zu reichen. Selten unterließ sie dabei ein Buch mitzunehmen, und so bildete sie, das Kind auf dem Arm, lesend und wandelnd, eine gar anmutige Penserosa« (WV 482). Heike E. Brandstätter deutet diese Darstellung als das ikonografische Motiv ›Maria mit Kind und Buch‹. Die ›Penserosa‹, die Grüblerin oder auch die Nachdenkliche sei ein beliebtes Motiv der älteren Malerei und Literatur und verstehe sich als Loblied auf die Melancholie. Ottilie erweitere diese Figur um ein Kind. Brandstätter: »Die Passage schreibt das Marienbild vorsichtig um.« Die beiden Motive ›melancholische Frau mit Buch‹ und ›Mutter mit Kind‹ würden verschmelzen. Brandstätter fasst zusammen: »[In] dieser Dreiteilung verweist die Szene auf einen besonderen Typus der Marien-Bildnisse: auf die Madonna mit Kind und Buch«. In der linken Hand die Bibel, in der rechten das Kind haltend, fungiere die Frau als Vermittlerin. (Heike E. Brandstätter: Der Einfall des Bildes. Ottilie in den »Wahlverwandtschaften«. Würzburg: Könighausen & Neumann 2000 (= Epistemata Literaturwissenschaft 314). S. 167f.)

307 Die beiden Weihnachts-Tableaux werden im Roman als freie Komposition des Architekten beschrieben. Die bisherige Forschung geht jedoch davon aus, dass das erste Tableau vivant – eine nächtliche Szene über die es im Roman heißt, dass »alles Licht

ihre Namensvetterin die ›heilige Ottilie‹, der sie – wie Bettina Brandl-Risi festhält – gleichsam als »aufgebahrte Märtyrerin in der Kapelle liegt«[308] und von Herbeipilgernden betrachtet wird.

Die ausgeprägte Inszenierung der jungen Frau als Gottesmutter konterkariert ihre unchristliche Liebesaffäre zu Eduard. Ihre Darstellung als Heilige offenbart dabei vor allem die Diskrepanz zwischen ihrem Selbst- und Fremdbild. Es zeigt nicht nur, wie die Männer der Erzählung die junge Frau sehen möchten, sondern auch, wie sie sich selbst sieht. Einerseits übertreffe sie als Maria im Weihnachts-Tableau in »Gestalt, Gebärde, Miene, Blick […] aber alles was je ein Maler dargestellt hat.« (WV 439) Andererseits fragt sie sich auf der Bühne stehend und Eduard im Publikum vermutend: »Und wie wenig wert bist du unter dieser heiligen Gestalt vor ihm zu erscheinen […]?« (WV 411) Sie benennt ihre Kostümierung als »Maske« (WV 441), sieht sich nicht als Abbild Marias und stellt die Passform von Selbst- und Fremdbild in Frage.

Während Ottilies Bildwerdung ikonografischer Natur ist, beleuchten drei Tableaux vivants das Treiben der anderen Figuren. Goethe beschreibt die ›lebenden Bilder‹ in einem Brief vom 9. Februar 1813 an den Schweizer Maler und Schriftsteller Johann Heinrich Meyer als »Zwitterwesen zwischen der Malerei und dem Theater«.[309] Im fünften Kapitel des zweiten Teils wird jenes ›Zwitterwesen‹ nun auch von der Hochzeitsgesellschaft um Luciane und ihrem Bräutigam auf die Bühne gebracht – und zwar unter Ausschluss von Ottilie. Die Figuren stellen drei Kupferstiche von berühmten Gemälden nach: zuerst *Gebt Belisar eine kleine Spende* (undatiert, um 1620, lat.: *Date obolum Belisaro*) von Luciano Borzone (im Roman jedoch noch Anthonis van Dyck zugeschrieben), als nächstes *Esther vor Ahasverus* (1644, franz.: *Esther devant Assuérus*) von Nicolas Poussin und zuletzt *Die väterliche Ermahnung* (1765) von Johann Georg Wille nach einem Gemälde von Gerhard ter Borch. Während die ersten beiden Darstellungen auf historischen bzw. biblischen Texten

---

vom Kinde ausgehe« (WV 493) – das Gemälde *Die Heilige Nacht* (1522–30; ital.: *Adorazione dei pastori*) des italienischen Renaissancemalers Antonio da Correggio beschreibe. Obgleich sich Correggios Gemälde als Vorbild bestimmen ließe, erweitert diese konkrete Darstellung nicht den semantischen Gehalt der Bezugnahme, da lediglich seine Ikonografie deutungsrelevant erscheint.

308 Brandl-Risi: Zur Theatralisierung von Bildern und Texten im »tableau vivant«. S. 197.

309 Johann Wolfang von Goethe: Goethe an J. H. Meyer. Di. 09.02.1813 (699). In: Ders.: Sämtliche Werke, Briefe, Tagebücher und Gespräche. Hrsg. von Dieter Borchmeyer u. a. Bd. 33: Abt. 2, Briefe, Tagebücher und Gespräche; Bd. 6: Napoleonische Zeit. Briefe Tagebücher und Gespräche vom 10. Mai 1805 bis 06. Juni 1816. Teil II: Von 1812 bis zu Christianes Tod. Hrsg. von Rose Unterberger. Frankfurt: Dt. Klassiker Verl. 1994 (= Bibliothek deutscher Klassiker 99). S. 183.

basieren, handelt es sich bei dem dritten Gemälde um eine Genredarstellung ohne konkretes literarisches Vorbild. Die selbstgewählten Bildrollen der Romanfiguren geben dabei Aufschluss über ihre Selbstwahrnehmung und perspektiveren ihr Handeln. Sie zeigen, wie die Figuren im Text das jeweilige Bild interpretieren und offenbaren so ihre Motive und Absichten. Oder wie Margaret Rose es formuliert: »[T]he ›living picture‹ may even function as a *meta-image* to the living image, showing how the original picture has been imagined and performed as well as what is being presented.«[310]

Das Gesellschaftsspiel beginnt auf Initiative des Grafen. Dieser schlägt Luciane eine »neue Art von Darstellung [vor], die ihrer Persönlichkeit sehr gemäß war.« (WV 427) Obgleich der Graf wohl eher darauf abzielt, die oftmals unverschämt agierende Luciane als stilles Bild zum Schweigen zu bringen, deutet sein Vorschlag ebenso an, dass die ›Lebenden Bilder‹ neue Blicke auf die Persönlichkeit der unterschiedlichen Figuren ermöglichen. Und so präsentiert sich Luciane im ersten Tableau als

> das junge Weibchen im Hintergrunde [...], das reichliche Almosen aus einem Beutel in die flache Hand zählt, indes eine Alte sie abzumahnen und ihr vorzustellen scheint, daß sie zu viel tue. Eine andere ihm wirklich reichende Frauenperson war nicht vergessen. (WV 427)

Luciane präsentiert sich – »halb bescheiden« (WV 427) – als Wohltäterin, die einem Bettler eine Spende gibt. Sie wird von zwei weiteren Frauenfiguren begleitet: Eine Alte, die die junge Frau mahnt, zu viel für die Armen zu tun, – und eine andere, ›wirklich‹ Almosen reichende Frauenperson. Dabei entlarvt die ›wirkliche Zuwendung‹ der anderen Frau Lucianes Scheinhandeln. Während also die junge Braut sich in diesem Bild als Wohltäterin inszeniert, beleuchten die beiden anderen Figuren ihr eigentliches Wesen: Luciane lebt auf Kosten anderer. Entsprechend gibt nicht sie die Almosen an den Bettler aus, sondern eine andere, im Roman unbenannte Figur – vermutlich Charlotte, ihre Mutter.

Die Selbstinszenierung findet ihre Fortführung in der Darstellung des zweiten Kupferstiches, einer Nachbildung von Nicolas Poussins *Esther vor Ahasverus*. Dort

310 Margaret A. Rose: The interrelationship of »Lebende Bilder« and »Halbschlafbilder« in Goethe's »Wahlverwandtschaften« and other early nineteenth-century literary works. In: Die Halbschlafbilder in der Literatur, den Künsten und der Wissenschaft. Hrsg. von Roger Paulin u. Helmut Pfotenhauer. Würzburg: Königshausen & Neumann 2011. S. 67–92. S. 73.

> entwickelte [Luciane] in der ohnmächtig hingesunkenen Königin alle ihre Reize, und hatte sich kluger Weise zu den umgebenen unterstützenden Mädchen lauter hübsche wohlgebildete Figuren ausgesucht, worunter sich jedoch keine mit ihr auch nur im mindesten messen konnte. Ottilie blieb von diesem Bilde, wie von den übrigen ausgeschlossen. (WV 428)

Abb. 15–16: Nicolas Poussin: *Esther devant Assuérus* (dt.: *Esther vor Ahasverus*). Öl auf Leinwand. 199 × 155 cm. 1644. Eremitage, Sankt Petersburg. – Detailansicht: Die dahingesunkene Ester wird aufgefangen. Ihr klassisches Profil sowie die gräulich-blasse Haut erinnern an die idealisierte Darstellungsweise antiker Skulpturen.

Die Benennung der weiblichen Reize deutet auf eine erotische Konnotation der ›Lebenden Bilder‹ hin.[311] Dabei präsentiert sich Luciane erneut als selbstlose Frau, der es – wie Birgit Jooss unter Rückgriff auf den biblischen Prätext darstellt – durch »Fürsprache bei ihrem Mann und König gelingt,

311 Brandl-Risi zufolge ist der Erfolg der lebenden Bilder wohl auch ihrer Nähe zum Voyeurismus geschuldet. Die Inszenierungen ermöglichen dem Publikum – so Brandl-Risi –, die Darsteller:innen oftmals im Anschein von Nacktheit gut ausgeleuchtet zu betrachten: eine primär erotisch konnotierte Körperschau unter dem Mantel kultureller Bildung. Sie führt weiter aus: »Ein Pendant dieses ästhetischen Konzepts bilden die im 18. Jahrhundert ebenfalls beliebten nächtlichen Besuche von Antiken-Galerien bei Fackelbeleuchtung, die sich in einem ähnlichen Zwischenbereich zwischen Kunst und lebendiger Leiblichkeit bewegten und ebenso theatral rezipiert wurden: das flackernde Licht schien die Marmorskulpturen zu beleben und die Illusion von ›bewegter Schönheit‹ (Herder) zu erzeugen.« (Brandl-Risi: Zur Theatralisierung von Bildern und Texten im »tableau vivant«. S. 185.)

große Gefahr vom jüdischen Volk abzuwenden.«[312] Ferner lassen sich auch im Bibeltext Hinweise darauf finden, dass Ester ihre Weiblichkeit inszeniert, um ihren Ehemann und König zu überzeugen.[313] In Goethes Text werden nunmehr genuine Bildelemente (die reizvolle Darstellung Esters als ›antike Schönheit‹) mit dem literarischen Narrativ der alttestamentlichen Bibel-Szene vermengt. Ähnlich wie Ester ermöglicht auch Luciane ihre weibliche Schönheit einen gewissen gesellschaftlichen Handlungsraum in einer ansonsten männlich dominierten Welt; eine Deutung, die im dritten Tableau noch einmal bekräftigt wird. Darüber hinaus zeigt sich Jooss zufolge, dass Luciane im Gegensatz zu Ottilie unfähig sei, ihre Bildrolle zu reflektieren. Während Ottilie im späteren Weihnachts-Tableau ihre Verkörperung als Maria in Frage stellt, präsentiere sich Luciane jovial als Schönste unter Schönen. Ironischerweise sei dies – so Jooss – nur möglich, da sie Ottilie im Vorfeld von dem Gesellschaftsspiel ausgeschlossen hat.[314] Auch hier divergieren Selbstwahrnehmung und Realität.

Während die Darstellungen vom bettelnden Belisar und dem persischen Königspaar Ester und Ahasversos jeweils eine antik-römische Legende sowie eine alttestamentliche Erzählung illustrieren, deren Narrative sich primär auf Basis ihrer Prätexte bilden, präsentieren die Figuren im dritten Tableau eine häusliche Szene.[315] Diese aus medienwissenschaftlicher Perspektive wohl bedeutendste Darstellung wird betitelt als »die sogenannte väterliche Ermahnung von Terburg« (WV 428). Im Gegensatz zu den vorigen beiden Inszenierungen ermöglicht jenes Gemälde jedoch nicht nur, das Wirken einzelner Figuren neu zu beleuchten. Zusätzlich reflektiert seine visuell-narrative Struktur Aspekte der Romanhandlung und stellt

312 Birgit Jooss: Lebende Bilder als Charakterbeschreibungen in Goethes Roman *Die Wahlverwandtschaften*. In: Erzählen und Wissen. Paradigmen und Aporien ihrer Inszenierung in Goethes ›Wahlverwandtschaften‹. Hrsg. von Gabriele Brandstetter. Freiburg im Breisgau: Rombach 2003 (= Litterae 96). S. 111–136. S. 118.

313 Im Buch Ester (8, 3–5) heißt es entsprechend: »Und Ester redete noch einmal vor dem König und fiel ihm zu Füßen und weinte und flehte ihn an […]. Und der König streckte das goldene Zepter Ester entgegen. Da stand Ester auf und trat vor den König und sprach: Gefällt es dem König und habe ich Gnade gefunden vor ihm, und dünkt es den König recht und gefalle ich ihm, so möge man die Schreiben mit den Anschlägen Hamans […] widerrufen, die er geschrieben hat, um die Juden umzubringen in allen Provinzen des Königs.« Zitiert nach: Evangelische Kirche in Deutschland (Hrsg.): Die Bibel. Nach Martin Luthers Übersetzung. Revidiert 2017. Mit Apokryphen. Stuttgart: Deutsche Bibelgesellschaft 2016.

314 Vgl. Jooss: Lebende Bilder als Charakterbeschreibungen. S. 128.

315 Über den römischen Feldherren Belisar berichtet sein Zeitgenosse Prokopios in seiner *Kriegsgeschichte* (550–554 n. Chr.; lat.: *Bella*). Das Bild von Belisar als blinder Bettler ist hingegen nicht historisch überliefert und vielmehr Gegenstand einer Legende die auch als *Belisar-Epos* bezeichnet wird.

dem literarästhetischen Prinzip romantischer Ambiguität eine visuelle Doppeldeutigkeit gegenüber. Zum dritten Tableau vivant heißt es:

> Als drittes hatte man die *sogenannte* väterliche Ermahnung von Terburg gewählt und wer kennt nicht den herrlichen Kupferstich unseres Wille von diesem Gemälde! Einen Fuß über den andern geschlagen, sitzt ein edler, ritterlicher Vater und *scheint* seiner vor ihm stehenden Tochter ins Gewissen zu reden. Diese, eine herrliche Gestalt im faltenreichen, weißen Atlaskleide, wird zwar nur von hinten gesehen, aber ihr ganzes Wesen *scheint* anzudeuten, daß sie sich zusammennimmt. Daß jedoch die Ermahnung nicht heftig und beschämend sei, sieht man aus der Miene und Gebärde des Vaters; und was die Mutter betrifft, so *scheint* diese eine kleine Verlegenheit zu verbergen, indem sie in ein Glas Wein blickt, das sie eben auszuschlürfen im Begriff ist. (WV 428f, Herv. M.M.)

Auffällig ist, dass – vor allem im Gegensatz zu den anderen beiden Gemälden – die Richtigkeit des Titels mit dem Wort ›sogenannte‹ in Frage gestellt wird. Die dreifache Verwendung des Verbs ›scheinen‹ lässt ebenfalls vermuten, dass Bildbeschreibung und Bildrealität divergieren.

Nun inszenieren die Figuren im Roman einen Kupferstich von Wille, der tatsächlich den Titel *Die väterliche Ermahnung* trägt, jedoch ein Gemälde von ter Borch nachbildet, das wiederum im Original unbetitelt ist. Dieser Fährte folgend ist die bisherige Forschung rund um das Gemälde und seine Rezeptionsgeschichte zu der Erkenntnis gekommen, dass ter Borchs Malerei (auch) eine Bordellszene zeigt und dass Goethe die sexuell konnotierte Darstellung sehr wahrscheinlich gekannt hat.[316] Es ergeben sich

---

316 Waltraud Maierhofer fasst die Forschung rund um das Gemälde und Goethes Rezeption zusammen: Maierhofer zufolge basiert der im Roman nachgestellte Kupferstich auf einem Gemälde von Gerhard ter Borch. Bei der nachgebildeten Malerei handele es sich wiederum um eine Fassung von 1654–55, die seit 1815 in der Gemäldegalerie Berlin hinge und dort als *väterliche Ermahnung* aufgeführt werde. Eine zweite Fassung des Gemäldes von 1654, zu sehen im Rijksmuseum Amsterdam, zeige die Szene hingegen im Querformat und ergänze sie um einen Hund. Diese werde jedoch als *Galantes Gespräch* bezeichnet. Zahlreiche Indizien sprechen Maierhofer zufolge gegen die Darstellung einer häuslichen Szene: das jugendliche Alter der Dargestellten, die etwas gespreizte Haltung des vermeintlichen Vaters, seine militärische Kleidung, sowie das Geldstück in seiner rechten Hand. Letzteres wurde – so Maierhofer – in der jüngeren Forschung jedoch auch als Lichtreflex ausgelegt. Eine Deutung der Emblematik von Kerze, Spiegel, Goldstück und Hund ließe ebenfalls die Darstellung eines Bordellbesuchs vermuten – andere Indizien sprächen wiederum für ein häusliches Geschehen. Obgleich ter Borchs Gemälde Elemente beider Sujets aufweise, liege sein Schlüssel – so Maierhofer – in den »amourösen Untertönen, die spezifisch für diesen Maler seien«. Ter Borchs Gemälde enthielte »verschiedene visuelle Signale«, die »schon für die Zeit-

zwei Deutungsweisen, die im Rahmen der visuell-narrativen Potenziale der Darstellung koexistieren: Zum einen kann die nachgestellte Malerei als Darstellung einer häuslichen Szene betrachtet werden, zum anderen als Bordellbesuch. Im Folgenden soll beides geschehen.

Abb. 17–18: Gerhard ter Borch d. J: *Die väterliche Ermahnung* (zugeschriebener Titel). Öl auf Leinwand, 71,4 × 62,1 cm, 1654–55. Gemäldegalerie, Berlin. – Detailansicht: Junge Frau im silbrig-weißen Kleid, ritterlich gekleideter Mann, Frau mit Weinglas.

Verstanden als Darstellung eines Vaters, der seine Tochter tadelt, bietet das dritte Tableau vivant erneut eine treffliche Vorlage für Lucianes Selbstinszenierung. Sie zeigt sich als »herrliche Gestalt im faltenreichen, weißen Atlaskleide« (WV 428). Zwar wird die schöne Frau gerügt, jedoch ist diese Ermahnung »nicht heftig und beschämend« (WV 428). Die Darstellung spiegelt Lucianes Verhalten inmitten der Hochzeitsgesellschaft wider.

---

genossen eine Vielzahl von Lesarten angeboten« hätten. Weiter führt sie aus: Es habe schon damals an den Rezipient:innen gelegen, eine der Perspektiven zu wählen oder sie zu kombinieren. »Dabei sei es (wie noch heute) nicht darum gegangen, eine ›richtige‹ herauszufinden«, vielmehr ginge es um die Freiheit, »eine oder mehrere Möglichkeiten auszuwählen«. Zwar ist – so Maierhofer – davon auszugehen, dass »Goethe die Originale nicht gekannt hat«, jedoch soll ihm »mit hoher Wahrscheinlichkeit eine Kopie von Casper Netscher« von 1655 mit dem Titel *Der Besuch* bekannt gewesen sein. Auch Netschers Kopie sei dabei in ihrer Leseweise doppeldeutig kodiert, der Titel enthielte jedoch »mehr erotische Möglichkeiten«. (Waltraud Maierhofer: Vier Bilder und vielfältige Bezüge. Die sogenannte »Väterliche Ermahnung« und die Figuren in den »Wahlverwandtschaften«. In: Ethik und Ästhetik. Werke und Werte in der Literatur vom 18. bis zum 20. Jahrhundert; Festschrift für Wolfgang Wittkowski zum 70. Geburtstag. Hrsg. von Richard Fischer. Frankfurt: Peter Lang 1995 (= Forschungen zur Literatur- und Kulturgeschichte 52). S. 363–382. S. 364–366).

Ähnlich wie bei der vorigen Betrachtung der biblischen Szene ermöglicht ihre weibliche Schönheit gesellschaftlichen Handlungsraum. Als junge Braut wird ihr oftmals unverschämtes Benehmen geduldet. Und so heißt es im Roman:

> Niemand aber durfte sich gegen sie [Luciane] ein Gleiches erlauben, Niemand sie nach Willkür berühren, Niemand auch nur im entferntesten Sinne, eine Freiheit die sie sich nahm, erwidern; und so hielt sie die andern in den strengsten Grenzen der Sittlichkeit gegen sich, die sie gegen andere jeden Augenblick zu übertreten schien. (WV 422)

Die Hochzeitsgesellschaft duldet jenes Verhalten, denn ihr ist einzig an Lucianes schönem Aussehen gelegen: »Ihre Zöpfe, die Form ihres Kopfes, Hals und Nacken waren über alle Begriffe schön« (WV 429), sodass sie in den Zuschauerreihen ein »allgemeines Entzücken erregte« (WV 429) und das Publikum »mit dem Wiederverlangen nicht endigen« (WV 429) konnte. Auch hier ist eine erotische Konnotation der Darstellung unverkennbar. Luciane wird rezipiert, wie sie sich inszeniert.

Während die Betrachtung der Darstellung als häusliche Szene einer strikt textinternen Orientierung des Verweises folgt, ermöglicht hingegen die Einbeziehung der ambivalenten Rezeptionsgeschichte und die Interpretation der Darstellung als Bordellbesuch neue Deutungsmöglichkeiten, die andere Figuren ins Zentrum rücken. Zwar fokussieren die Beschreibungen der vorigen beiden Gemäldeinszenierungen ebenfalls ausschließlich Luciane. Dennoch ist auffällig, dass im dritten Tableau keine weitere Figurenbesetzung benannt wird. Wo bei den vorigen beiden Inszenierungen die männlichen Akteure erwähnt werden, bleiben nun Darsteller und Darstellerin von Mann und weintrinkender Frau unbenannt. Die Leerstellen bieten Anlass zur Spekulation. Eine mögliche Interpretation formuliert Waltraud Maierhofer. Sie deutet den ritterlich gekleideten Mann als Stellvertreter des in den Krieg gezogenen Eduards: »[D]er Abwesende ist in den ›Lebenden Bildern‹ anwesend«,[317] schreibt sie. Das weiße Atlaskleid, sowie die Beschreibung der jungen Frau auf dem Gemälde als ›herrliche Gestalt‹ würden wiederum auf Ottilie verweisen, die somit im Bild ihrem Freier

317 Maierhofer: Vier Bilder und vielfältige Bezüge. S. 368.

Eduard gegenüberstehe.[318] Führt man dieses Szenario fort, kommt Charlotte die Rolle der Frau mit Weinglas zu. Als Kupplerin versucht sie Ottilie an Eduard zu vermitteln. Zu Beginn des Romans heißt es hierzu passend, die noch in ihrer ersten Ehe gebundene Charlotte

> hatte nämlich damals dem von Reisen zurückkehrenden Eduard Ottilien absichtlich vorgeführt, um dieser geliebten Pflegetochter eine so große Partie zuzuwenden: denn an sich selbst, in Bezug auf Eduard, dachte sie nicht mehr. (WV 282)

Dem ästhetischen Prinzip der sich doppelnden Handlungselemente folgend, überlegt Charlotte gegen Ende des Romans erneut, ihre Nichte mit einem anderen Mann zusammenzubringen, diesmal jedoch mit dem Hauptmann (vgl. WV 464). Es scheint, als wolle sie Ottilie an alle ehemaligen Liebesbekanntschaften vermitteln, denen sie selbst vermeintlich entsagen muss.

Doch auch ohne den Versuch, den Bildfiguren Romanfiguren (neu) zuzuordnen, ergibt sich ein vielversprechender Deutungsansatz. Die inhaltliche Diskrepanz der beiden Bildmotive ›häusliche Szene‹ und ›Bordellbesuch‹ steht analog zu Charlottes und Eduards Umgang mit ihrem jeweiligen neuen Liebesglück. Nach dem Geständnis der neuen Verliebtheit mahnt Charlotte zur Tugend und Treue. Eduard hingegen bevorzugt ein Leben mit Ottilie. Als ›väterliche Ermahnung‹ kann das Gemälde als Sinnbild für Charlottes Mahnung zur Tugendhaftigkeit und der Besinnung auf das eheliche Versprechen verstanden werden. Als Bordellszene hingegen invertiert es jene Mahnung zu einem Aufruf zum Ehebruch. Passend hierzu missversteht auch Eduard den Appell seiner Frau und sieht sich angehalten, seiner neuen Liebe zu frönen. Den Hauptmann und Ottilie fort glaubend, fragt Charlotte ihren Mann, »ob wir wieder völlig in den alten Zustand zurückkehren wollten.« (WV 373) Freilich meint Charlotte hiermit ihr altes Eheleben, Eduard hingegen missversteht ihr Anliegen:

> Eduard, der nichts vernahm als was seiner Leidenschaft schmeichelte, glaubte daß Charlotte durch diese Worte den früheren Witwenstand bezeichnen

318 Maierhofer begründet ihre These auf Basis der Emblematik des 17. Jahrhunderts, nach der die Farbe Weiß mit einem »reine[n] Herzen und aufrechte[n] Gemüt« assoziiert werde und somit auf Ottilie sowie ihr schimmerndes Totenkleid verweise. Weitere Farben würde im Roman an anderer Stelle nicht genannt werden, obwohl dieser »in einer Zeit intensiver Auseinandersetzung Goethes mit der Farbenlehre entstanden ist«. Ebenfalls betont sie, dass die Beschreibung der jungen Frau auf dem Gemälde als ›herrliche Gestalt‹ eine Betitelung sei, die im Roman mehrfach für Ottilie verwendet wird. (Maierhofer: Vier Bilder und vielfältige Bezüge. S. 370).

> und, obgleich auf unbestimmte Weise, zu einer Scheidung Hoffnung machen wolle. (WV 373)

Die Betrachtungsmöglichkeiten von ter Borchs Gemälde oszillieren zwischen Moral und Amoral, zwischen Familienidyll und Ehebruch. Eine scheinbar unüberwindbare Dichotomie, die sich auf Handlungsebene jedoch nicht ausschließt. Die – wie Maierhofer es nennt – »stets mögliche und gegenwärtige Verwirrung von väterlicher und erotischer Liebe«[319] zwischen Eduard und Ottilie steht damit analog zur Doppellesbarkeit von ter Borchs bildkünstlerischer Darstellung. In romantisch-ambiger Manier korrelieren hier Eduards Doppelposition als Ziehvater und Liebhaber mit der visuell-narrativen Doppellesbarkeit der Gemäldefigur als Vater oder Freier. Bildliche und textuelle Verwirrung stehen nebeneinander.

Goethes Roman verschmilzt das romantische Prinzip der Ambiguität mit dem Prinzip bildästhetischer Doppeldeutigkeit zu einem intermedialen und medienreflexiven Bild-Text-Amalgam. Im textinternen Dialog kommentieren die nachgestellten Gemäldedarstellungen das Handeln der agierenden Figuren. Textextern gerichtet wird das Bedeutungspotenzial der Bilder auf den literarischen Text übertragen. Besonders im Hinblick auf das dritte Tableau führt das Nebeneinander von Bildhandlung und Texthandlung zu einer semantischen Spannung, in dessen Zentrum eine Verwirrung von väterlicher und erotischer Liebe steht. Die unterschiedlichen medienspezifischen Inhalte gleichen und bedingen sich. Oder um es mit Charlotte zu sagen, »wer spielt nicht gern mit Ähnlichkeiten?« (WV 305)

Schnitzlers *Fräulein Else* (1924): Modell, Skulptur, Venus

Fräulein Else ist Schnitzlers zweite Monolognovelle. Sie handelt von der Anwaltstochter Else, die bei ihrer Tante in einem Hotel in den Bergen verweilt. Ein Brief der Mutter ereilt sie, in dem diese die Neunzehnjährige auffordert, einen alten, ebenso in diesem Hotel anwesenden Bekannten dringend um Geld zu bitten, da ihr Vater verschuldet ist. Der Bekannte ist Herr von Dorsday und Kunstsammler. Er willigt ein, als Gegenleistung verlangt er jedoch, die junge Frau nackt sehen zu dürfen. Dem Wahn nahe präsentiert sich Else letztendlich nicht nur Dorsday, sondern entblößt ihren

319 Maierhofer: Vier Bilder und vielfältige Bezüge. S. 371.

Körper im Klavierzimmer des Hotels im Beisein aller Gäste. Anschließend vergiftet sie sich.[320]

Fräulein Else ist eine Frau, »die aus Zitaten lebt.«[321] Achim Aurnhammer beschreibt in seiner Studie *Arthur Schnitzlers intertextuelles Erzählen* (2013) die Protagonistin als ein Konvolut literarischer und musikalischer Bezüge. Als intertextuelles Konstrukt verweise sie in ihrem Handeln, ihrer Wortwahl, der Literatur, die sie liest, und den Liedern, die sie summt, auf Vorbilder wie beispielsweise William Shakespeares *Coriolanus* (1609; eng.: *The Tragedy of Coriolanus*), Guy de Maupassants *Unser Herz* (1890; franz.: *Notre Cœur*), Alexandre Dumas' *Die Kameliendame* (1848; franz.: *La dame aux camélias*), Goethes *Willkommen und Abschied* (1775) und Robert Schumanns *Carnaval* (1837).[322] Doch auch in der Kunstgeschichte scheint sich Else auszukennen: »Ich spiele Klavier, ich kann Französisch, Englisch, auch ein bißl Italienisch, habe kunstgeschichtliche Vorlesungen besucht – Haha!« (FE 20)

Dass die junge Frau sich und ihre Umwelt über Verweise zur bildenden Kunst erschließt, wird deutlich, wenn sie eine ehemalige Liebesbekanntschaft beschreibt: »Nein, unanständig war er ganz einfach. Aber schön. Apoll vom Belvedere.« (FE 30) Der Verweis zur hellenistischen Marmorstatue (130–140 v. Chr.; ital.: *Apollo Belvedere*), die vor allem durch die Rezeptionsstudie von Johann Joachim Winckelmann berühmt und zum Inbegriff klassischer Schönheit geworden ist, zeigt, wie auch Else antike Kunstobjekte zum Vorbild des eigenen Ästhetik-Begriffs gebraucht. Mit dieser Bemessung der Welt an der Kunst – und eben nicht umgekehrt: der Kunst an der Welt – offenbart sich jedoch eine Oberflächlichkeit, die metonymisch für die Realitätsferne der bürgerlichen Werte des späten 19. Jahrhunderts stehen kann. Die idealisierte und überhöhte Schönheit antiker Skulpturen dient Else als Messlatte der Welt, ihrer Mitmenschen und vor allem ihrer Selbst.

So wie die junge Frau andere Menschen mit künstlerischen Arbeiten vergleicht, wird sie wiederum selbst von anderen als Kunstobjekt wahrgenommen. Zunächst einmal als potenzielles Modell eines Malers, der sie porträtieren möchte:

---

320 Im Frühjahr 2020 veranstalteten Achim Aurnhammer und Dieter Martin eine internationale Konferenz zum Thema ›Arthur Schnitzler und die bildende Kunst‹ an der Universität Freiburg. Obzwar die Ergebnisse der Konferenz hier keine Beachtung finden können, verdeutlicht der thematische Schwerpunkt unweigerlich die Aktualität des vorliegenden Beitrags.

321 Achim Aurnhammer: Arthur Schnitzlers intertextuelles Erzählen. Berlin: De Gruyter 2013 (= linguae & litterae 22). S. 214.

322 Vgl. Aurnhammer: Arthur Schnitzlers intertextuelles Erzählen. S. 192–212.

> Ich habe eine edle Stirn und eine schöne Figur. – ›Wenn ich Sie malen dürfte, wie ich wollte, Fräulein Else.‹ – Ja, das möchte Ihnen passen. Ich weiß nicht einmal seinen Namen mehr. Tizian hat er keineswegs geheißen, also war es eine Frechheit. (FE 26)

Die junge Frau missbilligt das Vorhaben des Malers, dessen Formulierung wohl darauf abzielt, sie nackt zu malen. Ein Tizian hätte sie jedoch porträtieren dürfen. Elses Argumentation folgend, steigt mit der Reputation des Künstlers die ästhetische Geltung seines Modells. Je renommierter der Maler, desto künstlerischer sind auch seine Bildgegenstände zu bewerten. Dass Tizians Gemälde vornehmlich antik-mythologische Charaktere zeigen, verdeutlicht wiederum Elses Ästhetik-Begriff, der offenkundig klassizistisch ist.

Die Inszenierung der Frau als Kunstobjekt durch männliche Figuren lässt sich noch häufiger in der Novelle finden. Denn auch ihr Gegenspieler, der Kunstsammler Herr von Dorsday, projiziert das Bild eines Kunstwerks auf die junge Frau. Er scheint in ihr eher eine Skulptur als einen Menschen zu sehen. Marta Wimmer stellt fest: »[Dorsday] behandelt Else wie einen Gegenstand, ein Kunstwerk, das er unbedingt für sich gewinnen möchte«.[323] Dabei versucht er, seine Erpressung hinter edlen Motiven zu verbergen. In einem Brief schreibt er:

> Sie sehen mich an, Else, als wenn ich verrückt wäre. Ich bin es vielleicht ein wenig, denn es geht ein Zauber von Ihnen aus Else, den Sie selbst wohl nicht ahnen. Sie müssen fühlen, Else, daß meine Bitte keine Beleidigung bedeutet. Ja, ›Bitte‹ sage ich, wenn sie auch einer Erpressung zum Verzweifeln ähnlich sieht. (FE 42f.)

Als Präsentationsort für ihren nackten Körper schlägt Dorsday »*eine Lichtung im Walde*« (FE 43) vor. Die Art der Inszenierung erinnert an eine Skulpturenbetrachtung, bei der Else gleich einer Statue als zentrale Figur im Raummittelpunkt stehen soll. Das museale Setting spiegelt sich selbst in der geforderten Betrachtungszeit wider: »*Nichts anderes verlange ich von Ihnen, als eine Viertelstunde dastehen dürfen in Andacht vor Ihrer Schönheit.*« (FE 43) – Fünfzehn Minuten sind eine lange Zeit, um nachts nackt auf einer Lichtung zu stehen und angeschaut zu werden. Ebenfalls bedient sich Dorsday eines sakral überhöhten Vokabulars, das eher dem Wortfeld der Kunstrezeption zuzuordnen ist. So möchte er Else nicht bloß anschauen, sondern in ›Andacht vor ihrer Schönheit‹ dastehen.

323 Marta Wimmer: Eros hinter der bürgerlichen Fassade. Zu Arthur Schnitzlers *Fräulein Else*. In: Die Lust im Text. Eros in Sprache und Literatur. Hrsg. von Doris Moser u. Kalina Kupczyńska. Wien: Praesens 2009. S. 219–230. S. 221.

Dass die junge Frau von ihrem kunstsammelnden Gegenspieler als Kunstwerk stilisiert wird, scheint mit Blick auf seine berufliche Tätigkeit fast naheliegend und erinnert in Grundzügen an Ovids Pygmalion. Dabei geht, wie Claudia Benthien betont, die »imaginierte Entblößung der Frau mit ihrer körperlichen Stilisierung und ästhetischen Transformation in misogyne Nacktheitsdarstellungen der bildenden Kunst einher«.[324] Ferner ist jene künstlerische Stilisierung und Objektivierung der Frau durch den Mann Ausdruck patriarchaler Machtausübung, begründet auf einer bildkünstlerischen Darstellungstradition nackter Frauenkörper von der Antike bis in die klassische Moderne.

Jedoch findet auch eine ausgeprägte Selbstinszenierung der Protagonistin statt. Mit Blick auf die Präsentation ihres nackten Körpers entgegnet Else: »Die Vorstellung kann beginnen.« (FE 75) Ihre vorerst imaginierte Zurschaustellung wird so zu einer Theaterinszenierung und betont abermals das Gefühl der Unwirklichkeit ihrer Situation. Ein Gefühl, welches einhergeht mit wechselnden Traum- und Wachzuständen.[325] Stefanie Kreuzer stellt im Hinblick auf undeutlich erkennbare Traum- und Wahndarstellungen in literarischen Texten fest:

> Bizarre, häufig wunderbare Geschehnisse werden nicht mehr eindeutig als Träume, Visionen oder Phantasmagorien aufgelöst. Auf diese Weise wird eine Ambivalenz evoziert, ob das Ungewöhnliche und Befremdliche binnenfiktional als Wirklichkeit zu verstehen ist oder nicht.[326]

Else scheint sich wiederum sicher, dass ihr erlebter Horror real ist: »Nein, ich träume nicht, es ist alles wahr.« (FE 72) Gleichwohl markiert eben jene betonte Wachheit die Möglichkeit eines Traum- oder Wahnzustands. Diese

324 Claudia Benthien: Visuelle Ästhetisierung femininer Scham in den Novellen *Fräulein Else* von Arthur Schnitzler und *Ehrengard* von Tania Blixen. In: Freiburger literaturpsychologische Gespräche. Jahrbuch für Literatur und Psychoanalyse. Hrsg. von Joachim Küchenhoff, Joachim Pfeiffer u. Carl Pietzcker. Würzburg: Könighausen & Neumann 2013. S. 145–167. S. 164.

325 Das Verhältnis von Traum und Realität in Schnitzlers Novelle ist bereits ausführlich erforscht. Astrid Lange-Kirchheim beispielsweise deutet die ausgeprägte Präsenz der Traumzustände als Fluchtmechanismus und Ursache des asymmetrischen Machtverhältnisses zwischen Dorsday und Else (vgl. Astrid Lange-Kirchheim: Trauma bei Arthur Schnitzler. Zur Monolognovelle »Fräulein Else«. In: Trauma. Hrsg. von Wolfram Mauser u. Carl Pietzcker. Würzburg: Königshausen & Neumann 2000 (= Freiburger Literaturpsychologische Gespräche 19). S. 109–150. S. 112).

326 Stefanie Kreuzer: Traum und Erzählen in Literatur, Film und Kunst. Paderborn: Wilhelm Fink 2014. S. 372.

Unwirklichkeit bzw. »Kunstwirklichkeit«[327] – wie Joseph Kiermeier-Debre es nennt – äußert sich wiederum in einer assoziativen Amalgamierung ihrer eigenen Person mit Werken der bildenden Kunst.

So wie Else ihre vergangene Liebschaft mit der marmornen Skulptur *Apollo von Belvedere* vergleicht, zeichnet sich auch in ihrer Fantasie ein Selbstbild als antike Schönheit ab. Dort flüchtet sie sich in eine »Villa an der Riviera. Marmorstufen ins Meer. Ich liege nackt auf dem Marmor.« (FE 8) Ihre Fluchtfantasien häufen sich. Stets liegt sie nackt auf Marmorstufen. An anderer Stelle heißt es im Text:

> Allein möchte ich am Meer liegen auf den Marmorstufen und warten. Und endlich käme Einer oder mehrere, und ich hätte die Wahl und die Andern, die ich verschmähe, die stürzen sich aus Verzweiflung alle ins Meer. (FE 56)

Die imaginierte Zurschaustellung des eigenen nackten Körpers auf Marmorstufen einer italienischen Villa evoziert das Bild einer antiken Skulptur. André Schwarz zufolge bekommt die Erscheinung der jungen Frau »etwas statuenhaftes und marmorartiges.«[328] Der Materialrekurs lässt Else in ihren eskapistischen Fantasien zu einem Kunstobjekt werden. Dabei zeigt sich die junge Frau als gleichermaßen begehrenswert und sexuell selbstbestimmt. Ihre imaginäre Selbstinszenierung kann somit als Ausdruck weiblicher Selbstbestimmung verstanden werden. In der ›realen‹ Welt ist Else sich ihrer Wirkung auf andere wiederum nicht so sicher. Im Rückblick auf Dorsdays Forderung, sie nackt zu sehen, fragt sie sich: »Bin ich rot geworden oder blaß?« (FE 42) Fatalistische Marmorblässe und Schamesröte stehen hier gegenüber und markieren Elses Unsicherheit ob der Frage, inwieweit ihr traumhaftes Selbstbild auch wachweltlich zutrifft.

Elses Rekurs auf Marmor eröffnet weitere Deutungsmöglichkeiten. Denn in Winckelmann'scher Tradition und als Inbegriff klassizistischer Ästhetik spiegelt Elses Selbstbild als marmorne Skulptur ihren eigenen Narzissmus wider: »Schön, schön bin ich!« – »Ich bin schön, wenn ich nackt bin.« (FE 71; 42) – Tatsächlich lässt sich in Schnitzlers Novelle ein ausgeprägter Rekurs auf Ovids antike Erzählung von Narziss finden:

327 Joseph Kiermeier-Debre: Nachwort In: Fräulein Else. Berlin 1924. Hrsg. von dems. München: dtv: Bibliothek der Erstausgaben 2013. S. 129–139. S. 136.

328 André Schwarz: Lustvolles Verschweigen und Enthüllen. Eine Poetik der Darstellung sexuellen Handelns in der Literatur der Wiener Moderne. Marburg: Verlag Literatur-Wissenschaft.de 2012. S. 132.

> Ah, wie hübsch ist es, so nackt im Zimmer auf- und abzuspazieren. Bin ich wirklich so schön wie im Spiegel? Ach, kommen Sie doch näher, schönes Fräulein. Ich will Ihre blutroten Lippen küssen. Ich will Ihre Brüste an meine Brüste pressen. Wie schade, daß das Glas zwischen uns ist, das kalte Glas. Wie gut würden wir uns miteinander vertragen. Nicht wahr? Wir brauchten gar niemanden andern. (FE 72)

Die Liebesszene zwischen Else und ihrem Spiegelbild rekurriert auf Ovids Narziss, der sich in sein gespiegeltes Abbild verliebt. Narziss verschmäht die Werbung der Nymphe Echo, wird von einem unglücklichen Liebhaber verwunschen und verwandelt sich schließlich in eine Narzisse.[329] Elses ausgeprägte Selbstliebe offenbart dabei eine weitere künstlerische Präfiguration: das Bild der Venus.

Nicht Narziss aber der Narzissmus ist eng mit dem ikonografischen Bild der Liebesgöttin verbunden. In der klassischen Moderne wird Venus assoziiert mit Selbstverliebtheit, einer exotischen Dämonie und dem Bild einer Femme fatale.[330] Elses guter Freund Paul attestiert ihr passenderweise: »*Du bist geheimnisvoll, dämonisch, verführerisch.* […] *Man könnte grade zu toll werden, wenn man dich ansieht.*« (FE 30f.) Die Inhaltsseite der ikonografischen Figur korreliert mit bestimmten Darstellungselementen. Ein Blick ins *Handbuch der Ikonografie* (2005) zeigt ergänzend: Vor allem Gegenstände wie »Spiegel und Schmuck, meist Perlen, die auf ihre Herkunft auf dem Meer verweisen«,[331] konstituieren das ikonographische Bild. Im Text heißt es entsprechend zum Motiv des Spiegels: »[D]ie Lampe über dem Spiegel schalt' ich ein. Wie schön meine blondroten Haare sind« (FE 67). Auch die Erwähnung von Perlenschmuck als Zahlungsmittel für Elses Entkleidung lässt sich mehrfach finden: »Nein, Paul, auch für dreißigtausend kannst du von mir nichts haben. Niemand. Aber für […] eine Perlenschnur?« (FE 22) Später im Text fragt sich Else erneut: »Für einen Perlenschmuck […] sind Sie bereit sich zu verkaufen?« (FE 57) Die ikonografischen Darstellungselemente fließen zusammen mit der äußeren Erscheinung der jungen Frau. Else ist jung, schön, ihre Haut ist weiß, ihre Haare sind rötlich-blond.[332] Ihr Traumbild einer nackten Schönheit am Meer,

329 Vgl. Ovid: Metamorphosen, III, 339–510.

330 Vgl. Sabine Poeschel: Handbuch der Ikonographie. Sakrale und profane Themen der bildenden Kunst. Darmstadt: Wiss. Buchgesellschaft 2005. S. 317.

331 Poeschel: Handbuch der Ikonographie. S. 316.

332 In Schnitzlers Novelle heißt es zur äußeren Erscheinung der Protagonistin: »Fräulein Else T., ein neunzehnjähriges bildschönes Mädchen« (FE 14); »Ich bin sogar blond, rötlichblond« (FE 21); »Er ist nur zurückgekommen, um einmal meine weißen Brüste zu sehen« (FE 88).

die verschmähte Männer verzweifeln lässt, komplettiert die ikonographische Figur. Tizian selbst könnte diese Venus nicht besser zeichnen.

Es lassen sich weitere Rekurse auf Kunst und Künstler identifizieren. Dorsday erwähnt im Gespräch mit Else, dass er »gestern erst [...] einen Rembrandt verkauft« (FE 25) habe. Ebenfalls soll er »an einem Rubens, den er nach Amerika verkauft hat, achtzigtausend verdient haben.« (FE 17) Freilich lässt die isolierte Erwähnung der beiden Künstler keine Rückschlüsse auf Bezüge zu konkreten künstlerischen Arbeiten zu. Der Helbig'schen Idee einer ›Emphase durch Quantität‹ folgend, kann ihre direkte Benennung dennoch ermöglichen, andere implizite Verweise zu erkennen bzw. näher zu bestimmen. Betrachtet man beispielsweise Elses Entkleidungsszene im Klavierzimmer, zeigt sich ein potenzieller Rekurs auf ein bekanntes Motiv der Kunstgeschichte, welches auch Rubens und Rembrandt motiviert haben: der ›Typus Pudica‹, die Darstellung einer nackten, teilweise mit einem Tuch verhüllten Frau, die ihren Körper schamvoll bedeckt.

Die bildhafte Beschreibung der vorerst imaginierten und später tatsächlichen Selbstentblößung hat in der bisherigen Forschung zu zahlreichen Spekulationen über mögliche bildkünstlerische Präfigurationen geführt. Kiermeier-Debre meint etwa einen Rekurs auf Peter Paul Rubens Gemälde *Das Pelzchen* (1636–38; ndl.: *Helena Fourment*) zu erkennen. Ihren Selbstmord imaginierend und ihre Enthüllung im Klavierzimmer andeutend, meint Else: »Nur mit einem schwarzen Abendmantel bekleidet, wurde das schöne Mädchen [...] tot aufgefunden.« (FE 79)[333] Debre zufolge verweise Elses Selbstbeschreibung hier auf ebenjene Darstellung einer jungen Frau mit heller Haut und rotblond gelocktem Haar, die ebenfalls einzig mit einem schwarzen Mantel umhüllt ist.[334] André Schwarz hingegen benennt als mögliche Vorlage für Elses »Erscheinung in der Entkleidungsszene«[335] das Gemälde *Phryne* (1918) von Schnitzlers Zeitgenossen und Münchener Maler Franz von Stuck. Astrid Lange-Kirchheim

333 An dieser Stelle lässt sich ein ebenfalls populäres Motiv der Literatur der Jahrhundertwende wiederfinden: Die imaginäre Petrifikation des weiblichen Körpers und damit einhergehend eine Ästhetisierung der Totenblässe. Die Verschränkung des nackten Körpers mit einer marmornen Skulptur, also die Marmorierung von blasser und kalter Haut, evoziert neben einer skulpturalen Erscheinung eben auch das Bild einer Leiche. Und so erotisiert auch Else die Erscheinung des eigenen toten Körpers: »Aber ich werde einen Brief hinterlassen mit testamentarischer Verfügung: Herr von Dorsday hat das Recht, meinen Leichnam zu sehen. Meinen schönen nackten Mädchenleichnam.« (FE 62)

334 Vgl. hierzu die glossarischen Anmerkungen von Kiermeier-Debre zur zuvor zitierten Textstelle aus Schnitzlers *Fräulein Else* (S. 79). In: Joseph Kiermeier-Debre: Fräulein Else. Berlin 1924. Hrsg. von Joseph Kiermeier-Debre. München: dtv: Bibliothek der Erstausgaben 2013. S. 110f.

335 Schwarz: Lustvolles Verschweigen und Enthüllen. S. 134.

verweist wiederum auf Stucks Gemälde *Die Sünde* (1893).[336] Alexandra Tacke sieht das populäre Bildmotiv der ›Nuda Veritas‹, wie es vom Jugendstilisten Gustav Klimt dargestellt worden ist, als potenzielles Vorbild.[337] Und Johannes Endres benennt die aufkommende Nackttanzkultur der 1920er Jahre und ihre Nähe zum Tableau vivant als Vorlage für Elses »Striptease«.[338]

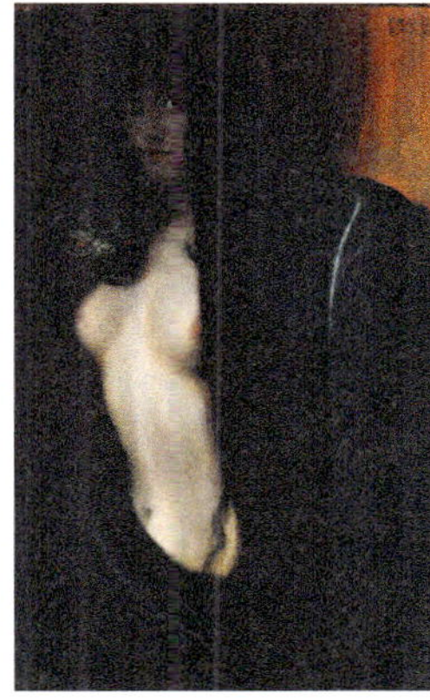

Abb. 19–22: Peter Paul Rubens: *Helena Fourment* (dt.: *Das Pelzchen*). Öl auf Holz. 176 × 84 cm. 1636–1638. Kunsthistorisches Museum, Wien. – Franz von Stuck: *Phryne*. Öl auf Pappe. 51 × 32,5 cm. 1918. Privatbesitz. – Franz von Stuck: *Die Sünde*. Öl auf Leinwand. 94,5 × 59,5 cm. 1893. Neue Pinakothek, München. – Gustav Klimt: *Nuda Veritas*. Öl auf Leinwand. 244 × 56,5 cm. 1899. Theatermuseum, Wien.

Während Kiermeier-Debre mit dem Rubens-Gemälde auf eine mögliche Präfiguration verweist, die den bildästhetischen Mustern der Venusikonografie folgt und sich einreiht in die Bildtradition eines primär männlichen Blicks auf weibliche Nacktheit, präsentieren die anderen potenziellen Referenzwerke erstarkte und selbstbestimmte Frauenfiguren. Tacke zufolge unterwerfen sich die von den Modernisten abgebildeten Frauen »nicht mehr passiv dem männlichen Künstlerblick, sondern erwidern diesen provokant und beanspruchen, zu ihren eigenen Bedingungen gemalt und verstanden

336 Astrid Lange-Kirchheim: Weiblichkeit und Tod. Arthur Schnitzlers *Fräulein Else*. In: Der Deutschunterricht 1 (2002). S. 36–47. S. 43.

337 Alexandra Tacke: Schnitzlers »Fräulein Else« und die Nackte Wahrheit. Novelle, Verfilmung und Bearbeitung. Köln: Böhlau 2017 (= Literatur – Kultur – Geschlecht 67). S. 184.

338 Johannes Endres: Literatur und Fetischismus. Das Bild des Schleiers zwischen Aufklärung und Moderne. Paderborn: Wilhelm Fink 2014. S. 323.

zu werden.«[339] Sie widersagten einer Bildtradition, der nach die nackten Frauenkörper ihrem primär männlichen Betrachter still gegenüberstehen, um »ungestört betrachtet werden«[340] zu können. Ähnlich formuliert es die amerikanische Kuratorin Jane Kallir. Diese hält zur Darstellungstradition nackter Frauenkörper fest: »Weder reagierte die Nackte normalerweise auf den Blick des Künstlers, noch interagierte sie direkt mit dem hypothetischen Betrachter. [...] Ihre Scham blieb üblicherweise diskret verborgen.«[341] Kallir zufolge brachen Klimt und seine Wiener Zeitgenossen mit jener tradierten Darstellungsweise und präsentierten selbstbestimmte Frauenfiguren. Damit stehen – wie Tacke festhält – die bildkünstlerischen Körperdarstellungen der Wiener Jugendstilisten Analog zu Schnitzers Novelle und seiner Präsentation weiblicher Scham als Konsequenz misogyner und patriarchaler Machtverhältnisse.[342]

Obgleich sich kein eindeutiger Rekurs auf ein konkretes Vorbild der Entkleidungsszene bestimmen lässt und besonders im Fall des Gemäldes *Phryne* ebenso eine intertextuelle Bezugnahme auf die Erzählung der gleichnamigen antiken Hetäre denkbar wäre, entstammt zumindest das Bildthema der Kunstgeschichte.[343] Weiterführend zeigt der Pool an potenziellen Vorbildern, dass auch Elses bildkünstlerische Präfiguration changiert zwischen der Darstellung weiblicher Scham und der Darstellung emanzipatorischer Selbstermächtigung, zwischen ›Typus Pudica‹ und ›Nuda Veritas‹.

Die ausgeprägte Kunsthaftigkeit der Szenerie greift ineinander mit der Traumhaftigkeit der Wahrnehmung der Protagonistin. Aurnhammer stellt

339 Tacke: Schnitzlers »Fräulein Else« und die Nackte Wahrheit. S. 184.

340 Tacke: Schnitzlers »Fräulein Else« und die Nackte Wahrheit. S. 184.

341 Jane Kallir: Akte: In: Klimt/Schiele/Kokoschka und die Frauen. Hrsg. von Agnes Husselein-Arco, Jane Kallir u. Alfred Weidinger. München: Prestel 2015. S. 172–179. S. 173.

342 Vgl. Tacke: Schnitzlers »Fräulein Else« und die Nackte Wahrheit. S. 185.

343 Der antike Schriftsteller Athenaios (3. Jh. n. Chr.) berichtet über Phryne (4. Jh. v. Chr.), sie sei eine griechische Hetäre gewesen, die Praxiteles für seine Skulptur *Aphrodite von Knidos* (und damit für die erste Venusdarstellung der Kunstgeschichte) Modell gestanden haben soll. Ebenso soll der hellenische Maler Apelles sich von einem öffentlichen Bad Phrynes im Meer zur Darstellung der *Venus Anadyomene* haben inspirieren lassen, also der Darstellung der aus dem Wasser emporsteigenden Liebesgöttin. Als Angeklagte soll sie im Gerichtssaal ihren Körper entblößt haben. Das Gericht konnte kein Urteil sprechen, da sie glaubten, Aphrodite selbst zu sehen (vgl. Athenaios: Das Gelehrtenmahl. XIII, 59). Jene Anekdote über Phrynes Entblößung ist jedoch unhistorisch. Lediglich ihr Freispruch ist überliefert. Beide Motive – die Geburt der Liebesgöttin Venus sowie die Entkleidung der Hetäre Phryne – sind ein vielfach dargestelltes Bildthema der bildenden Kunst. Zur historischen Figur Phryne vgl. Uwe Walter: Phryne. In: Der Neue Pauly. Enzyklopädie der Antike. Hrsg. von Hubert Cancik und Helmuth Schneider. Bd. 9: Altertum. Or–Poi. Stuttgart: Metzler 2000. Sp. 969.

im Hinblick auf die intertextuelle Konstruktion der Erzählung fest: »Auf Traum, Lektüre und Theatererlebnisse gehen die sentimentalen Vorstellungen und Sentenzen zurück, zu denen die Wahrnehmungen moduliert werden.«[344] Die Verweise auf Theater und Literatur lassen sich um Rekurse auf Marmor, antike Bildwerke, verschiedene Künstler und ikonographische Figuren ergänzen. Schnitzler lässt seine kulturwissenschaftlich gebildete Protagonistin ihre Vorbilder kennen. Die »Reflexion ihrer [eigenen] ästhetischen Existenz«[345] bleibt ihr – wie Aurnhammer festhält – jedoch erspart. In der Summe wird die junge Frau zu einem Konvolut ästhetischer Bezüge. Lange-Kirchheim identifiziert für Elses Kunstwesen sogar einen familienbiographischen Ursprung. Sie schreibt: »Else [ist] die Tochter einer Mutter, welche sie – wenn auch sarkastisch – als *Künstlerin* bezeichnet und eines Vaters, der mehrfach ein *Genie* genannt wird.«[346] – Ein Elternhaus, in dem Genius und Künstlerin zusammenkommen, kann nur ein wahres Kunstwerk hervorbringen.[347]

Die Bilder der Selbst- und Fremdinszenierung divergieren. Dabei sind Elses Selbst- wie auch ihr Fremdbild gleichermaßen an Vorbildern aus der bildenden Kunst orientiert. Protagonistin und Antagonist amalgamieren jeweils die Erscheinung des weiblichen Körpers mit einer Skulptur: Else sieht sich als antike Schönheit auf den Marmorstufen einer italienischen Villa liegen und Dorsday möchte die junge Frau betrachten, wie sie einer Statue gleich nachts nackt auf einer Lichtung steht. Beide Figuren versuchen somit, die Verschränkung des weiblichen Körpers mit einer antiken Skulptur für sich auf jeweils bestimmte Weise nutzbar zu machen. Während Elses Selbstbild als marmorne Schönheit und venushafte Femme fatale als Akt sexueller Selbstbestimmung und Emanzipation verstanden werden kann, stilisiert Dorsday die junge Frau als Kunstwerk, um sie sexualisieren zu können. Die Objektivierung der Frau wird so zu einem Akt patriarchaler Machtausübung. Die emanzipatorische Triebkraft der bildenden Kunst und die ihr gleichermaßen innewohnende Monopolisierung des Blicks durch den Mann stehen sich in der Figur Else gegenüber. Der Ausgang dieses

344 Aurnhammer: Arthur Schnitzlers intertextuelles Erzählen. S. 190.

345 Aurnhammer: Arthur Schnitzlers intertextuelles Erzählen. S. 214.

346 Astrid Lange-Kirchheim: Die Hysterikerin und ihr Autor. Arthur Schnitzlers Novelle *Fräulein Else* im Kontext von Freuds Schriften zur Hysterie. In: Psychoanalyse in der modernen Literatur. Kooperation und Konkurrenz. Hrsg. von Thomas Anz u. Christine Kanz. Würzburg: Königshausen & Neumann 1999. S. 111–134. S. 129.

347 Im Schnitzlers Erzählung heißt es: »Mama ist wirklich eine Künstlerin« (FE 19). Über ihren Vater resümiert Else: »Ein Genie bist du ja.« (FE 48)

schizophrenen Missverhältnisses sexueller Selbst- und Fremdbestimmung ist ernüchternd. Der Mann besteht konsequenzlos. Für die Frau endet es hingegen in einer Katastrophe.[348]

Lessings *Emilia Galotti* (1772): Ein Porträt und multiple Blicke

Lessings Bühnenstück handelt von der bürgerlichen Emilia Galotti, welche plant, den Grafen Appiani zu heiraten. Der Prinz Hettore Gonzaga, zuvor noch der Gräfin Orsina zugewandt, verliebt sich jedoch ebenfalls in die junge Frau und veranlasst daher seinen Kammerdiener Marinelli, die Hochzeit zu stoppen. Ein Überfall wird inszeniert. Der Verlobte wird ermordet und Emilia auf das Schloss entführt. Ihr Vater Odoardo erfährt von dem Komplott und versucht vergeblich seine Tochter zu befreien. Schließlich fordert Emilia ihren Vater auf, sie zu töten und so ihre Tugend und Unschuld zu bewahren. Er ersticht sie.

Lessings *Emilia Galotti* weicht von den anderen, in dieser Arbeit analysierten Texten im doppelten Maße ab: Zum einen handelt es sich um einen Dramentext und damit nicht um Prosa. Zum anderen findet sich dort keine Bildreferenz im engeren Sinn. Bei dem besprochenen Gemälde handelt es sich nicht um eine real-existierende künstlerische Arbeit, sondern lediglich um ein fiktives Porträt der weiblichen Titelfigur. Dennoch ist dieses Aushandlungsort der Stellung der Frau im Macht- und Beziehungsgeflecht einer höfischen Gesellschaft. Das Gemälde dient dabei als Projektionsfläche

348 Die Frage, ob die Protagonistin tatsächlich stirbt, also ob es sich beim Veronal um eine letale Dosis gehandelt hat oder nicht, wurde in der bisherigen fachwissenschaftlichen Auseinandersetzung eindringlich diskutiert und bleibt unbeantwortet. Hartmut Scheible etwa hält in seiner Schnitzler-Monographie der viel formulierten Annahme von Elses Tod entgegen, den Selbstmordplänen der jungen Frau fehle der letzte Ernst. Zusätzlich stellt er eine Rechnung auf, nach der die eingenommene Dosis von sechs Veronalpulvern »jedenfalls nicht ausreichen [würde], sie ernstlich in Gefahr zu bringen.« (Hartmut Scheible: Arthur Schnitzler. Mit Selbstzeugnissen und Bilddokumenten von Hartmut Scheible. [1976]. 14. Aufl. Reinbek: Rowohlt 2007 (= rororo rm 50235). S. 123) Bettina Matthias hält Scheible wiederum entgegen: »Abgesehen davon, daß es wohl kaum möglich ist, die Dosierung fiktiver Tabletten zu bestimmen, argumentiert Scheible hier auf der Basis einer Figurenintention, die im Text nicht bestimmbar ist, vielleicht gar nicht sein soll.« (Bettina Matthias: Diese Masken des Lebens – Gesichter des Todes. Zum Verhältnis von Tod und Darstellung im erzählerischen Werk Arthur Schnitzlers. Würzburg: Könighausen & Neumann 1999 (= Epistemata. Reihe Literaturwissenschaft 256). S. 141.)

erotischer Phantasien männlicher Rezipienten. Der Dramentext erscheint damit als Blaupause des literarischen Motivs der Verbildlichung der Frau und lässt sich so gleichermaßen in Goethes *Wahlverwandtschaften* und Schnitzlers *Fräulein Else* wiederfinden.

Traditionelle Interpretation lesen Lessings Bühnenstück als Darstellung des Klassenkonflikts zwischen Bürgertum und Adel. Judith Frömmer ermittelt hier eine Fixierung der literaturwissenschaftlichen Forschung auf den »Antagonismus von bürgerlicher und absolutistischer Macht als Varianten paternalistischer Herrschaft.«[349] Mit dem Aufkommen der Gender Studies rückt jedoch die Frage nach dem Frauenbild im bürgerlichen Trauerspiel zunehmend ins Zentrum literaturwissenschaftlicher Forschung. Hannelore Scholz formuliert 1992 eine feministische Perspektive auf Lessings Drama und schreibt:

> Lessing zeigt, wie eine Gesellschaft, die ein Frauenideal entwirft […], gleichzeitig die Realisierung dieses Ideals nicht nur behindert, sondern daß dieses Ideal für die Frau zur Unterdrückung ihrer Individualität führt. […] Mangelnde weibliche Aufklärung führte letztendlich dazu, daß sich weibliche Subjektivität nicht entfalten konnte.[350]

Aktuellere Studien fokussieren ebenfalls das Verhältnis unterdrückter Weiblichkeit und hegemonialer Männlichkeit.[351] Im Hinblick auf die Bilderfrage lassen sich jedoch nur wenige Beiträge finden. Vor allem Brigitte Prutti entwirft mit ihrem 1991 erschienenen Aufsatz *Das Bild des Weiblichen und die Phantasie des Künstlers* eine außerordentliche Analyse des Verhältnisses von Kunst und Weiblichkeit. Sie bringt dort die bildkünstlerische Konstruktion einer ›Kunstweiblichkeit‹ zusammen mit dem aufklärerischen Bild der entsexualisierten Idealfrau. Prutti zufolge erzeugt das »weibliche Tugendbild seinerseits selbst ein männliches Begehren […], das grade das Bild weiblicher Unschuld (Emilia) zum Ort der erotischen Imagination, zum Wunschbild männlicher Phantasien macht.«[352] Im Folgenden soll nun

349 Judith Frömmer: Vom politischen Körper zur Körperpolitik. Männliche Rede und weibliche Keuschheit in Lessings *Emilia Galotti*. In: Deutsche Vierteljahrsschrift für Literatur- und Geistesgeschichte 79 (2005) H. 2. S. 169–195. S. 171.

350 Hannelore Scholz: Widersprüche im bürgerlichen Frauenbild. Zur ästhetischen Reflexion und poetischen Praxis bei Lessing, Friedrich Schlegel und Schiller. Weinheim: Dt. Studien-Verl. 1992 (= Ergebnisse der Frauenforschung 26). S. 63.

351 Vgl. hierzu etwa den zuvor zitierten Beitrag von Judith Frömmer von 2005.

352 Brigitte Prutti: Das Bild des Weiblichen und die Phantasie des Künstlers. Das Begehren des Prinzen in Lessings *Emilia Galotti*. In: Zeitschrift für deutsche Philologie 110 (1991). S. 481–505. S. 483.

der Blick auf die Rolle des Emilia-Porträts als Aushandlungsort weiblicher Identitätsentwürfe gerichtet werden.

Die aus medientheoretischer Perspektive wohl bedeutendsten Passagen des Dramentexts sind der vierte und fünfte Auftritt des ersten Aufzugs. Der Maler Conti präsentiert dem Prinzen unerwarteter Weise das Porträt von Emilia. Der Prinz ist überwältigt und bereit, jeden Preis zu zahlen. Es folgt ein Gespräch über die Potenziale der Malerei.

Im Stück kommt dem Gemälde in erster Linie eine Stellvertreterfunktion zu. Es nimmt die Dramenhandlung im Kleinen vorweg. Denn das beauftragte Porträt der Gräfin Orsina, für das der Maler eigentlich gekommen war, verschmäht der Prinz. Die Trennung von der früheren Geliebten und die Hinwendung zu Emilia werden hier ganz praktisch anhand der beiden Gemälde durchgeführt. Ferner folgt das Bildgespräch zwischen Prinz und Maler einem medientheoretischen Impetus und erinnert an Lessings *Laokoon*-Rezeption von 1766. Die sechs Jahre zuvor proklamierte Trennung von zeitlich-literarischer und bildnerisch-räumlicher Kunst wird implizit aufgegriffen, wenn Conti beim Anblick des Porträts meint: »Dieser Kopf, dieses Antlitz, diese Stirn, diese Augen, diese Nase, dieser Mund, dieses Kinn, dieser Hals, diese Brust, dieser Wuchs, dieser ganze Bau […].« (EG 298f.) – Patrice Djoufack betont hier den ironischen Gestus der Figurenrede. Denn Emilias Schönheit werde »in der Dichtung nicht räumlich als Ganzes, als Nebeneinander von Körperteilen, sondern eher zeitlich als sukzessive, zerstückelte Teile präsentiert, selbst und ausgerechnet von der Figur des Malers«.[353] Dabei geht Lessing schon in seiner *Laokoon*-Rezeption der Frage nach, welches Medium im Stande ist, ›Schönheit‹ darzustellen. Er kommt zu dem Ergebnis, dass nur die Malerei »und nur sie allein, körperliche Schönheit nachahmen [kann].«[354] Und so verortet auch Romana Weiershausen die Bildbeschreibung des Malers im Kontext von Lessings *Laokoon*-Rezeption und betont, die »Beschreibung Emilias ist eine Nicht-Beschreibung«.[355] Die Zuschauer:innen würden gar nicht erfahren *wie* die

353 Patrice Djoufack: Schönheit: Ikonologie und Begehren. Kunstästhetische Reflexionen und literarische Objektivation zu Gotthold Ephraim Lessings Drama *Emilia Galotti*. In: Anuari de Filologia. Literatures Contemporànies 2 (2012). S. 1–20. S. 16.

354 Lessing: Laokoon. S. 144.

355 Romana Weiershausen: Lessing und die Skulptur: *Laokoon*. Wirkungsästhetik der Künste und der Triumph des Dramas (*Miß Sara Sampson, Emilia Galotti*). In: Literatur und die anderen Künste. Hrsg. von Wiebke von Bernstoff, Toni Tholen u. Burkhard Moennighoff. Hildesheim: Universitätsverl. Hildesheim 2014 (= Hildesheimer Universitätsschriften 30). S. 8–30. S. 27.

junge Frau aussieht. Stattdessen werde alles der Einbildungskraft des Publikums überlassen. Resultat sei die Imagination eines Ideal-Bildes, welches wiederum »jedes konkrete Bild eines Künstlers übersteigen muss.«[356]

Im Bildgespräch changiert das Gemälde stets zwischen seiner materiellen und seiner metaphysischen Gestalt. Es eröffnet ein Spannungsfeld von Mimesis und Kopie und problematisiert damit einhergehend die Kaufbarkeit von Bild und Bildgegenstand. Denn bei dem von Conti mitgebrachten Emilia-Porträt handelt es sich wiederum lediglich um eine »Kopie« (EG 299), wie der Maler betont. Das ›Original‹ habe der Vater bekommen. Das ›Besitzverhältnis‹ schein damit eindeutig geklärt: Frau und Frauenporträt gehören dem Vater. Der Prinz hingegen gibt sich euphorisiert: »Bei Gott! wie aus dem Spiegel gestohlen!« (EG 297) Obzwar es sich bei dem Gemälde um eine Reproduktion handelt, betont er mit seinem Spiegel-Vergleich die Einzigartigkeit und den mimetischen Charakter. Auch Ralf Simon problematisiert die Verwechselung von Spiegelbild und Gemälde. Er schreibt: »[I]m Unterschied zum Gemälde ist der Spiegel kein Bildträger und das in ihm Erscheinende kein Bild.«[357] Wenn der Prinz das Porträt der Frau betrachtet, reagiere er doppelt falsch. Simon zufolge verwechsele der Prinz nicht nur Bild und Bildgegenstand. Auch missachte er die Art des Gemachtseins und verdränge »damit die Artifizialität des derart Präsentierten.«[358]

Die Gleichsetzung von Bild und Bildgegenstand führt zu einer kapitalistischen Verwirrung. Denn mit dem Besitz des Gemäldes geht freilich nicht der Besitz der abgebildeten Frau einher. Dennoch ist die Bildrezeption des Prinzen erotisch konnotiert, obgleich sein Begehren nicht dem Bild, sondern der Abgebildeten gilt. Das Gemälde lässt er nicht aufhängen, er »hat es gern bei der Hand.« (EG 299) Wenn Conti anschließend die Vermutung äußert, der Prinz habe mit seiner großzügigen Bezahlung »noch etwas anderes belohnen wollen, als die Kunst«, (EG 299) offenbaren sich die privat-libidinösen Bestrebungen des Herrschers. Am deutlichsten wird diese Gleichsetzung von Frau und Bild im fünften Auftritt, wenn der Prinz mit dem Gemälde allein ist:

356 Weiershausen: Lessing und die Skulptur. S. 28.

357 Ralf Simon: Ein falsches Bild. Oder: Was passiert, wenn Katharsis Form wird? Zu Lessings *Emilia Galotti*. In: Formen des Nichtwissens der Aufklärung. Hrsg. von Hans Adler u. Rainer Godel. München: Wilhelm Fink 2010 (= Laboratorium Aufklärung 4). S. 251–262. S. 260.

358 Simon: Ein falsches Bild. S. 260.

> So viel er will – *gegen das Bild:* Dich hab' ich für jeden Preis noch zu wohlfeil. – Ah! Schönes Werk der Kunst, ist es wahr, daß ich dich besitze? – Wer dich auch besäße, schönres Meisterstück der Natur! – Was Sie dafür wollen, ehrliche Mutter! Was du willst, alter Murrkopf! Fodre nur! Fodert nur! – Am liebsten kauft' ich dich, Zauberin, von dir selbst! Dieses Auge voll Liebreiz und Bescheidenheit! Dieser Mund! und wenn er sich zum reden öffnet! wenn er lächelt! Dieser Mund! – Ich höre kommen. – Noch bin ich mit dir zu neidisch. *Indem er das Bild gegen die Wand drehet:* Es wird Marinelli sein. Hätt' ich ihn doch nicht rufen lassen! Was für einen Morgen könnt' ich haben! (EG 299f.)

Erneut bejubelt der Prinz den Kauf des Bildes. Anschließend verschiebt sich die Ansprache vom Gemälde hin zur tatsächlichen Frau. Denn obgleich die Frage nach dem Besitz dieses ›schönen Meisterwerks der Natur‹ noch an das Gemälde adressiert ist, richtet der Prinz anschließend das Wort an Emilias Mutter, an ihren Vater (›alter Murrkopf‹) sowie an Emilia selbst. Es entsteht eine »Dialektik zwischen imaginärem/realem Original und ästhetischer Repräsentation«,[359] wie Prutti feststellt. Diese bewirke, »dass Emilia als Referenzobjekt der Darstellung selbst Zeichencharakter gewinnt und zum Signifikanten eines imaginären Signifikats wird«.[360] Das heißt, der Prinz betrachtet Emilia in realis, wie er auch ihr Porträt betrachtet, nämlich als Ideal-Bild und Verkörperung seiner eigenen Phantasien. Damit wird der Prinz zum Rezipienten seines eigens produzierten Frauenbildes. Weiterführend entlarvt der Kauf des Bildes seine Stellvertreterrolle als bloßer Repräsentant und formuliert den Besitz der realen Frau als logische Konsequenz.

Die Bildbeschreibungen des Prinzen nehmen ekstatische Züge an und führen zu einer imaginären Verlebendigung des Porträts, bei dem sich der Mund »zum reden öffnet« (EG 300). Prutti stellt fest: »[D]ie tote künstlerische Repräsentation wird durch den Liebesblick des Mannes belebt und erwidert dessen Begehren.«[361] Ein Motiv, welches sich später in zahlreichen literarischen Texten der Romantik wiederfinden lässt.[362] Diese Erotisierung des Stellvertreterobjekts unterstreiche dabei seine Rolle als Körpersubstitut und münde im imaginären Beinahe-Akt mit dem Gemälde. »Es ist der sub-

---

359 Prutti: Das Bild des Weiblichen und die Phantasie des Künstlers. S. 489.
360 Prutti: Das Bild des Weiblichen und die Phantasie des Künstlers. S. 489.
361 Prutti: Das Bild des Weiblichen und die Phantasie des Künstlers. S. 491.
362 Peter Brandes stellt in seiner Studie zur ›bildlichen Lebendigkeit‹ in der Literatur des 18. und 19. Jahrhunderts fest, dass besonders in der Literatur der Romantik »gerade der Blick des Betrachters die Verlebendigung des Bildes bewirkt.« (Brandes: Leben die Bilder bald? S. 24.)

stitutive Körper des körperlosen Begehrens,«[363] schreibt Prutti. Besonders den Konjunktiv des emphatischen Schlusssatzes deutet sie als Indiz für die unfreiwillige Unterbrechung des imaginären Sexualaktes. Dort heißt es: »Was für einen Morgen könnt' ich haben!« (EG 300). Stattdessen wird das Bild beiseitegestellt, bevor Marinelli eintritt. Er soll es nicht zu sehen bekommen, denn noch ist der Prinz »zu neidisch« (EG 300). Auch hier ist die Rolle des Gemäldes als Lustobjekt und Körpersubstitut unverkennbar.

Während der Maler Conti die junge Frau noch als »Engel« (EG 297) bezeichnet, tituliert der Prinz sie als ›Zauberin‹ und ›Meisterwerk der Natur‹. Es ergibt sich ein Kontrast von religiös-kultivierter Sittsamkeit und magisch-aufreizendem Naturwesen. Dabei erinnert vor allem die Prinz'sche Bezeichnung der Frau als ›Zauberin‹ an ein später in der Romantik reproduziertes Frauenbild. Denn dort entwickelt sich das zuvor aufklärerische Idealbild der Frau als entsexualisiertes Naturwesen[364] hin zu einer Dichotomie von sittsamer Ehefrau und ekstatischer Liebhaberin, die sich, wie Doerte Bischoff feststellt, zumeist in der motivischen Gegenüberstellung von Venus und Maria manifestiert.[365]

Betrachtet man zuletzt das Bildgespräch motivgeschichtlich, zeigen sich zahlreiche Elemente, die an die literarische Praxis der Verbildlichung der Frau samt Todesfolgen erinnern. So dient das gemalte Porträt weniger als tatsächliches Abbild, vielmehr hat es die Funktion einer Projektionsfläche fremder Identitätsentwürfe. Dabei steht die Sprach- und Machtlosigkeit der Frau analog zum stummen Bild. Die Porträtmalerei wird zum Mittel der Verdinglichung. Die Frau wird als Bild kauf- und besitzbar gemacht. Die Gleichsetzung von Kunst und Frau führt so zu einer Aneignung der Protagonistin durch ihren männlichen Betrachter, der sie als Kunstobjekt und in realis besitzen möchte. Um dieser Bilderrolle zu entfliehen, bleibt der Freitod als vermeintlich einziges Mittel.

363 Prutti: Das Bild des Weiblichen und die Phantasie des Künstlers. S. 491.

364 Prutti schreibt zum Frauenbild in der Aufklärung: »In der Literatur der Aufklärung sind es vor allem die beiden neuen Genres des empfindsamen Romans und des bürgerlichen Trauerspiels, die das Weibliche als entsexualisierte (entkörperte) schöne Natur rekodieren und dieses weibliche Ideal wirkungsästhetisch in den Dienst der Erzeugung tugendhafter Subjekte stellen« (Prutti: Das Bild des Weiblichen und die Phantasie des Künstlers. S. 482).

365 Vgl. Bischoff: Poetischer Fetischismus. S. 415.

Bilderfrauen und Frauenbilder: Eine Zusammenführung

Else, Emilia und Ottilie: Sie sprechen nicht viel. In ihrer Welt ist das Privileg der Sprache den Männern vorbehalten. Obgleich Schnitzlers Protagonistin im inneren Monolog grade zu geschwätzig erscheint, ist ihre Sprachlosigkeit doch omnipräsent. Lange-Kirchheim schreibt mit Blick auf Else, die »männliche Monopolisierung von Sprechen und Sehen«[366] spiegele sich letztendlich in der Form der Novelle selbst wider: Im »inneren Monolog – stumme innere Rede, ein Sprechen als Schweigen –, hat die über die Frau verhängte Sprachlosigkeit ihr Korrelat.«[367] – Und so artikuliert sich auch Ottilie lediglich in Brief und Tagebuch. Schon der letzte Satz im ersten Teil von Goethes Roman kündigt die Funktion jenes Schriftstücks an: »Einen Blick jedoch in ihr Inneres gewährt uns ihr Tagebuch« (WV 393). Das Tagebuch fungiert als stummer Kommunikationskanal, über den die Leser:innen Einblicke in das Innenleben der jungen Frau erhalten können.

Neben ihrer Sprachlosigkeit verbindet die Frauen ihre künstlerisch-theatrale Inszenierung, ihre Stilisierung als Kunstwerk. In Vergleichen zu künstlerischen Arbeiten und ikonografischen Darstellungen sowie ihrer tatsächlichen Abbildung wird ihr Selbst- und Fremdbild reflektiert. Emilia wird porträtiert, Else soll porträtiert werden und Ottilies Gesicht ziert die Engelfiguren einer Kapelle. Entsprechend resümiert Ottilie in ihrem Tagebuch stumm ihre Erfahrungen und bezeichnet die Porträtmalerei als »Vorsorge des Menschen [...] für die Erhaltung seiner Persönlichkeit nach dem Tode.« (WV 404) Ein Gemälde erscheint so verstanden als Konservierung und als Sarg. Elisabeth Bronfen schreibt in ihrer Studie zur ›Ästhetik toter Weiblichkeit‹:

> Die kulturelle Konvention, Frauen als Bilder zu reproduzieren, wird aber besonders prägnant, wenn der Prozeß des Bildermachens dargestellt wird als Ursache und Folge des Todes einer Frau, wobei ›Ursache‹ und ›Folge‹ in ambivalenter Reziprozität stehen.[368]

Die Frauenfiguren sterben also gleichermaßen *als* und *am* Bild. Tod und Bildwerdung korrelieren. Entsprechend folgt Emilias Freitod durch die Hand des Vaters einer theatralen Inszenierungspraxis. Sie entsagt den männlich bestimmten ›Vor-Bildern‹ und »verschwindet in einem heroisch-

366 Lange-Kirchheim: Trauma bei Arthur Schnitzler. S. 112.
367 Lange-Kirchheim: Trauma bei Arthur Schnitzler. S. 112.
368 Elisabeth Bronfen: Nur über ihre Leiche. Tod, Weiblichkeit und Ästhetik. Deutsch von Thomas Lindquist. München: Antje Kunstmann 1994. S. 162.

mythischen Tableau«,[369] wie es bei Prutti heißt. Dabei bedeutet die Verbildlichung des menschlichen Körpers stets ein Innehalten, bedeutet Stillstand und Tod. Ottilie hält das Inszeniert-Werden kaum aus. Die starre Pose beim Nachstellen des Weihnachts-Tableaus verursacht Schmerzen, »ihre Augen füllten sich mit Tränen, indem sie sich zwang immerfort als ein starres Bild zu erscheinen« (WV 441). Else hingegen muss das physische Leid als starre Bildakteurin nicht ertragen. Der Aufforderung, fünfzehn Minuten nackt auf einer Lichtung auszuharren, kommt sie nicht nach. Die Enthüllung ihres nackten Körpers folgt dennoch einer bildkünstlerischen Darstellungspraxis und changiert zwischen ›Typus Pudica‹ und ›Nuda Veritas‹. Dabei verbinden sich Verbildlichung und Tod nicht nur allegorisch. Der Freitod bleibt den Frauen als vermeintlich einziges Mittel, ihren Bildrollen zu entfliehen und der Machtausübung der männlichen Figuren zu entkommen.

Die Erotik des Bildes und die Erotik des Todes verschwimmen. So wie Else ihren toten Leib als »schönen nackten Mädchenleichnam« (FE 62) imaginiert, wird auch Ottilie letztendlich zum Inbegriff einer ›schönen Leiche‹. Schneewittchen gleich wird die tote Frau in einem gläsernen Sarg einem Publikum präsentiert. Angela Wendt schreibt zu Ottilies Leichenschau: »Glorifizierung und Bewunderung statt Trauer – Ottilie findet in dieser, ihrer letzten Pose, ihre Vollendung.«[370] Die junge Frau stirbt nicht nur als Heilige, sie stirbt auch als Kunstwerk. Dabei zieht Brandl-Risi im Hinblick auf Ottilies Hungertod eine Parallele zum bürgerlichen Trauerspiel. Die Tote reihe sich ein in die »Bildergalerie geopferter Frauen, wie man sie in Drama und Roman des 18. Jahrhunderts finden kann.«[371] Und auch Schnitzlers Erzählung weist deutliche Parallelen zum Motiv des weiblichen Opfertodes auf. So hält etwa Lange-Kirchheim fest: »*Fräulein Else* ist die Sterbensgeschichte einer Tochter und setzt die Tradition des bürgerlichen Trauerspiels von *Emilia Galotti* […] in Form der Prosa fort.«[372] Es zeichnet sich eine motivgeschichtliche Tradition des weiblichen Sterbens am Bild ab, die vom bürgerlichen Trauerspiel bis in die klassische Moderne reicht.

Die künstlerische Stilisierung der weiblichen Figuren zeichnet stets zwei Seiten. In Lessings *Emilia Galotti* beschreibt der Maler Conti die junge Frau entgegen der Prinz'schen Lustperspektive als »Engel« (EG 297). In

369 Prutti: Das Bild des Weiblichen und die Phantasie des Künstlers. S. 504.

370 Angela Maria Coretta Wendt: Eßgeschichten und Es(s)kapaden im Werk Goethes. Ein literarisches Menu der (Fr)esser und Nichtesser. Würzburg: Königshausen & Neumann 2006. S. 363.

371 Brandl-Risi: Zur Theatralisierung von Bildern und Texten im »tableau vivant«. S. 196.

372 Lange-Kirchheim: Weiblichkeit und Tod. S. 41.

Schnitzlers *Fräulein Else* summieren sich das Selbstbild der Titelfigur als venushafte, marmorne Skulptur und ihr Fremdbild als entindividualisiertes Lustobjekt in derselben künstlerischen Präfiguration. Und in Goethes *Wahlverwandtschaften* wird das ikonografische Bild der Maria der Figur Ottilie nahezu gewaltsam übergestülpt und offenbart so ein Spannungsfeld zwischen den beiden misogynen Stigmata ›Heilige‹ und ›Hure‹.

Mit der künstlerischen Stilisierung durch männliche Figuren gehen auch die Entmachtung und Objektwerdung der Frauen einher. Als Gegenstand des männlichen Blicks werden sie ihrer eigenen Willenskraft enthoben. In Lessings Dramentext wird jene Objektivierung der Frau am drastischsten deutlich, wenn Emilias Porträt als Körpersubstitut fungiert und die reale Frau letztlich zur Projektionsfläche Prinz'scher Phantasien wird. Schnitzlers Erzählung führt die Verbindung von Kunst, Weiblichkeit und Tod zwei Jahrhunderte später fort. Die institutionalisierte Kunst ist auch Anfang des 20. Jahrhunderts weiterhin männlich dominiert. Nacktheit in Malerei und Skulptur wird weitestgehend von weiblichen Bildfiguren dargestellt. Kunstbetrachtung und Voyeurismus liegen nah beieinander und finden ihre Verkörperungen im lüsternen Kunstsammler Dorsday.

Der Vergleich von Schnitzlers *Fräulein Else*, Goethes *Wahlverwandtschaften* und Lessings *Emilia Galotti* offenbart eine Konjunktur der gewaltsamen Aneignung der Frau in Form künstlerischer Stilisierungsprozesse durch männliche Figuren. Die bildende Kunst als Austragungsort von weiblichem Selbst- und männlichem Fremdbild eignet sich hierfür in besonderer Weise. Die den künstlerischen Arbeiten inhärente Deutungsoffenheit und die den Referenzobjekten gegenüberstehende interpretatorische Vielstimmigkeit des literarischen Texts ergeben jeweils zwei kollidierende Perspektiven auf die Frau und ihre (zugeschriebene) Bildrolle. Sie geben Aufschluss über die Selbstwahrnehmung der Frauen, formulieren mögliche Motive der männlichen Figuren und reflektieren Machtprozesse ihrer Zeit.

Didaktischer Teil

I Bildreferenzen und ihre Didaktik

Bildreferenzen sind oftmals unscheinbar. In den hier untersuchten Texten spielen sie zumeist eine untergeordnete Rolle. Nur selten sind die Texte ›bekannt‹ für die dort zitierten künstlerischen Arbeiten. Gleichzeitig jedoch ist den Kunstrekursen ein erhebliches medienästhetisches Reflexionspotenzial inhärent. Sie eignen sich für eine schulische Auseinandersetzung im besonderen Maße, weil sie es ermöglichen, Elemente des literarischen Texts neu zu perspektivieren und gewinnbringend zu semantisieren. Ferner wird Intermedialität als Mittel poetischer Sinnkonstruktion verstehbar gemacht. Dabei vergegenwärtigt die Auseinandersetzung mit Bildreferenzen elementare Problemfelder der Bildrezeption und Bildsemiotik. Sie fragt nach der Übersetzbarkeit von Bildlichkeit in sprachliche Zeichen, nach der Rolle der Interpretierenden, nach der Interpretationsperspektive, nach Subjektivität und textueller ›Wahrheit‹. Auch die Frage nach der ›Richtigkeit‹ einer Bildbeschreibung ist mitunter selbst Gegenstand der Figurenrede. Gleichzeitig fungieren die Bildgespräche häufig als Mittel, die Figuren zu charakterisieren, was für eine schulische Auseinandersetzung ebenfalls interessant ist.

Eine mediendidaktische Betrachtung von Bildern im Fach Deutsch ist kein Novum. Die bisherigen Untersuchungen stehen jedoch unter anderen Vorzeichen. Im Fokus steht etwa die Lesbarkeit von Text-Bild-Kombinationen (Illustrationen, Comics etc.). Auch hat sich der Begriff der visual literacy bzw. visuellen Literalität etabliert, der die Auseinandersetzung mit Bilderbüchern und anderen visuellen Erzählmedien fokussiert. Der Begriff der ›intermedialen Lektüre‹ der Literaturdidaktikerin Iris Kruse nimmt wiederum visuelle Erzählmedien im Rahmen einer Medienverbunddidaktik in den Blick.[373] Bei dem hier entwickelten didaktischen Modell geht es hingegen nicht um Medienkonvergenz, sondern im Gegenteil: um Formen der Referenzialität und Transformation. Es geht um die Thematisierung des

373 Vgl. Iris Kruse: Brauchen wir eine Medienverbunddidaktik? Zur Funktion kinderliterarischer Medienverbünde im Literaturunterricht der Primar- und früheren Sekundarstufe. In: Leseräume. Zeitschrift für Literalität in Schule und Forschung 1 (2014). S. 1–30. S. 17.

medialen Transformationsprozesses, seiner Spuren, ästhetischen Qualität und sinnkonstitutiven Funktion.

Betrachtet man Literatur und ihre Didaktik, kommt man kaum umhin, auch über Kaspar H. Spinners Konzept des ›literarischen Lernens‹ zu sprechen.[374] Spinner formuliert 2006 in seinem vielzitierten Beitrag für *Praxis Deutsch* seine elf Aspekte literarischen Lernens. 2015 unterzieht er sein Modell einer erneuten Prüfung.[375] Dort reflektiert er die rezeptionsästhetische Tradition, die Orientierung an den damaligen Bildungsstandards sowie die stark identitätsorientierte Ausrichtung seines Modells.[376] Dabei lassen sich Spinners Überlegungen nahezu nahtlos auf die Auseinandersetzung mit Bildreferenzen im Schulunterricht übertragen. Sie reichen vom Erproben ekphrastischer Imaginationsmodi, über das Verstehen metaphorischer und symbolischer Ausdrucksweisen hin zum makrostrukturellen Verständnis der narrativen Handlungslogik sowie dem Herausbilden eines literaturhistorischen Bewusstseins. Von besonderer Bedeutung erscheinen wiederum sein Aspekt der Perspektivübernahme literarischer Figuren, seine Idee einer Literaturrezeption als Alteritätserfahrung sowie das Vermögen, sich auf die Unabschließbarkeit des Sinnbildungsprozesses einzulassen.[377] Im weiteren Verlauf dieser Arbeit werden Spinners Überlegungen jedoch lediglich schlaglichtartig dort angeführt, wo deutliche Korrelationen erkennbar sind. Im Vordergrund soll die Übertragung fachfremder Konzepte stehen sowie – ausgehend vom Gegenstand – das Formulieren neuer Lernaspekte.

374 Der Literaturdidaktiker Ulf Abraham hat alternativ den Begriff der ›poetischen Kompetenz‹ vorgeschlagen. Obgleich sich Spinners Terminologie durchgesetzt hat, beschreiben doch beide Konzepte Aspekte kompetenzorientierten Lernens in der Auseinandersetzung mit literarischen Texten. (Vgl. Ulf Abraham: Lesekompetenz, literarische Kompetenz, poetische Kompetenz. Fachdidaktische Aufgaben in einer Medienkultur. In: Kompetenzen im Deutschunterricht. Beiträge zur Literatur-, Sprach- und Mediendidaktik. Hrsg. von Heidi Rösch. 2., überarb. u. erw. Aufl. Frankfurt: Peter Lang 2008 (= Beiträge zur Literatur- und Mediendidaktik 9). S. 13–26. S. 20–22).

375 Vgl. Kaspar H. Spinner: Elf Aspekte auf dem Prüfstand. Verbirgt sich in den elf Aspekten literarischen Lernens eine Systematik? In: Leseräume. Zeitschrift für Literalität in Schule und Forschung 2 (2015) H. 2. S. 188–194. S. 188f.

376 Zu den wesentlichen Theoretikern eines identitätsorientierten Literaturunterrichts gehören Kaspar H. Spinner, Jürgen Kreft und Volker Frederking. Erste Überlegungen hierzu lassen sich schon Ende der 1970er bzw. Anfang der 1980er Jahre finden. Zum Konzept des ›identitätsorientierten Literaturunterrichts‹ vgl. Volker Frederking: Identitätsorientierter Literaturunterricht. In: Taschenbuch des Deutschunterrichts. Bd. 2: Literatur- und Mediendidaktik. Hrsg. von Volker Frederking, Hans-Werner Huneke, Axel Krommer u. Christel Meier. Baltmannsweiler: Schneider Verl. Hohengehren 2010. S. 414–451. S. 416–430.

377 Vgl. Kaspar H. Spinner: Literarisches Lernen. In: Praxis Deutsch 200 (2006). S. 6–16. S. 8–13.

Nach einem kurzen Exkurs zum fächerübergreifenden Unterricht werden im Folgenden literatur- und kunstdidaktische Modelle auf ihre Anschlussfähigkeit geprüft. Der Fokus liegt hierbei vor allem auf dem kunstdidaktischen Konzept der Bildkompetenz, dem mediendidaktischen Konzept der visual literacy, auf dem literaturdidaktischen Modell der Perspektivübernahmekompetenz sowie auf handlungs- und produktionsorientierten Verfahren im Umgang mit intertextuellen Phänomenen. Basierend auf den in dieser Arbeit entworfenen theoretischen Überlegungen zur Struktur von Bildreferenzen sowie den hier folgenden didaktischen Ausführungen wird anschließend ein Lernmodell entwickelt.

Exkurs: Überfachlicher Unterricht

Bildreferenzen können als ›Schnittstellenphänomene‹ verstanden werden. Sie bilden eine Schnittstelle zwischen bildkünstlerischer Visualität und Literatur. Die »Beziehung von Visualität und Verbalität, Bildern und Texten, ist eines der Schlüsselthemen der neueren Kulturwissenschaft«[378], wie Silke Horstkotte und Karin Leonard betonen, und das relationale Verhältnis von Literatur und bildender Kunst ist ein gängiger Bestandteil der kulturellen Praxis. Von der Romantik bis in die Gegenwart bezieht sich Literatur auf Literatur und auf Kunst – und andersherum: Kunst bezieht sich auf Kunst bezieht sich auf Literatur. So hält der amerikanische Kurator Douglas Crimp Anfang der 1990er Jahre fest: »Appropriation, pastiche, quotation, these methods extend to virtually every aspect of our culture«.[379] Und auch noch knapp ein Vierteljahrhundert später benennt der Kultur- und Medienwissenschaftler Felix Stalder »Appropriation, Transformation und Rekombination als Methoden, um immer wieder neue ästhetische Differenzierungen zu generieren.«[380] – Der Lehrplan reagiert, wenn auch mit Verzögerung. Während der Deutschunterricht sich zunehmend für intertextuelle Lektüreverfahren öffnet, hält mit dem Themenfeld ›Vorbilder-Nachbilder‹

378 Silke Horstkotte u. Karin Leonhard: Einleitung. »Lesen ist wie Sehen« – über die Möglichkeiten und Grenzen intermedialer Wahrnehmung. In: Lesen ist wie Sehen. Intermediale Zitate in Bild und Text. Hrsg. von Silke Horstkotte u. Karin Leonhard. Köln: Böhlau 2006. S. 1–16. S. 1.

379 Douglas Crimp: On the Museum's Ruins. With photographs by Louise Lawler. Cambridge, Mass: MIT Press 1993. S. 162.

380 Felix Stalder: Kultur der Digitalität. Berlin: Suhrkamp 2016 (= edition suhrkamp 2679). S. 63.

peu à peu die Appropriation Art Einzug in die Kunsträume.[381] Gleichzeitig zeigt die kulturelle Realität, dass das relationale Verhältnis ästhetischer Produkte nicht disziplingebunden ist. Und wenn Literatur und Kunst ihre Gattungsgrenzen überschreiten, so mag das auch Perspektiven für den Schulunterricht eröffnen.

Günther Bärnthaler problematisiert 1999 den gefächerten Schulunterricht und formuliert seine zehn Thesen zum fächerübergreifenden Unterricht. Bärnthaler zufolge hat Schule die Aufgabe, einen »rationalen ›Zugriff auf die Wirklichkeit‹ zu vermitteln«.[382] Und gerade das könne ein gefächerter Unterricht nicht leisten. Er führt aus: »Je komplexer die Strukturen eines Faches sind, desto notwendiger ist es, seine Grenzen zu überschreiten«.[383] Besonders ›epochaltypische Schlüsselprobleme‹ hätten »in der Regel interdisziplinären Charakter und verlangen deshalb nach fächerübergreifendem Unterricht.«[384] In der Folge exemplifiziert auch Spinner, dass die »Einbeziehung von Kunst-, Musik- und Filmgeschichte [hilfreich sein kann], etwa wenn dem Stilwillen des Expressionismus in Abgrenzung zu Realismus oder Jugendstil nachgegangen werden soll.«[385] Ein literaturhistorisches Bewusstsein kann so zu einem kulturhistorischen Bewusstsein ausgebaut werden.

Knapp zwei Jahrzehnte nach Bärnthalers Appell konstatieren Birgit Smieja und Oliver Weyrauch euphorisch: »Fächerübergreifendes, fächerverbindendes, integratives, interdisziplinäres oder transcurriculares Lernen ist in aller Munde«.[386] Dabei unterscheiden sie zwischen unterschiedlichen Formen des fächerübergreifenden Unterrichts. Einerseits könnten fächerübergreifende Inhalte in einem einzelnen Schulfach behandelt werden. Andererseits könnten mehrere Fächer koordiniert miteinander agieren. Dabei zeigt sich, dass der Begriff der ›Überfachlichkeit‹ in der gegenwärtigen didaktischen Forschung zweifach verwendet wird: (1) zum einen im Rahmen einer inhalt-

381 Vgl. Hessisches Kultusministerium (Hrsg.): Lehrplan Kunst. Gymnasiale Oberstufe. Wiesbaden 2010. S. 42.

382 Günther Bärnthaler: Fächerübergreifender Unterricht. Zur Notwendigkeit vertiefender Ergänzungen gefächerten Unterrichts. In: Fächerübergreifender Literaturunterricht. Reflexionen und Perspektiven für die Praxis. Hrsg. von Günther Bärnthaler u. Ulrike Tanzer. Innsbruck: Studien-Verl. 1999 (= ide-extra 5). S. 11–21. S. 16.

383 Bärnthaler: Fächerübergreifender Unterricht. S. 17.

384 Bärnthaler: Fächerübergreifender Unterricht. S. 17.

385 Spinner: Literarisches Lernen. S. 13.

386 Birgit Smieja u. Oliver Weyrauch: Grenzen überschreiten durch fächerübergreifendes Lernen: eine Einleitung. In: Fächerübergreifender Grundschulunterricht. Beiträge aus der Theorie und Praxis. Hrsg. von Birgit Smieja u. Oliver Weyraum. Berlin: Peter Lang 2018. S. 7–14. S. 7.

lichen Auseinandersetzung mit wissenschaftlichen oder ästhetischen Phänomenen, die Gegenstand mehrerer Fachdisziplinen sind. Überfachlichkeit wird hier als Fächerübergriff verstanden. – (2) Zum anderen ist der Begriff im Bereich von überfachlichen Kompetenzen gebräuchlich und beschreibt Fähigkeiten, die unabhängig einer fachspezifischen Prägung ausgebildet werden können. Das Hessische Kerncurriculum nennt hier beispielsweise soziale, personale, wissenschaftspropädeutische oder interkulturelle Kompetenzen.[387] Überfachlichkeit wird als Fachunabhängigkeit verstanden.

Der kurze Exkurs definiert den in dieser Arbeit beschriebenen ›Fächerübergriff‹: Fächerübergriff meint hier die fachspezifische Auseinandersetzung mit überfachlichen Wissensinhalten, die Gegenstand zweier oder mehrerer bestimmter Schulfächer sind, hier Kunst und Deutsch. Die Unterrichtsplattform ist der Deutschunterricht. Dabei ist es das Ziel, sowohl Fachinhalte und Kompetenzbereiche des Kunstunterrichts auf den Deutschunterricht zu übertragen als auch ausgehend vom ästhetischen Gegenstand neue Lernaspekte zu formulieren.

Bildreferenzen und Bildkompetenz

Der Begriff ›Bildkompetenz‹ entstammt ursprünglich der semiotischen Bildwissenschaft und bezeichnet – wie der Name vermuten lässt – den kompetenten Umgang mit Bildern. Gleichwohl avancierte die Bildkompetenz in den vergangenen Jahren zu einem durchaus umstrittenen Konzept der Kunstdidaktik, bei dem die semiotische Rezeptionsfähigkeit von Bildzeichen zu einer Produktions- und Rezeptionsfähigkeit von (Kunst-)Bildern weiterentwickelt wurde.

Diese Arbeit beschäftigt sich indes mit Bildreferenzen, also Rekursen auf künstlerische Arbeiten in literarischen Texten. Wie schon im Kapitel zur semiotischen und ikonischen Bildtheorie wird daher auch hier ein Dreischritt vom Bild zur Bildkompetenz zum kompetenten Umgang mit Bildreferenzen im Deutschunterricht gewählt. Ein Fokus liegt hierbei auf den bildinhaltlichen, den komparativen sowie den biografisch-determinatorischen Aspekten der Bildrezeption.

387 Vgl. Hessisches Kultusministerium (Hrsg.): Kerncurriculum gymnasiale Oberstufe. Deutsch. Wiesbaden 2016. S. 8f.

Der Begriff der Bildkompetenz situiert sich in einem Spannungsfeld von künstlerischer Bildproduktion und analytischer Bildrezeption. Dabei geht es um die grundlegende (bildungspolitische) Frage: Wieviel Kunst braucht der Kunstunterricht? Obwohl diese Frage hier nicht beantwortet werden kann und soll – und obwohl für die Betrachtung von Bildreferenzen ausschließlich rezeptions- und nicht produktionsspezifische Aspekte der Bildkompetenz relevant sind, wird die Problemkonstellation dennoch kurz skizziert, da die Historie des Kunst-Streits hilft, die Grundkonzeption der Bildkompetenz samt ihrer durchaus problematischen semiotischen Tradition zu verstehen.[388] Denn obgleich die Bildkompetenz im Hinblick auf eine Thematisierung von Kunst im Kunstunterricht als zweifelhaftes Bildungskonzept zu bewerten ist, erweist sich ihre auf Selbstreflexion ausgelegte semiotische Orientierung als durchaus brauchbares Werkzeug für eine didaktische Perspektivierung von Bildreferenzen im Deutschunterricht.

Der Umgang mit künstlerischer Bildlichkeit ist seit jeher ein Bestandteil des Kunstunterrichts, gleichwohl divergierte die Art und Weise der Thematisierung von Kunst in der Vergangenheit stark.[389] Ab Ende der 1980er Jahren prägen dann Gert Selle mit seinem Begriff einer ›ästhetischen Bildung‹ sowie Gunter Otto mit seiner Idee einer ›ästhetischen Erziehung‹ die kunstpädagogische Landschaft. Dabei fordert Selle, dass Kunstunterricht frei von curricularen Zwängen sein soll, da Kunst seiner Meinung nach mit pädagogischen Grundintentionen unvereinbar sei. Er betont, Kunst könne nicht gelehrt, sondern müsse im Rahmen eines ›ästhetischen Pro-

388 Zudem wird auf einige der präsentierten kunstpädagogischen Überlegungen zurückgegriffen, wenn es im Folgekapitel um die inhaltliche Nähe der visual literacy im Literaturunterricht zum Bildgespräch im Kunstunterricht geht.

389 Rolf Niehoff führt aus, dass bis in die 1960er Jahre nahezu ausschließlich Bildprodukte aus der bildenden Kunst im Zentrum der Kunstdidaktik standen. Erst die Fachrichtung der ›Visuellen Kommunikation‹ in den 1970er Jahren habe den Kunstunterricht für alltägliche Bilder geöffnet. Als wirkungsmächtige Produkte der Massenmedien folgten sie dort einer politisch-aufklärerischen Agenda und verdrängten die bildende Kunst. Niehoff fasst zusammen: »Die Werke der Kunst sollten […] nur noch einen marginalen Platz im schulischen Kunstunterricht finden und wenn, dann mit ideologiekritischem Anspruch analysiert werden.« (Rolf Niehoff: Dimension der Bildkompetenz(en). In: BildGeschichte. Facetten der Bildkompetenz. Hrsg. von Stefan Hölscher, Rolf Niehoff, Karina Pauls. Oberhausen: Athena 2012 (= ARTIFICIUM. Schriften zu Kunst und Kunstvermittlung 38). S. 109–121. S. 111).

jekts‹ und im prozessorientieren Handeln körperlich erfahren werden.[390] Im Widerspruch hierzu formuliert Otto, dass Muster künstlerischen Handelns sehr wohl gelehrt werden könnten, indem die Schüler:innen einerseits Kunst rezipieren und interpretieren, zum anderen indem sie selbst Bilder produzieren. Ottos Didaktik proklamiert dabei eine Verbindung von Kunst und Pädagogik, bei der es das Ziel sei, »Kunst als Unterrichtsfach in das bestehende System der Schule zu integrieren.«[391] Einen moderaten Konsens enthält schließlich das Konzept der ›ästhetischen Erfahrung‹, mit dem versucht wird, Kunst in seiner Ambivalenz als erfahrbares Objekt und interpretierbares Zeichensystem zu fassen. Ursula Brandstätter fasst prägnant zusammen:

> Ästhetische Erfahrungen sind durch einen doppelten Zugang zur Welt gekennzeichnet. […] Zu den Besonderheiten von Kunstwerken gehört es, dass sie einerseits als Zeichen verstanden werden können, die auf Wirklichkeiten außerhalb ihrer selbst verweisen, dass sie aber andererseits auch Wirklichkeiten für sich darstellen[.][392]

Diese kunstpädagogische Idee des Wahrnehmens von ästhetischer Bildlichkeit als ›Wirklichkeit an sich‹ ist wiederum in ähnlicher Form auch in der literaturdidaktischen Forschung zu finden. Dort prägt Thomas Zabka den Begriff der ›Ästhetischen Bildung‹. Er beschreibt damit die Ausbildung sogenannter ›ästhetischer Fähigkeiten, Kenntnisse und Einstellungen‹ und verfolgt »Bildungsziele wie *Wahrnehmungsfähigkeit, Genussfähigkeit, individuell-lebensgeschichtliche Symbolbildung, Denken in Ähnlichkeiten, Interpretieren ohne Nötigung zur abschließenden begrifflichen Fixierung*«.[393] Jene

390 Vgl. Gert Selle: Das ästhetische Projekt: Plädoyer für eine kunstnahe Praxis in Weiterbildung und Schule. Unna: LDK-Verl. 1992. S. 132–135: Gert Selle: Gebrauch der Sinne: eine kunstpädagogische Praxis. Mit Beiträgen von Studierenden der Universität Oldenburg. Reinbek bei Hamburg: Rowohlt Taschenbuch-Verl. 1992 (= Rowohlts Enzyklopädie 467: Kulturen und Ideen). S. 26–29; Gert Selle: Ästhetische Erziehung oder Bildung in der zweiten Moderne? Über ein Kontinuitätsproblem didaktischen Denkens. Hrsg. von Karl-Josef Pazzini, Eva Sturm, Wolfgang Legler u. Torsten Meyer. Hamburg: University Press 2004 (= Kunstpädagogische Positionen 3). S. 7–10; 24.

391 Gunter Otto: Lernen und Lehren zwischen Didaktik und Ästhetik. Bd. 1: Ästhetische Erfahrung und Lernen. Seelze-Velber: Kallmeyer 1998. S. 9.

392 Ursula Brandstätter: Ästhetische Erfahrung. In: Handbuch Kulturelle Bildung. Hrsg. von Hildegard Bockhorst, Vanessa-Isabelle Reinwand u. Wolfgang Zacharias. München: kopaed 2012 (= Kulturelle Bildung 30). S. 174–180. S. 177.

393 Thomas Zabka: Ästhetische Bildung. In: Taschenbuch des Deutschunterrichts. Bd. 2: Literatur- und Mediendidaktik. Hrsg. von Volker Frederking, Hans-Werner Huneke, Axel Krommer u. Christel Meier. Baltmannsweiler: Schneider Verl. Hohengehren 2010. S. 452–468. S. 464.

basal-rezeptiven Fähigkeiten sind somit sowohl in der Kunstpädagogik als auch der Literaturdidaktik Teil von ästhetischen Bildungsprozessen.

Während unter kunstpädagogischen Positionen weitgehend Einigkeit über das Konzept der ästhetischen Erfahrung herrscht, entwickelt sich mit der allgemeinen Kompetenzorientierung der Schulfächer auch ein neuer, kompetenzorientierter Kunstunterricht. Indes kritisiert der Kunstpädagoge Georg Peez, dass der Begriff der ästhetischen Erfahrung im Widerspruch zu einer kompetenzorientierten Bildbetrachtung stehe, wie ihn der Begriff der Bildkompetenz proklamiere. Seiner Meinung nach ist dieser auf Vergleichbarkeit und Bewertbarkeit von Fachinhalten und ›Lernprodukten‹[394] ausgerichtet, welche gleichermaßen die Potenziale einer ästhetischen Erfahrung nicht umfassen könnten.[395] Dabei ist – wie schon einleitend angeführt – der Begriff der Bildkompetenz kein Produkt der Kunstpädagogik, sondern der semiotischen Bildwissenschaft und somit primär ein Handwerkszeug der Bildrezeption, nicht der Kunstproduktion.[396] Gleichwohl wurde die Bildkompetenz in den vergangen Jahren zu einem bilddidaktischen Modell entwickelt, welches dazu dient, sowohl rezeptionsorientierte als auch pro-

394 Bei dem Begriff ›Lernprodukt‹ handelt es sich zwar um einen in der Deutschdidaktik etablierten aber meiner Meinung nach gleichfalls problematischen und abträglichen Begriff. Im Rahmen jener Produktionsanalogie werden die Schüler:innen zu Produzenten und das Lernen wird zum Produktionsprozess, wobei die Vergleichbarkeit der Produktionsergebnisse im Vordergrund steht. In Ermangelung an Alternativen werde ich auf die Verwendung des Begriffs jedoch nicht verzichten (können), er wird jedoch fortan in Anführungszeichen gesetzt.

395 Vgl. Georg Peez: Einführung in die Kunstpädagogik. 4., überarb. u. aktual. Aufl. Stuttgart: W. Kohlhammmer 2012 (= Grundriss der Pädagogik/Erziehungswissenschaft 16; Kohlhammer Urban Taschenbücher 676). S. 25–28.

396 Was ›Bildkompetenz‹ ist, versucht erstmals der Bild- und Medienwissenschaftler Klaus Sachs-Hombach 2003 in seinem Sammelband *Was ist Bildkompetenz?* zu beantworten. Dabei macht Sachs-Hombach darauf aufmerksam, dass unterschiedliche Bildtypen (Diagramme, Gemälde, Fotografien, Computergrafiken etc.) wiederum »jeweils spezifische Kompetenzen erforderlich machen.« (Klaus Sachs-Hombach: Einleitung. In: Was ist Bildkompetenz? Studien zur Bildwissenschaft. Hrsg. von Klaus Sachs-Hombach. Wiesbaden: Deutscher Universitäts-Verl. 2003 (= Bildwissenschaft). S. 9–13. S. 10.) Gleichwohl folgen die Beiträge des Sammelbandes einem dezidiert semiotischen Bildverständnis. Dieses semiotische Verständnis von Bildern und Bildkompetenz führt wiederum besonders im Schulunterricht zu einer ausgeprägten Bildorientierung und damit zu einer Marginalisierung des Künstlerischen, bei der der Kunstunterricht gewissermaßen zu einem allgemeinen ›Bildunterricht‹ umfunktionalisiert wird. Denn wenn Rolf Niehoff und Kunibert Bering in ihrem 2013 erschienenen Band zur Bildkompetenz postulieren, »das Fach Kunst ist das *Fach des Bildes*« (Kunibert Bering u. Rolf Niehoff Bildkompetenz. Eine kunstdidaktische Perspektive. Oberhausen: Athena 2013 (= ARTIFICIUM. Schriften zu Kunst und Kunstvermittlung 48). S. 39), so muss dem aus Perspektive einer ›ästhetischen Erfahrung‹ entgegengehalten werden, dass das Fach Kunst in erster Linie *das Fach der Kunst* ist.

duktionsorientierte Bildungsangebote zu kombinieren. Der bildsemiotische Ursprung ist jedoch weiterhin spürbar. Zudem stehen künstlerisch-ästhetische Bildungsverfahren, wie sie im Rahmen einer ästhetischen Erfahrung angestrebt werden, deutlich weniger im Fokus.[397]

Nun sind Bildreferenzen keine Bilder. Sie sind nicht sichtbar, sondern lesbar. Im Rahmen der medialen Transformation geht ihre einstige Ikonizität verloren, indem das ›Unsichtbare der Bilder‹ (Boehm) sprachlich ›sichtbar‹ bzw. lesbar gemacht wird.[398] Selbst im Kontext produktiver Schreibaufgaben ist eine für Bildreferenzen relevante Form von Bildkompetenz daher zwangsläufig rezeptionsorientiert, nicht produktionsorientiert.

Die Auseinandersetzung mit Bildreferenzen ermöglicht nunmehr, die Wirkungsweisen von Bildern nachzuvollziehen, indem sie Rezeptionsprozesse Dritter offenlegt. Denn wenn Figuren im literarischen Text – so bildkompetent sie auch sein mögen – Kunst beschreiben, findet eine subjektive Bildbetrachtung statt. Das Lesen der Bildreferenz wird so zu einer Rezeption zweiten Grades, bei der die Schüler:innen die Bildrezeption einer Figur nachverfolgen.

Besonders im Hinblick auf die subjektive Prägung einer Bildrezeption durch die Figuren des literarischen Texts einerseits und die Leser:innen jener Bildbeschreibung andererseits erweist sich die Bildkompetenz als valides didaktisches Handwerkszeug. Der Kunstdidaktiker Rolf Niehoff ermittelt sechs unterschiedliche Dimensionen von Bildkompetenz, wobei übertragen auf Bildreferenzen der ›bildinhaltlichen‹, der ›komparativen‹ sowie der ›biografischen‹ Dimension eine besondere Rolle zukommt. Der semiotischen Begriffstradition treu bleibend begreift Niehoff Bilder als »syntaktisch dichtes Zeichensystem, das seine Elemente bzw. Strukturen

397 Exemplarisch für eine derartige Öffnung für (respektive Rückbesinnung auf) praxisorientierte und vor allem künstlerische Bildungsverfahren kann hier der Kunst- und Medienpädagoge Nicolaj van der Meulen angeführt werden. Dieser problematisiert schon 2010 die semiotische Tradition der Bildkompetenz, versucht jedoch unter Rückgriff auf ikonische Bildtheoreme den Begriff für eine künstlerische Praxis fruchtbar zu machen. Statt eines dezidiert semiotischen Bildbegriffs plädiert van der Meulen für einen variablen Kompetenzbegriff, der aus dem jeweiligen Bildbegriff abgeleitet wird. Dabei unterscheidet auch er zwischen einer theoretischen und einer praktischen Bildkompetenz. Die praxisorientierte Bildkompetenz stelle jedoch einen übenden Umgang mit Darstellungsverfahren dar, die keine repräsentative Funktion haben, sondern – ganz im Sinne eines ikonischen Bildbegriffs – eine medial und materiell einzigartige Bildwirklichkeit produzieren. (Vgl. Nicolaj van der Meulen: Bildkompetenz an der Kreuzung von Visueller Kommunikation und Bildtheorie. In: Zeitschrift für Pädagogik 56 (2010) H. 6. S. 819–834. S. 821–828.)

398 Vgl. hierzu das Kapitel »Bildsemiotik und ikonische Bildtheorie«.

dem Betrachter simultan anbietet.«[399] Dabei erweist sich der hier betonte Zeichencharakter als besonders fruchtbar, da eben jenes Bildzeichensystem im Narrativierungsprozess in eine schriftsprachliche Sukzessivität transformiert wird und Bildzeichen somit zu Sprachzeichen werden.

Unter der bildinhaltlichen Dimension von Bildkompetenz begreift Niehoff die Fähigkeit, »*Bilder* als komplexe gestaltete Phänomene wahrnehmen, untersuchen, deuten und gestalten [zu können].«[400] Bildern bzw. ihren einzelnen Bildelementen werden Niehoff zufolge im Rezeptionsprozess »Inhalte zugewiesen.«[401] Die so transportierten Sujets, Motive, Symbole und ikonografischen Bezüge erzeugten komplexe Bedeutungszusammenhänge, deren Erschließung und Verständnis an spezifische Vorgehensweisen gebunden sei, die wiederum »eigene Methoden der Analyse und Interpretation und entsprechende Kompetenzen [beanspruchen].«[402]

Die bildinhaltliche Dimension von Bildkompetenz beschreibt damit eine allgemeine ›Rezeptionsfähigkeit‹ von Bildern und übertragen auf Bildreferenzen ergeben sich zahlreiche Parallelen zu einer allgemeinen Lesefähigkeit und Textanalysekompetenz. Sie reicht von eher basalen Fähigkeiten wie dem Erkennen und Verstehen von Darstellungselementen, über das Verstehen und Deuten symbolischer Darstellungsweisen, hin zu komplexen (intertextuellen) Sinnkonstruktionen im Rahmen emblematischer und ikonografischer Darstellungsverfahren. Da es sich hier um grundlegende Elemente der Sinnextraktion handelt, scheint eine Übertragung daher gleichermaßen naheliegend wie redundant. Gleichwohl kann die Thematisierung von Bildreferenzen insbesondere im Bereich symbolischer, emblematischer und ikonografischer Darstellungsverfahren zu einer gesteigerten Wahrnehmungs- und Rezeptionsfähigkeit der bildkunstspezifischen Zeichensysteme beitragen, da die bedeutungsträchtigen Darstellungselemente im Rahmen ihrer literarischen Transformation von den Figuren eines literarischen Texts zumeist benannt und gedeutet werden, das nötige Deutungswissen also bereits ›mitgeliefert‹ wird. Gleichzeitig korreliert die inhaltliche Dimension hier mit der komparativen Dimension von Bildkompetenz, bei der gerade die mediale Differenz von Text und Bild im Fokus steht.

Mit der komparativen Dimension von Bildkompetenz beschreibt Niehoff die Fähigkeit, »*Bilder* als spezifische Zeichensysteme von anderen spezifischen

399 Niehoff: Dimension der Bildkompetenz(en). S. 114.
400 Niehoff: Dimension der Bildkompetenz(en). S. 120.
401 Niehoff: Dimension der Bildkompetenz(en). S. 114.
402 Niehoff: Dimension der Bildkompetenz(en). S. 114.

Zeichensystemen der menschlichen Kommunikation zu unterscheiden.«[403] Er führt aus: »Wissen über wesentliche Unterschiede zwischen *Bild* und *Sprache* bedeutet deshalb für die Bestimmung von Bildkompetenzen ein wichtiges Element.«[404] Diese Unterscheidungsfähigkeit gelte einerseits medienintern für unterschiedliche bildliche Darstellungsverfahren (informell, gegenständlich, symbolisch etc.). Andererseits betont Niehoff die mediale Verschiedenheit von Bild und Text, wobei er hier der rezeptionsästhetischen Sukzessivität von Texten als ›syntaktisch disjunktive Zeichensysteme‹ auf der einen Seite – eine Simultanität von Bildern als ›syntaktisch dichte Zeichensysteme‹ auf der anderen Seite gegenüberstellt.[405] Obgleich von Niehoff hier nicht angeführt, ist die Nähe zu Lessings medienästhetischer Differenzierung zwischen einer zeitlich-literarischen und einer räumlich-bildlichen Kunst unverkennbar. Gleichzeitig korreliert die komparative Dimension von Bildkompetenz hier mit dem literatur- und mediendidaktischen Konzept der ›medialen Differenz‹, bei dem durch die Betrachtung der jeweiligen medienspezifischen Potenziale von Bild und Text eine »mediale Bewusstheit«[406] ausgebaut werden soll.

Überträgt man Niehoffs Idee einer komparativen Dimension von Bildkompetenz auf Bildreferenzen, zeigt sich zunächst, dass ein Vergleich der medienspezifischen Potenziale eine Kontrastierung des außerliterarischen Originals und seiner textuellen Verarbeitung bedarf. Text und Bild müssen gegenübergestellt werden. Im Zentrum könnte dann die Frage stehen, was im Text alles *nicht* beschrieben wird – und daran anknüpfend: wie ein zitiertes Bild *auch* verstanden werden kann. Mit der Betrachtung der ›unbeschriebenen‹ Bildelemente kann quasi ex negativo der ikonische Bedeutungshorizont der Bilder erschlossen werden, bei dem deutlich wird, dass Bildwelt eine Vielheit von Weltversionen ist. Umgekehrt kann ebenso der Fokus auf die Potenziale des literarischen Texts gelegt werden, indem betrachtet wird, wie bildliche Darstellungselemente im medialen Transformationsprozess benannt und durch sprachliche Mittel zeitlich geordnet werden. Gleichzeitig wird ein bildliches Nebeneinander in ein sprachliches Nacheinander übertragen. Dabei vergegenwärtigt der Vergleich einer

403 Niehoff: Dimension der Bildkompetenz(en). S. 120.
404 Niehoff: Dimension der Bildkompetenz(en). S. 115.
405 Vgl. Niehoff: Dimension der Bildkompetenz(en). S. 114.
406 Michael Baum: Bild-Text-Didaktik und -Ästhetik: Lesen und Verstehen piktoraler Texte. In: Taschenbuch des Deutschunterrichts. Bd. 2: Literatur- und Mediendidaktik. Hrsg. von Volker Frederking, Hans-Werner Huneke, Axel Krommer u. Christel Meier. Baltmannsweiler: Schneider Verl. Hohengehren 2010. S. 200–218. S. 215.

künstlerischen Darstellung und seiner textuellen Präsentation die mediale Differenz von Bild und Text im Kontext ihrer medienspezifischen und medienästhetischen Besonderheiten.

Obgleich Niehoff mit seiner komparativen Dimension von Bildkompetenz lediglich die Verschiedenheit von Zeichensystemen fokussiert, erscheint es sinnvoll und notwendig, diese Differenzierung um den Aspekt der Materialität zu ergänzen. Jede künstlerische Arbeit verfügt über eine medienspezifische Materialität, die nicht komplett vom ›Dargestellten‹ getrennt werden kann. Im Kontext von Bildreferenzen verfügt jene Materialität wiederum häufig über eine sinnkonstitutive Funktion, in dem der Text explizit auf die Materialität des Ausgangsmediums Bezug nimmt.[407] Dabei sensibilisiert die Thematisierung von Bildreferenzen für die spezifische Materialität von Kunst, bei dem eine Malerei eben nicht nur Bild, sondern auch Öl, Stoff, Duktus und Struktur – und die malerische Darstellung an den Bedingungen und Möglichkeiten des Materials gewachsen ist. Und auch eine Skulptur ist stets Material, ist aus Stein oder Holz, fühlt sich kalt oder warm an, ist glänzend oder matt.

Verlässt man das Terrain eines eng gefassten Begriffs von Bildreferenzen und betrachtet ebenfalls literarische Verarbeitungen von ikonografischen Figuren, erweitert sich das Feld der medialen Transformationsprozesse abermals. Während bei der Betrachtung von Bildreferenzen stets von der medialen Transformation einer konkreten künstlerischen Arbeit in sprachliche Zeichen ausgegangen wird, ist das Bezugsverhältnis bei Verweisen auf ikonografische Figuren diffiziler. Während in der bildenden Kunst ikonografischen Bildelementen ein konkretes Bedeutungsmuster gegenübersteht (Bildzeichen also auf Inhalt verweisen), stehen in literarischen Texten Darstellungs- und Bedeutungselemente nebeneinander. Darstellungsseite und Inhaltsseite einer ikonografischen Figur fließen im Text zusammen.[408] Diese medienästhetische Besonderheit ist insofern relevant, als sie die literarische Tradition von ikonografischen Figuren offenlegt und so zu einer Sensibilität für intermediale und medienreflexive Phänomene führen kann.

Mit der Reflexion medienspezifischer Potenziale und medienästhetischer Differenzen im Rahmen von medialen Transformationsprozessen stellt sich auch die Frage nach dem transformierenden und somit interpretierenden Subjekt. Es geht um die Frage, *wer* transformiert hier eigentlich? Die kompa-

407 Vgl. hierzu das Kapitel »Material, System und Diskurs« sowie Christoph Kleinschmidts Intermaterialitätsbegriff, der dort ebenfalls ausgeführt wird.

408 Vgl. hierzu das Kapitel »Literarisierte Ikonografien: Ein Exkurs«.

rative Dimension von Bildkompetenz korreliert an dieser Stelle mit Niehoffs biografischer Dimension, bei der die Bildrezeption im Kontext der sozialen und biografischen Determiniertheit der Rezipient:innen perspektiviert wird.

Mit der biografischen Dimension von Bildkompetenz beschreibt Niehoff die Fähigkeit, »*Bilder* – durch ihre Hersteller sowie durch ihre jeweiligen Betrachter subjektiv-biografisch bedingt – wahrnehmen, untersuchen und deuten [zu können].«[409] Dabei bezieht sich Niehoff maßgeblich auf Überlegungen des französische Kultursoziologen Pierre Bourdieu. So schreibt Bourdieu, dass »jedes Werk in gewisser Weise zweimal gemacht wird, nämlich einmal vom Urheber und einmal vom Betrachter«.[410] Dabei spricht der Soziologe nicht von Bildkompetenz, sondern von einer ›ästhetischen Kompetenz‹ oder auch ›Kunstkompetenz‹. Er beschreibt damit die Fähigkeit, bei der Betrachtung einer künstlerischen Arbeit diese auf Basis von künstlerischen Unterteilungsprinzipien (Stil, Epoche, Œuvre) zu kontextualisieren. Gleichzeitig werde diese Kontextualisierung stets von den historisch gewachsenen ›Wahrnehmungsinstrumenten‹ der Rezipient:innen sowie ihrer sozialen Codes beeinflusst.[411] Vereinfacht gesagt meint Bourdieu: Bildrezipient:innen sind auch immer Kinder ihrer Zeit. Bildrezeption geschieht stets im Rahmen einer subjektspezifischen sozialen Determiniertheit.

Niehoff ermittelt auf Basis von Bourdieus Überlegungen die biografische Dimension von Bildkompetenz und schreibt: »Bilder entstehen unter lebensgeschichtlichen Einfluss ihrer Hersteller und ihre Wahrnehmung und Deutung geschieht mit lebensgeschichtlichem Einfluss ihrer Betrachter.«[412] Ein kompetenter Umgang mit Bildern schließe das Wissen um die eigene soziale und biografische Vorprägung mit ein. Niehoff führt weiter aus: »Bilder [...] können von verschiedenen Rezipienten – wegen ihrer unterschiedlichen Biografien – voneinander abweichend wahrgenommen, erlebt und interpretiert werden.«[413] Der Umgang mit Bildreferenzen ermöglicht nunmehr, die sozial und biografisch geprägte Bildrezeption literarischer Figuren nachzuvollziehen. Gleichzeitig wird die Fremdbeschreibung im

---

409 Niehoff: Dimension der Bildkompetenz(en). S. 120.

410 Pierre Bourdieu: Elemente zu einer soziologischen Theorie der Kunstwahrnehmung. [1968; franz.: Éléments d'une théorie sociologique de la perception artistique]. In: Ders.: Zur Soziologie der symbolischen Formen. Aus dem Franz. von Wolf H. Fietkau. Frankfurt: Suhrkamp 1970. S. 159–201. S. 175.

411 Vgl. Bourdieu: Elemente zu einer soziologischen Theorie der Kunstwahrnehmung. S. 170–175.

412 Niehoff: Dimension der Bildkompetenz(en). S. 114.

413 Niehoff: Dimension der Bildkompetenz(en). S. 114.

Abgleich mit der eigenen Bildwahrnehmung gelesen. Subjektspezifische Bildaneignungen durch Figuren des literarischen Texts (wie etwa Sexualisierung oder Politisierung von Kunst) werden hierbei zwangsläufig irritieren, da sie in der Regel kein Äquivalent zur Lebenswelt der Schüler:innen bilden. Stattdessen werden die Ursachen für derartige Irritationen in der Figurenbiografie gesucht. Die einfache Frage ›Warum versteht diese Figur das Bild anders als ich?‹ kann hierbei unmittelbar zu der Erkenntnis einer sozialen und biografischen Determiniertheit führen.

Die biografische Dimension der Bildkompetenz korreliert hier mit Spinners Idee der Literaturrezeption als Alteritätserfahrung sowie Volker Frederkings identitätsorientiertem Umgang mit Literatur. So stellt Frederking fest: Selbst wenn sich ein Text »aufgrund der radikalen Andersartigkeit der in ihm entfalteten Erfahrungs-, Gefühls- und Gedankenwelt der einfachen bzw. sofortigen Erschließung widersetzen«[414] sollte, würden doch im Akt des Lesens Fragen der eigenen Identität angestoßen werden. »Ambiguitätstoleranz bzw. Rollendistanz sind die identitätsfördernden Lernpotentiale einer solchen Rezeptionserfahrung«,[415] heißt es weiterführend. Und so ermöglicht jene Alteritätserfahrung eine kritische Selbstreflexion der eigenen Kunstbetrachtung. Sie fragt nach der individuellen, die Bildrezeption beeinflussenden sozialen und biografischen Prägung und verdeutlicht, dass auch die eigene Interpretation ein Wechselspiel von individueller Biografie und allgemeinem Zeitgeist ist.

Bildreferenzen und visual literacy

Visual literacy oder auch visuelle Literalität beschreibt die Fähigkeit, visuelle Erzählmedien zu ›lesen‹, bzw. visuell-narrative Elemente als eine Erzählung wahrzunehmen. Visual literacy ist vor allem (aber nicht ausschließlich) ein Werkzeug der Primarstufendidaktik und fokussiert die Rezeption von Bilderbüchern sowie von anderen visuellen Erzählmedien wie etwa narrativen bildkünstlerischen Arbeiten, Gemälden und Zeichnungen. Dabei verbindet sie kunstpädagogische und bildwissenschaftliche Überlegungen mit Aspekten einer literarästhetischen Bildung. Während im vorigen Kapitel mit der Bildkompetenz ein kunstdidaktisches Reflexions-

414 Frederking: Identitätsorientierter Literaturunterricht. S. 423.
415 Frederking: Identitätsorientierter Literaturunterricht. S. 423.

werkzeug der allgemeinen Bildrezeption betrachtet wurde, steht nun die Betrachtung von Bildern als dezidiert erzählenden Medien im Fokus. Im Hinblick auf eine Thematisierung von Bildreferenzen im Schulunterricht soll mit Hilfe der visual literacy erörtert werden, auf welche Weise(n) Bilder narrativiert werden können. Ziel ist es, die Schüler:innen für die Produktionsbedingungen von Bildreferenzen im Rahmen einer medienreflexiven Didaktik zu sensibilisieren.

Obgleich Bilderbücher seit langem Bestandteil des frühkindlichen Bildungskanons sind, rückt ihre komplexe erzählerische Struktur und ihr didaktisches Potenzial erst in der jüngeren Forschung zunehmend in den Fokus der Literatur- und Medienwissenschaft.[416] Vor allem die Orientierung an literaturwissenschaftlichen Theoremen erweist sich hierbei als wenig zielführend. So diagnostiziert Michael Staiger etwa, dass die »narratologischen Kategorien zur Analyse von schriftsprachlichen Texten [...] im Rahmen der Bilderbuchanalyse zweifellos an ihre Grenzen [stoßen], vor allem wenn es um Fragen der visuellen Narrativität geht.«[417] Gleichwohl hat jüngst Anne Krichel eine vielversprechende Dissertation zur Strukturalität von textlosen Bilderbüchern vorgelegt.[418]

Nun zieht sich die Orientierung an der Literaturwissenschaft als roter Faden durch die Mediendidaktik und zwar auch dann, wenn es um Bilder geht. Dieser »logozentrische[] Stolz der Germanistik«[419] wie Mechthild Dehn es nennt, sei für die Geringschätzung der spezifisch visuell-narrativen Qualitäten von Bildern verantwortlich.[420] Als bildorientierten Gegenentwurf formuliert Dehn wiederum ihr mediendidaktisches Konzept der visual literacy, bei dem sie sich maßgeblich an Theoriemodellen der ikonischen Bildwissenschaft orientiert. Obgleich der Literalitätsbegriff seit den 1980er Jahren

416 Vgl. hierzu Ulrike Preußer: Das Bilderbuch aus didaktischer Perspektive. Ein Forschungsbericht. In: Didaktik Deutsch: Halbjahresschrift für die Didaktik der deutschen Sprache und Literatur 20 (2015) H. 39. S. 61–73. S. 61.

417 Michael Staiger: Zur Komplexität des Erzählens im Bilderbuch. Narratologische Desiderate und Ansatzpunkte. In: Fragwürdiges Bilderbuch. Blickwechsel – Denkspiele – Bildungspotenziale. Hrsg. von Iris Kruse u. Andrea Sabisch. München: kopaed 2013. S. 65–76. S. 72.

418 Vgl. Anne Krichel: Textlose Bilderbücher. Visuelle Narrationsstrukturen und erzähldidaktische Konzeptionen für die Grundschule. Münster: Waxmann 2020.

419 Mechthild Dehn: Unsichtbare Bilder. Überlegungen zum Verhältnis von Text und Bild. In: Didaktik Deutsch 22 (2007). S. 25–50. S. 25.

420 Vgl. hierzu auch Iris Kruse u. Andrea Sabisch: Fragwürdiges Bilderbuch. Skizzen zu Theorie, Methodologie und Didaktik – Zur Einleitung. In: Fragwürdiges Bilderbuch. Blickwechsel – Denkspiele – Bildungspotenziale. Hrsg. von Iris Kruse u. Andrea Sabisch. München: kopaed 2013. S. 7–22. S. 10f.

immer wieder in unterschiedlichen Ausführungen zu finden ist,[421] sind vor allem Dehns Überlegungen in der jüngeren Forschung prägend gewesen. Denn obwohl sie primär die Betrachtung narrativer bildkünstlerischer Arbeiten im Deutschunterricht fokussiert, avanciert ihr Konzept in den vergangenen Jahren zu einer zentralen Kategorie der Bilderbuchdidaktik.

Ausgehend von Überlegungen der ikonischen Bildtheorie fokussiert Dehn das Spannungsverhältnis von sichtbarer Bestimmtheit und unsichtbarer Unbestimmtheit.[422] In der schulischen Auseinandersetzung müsse das Unsichtbare und Unbestimmte der Bilder nunmehr sichtbar gemacht werden. Sie schreibt: »Das, was Bilder verbergen, kann thematisiert werden.«[423] Damit setzt Dehn Mehrdeutigkeit und Unbestimmtheit als zentrale Kategorien des Bildverstehens, bei dem es wichtig sei, dass einerseits »Ambiguität, Mehrdeutigkeit, Unsicherheit gesucht und ausgehalten wird«[424] und andererseits »Wissensbestände, Schemata und Skripts virulent gehalten werden«.[425] Ferner müssten die Schüler:innen eine Sprachform entwickeln, die »gleichermaßen die Unbestimmtheit *des Bildes* und die *eigene Ungewissheit*«[426] kennzeichnet, und somit zwischen der Beschreibung eines Sachverhaltes und seiner deutlich subjektiveren Wirkung unterscheiden. Ähnlich formuliert es auch die Literatur- und Mediendidaktikerin Katrin Dammann-Thedens, die schreibt, dass das »Sprechen über sichtbare und unsichtbare Elemente der Handlung […] ein basaler Bestandteil der gemeinsamen Bildererschließung [ist].«[427] Didaktische Angebote hätten dabei zu beachten, »dass die Erschließung bildnerischer Handlungsentfaltungen vom Sichtbaren zum Unsichtbaren erfolgt sowie bei der basalen Konstruktion der Handlungsstruktur ansetzt.«[428]

---

421 Vgl. Clemens Fessler u. Christian Swertz: Literacy. Facetten eines heterogenen Begriffs. In: Medienimpulse 4 (2010). 20 S. S. 10.

422 Vgl. hierzu das Kapitel »Bildsemiotik und ikonische Bildtheorie«.

423 Dehn: Unsichtbare Bilder. S. 29.

424 Mechtild Dehn: Visual literacy, Imagination und Sprachbildung [2014]. In: BilderBücher. Bd. 1: Theorie. Hrsg. von Julia Knopf u. Ulf Abraham. 2. vollst. überarb. u. erw. Aufl. Baltmannsweiler: Schneider Verl. Hohengehren 2019. S. 125–134. S. 122.

425 Dehn: Visual Literacy, Imagination und Sprachbildung. S. 122.

426 Mechthild Dehn: Bildverstehen. Sprachformen für Unbestimmtheit und Ungewissheit. In: Sprechende Bilder – Besprochene Bilder. Hrsg. von Alexander Glas u. a. München: kopaed 2016 (= IMAGO.Kunst.Pädagogik.Didaktik 3). S. 385–401. S. 386.

427 Katrin Dammann-Thedens: Sprechen über Sichtbares und Unsichtbares in Bilderbüchern. Bildnerische Handlungsgestaltung als narrative Herausforderung? In: Fragwürdiges Bilderbuch. Blickwechsel – Denkspiele – Bildungspotenziale. Hrsg. von Iris Kruse u. Andrea Sabisch. München: kopaed 2013. S. 151–166. S. 161.

428 Dammann-Thedens: Sprechen über Sichtbares und Unsichtbares in Bilderbüchern. S. 161.

Besonders im Hinblick auf das ›Sprechen über Bilder‹ sind die Übergänge zwischen Literaturunterricht im Sinne einer visual literacy und dem kunstpädagogischen Bildgespräch im Kontext einer ›ästhetischen Erfahrung‹ fließend.[429] Denn obgleich künstlerische Arbeiten in aller Regel visuelle Medien mit spezifischer Materialität und ikonischem Logos sind, ist ihre Vermittlung und Erschließung doch zweifellos sprachlich geprägt. Eine Bildbesprechung geschieht in Worten. Und so spricht auch der Kunstpädagoge Alexander Glas der Sprache im Kunstunterricht eine nicht zu vernachlässigende Rolle zu. Er schreibt: »Die Sprache wirkt [...] orientierend, strukturierend, erkenntnisgebend, aber auch wertend und sinnvermittelnd; sie gewinnt dadurch einen kaum zu leugnenden Anteil im Umgang mit Bildern.«[430] Gleichzeitig bemängelt Glas, dass die »Mechanismen der Bildrezeption, die die Ambiguität des Bildes offen legen, deren Beeinflussbarkeit durch interpretierende Texte und weitere Bilder [...] viel zu wenig bekannt [sind].«[431] Der Kunstpädagoge Hubert Sowa spricht im Hinblick auf die Beeinflussbarkeit der Bildrezeption wiederum von Bildern als »*Imaginationsanlässe*, um die herum sich imaginative Resonanzfelder aufbauen«.[432] Wobei sich das hermeneutische Verständnis dieser Resonanzfelder zwischen objektiver (kunstwissenschaftlich erörterter) Klarheit und subjektiver Unbestimmtheit der Bilder positioniere.[433] Oder wie es in dieser Arbeit im Hinblick auf die narrative Qualität bildkünstlerischer Arbeiten ausgeführt wird: Sinnzuschreibung bewegt sich im Rahmen der bildlich-narrativen Potenziale. Die Bildwelt wird als *eine* von vielen unterschiedlichen Rezeptionsversionen sprachlich produziert.

429 Der Begriff der ›ästhetischen Erfahrung‹ wird im vorangegangenen Kapitel zur Bildkompetenz ausgeführt.

430 Alexander Glas: Bildlichkeit und Sprache. Ein Problemaufriss zwischen deiktischer und hermeneutischer Verständigungspraxis. In: Sprechende Bilder – Besprochene Bilder. Hrsg. von Alexander Glas u. a. München: kopaed 2016 (= IMAGO.Kunst.Pädagogik.Didaktik 3). S. 15–24. S. 15.

431 Alexander Glas: Vom Bild zum Text, vom Text zum Bild. In: Sprechende Bilder – Besprochene Bilder. Hrsg. von Alexander Glas u. a. München: kopaed 2016 (= IMAGO. Kunst.Pädagogik.Didaktik 3). S. 77–87. S. 78.

432 Hubert Sowa: Wie kommen Bilder ins Gespräch. Hermeneutische Überlegungen zu einer Didaktik des kunstpädagogischen Bildgesprächs. In Sprechende Bilder – Besprochene Bilder. Hrsg. von Alexander Glas u. a. München: kopaed 2016 (= IMAGO. Kunst.Pädagogik.Didaktik 3). S. 241–270. S. 243.

433 Wobei Sowa hier noch weiter ausführt, dass Bilder weder so noch so wirklich funktionierten, »sondern im Normalfall anders« (S. 244). Weiter spricht er unter Rückgriff auf Überlegungen von Mechthild Dehn und Edmund Husserl von unscharfen Horizonten (Husserl) sowie dem Verhältnis von ›Bestimmtheit‹ und ›Unbestimmtheit‹ der Bilder (Dehn).

Bilder und Bildrezeption situieren sich in einem Spannungsfeld von sichtbarer Bildoberfläche und unsichtbarem Bildhorizont. Die von Glas fokussierte Mehrdeutigkeit der Bilder und die Beeinflussbarkeit der Bildrezeption korreliert hier mit Dehns und Damann-Thedens Forderung nach einer Thematisierung der ›unsichtbaren‹ Bildelemente ausgehend vom Sichtbaren. Dabei sei besonders jener Unbestimmtheit der Bilder ein appellativer Charakter inhärent, wie Kristina Bismarck und Andreas Fries betonen. Bilder forderten demnach ihre Rezipient:innen regelrecht dazu auf, Sinnzusammenhänge sprachlich zu konstruieren, weswegen sie – so Bismarck und Fries – besonders für literarische Lernprozesse nutzbar gemacht werden könnten, etwa indem narrative Bilder Ausgang für Schreibprozesse seien, bei denen sich eine textuelle Erzählung um die narrativen Bildelemente herum entfalte und Bilder (oder auch Bildfolgen) als ›narratives Gerüst‹ dienen.[434]

Nun beschäftigt sich diese Arbeit nicht mit Bildern, sondern mit Bildreferenzen. Wie schon im vorigen Kapitel zur Bildkompetenz beschrieben, ermöglicht die Auseinandersetzung mit Bildreferenzen, die Wirkungsweisen von Bildern nachzuvollziehen, indem sie Rezeptionsprozesse Dritter offenlegen und das Lesen der Bildreferenz zu einer Rezeption zweiten Grades wird. Dabei beschreiben die oben ausgeführten Überlegungen zur visual literacy eher die Produktionsbedingungen von Bildreferenzen. Es geht um die grundsätzliche Frage, auf welche Weise(n) Bilder in Text transformiert werden können. Gleichzeitig eröffnen sie eine erste Perspektive auf eine praktische Auseinandersetzung im Rahmen eines produktionsorientierten Literaturunterrichts.

Nun bedeutet ein produktives Bildverstehen im Rahmen einer visual literacy, Bilderzählungen in Sprache bzw. Text zu transformieren. Dies kann entweder geschehen wie von Dehn beschrieben, indem Mehrdeutigkeit und Ungewissheit im Gespräch sprachlich offengelegt wird und der Wissensbestand über ein konkretes Bild somit virulent bleibt. Oder aber indem narrative Bilder eher spielerisch in literarische Erzählungen transformiert werden, wie es Bismarck und Fries beschreiben. Im Kontext von Bildreferenzen schiebt sich bei einer produktiven Auseinandersetzung zwischen die Lernenden und das ›Lernprodukt‹ eine weitere Instanz: die literarische Figur. Während im vorigen Kapitel zur Bildkompetenz die entscheidende reflexionsorientierte Frage ist ›Warum versteht jene Figur das Bild anders

434 Vgl. Kristina Bismarck u. Andreas Fries: Bildgerüste als Basis für literarisches Lernen. In: Sprechende Bilder – Besprochene Bilder. Hrsg. von Alexander Glas u. a. München: kopaed 2016 (= IMAGO.Kunst.Pädagogik.Didaktik 3). S. 501–513. S. 502.

als ich?‹ – liegt der Fokus nun auf der Produktion einer Bildbeschreibung durch die Brille einer literarischen Figur. Die Frage lautet also: ›Wie würde diese Figur das Bild verstehen und beschreiben?‹ – Diese Form der produktiven Perspektivübernahme schlägt eine Brücke zu zahlreichen Aspekten eines literarischen Lernens. Sie fordert und fördert die Fähigkeit, im Rahmen der Text- und Figurenlogik zu denken. Zusätzlich ermöglicht sie, eine Alteritätserfahrung zu machen. Hinzu kommen kompetenzorientierte Aspekte von Bildrezeption die sich erstrecken vom Verstehen und Deuten symbolischer, emblematischer und ikonografischer Darstellungsverfahren, über komparative Aspekte hin zur (figuren-)biografischen Dimension (welche hier gewissermaßen wieder eine Brücke zurück zur Figuren- und Textlogik schlägt). Wie eine produktive Auseinandersetzung von Bildreferenzen beispielhaft aussehen kann, wird im methodischen Teil dieser Arbeit ausgeführt.

Bildreferenzen und Figurenperspektive

Wenn Figuren Kunst betrachten, tun sie dies aus einer subjektiven Perspektive heraus. Während in den vorigen didaktischen Kapiteln die Übernahme und das Nachvollziehen von Figurenperspektiven stets einen Teilaspekt literarischer und bildnerischer Verstehensprozesse ausmachen, soll der Fokus nun speziell auf der strukturellen Begebenheit einer Perspektivübernahme einerseits – und den didaktischen Potenzialen andererseits liegen.

Betrachtet man Bildreferenzen, betrachtet man gleichermaßen subjektspezifische Sichtweisen auf eine künstlerische Arbeit. Dabei sagen die Bildbeschreibungen häufig mehr über das interpretierende Subjekt und weniger über die besprochene künstlerische Darstellung aus. Sie ermöglichen somit Einblicke in die psychische Disposition der Interpretierenden.[435] Ferner findet bei der Rezeption von Bildreferenzen ein Perspektivwechsel statt, bei dem ein etwaiges Bild durch die Augen einer Figur betrachtet wird. Dabei fungieren die künstlerischen Bildwerke zumeist als Aushandlungsort der figurenspezifischen Beziehungen zu- und untereinander. Sie reflektieren das intrafiktionale Beziehungsgeflecht und geben Aufschluss über die Absichten und Motive der einzelnen Akteure. Das Nachvollziehen unterschiedlicher,

435 Vgl. hierzu das Kapitel »Transfer und Transformation«.

teils divergenter Figurenperspektiven auf denselben künstlerischen Gegenstand ermöglicht dabei, Ambiguität als literar- und bildästhetisches Mittel verstehbar zu machen. Das Ausbilden einer Ambiguitätstoleranz korreliert hier wiederum mit der Spinner'schen Idee, sich »auf die Unabschließbarkeit der Sinnbildung und (damit oft verbunden) Mehrdeutigkeit«[436] einzulassen.

Perspektiven treffen aufeinander, wenn Figuren über Kunst sprechen. Sie können übereinstimmen, sanft divergieren oder offensichtlich im Widerspruch zueinander stehen. Betrachten zudem die Leser:innen das besprochene extrafiktionale Original, erweitert sich der Pool an Dialogpartnern. Der Deutschdidaktiker Florian Rietz entwickelt 2017 ein literaturdidaktisches Kompetenzstufenmodell zur Perspektivübernahme. Dort betrachtet er unterschiedliche Wirkungsweisen von Figurenperspektiven. Er knüpft dabei an Spinners Überlegung an, das Nachvollziehen von Figurenperspektiven als literarästhetische Kompetenz zu fassen.[437] Während Spinners ›literarisches Lernen‹ jedoch primär ein emphatisches Verstehen sowie die Wahrnehmung von Andersheit fokussiert, betrachtet Rietz mit seinem Modell vor allem makrostrukturelle Aspekte von Erzählen und Figurenperspektive.

Bei seinem Kompetenzmodell orientiert sich Rietz nunmehr an (post-) klassischen Narratologiemodellen sowie dem entwicklungspsychologischen Konzept einer ›Theory of Mind‹. Er etwirft drei aufeinander aufbauende Stufen der Perspektivübernahme:

(1) Die Perspektivenkoordinierung beschreibt die Fähigkeit einer Person, sich »zu vergegenwärtigen, dass eine andere Person etwas anderes denkt als sie selbst.«[438] Auf diese Weise sei es möglich, die eigene Sichtweise von der Figurenperspektive abzugrenzen. Ebenso befähige es die Lesenden, »zwischen Erzähler- und Figurenperspektive zu unterscheiden«.[439]

(2) Die Perspektivkonstruktion beschreibt die Fähigkeit, unter Rückgriff auf Kontext- und Weltwissen Vorstellungen zu generieren, die nicht von einer Textstimme explizit ausgeführt werden. Figurenperspektiven werden hierfür abgeglichen und als »innerhalb der erzählten Welt [...] zutreffend und nichtzutreffend«[440] bewertet.

436 Spinner: Literarisches Lernen. S. 12.
437 Vgl. Spinner: Elf Aspekte auf dem Prüfstand. S. 190.
438 Florian Rietz: Perspektivübernahmekompetenz. Ein literaturdidaktisches Modell. Baltmannsweiler: Schneider Verl. Hohengehren 2017. S. 85.
439 Rietz: Perspektivübernahmekompetenz. S. 85.
440 Rietz: Perspektivübernahmekompetenz. S. 87.

(3) Die Perspektivrelativierung beschreibt die Relativierung der eigenen Perspektive unter Berücksichtigung der Figurenperspektiven. Hierbei steht primär eine inhaltlich-semantische Auseinandersetzung im Vordergrund. Historische Distanz und verschiedene kulturelle Kontexte führen häufig zu divergierenden Wert- und Normvorstellungen der literarischen Figuren und ihrer Rezipient:innen. Die dritte Stufe beschreibt daher die Fähigkeit, die eigenen Norm- und Wertvorstellungen mit denen der Figuren abzugleichen und so »anhand der konstruierten literarischen Wirklichkeit zu relativieren.«[441]

Im Kontext von Bildreferenzen ermöglicht Rietz' Differenzierung einige fruchtbare Perspektiven. So erweist sich die Unterscheidung zwischen Figurenperspektive und Erzählinstanz im Rahmen der Perspektivkoordinierung als wichtige Grundvoraussetzung für ein Erkennen und Deuten von Bildreferenzen. Ferner legt jene Unterscheidung einen Fokus auf die jeweilige Textebene, auf der Textwissen produziert wird. Rietz' Aspekt der Perspektivkonstruktion zielt wiederum auf die rezeptionsästhetische Eigenleistung der Lesenden. Im Fall von Bildreferenzen bedeutet diese jedoch nicht nur, inhaltliche Leerstellen durch textspezifisches Wissen zu füllen, sondern auch auf textexternes und bildspezifisches Wissen zurückzugreifen. Die Bildreferenz wird hierbei durch textexternes Wissen (das Original) ergänzt.

Wenn Figuren über Kunst sprechen, fungiert die Kunst zumeist als ein Doppeltes: Bildreferenzen sind einerseits intrafiktionaler Gegenstand der Diegese, andererseits sind sie extrafiktionales Referenzobjekt. Diese doppelte Gerichtetheit der Referenz fordert die Leser:innen bzw. Betrachter:innen dazu auf, sich ein eigenes ›Bild‹ von der zitierten künstlerischen Arbeit zu machen. Rietz' Frage nach einer zutreffenden Bewertung der intrafiktionalen Geschehnisse im Rahmen der Perspektivkonstruktion muss um die Frage nach einer zutreffenden Darstellung des extrafiktionalen Referenzobjekts erweitert werden. Dabei führt die Bewertung einer figurenspezifischen Bildbeschreibung zwangsläufig zu Rietz' dritter Stufe der Perspektivübernahme: der Perspektivrelativierung.

Subjektiv geprägte Bildbeschreibungen von literarischen Figuren kollidieren zumeist mit der eigenen Bildrezeption. Sie sind das Resultat der individuellen Wert- und Normvorstellungen der Figuren sowie ihrer psychischen Disposition und sozialen Determiniertheit. Sie sind ästhetisches Mittel und historisch gewachsen. Die von Rietz beschriebene Fähigkeit, die eigenen

441 Rietz: Perspektivübernahmekompetenz. S. 91.

Vorstellungen mit denen der Figuren abzugleichen und so zu relativieren, schlägt hier eine Brücke zur biografischen Dimension der Bildkompetenz. Die Gegenüberstellung ermöglicht wiederum, die eigene und fremde soziale und biografische Determiniertheit zu reflektieren.

Rietz entwirft mit seinem didaktischen Kompetenzstufenmodell eine fruchtbare Perspektive auf intrafiktionale Vielstimmigkeit. Er selbst schreibt zum Mehrwert des Modells für die Unterrichtspraxis, es ermögliche »eine Thematisierung des Textes auf einer weiteren Ebene des Textverständnisses.«[442] Die Reflexion von Figurenperspektiven kann so Motor für neue Formen der Textinterpretation sein und ermöglicht, den literarischen Text gewinnbringend zu semantisieren. Gleiches gilt nunmehr auch für die schulische Auseinandersetzung mit Bildreferenzen. Denn sie ermöglicht, Elemente des literarischen Texts neu zu perspektivieren. Bildreferenzen können dabei Aufschluss geben über das intrafiktionale Beziehungsgeflecht sowie die Absichten und Motive von Figuren. Zuletzt ermöglicht ihre Thematisierung eine Reflexion der makrostrukturellen Textkonstruktion, bei der Intermedialität als Mittel poetischer Sinnkonstruktion verstehbar und nachvollziehbar gemacht wird.

Bildreferenzen, Intertextualität und Didaktik

Obgleich strukturalistische sowie deskriptive intertextualitätstheoretische Konzepte die literaturwissenschaftliche Forschung seit den 1970er Jahren maßgeblich prägen und beeinflussen, spielen sie für den Deutschunterricht eine untergeordnete Rolle.[443] 2006 hält Elisabeth Paefgen im *Lexikon Deutschdidaktik* lakonisch fest: »Aber das Konzept der Intertextualität konnte tatsächlich keine große didaktische Bedeutung gewinnen«.[444] Indes wird der Umgang mit Intertextualität im Deutschunterricht weiterhin diskutiert. So schreibt der Literaturdidaktiker Clemens Kammler zur Auseinandersetzung mit intertextuellen Verweisen, dass »es kaum das Ziel schulischen Literaturunterrichts sein [kann], diese in Anlehnung an die philologische Praxis von Literaturwissenschaftlern zu einem zentralen Thema des Deutschunter-

442 Rietz: Perspektivübernahmekompetenz. S. 170.

443 Vgl. hierzu das Kapitel »Strukturalistische und hermeneutische Intertextualitätstheorie«.

444 Elisabeth Paefgen: Intertextualität. In: Lexikon Deutschdidaktik. Bd. 1: A–L. Hrsg. von Heinz-Jürgen Kliewer u. Inge Pohl. Baltmannsweiler: Schneider Verl. Hohengehren 2006. S. 278–280. S. 279.

richts zu machen.«[445] Dennoch betont er, dass sich eine Reihe von typischen Fällen nennen ließe, in denen die Thematisierung von Einzeltextreferenzen sinnvoll erscheine. Dabei handele es sich um Texte, bei denen eine besonders auffällige Form von Intertextualität vorliege.[446] Gleichwohl sieht er eine Thematisierung von Intertextualität »nur ansatzweise in der Sekundarstufe I und schwerpunktmäßig in der gymnasialen Oberstufe.«[447]

Eine deutlich andere Position formuliert Spinner. Er konstatiert: »Zum literaturhistorischen Bewusstsein gehört auch der Einblick in intertextuelle Zusammenhänge.«[448] Dabei sieht er die Thematisierung von Verweisen schon in der Grundschule als möglich, »da viele Kinderbücher auf frühere Texte, zum Beispiel auf Märchen, anspielen«[449] und so mindestens der systemreferenzielle Aspekt, wenn nicht sogar die konkrete Einzeltextreferenz behandelt werden könnte. Und auch Kammler spricht der Thematisierung von Systemreferenzen durchaus einen didaktischen Nutzen zu. Unter Rückgriff auf Jörg Knobloch ergänzt er, »dass sich insbesondere die fantastische Kinder- und Jugendliteratur in hohem Maße aus einem tradierten Fundus kanonisch gewordener Texte (Mythen, Märchen) bedient«[450] und daher per se intertextuell sei. Jedoch weist Kammler darauf hin, dass jene intertextuellen Lektüreverfahren schon lange Zeit Gegenstand von Literaturunterricht gewesen seien. Er betont,

> dass bestimmte Formen von Intertextualität bereits konstitutiv für die Sequenzierung im Literaturunterricht waren, als es den Begriff Intertextualität in der heutigen Form noch gar nicht gab. […] Behandelt man im Unterricht ›moderne Parabeln‹ von Kafka und Brecht, so kommt man kaum umhin, die Frage zu erörtern, was denn diese von Parabeln unterscheide, denen das Attribut ›modern‹ nicht zukommt.[451]

445 Clemens Kammler: Intertextueller Literaturunterricht. In: Taschenbuch des Deutschunterrichts. Bd. 2: Literatur- und Mediendidaktik. Hrsg. von Volker Frederking, Hans-Werner Huneke, Axel Krommer u. Christel Meier. Baltmannsweiler: Schneider Verl. Hohengehren 2010. S. 299–310. S. 307.

446 Als Beispiel hierfür nennt er Ulrich Plenzdorfs Bühnentext *Die neuen Leiden des jungen W.* (1973), also einen Text, der schon im Titel auf seinen Goethe'schen Prätext verweist. Titel wie dieser sollten Kammler zufolge bei Schüler:innen unweigerlich zu der Frage führen, in welchem Verhältnis der junge W. zu dem alten steht.

447 Kammler: Intertextueller Literaturunterricht. S. 304.

448 Spinner: Literarisches Lernen. S. 13.

449 Spinner: Literarisches Lernen. S. 13.

450 Kammler: Intertextueller Literaturunterricht. S. 304.

451 Kammler: Intertextueller Literaturunterricht. S. 307.

Dabei zeigt sich, dass Kammler und Spinner einem dezidiert hermeneutischen Verständnis von Intertextualität folgen. Das poststrukturalistische Bild eines universalen Intertexts, wie es Julia Kristeva, Renate Lachmann, Jacques Derrida oder Roland Barthes zeichnen, erscheint Kammler für den Literaturunterricht kaum praktikabel.[452] Dennoch würden auch werkzentrierte Lektüreverfahren durchaus praktische Probleme bergen. Kammler verweist hier auf Franziska Schößler, welche die historische Bedingtheit von Intertextualität betont. Sie schreibt: »Ein nicht-markierter Intertext kann für die Leserschaft einer bestimmten Zeit problemlos dechiffrierbar sein, ist in späterer Zeit jedoch nurmehr Experten zugänglich.«[453] Und so kommt auch Paefgen zu der Einschätzung, dass eine intertextuelle Lektüre »den kundigen Leser voraussetzt, bzw. den erfahrenen und kontinuierlich praktizierenden: das können Lernende im Jugendalter nicht sein.«[454] – Ungeachtet des Für- und Widerspruchs führender fachdidaktischer Positionen zeigt ein Blick auf die Abiturthemen der vergangenen Jahre, dass postmoderne und komplexe intertextuelle Romane wie Patrick Süskinds *Das Parfum. Die Geschichte eines Mörders* (1985) essentieller Bestandteil des aktuellen Bildungskanons sind.[455]

Angelika Buß setzt sich 2006 mit den Möglichkeiten und Schwierigkeiten des neuen Unterrichtsgegenstandes auseinander und analysiert am Beispiel von Süskinds *Parfum* die Funktionsweisen aktueller Unterrichtsmodelle. Buß stellt fest, dass durch die Bereitstellung nötiger Prätextmaterialien und der Anleitung eines Vergleichs von Prä- und Posttext zwar die komplexen Anforderungen einer intertextuellen Lektüre reduziert und fokussiert werden konnten. Die Leistungen der Lernenden beschränkten sich dabei jedoch häufig »auf die Ermittlung von Gemeinsamkeiten und Unterschieden sowie z.T. auf die Frage nach deren Funktion«,[456] wobei sie feststellen musste, »dass diese Phase, die im Grunde den Kern der Analyse bildet, in manchen Entwürfen ganz fehlte.«[457] Als Gegenentwurf zur teils vorherrschenden Praxis plädiert Buß für einen Unterricht, in dem Schüler:innen sich von intertextuellen Phänomenen irritieren lassen und selbst Sinn und

452 Vgl. Kammler: Intertextueller Literaturunterricht. S. 301.

453 Franziska Schößler: Literaturwissenschaft als Kulturwissenschaft. Eine Einführung. Tübingen: Francke 2006 (= UTB Literaturwissenschaft 2765). S. 223.

454 Paefgen: Intertextualität. S. 279.

455 Vgl. Hessisches Kultusministerium (Hrsg.): Hinweise zur Vorbereitung auf die schriftlichen Abiturprüfungen im Landesabitur 2018 (Abiturerlass). Wiesbaden 2016. S. 3.

456 Angelika Buß: Intertextualität und Literaturunterricht. Zur herrschenden Aufgabenkultur in intertextuellen Lektüreprozessen. In: Didaktik Deutsch 21 (2006). S. 43–58. S. 50.

457 Buß: Intertextualität und Literaturunterricht. S. 50.

Funktion der intertextuellen Bezugnahme recherchieren. Dabei bezieht sie sich vornehmlich auf die Deutschdidaktikerin Juliane Köster und ihren Appell, das »desire to find things out«[458] der Lernenden zu entfachen.

Der von Buß formulierte Aufruf zur möglichst selbstgesteuerten Spurensuche wird später von Kammler zurecht für den fehlenden Praxisbezug kritisiert, obgleich dieser selbst keine Lösungsvorschläge formuliert. Etwas polemisch konstatiert er: »Denn wenn auf Schülerseite kein Vorwissen über Prätexte vorhanden ist, hilft auch noch so häufiges und noch so langsames Lesen nicht weiter.«[459] Abschließend hält er fest: »Fehlt das entsprechende Vorwissen, so überliest man diese Bezüge, benutzt man kommentierte Textausgaben, so werden den Lernenden in der Regel Antworten auf Fragen mitgeliefert, die sie von sich aus gar nicht gestellt hätten.«[460] Die Frage nach dem Umgang mit intertextuellen Lektüreverfahren im Deutschunterricht zeichnet somit ein wechselseitiges Bild. Dabei steht weniger der didaktische Nutzen in der Kritik als vielmehr die Frage nach einer didaktisch sinnvollen Methodik. Denn dass Intertextualität literaturkulturelle Realität ist, steht außer Frage. Gleichwohl steht dem methodischen Versuch einer selbstgesteuerten Spurensuche eine rezeptionsästhetische Unfähigkeit durch Unwissen gegenüber.

Für den Literaturdidaktiker Andreas Wicke stellt jenes Spannungsverhältnis kein Ausschlusskriterium dar. Im Hinblick auf eine intertextuelle Literaturproduktion schreibt er:

> Insgesamt scheint eine große Lust davon auszugehen, sich kanonische Texte neu vorzunehmen, sie zu korrigieren, zu aktualisieren, zu radikalisieren oder zu parodieren – und das macht sie natürlich für den Deutschunterricht interessant.[461]

Für Wicke steht das intertextuelle Spiel in Verbindung mit dem ästhetischen Genuss. Dabei bezieht er sich maßgeblich auf Gérard Genettes Idee der

---

458 Juliane Köster: Konstruieren statt Entdecken – Impulse aus der PISA-Studie für die deutsche Aufgabenkultur. In: Didaktik Deutsch 14 (2003). S. 4–20. S. 19.

459 Kammler: Intertextueller Literaturunterricht. S. 306.

460 Kammler: Intertextueller Literaturunterricht. S. 308.

461 Andreas Wicke: Intertextualität in zeitgenössischen Theatertexten. Edwald Palmetshofers *faust hat hunger und verschluckt sich an einer grete* und Elfriede Jelineks *Winterreise* aus didaktischer Perspektive. In: Neue Formen des Poetischen. Didaktische Potenziale von Gegenwartsliteratur. Hrsg. von Irene Pieper u. Tobias Stark. Frankfurt: Peter Lang 2016. S. 139–156. S. 140.

Intertextualität als Mischung aus »Scharfsinn und Spieltrieb«.[462] Wicke zufolge sei zunächst »nichts einzuwenden gegen einen didaktischen Weg, der von der strukturellen Analyse zur inhaltlichen Interpretation schreitet«.[463] Wichtig sei jedoch, dass sich intertextueller Literaturunterricht nicht auf eine vergleichende Lektüre beschränkt. Vielmehr sollten kognitiv-analytische mit handlungs- und produktionsorientierten Verfahren verbunden werden. Am Beispiel zweier zeitgenössischer Dramentexte entwirft er einen methodischen Ansatz, der drei Aspekte miteinander verbindet: (1) Intertextualität erkennen, (2) Intertextualität verstehen, (3) das intertextuelle Spiel fortsetzen. Die Bezüge sollten von den Schüler:innen in der praktischen Auseinandersetzung »spielerisch und lustvoll«[464] weitergesponnen werden. Hierfür könnten etwa Figuren des Prätexts mit Figuren des Posttexts in einem Dialog konfrontiert werden. Wicke zufolge böten sich zahlreiche handlungs- und produktionsorientierte Methoden an, »die im Idealfall dazu führen, dass aus der spielerischen Herangehensweise wiederum neue Verstehensansätze resultieren.«[465] In weiteren Beiträgen zeigt Wicke, dass sich jene szenischen und textproduktiven Verfahren ebenso für Prosatexte und populären Hörmedien eignen.[466] Derartigen produktiven Lektüreverfahren spricht wiederum auch Paefgen einen großen didaktischen Nutzen zu. Paefgen zufolge habe die Intertextualität im Deutschunterricht besonders »für die literaturnahe Textproduktion«[467] der Schüler:innen an Wichtigkeit gewonnen. Denn, so führt sie weiter aus, wenn »die literarischen Werke in ihrem (nachvollziehbaren) Entstehungsprozess transparenter werden, entstehen größere Chancen für Laien, an dem literarischen Prozess schreibend teilzunehmen.«[468]

462 Gérard Genette: Palimpseste. Die Literatur auf zweiter Stufe [1982; franz.: Palimpsestes. La Littérature au second degré]. Aus dem Franz. von Wolfram Bayer u. Dieter Hornig. Frankfurt: Suhrkamp 1993 (= Aesthetica 683). S. 543.

463 Wicke: Intertextualität in zeitgenössischen Theatertexten. S. 140.

464 Wicke: Intertextualität in zeitgenössischen Theatertexten. S. 141.

465 Wicke: Intertextualität in zeitgenössischen Theatertexten. S. 152.

466 Vgl. hier Andreas Wicke: »Scharfsinn und Spieltrieb«. Intertextueller Literaturunterricht am Beispiel von Paul Maars *Eine Woche voller Samstage*. In: Literatur im Unterricht. Texte der Gegenwartsliteratur für den Unterricht (2013). S. 1–14; sowie Andreas Wicke: »Der Vergleich mit Sherlock Holmes liegt doch nahe«. Intertextualität und Spannung in dem Hörspiel »Die drei ??? – Botschaft aus der Unterwelt«. In: Komparatistik und Didaktik. Hrsg. von Michael Eggers u. Christof Hamann. Bielefeld: Aisthesis 2018. S. 259–276.

467 Paefgen: Intertextualität. S. 280.

468 Paefgen: Intertextualität. S. 280.

Überträgt man die intertextualitätsdidaktischen Überlegungen auf eine Thematisierung von Bildreferenzen im Deutschunterricht, zeigt sich, dass ihr didaktisches Potenzial vor allem in der praktischen Auseinandersetzung zu finden ist. Kammlers Einwand, die philologische Praxis der Literaturwissenschaft nicht auf den Unterricht zu übertragen, kann dabei gleichermaßen gelten. Damit sollte auch hier primär der Fokus auf der Entwicklung methodischer Herangehensweisen liegen, die im Wicke'schen Sinn ein Weiterspinnen der intermedialen Bezüge ermöglichen und so zu einem produktiven Spiel zwischen Figurenstimmen und Kunstobjekt führen. Wie auch schon im Teilkapitel zur ›visual literacy‹ angeführt, sind hier handlungs- und produktionsorientierte Verfahren denkbar, bei denen die Schüler:innen in der Rolle literarischer Figuren künstlerische Darstellungen beschreiben und so gleichermaßen produktive Einblicke in die figurenspezifische psychische Disposition generieren. Einen möglichen methodischen Umgang samt didaktischer Potenziale entwirft hier das anschließende Methodenkapitel.

II Bildreferenzen im Unterricht: Ein Lernmodell

Das hier entworfene Lernmodell fokussiert den kompetenten Umgang mit Verweisen auf künstlerische Arbeiten in literarischen Texten. Weitergefasst umfasst es alle damit einhergehenden Formen der medienästhetischen Transformation von (narrativer) Bildlichkeit in Text. Im Rahmen des Modells soll deutlich gemacht werden, welche Vielfalt und welches didaktische Potenzial in der Thematisierung von Bildreferenzen im Unterricht liegen kann.

Das Lernmodell unterteilt sich in den basal-rezeptiven Bereich ›Wahrnehmen‹, die beiden kognitiv-analytischen Anforderungsbereiche ›Erkennen‹ und ›Deuten‹ von Bildreferenzen sowie daran anschließend den handlungs- und produktionsorientierten Anforderungsbereich ›Produzieren‹. Es dient dabei vor allem dem Ausbau der Textanalysekompetenz wie sie etwa Martin Leubner und Anja Saupe beschreiben.[469] Da es zumeist Figuren sind, die Kunst betrachten, schlägt die Thematisierung von Bildreferenzen zudem eine Brücke zur Darstellungs-, Handlungs-, und Figurenanalyse. Damit reiht sich die Auseinandersetzung mit Bildreferenzen ein in die von Leubner und Saupe formulierten Teilleistungen des Textverstehens, vom ›Erkennen zentraler Textelemente‹ über das ›Deuten einzelner Textelemente und des Gesamttextes‹ hin zum ›Wirklichkeitsbezug‹.[470]

469 Vgl. Martin Leubner u. Anja Saupe: Erzählende Texte im Literaturunterricht und Textanalyse. Eine Didaktik der Textanalyse mit Sequenzvorschlägen für den Erwerb textanalytischer Kompetenzen (Jahrgang 5 bis 10). Baltmannsweiler: Schneider Verl. Hohengehren 2017. S. 35; 74f.

470 Obzwar Leubner und Saupe dafür plädieren, den ›Wirklichkeitsbezug‹ als eigene Teilleistung von Textverstehen aufzufassen, wird hier der Wirklichkeitsbezug als nicht-ablösbarer Bestandteil der Textinterpretation und damit als Teil des Anforderungsbereichs ›Deuten‹ verstanden. (Vgl. Leubner u. Saupe: Erzählende Texte im Literaturunterricht und Textanalyse. S. 12.)

Wahrnehmen

Der Anforderungsbereich ›Wahrnehmen‹ umfasst die basal-rezeptiven Fähigkeiten der Schüler:innen. Ziel ist das Ausbilden einer Wahrnehmungs- und Genussfähigkeit von Texten als ästhetische Artefakte. Ferner trägt die basale Wahrnehmung zur Ausbildung individuell-lebensgeschichtlicher Bedeutungsmuster bei und befördert das Denken in Ähnlichkeiten, »*ohne Nötigung zur abschließenden begrifflichen Fixierung.*«[471] Dabei können die Schüler:innen bildreferenzielle Textsequenzen als plastische Beschreibung statischer Visualität wahrnehmen, was zum intuitiven Erstellen eines individuellen Vorstellungsbildes führen kann und damit die Imaginationsfähigkeit befördert.

Jene Form der basal-rezeptiven Wahrnehmung wiederholt sich auf bildlicher Ebene bei der Betrachtung des zitierten bildkünstlerischen Originals. Auch hier steht zunächst das Wahrnehmen von Bildlichkeit als ›ästhetische Erfahrung‹ im Zentrum. Hierbei können die Schüler:innen eine künstlerische Arbeit zunächst als ›Wirklichkeit für sich‹ wahrnehmen, ohne etwaige Bildinhalte sprachlich konkretisieren zu müssen.

Erkennen

Der Anforderungsbereich ›Erkennen‹ umfasst Aspekte einer allgemeinen Rezeptionsfähigkeit, bei der die Schüler:innen Bildreferenzen und deren potenzielle Bedeutung für den Text erkennen. Im Zentrum stehen Fragen nach der Markierung der Bildreferenzen, der Textstimme, dem Gegenstand sowie seiner narrativen Struktur.

Besonders implizite Referenzen erschweren zumeist das Erkennen einer Bezugnahme. Lesende müssen sensibel sein für die intermediale Montage des literarischen Texts sowie etwaige Indikatoren wie etwa sprachliche Codewechsel, die Darstellung eines Rezeptionsvorgangs, die vorangegangene Beschreibung des Referenzobjekts oder die Thematisierung von Kunst und Intermedialität durch Figuren oder die Erzählinstanz.[472] Dabei können die Schüler:innen erfahren, dass Sprach- und Stilwechsel als Marker und Indikatoren fungieren und über eine bedeutungskonstitutive Funktion verfügen können.

471 Zabka: Ästhetische Bildung. S. 464.
472 Vgl. hierzu das Kapitel »Markierung«.

Eine Betrachtung der Textstimme(n) fragt nach den Produzent:innen einer Referenz und ihrer narrativen Funktion, also nach den Figuren oder der Erzählinstanz. Ist die Referenz Gegenstand der Diegese und Figurenrede? Oder entzieht sie sich dem Figurenwissen? Die Differenzierung unterschiedlicher Textstimmen ermöglicht zu erfahren, dass literarische Texte über unterschiedliche Ebenen des Textwissens verfügen.

Mit der Frage nach der (narrativen) Struktur der Bildreferenz betrachten die Schüler:innen, welche Darstellungs- und Bedeutungselemente einer künstlerischen Arbeit aufgegriffen werden.[473] Dabei vergegenwärtigen sie sich die mediale Differenz von Text und Bildkunst, welche sowohl materielle, systemische als auch darstellungsstrukturelle Aspekte umfassen kann. Ferner kann insbesondere ein Rekurs auf symbolische, emblematische oder ikonografische Darstellungen zu einer gesteigerten Wahrnehmungs- und Rezeptionsfähigkeit der spezifischen bildkünstlerischen Zeichensysteme führen.

Die Betrachtung der im Text beschriebenen Darstellungselemente eröffnet den Übergang zum Anforderungsbereich ›Deuten‹. Beim Vergleich einer literarischen Bildbeschreibung und dem außerliterarischen Original stellt sich auch die Frage nach der konkreten Form der medialen Transformation. Welche Bildelemente werden beschrieben? Welche werden ausgelassen? Existieren Inkongruenzen zwischen dem Original und seiner literarischen Transformation? Welche Rolle spielt die Materialität? Im Rahmen dieser vergleichenden Betrachtungsweise kann der ikonische Bedeutungshorizont eines Bildes erschlossen werden, bei dem deutlich wird, dass Bildwelt eine Vielheit von Weltversionen ist. Umgekehrt kann ebenso der Fokus auf die Potenziale des literarischen Texts gelegt werden, indem betrachtet wird, wie bildliche Darstellungselemente im medialen Transformationsprozess benannt und durch sprachliche Mittel zeitlich geordnet werden. Dabei vergegenwärtigen die Schüler:innen medienspezifische Darstellungsmodi von Bildkunst sowie deren ikonische, symbolische (ikonografische, emblematische) und narrative Potenziale. Gleichzeitig erfahren sie ein Spannungsverhältnis von fiktionaler Welt und extrafiktionalem Bezugskosmos und damit einhergehend unterschiedliche Qualitäten und Intensitäten von Fiktionalität.

473 Eine Bildreferenz umfasst einen primären und einen sekundären Bedeutungskosmos. Der primäre Bedeutungskosmos beinhaltet die narrative, die materielle und die systemische Dimension, wobei die Übergänge fließend sein können. Der sekundäre Bedeutungskosmos schließt Elemente der Rezeptions- und Produktionsgeschichte mit ein sowie Elemente des soziokulturellen Diskurses. Vgl. hierzu Abb. 5 im Kapitel »Bildreferenzen: Eine Analyseheuristik«.

Deuten

Der Anforderungsbereich ›Deuten‹ fokussiert das Reflexionspotenzial von Bildreferenzen. Ein Schwerpunkt liegt hierbei auf der intrafiktionalen Relation einer zitierten künstlerischen Arbeit im Kontext subjektspezifischer Bildbeschreibungen. Die Betrachtung der intrafiktionalen Relationen ist dabei maßgeblich dem Bereich der Handlungs- und Figurenanalyse zuzuordnen. Es wird der Frage nachgegangen, welche Perspektive eine figurenspezifische Bildbeschreibung auf das interpretierende Subjekt eröffnet. Die soziale und biografische Determiniertheit der Figuren kann dabei erfahrbar und nachvollziehbar gemacht werden. Gleichzeitig vergegenwärtigt die Problematisierung der individuellen Determiniertheit eine etwaige historische Distanz zwischen den Figuren des literarischen Texts und den Lesenden heutzutage. Hierbei können die Schüler:innen eine Alteritätserfahrung machen, indem sie Bildbeschreibungen Dritter nachvollziehen. Jene Alteritätserfahrung kann wiederum zu einer kritischen Selbstreflexion führen, indem die Schüler:innen ihre eigene Leseweise der zitierten künstlerischen Arbeit hinterfragen.[474] Dabei erörtern sie einerseits die narrativen Potenziale einer bildkünstlerischen Darstellung, andererseits findet jedoch eine Relativierung der eigenen Perspektive statt. Ebenso ermöglicht das Vergegenwärtigen und Aushalten jener unterschiedlichen Rezeptionsversionen das Ausbilden einer Ambiguitätstoleranz, bei der Mehrdeutigkeit als konstruktives Mittel ästhetischer Sinnproduktion verstanden wird.

Bildreferenzen sind gleichermaßen Präsentation eines intrafiktionalen Kunstobjekts *und* Repräsentation eines extrafiktionalen Originals. Eine Betrachtung der extrafiktionalen Relationen fokussiert das medienästhetische Reflexionspotenzial eines Verweises. Dabei erörtern die Schüler:innen die Rolle der zitierten künstlerischen Arbeit für die poetologische Konstruktion des Textes. Intermedialität wird hierbei als Mittel ästhetischer Sinnkonstruktion verstehbar gemacht. Ferner provoziert die Reflexion der intermedialen Montage die Unabschließbarkeit der Sinnbildung. Verstanden als poetologisches Prinzip einer Stilepoche und kulturelle Praxis seit der Romantik bis in die Gegenwartsliteratur ermöglicht jene Reflexion zudem das Ausbilden eines literatur- und

474 An dieser Stelle zeigt sich die Wichtigkeit der basalen Wahrnehmungsaspekte auch im bildnerischen Bereich, denn jenen kritischen Selbstreflexionen geht freilich das Betrachten, Wahrnehmen und Deuten der jeweiligen künstlerischen Arbeit im Sinne einer ›ästhetischen Erfahrung‹ voraus. Diese individuellen Kunstbetrachtungen gilt es wiederum, angemessen zu modellieren, sodass die Schüler:innen sich ihr ›eigenes Bild‹ von der zitierten Kunst machen können.

kulturhistorischen Bewusstseins. Die Beziehung von künstlerischer Arbeit und literarischem Text steht dabei exemplarisch für eine mediale Pluralität und den Drang zur Verknüpfung von Inhalten und kann über die Fächergrenzen hinaus Schüler:innen als Möglichkeit dienen, komplizierte Muster modernen, postmodernen und zeitgenössischen Denkens zu reflektieren.

Produzieren

Während die vorigen Anforderungsbereiche ausschließlich basal-rezeptive sowie kognitiv-analytische Bildungsaspekte beinhalten, fokussiert der Bereich ›Produzieren‹ eine ästhetisch-praktische Auseinandersetzung mit Bildreferenzen. Entsprechend bedingen sich methodische und didaktische Überlegungen. Je nach methodischer Schwerpunktsetzung können dabei nahezu alle Lernaspekte der vorigen drei Anforderungsbereiche mobilisiert und im Praktischen erprobt werden. Hinzu kommen Fragen zu den Bedingungen einer ästhetischen Transformation.

Eine praktische Auseinandersetzung fokussiert die eigene Produktion von Bildreferenzen vor dem Hintergrund einer literarischen Vorlage. Hierbei können etwaige intermediale Impulse eines Textes aufgegriffen und im literarischen Spiel weitergedacht werden. Im Mittelpunkt steht die Frage, wie die Figuren eines literarischen Textes ein entsprechendes Bild betrachten würden. Im Rahmen dieser (Fremd-)Bildbetrachtung geschieht einerseits ein Perspektivwechsel (der im Idealfall zu einer Perspektivübernahme führen kann), bei der die Schüler:innen in der Logik des Textes denken müssen und somit gleichzeitig eine Alteritätserfahrung machen können. Andererseits müssen sie sich für eine Form der medialen Transformation entscheiden, bei der ein potenziell vieldeutiges Bild figurenspezifisch perspektiviert, in eine sprachliche Form transformiert und Bildwelt so als eine von vielen Weltversionen produziert wird. Der medientransformatorische Aspekt ist indes von zentraler Bedeutung. Denn hierbei können die Schüler:innen sprachliche Mittel entwickeln und erproben, die Ambiguität darstellbar und begreifbar machen. Dabei kann die Mehrdeutigkeit und Unsicherheit von Bildelementen im Gespräch sprachlich offengelegt werden, sodass der Wissensbestand über ein konkretes Bild stetig virulent bleibt. Ferner fördert und fordert eine narrative Transformation von Bildkunst in eine literarische Form ein Verständnis symbolischer, emblematischer und ikonografischer Darstellungsverfahren, indem die Schüler:innen angehalten werden, Bildzeichen (auch entgegen ihrer ›kunsthistorisch korrekten‹ Leseweise) aus der Perspektive einer literarischen Figur zu deuten.

Im anschließenden Methodenkapitel werden nun zwei Anwendungsbeispiele exemplifiziert. Hierbei handelt es sich einerseits um einen handlungs- und produktionsorientierten Ansatz. Zum anderen wird eine Unterrichtsgestaltung im Rahmen eines materialgestützten Literaturunterrichts entworfen.

Anforderungsbereiche	Kompetenzerwerb
Wahrnehmen basal-rezeptive Texterfassung	Wahrnehmungs- und Genussfähigkeit von Texten als ästhetische Produkte ausbilden Denken in Ähnlichkeiten und Ausbilden einer individuell-lebensweltlichen Symbolbildung befördern Imaginationsfähigkeit durch das Erstellen eines individuellen Vorstellungsbildes befördern
Wahrnehmen basal-rezeptive Bilderfassung	Wahrnehmungs- und Genussfähigkeit von Bildern als ästhetische Produkte ausbilden Wahrnehmen von Bildlichkeit als ›Wirklichkeit an sich‹
Erkennen Wie ist der Verweis markiert?	unterschiedliche Sprach- und Stilmerkmale von Text sowie deren Funktionen vergegenwärtigen
Erkennen Welche Textstimme spricht?	unterschiedliche Textstimmen und Textebenen vergegenwärtigen
Erkennen Welche Elemente der künstlerischen Arbeit werden im Text benannt?	mediale Verschiedenheit von Text und Bild sowie unterschiedliche Bedeutungselemente (mediale Differenz) vergegenwärtigen medienspezifische Darstellungselemente vergegenwärtigen ikonische, symbolische und narrative Potenziale von Kunst vergegenwärtigen ikonografische und emblematische Darstellungs- und Bedeutungselemente vergegenwärtigen Spannungsverhältnis von fiktionaler Welt und extrafiktionalem Bezugskosmos vergegenwärtigen

Anforderungsbereiche	Kompetenzerwerb
Deuten Was sagt die Bild-beschreibung über die interpretierende Figur aus?	soziale und biografische Determiniertheit der Figuren nachvollziehen historische Distanz vergegenwärtigen Alteritätserfahrung machen
Deuten Wie würdest Du die Arbeit beschreiben?	kritische Selbstreflexion der eigenen Bildrezeption eigene Perspektive relativieren Ambiguitätstoleranz ausbilden
Deuten Welche Perspektiven auf den literarischen Text ermöglicht der Verweis?	Intermedialität und Medienreflexivität als Mittel poetischer Sinnkonstruktion verstehen auf Unabschließbarkeit der Sinnbildung einlassen literatur- und kulturhistorisches Bewusstsein ausbilden
Produzieren Wie würde Figur XY dieses Bild verstehen?	sprachliche Mittel entwickeln, die Ambiguität und Unsicherheit darstellbar machen symbolische, emblematische und ikonografische Darstellungsverfahren erproben

Abb. 23: Bildreferenzen im Unterricht: Anforderungsbereiche und Kompetenzerwerb.

III Bildreferenzen und ihre Methodik

Die medientransformatorische Bearbeitungen von Kunst und Literatur im Schulunterricht wird oftmals mit ›Bildgedichten‹ assoziiert. Zum einen handelt es sich hierbei um eine seit der Romantik praktizierte literarische Form. Gleichzeitig avancierte die Produktion von Bildgedichten zu einem gängigen Verfahren des Faches Kunst. Dort werden meist avantgardistische Gemälde zum Anlass für eine assoziative lyrische Textproduktion genutzt mit dem Ziel, Epochenmerkmale im Rahmen einer überfachlichen Bildung greifbar zu machen. Dabei verkennt jenes methodische Verfahren zumeist das medienästhetische Reflexionspotenzial seiner Schnittstellenprodukte. Fragen nach Bildrealität(en) und der Rolle der Rezipient:innen bleiben zumeist ganz aus. Ungeachtet jenes ›Dauerbrenners‹ finden sich in der jüngeren Forschung zunehmend transdidaktische Zugänge, bei denen narrative Bilder und Bilderzählungen individuell versprachlicht und dabei in ihrer Mehrdeutigkeit greifbar und nachvollziehbar gemacht werden. In dem umfangreichen Sammelband *Sprechende Bilder – Besprochene Bilder* (2016) wird besonders in drei Beiträgen herausgearbeitet, wie aus Bildern Erzählungen werden können, die wiederum als Grundlage für eine Auseinandersetzung mit Textsorten sowie den medienästhetischen Potenzialen von Bild und Text fungieren. Es handelt sich dabei um die Beiträge zum einen von Ulf Abraham und Alexander Glas, zum zweiten von Andreas Fries und Kristina Bismarck sowie zum dritten von Florentine Leser.[475]

Bei der Betrachtung von Bildreferenzen im Schulunterricht soll es indes nicht um die Produktion von ästhetischen Texten zu ästhetischen Bildern gehen, sondern um deren kritische Analyse – und daran anschließend eine

475 Vgl. Ulf Abraham u. Alexander Glas: Vom Text zum Bild – Vom Bild zum Text. Die Rolle der Vorstellungsbildung in einer transdisziplinären Didaktik. In: Sprechende Bilder – Besprochene Bilder. Hrsg. von Alexander Glas u. a. München: kopaed 2016 (= IMAGO.Kunst.Pädagogik.Didaktik 3). S. 201–210; Kristina Bismarck u. Andreas Fries: Bildgerüste als Basis für literarisches Lernen. In: Sprechende Bilder – Besprochene Bilder. Hrsg. von Alexander Glas u. a. München: kopaed 2016 (= IMAGO.Kunst. Pädagogik.Didaktik 3). S. 501–513; Florentine Leser: Schreiben zu Kunstwerken. Schreib-, literatur- und kunstdidaktische Perspektiven am Beispiel von Paul Klee. In: Sprechende Bilder – Besprochene Bilder. Hrsg. von Alexander Glas u. a. München: kopaed 2016 (= IMAGO.Kunst.Pädagogik.Didaktik 3). S. 403–416.

Reflexion der medienästhetischen Potenziale von Bild und Text. So ermöglicht es die Auseinandersetzung mit literarisierten künstlerischen Darstellungen, die Bildrezeption Dritter nachzuvollziehen. Sie ermöglicht, figurenspezifische Sichtweisen auf Kunst und damit die soziale und biografische Determiniertheit der interpretierenden Figuren zu erfahren und diese im textinternen Dialog anderen Figurenperspektiven gegenüberzustellen. Im Rahmen eines bildkompetenzorientierten Lernens vergegenwärtigen sie die Funktions- und Wirkungsweisen emblematischer, ikonografischer und allegorischer Bild- und Textelemente. Und zuletzt eröffnen sie Perspektiven auf rezeptionsästhetische Mittel der Bildaneignung, der Sexualisierung und Politisierung von Kunst. Dabei verdeutlichen sie, dass Bildrezeption stets im Rahmen der symbolischen und narrativen Potenziale einer künstlerischen Arbeit geschieht und dass Bilder keine eindeutige Bildwelt abbilden, sondern eine Vielzahl von Weltversionen produzieren.

Wenn Figuren Kunst betrachten, sagen ihre Äußerungen weniger über das betrachtete Kunstobjekt aus, dafür umso mehr über das interpretierende Subjekt. Dabei steht die Betrachtung von Kunst in literarischen Texten in einer langen Tradition. Im Dialogtext *Die Gemählde. Gespräch* (1799) des Frühromantikers August Wilhelm Schlegel werden die Bildgespräche sogar zur Kunstkritik potenziert. Schlegels Gespräche über künstlerische Arbeiten in der Dresdener Gemäldegalerie wirken wie eine methodische Blaupause einer Betrachtung von Kunst im Deutschunterricht. Dem Spiel mit den Übergriffen zwischen den unterschiedlichen Disziplinen und dem figurenspezifischen Blick auf Kunst scheinen dabei keine Grenzen gesetzt. Der mediale Transfer wird zum Mittel des literästhetischen Lernens, gleichzeitig stößt er Fragen nach der eigenen und fremden Subjektivität von Bildrezeption an.

Es stellt sich die Frage, wie Lernkontexte geschaffen werden können, in denen Schüler:innen die Struktur von Bildreferenzen kritisch hinterfragen und gewinnbringend semantisieren können. Obgleich ein entsprechendes Vorwissen und die Fähigkeit der Schüler:innen, Referenzen selbst zu erkennen, die Lust am literarischen Text zweifellos erhöhen kann, erscheint es nicht zwingend notwendig, dass die Lernenden, die zitierten und thematisierten Bildwerke bereits im Vorfeld kennen müssen und somit erkennen können. Eine Thematisierung von Bildreferenzen muss jedoch – wie auch Wicke im Hinblick auf intertextuelle Lektüreverfahren darstellt – über das Bereitstellen der entsprechenden Vorbilder hinausgehen.[476] Vielmehr soll ein spielerischer Umgang mit transmedialen und medienreflexiven Phänomenen entwickelt werden. Dabei bieten nicht nur handlungs- und produktionsorientierte Verfahren zahlreiche Anknüpfungspunkte. Auch Verfahren des materialgestützten Literaturunterrichts bieten Möglichkeiten einer bildästhetischen Spurensuche, bei der die Schüler:innen narrative Potenziale und bildkünstlerische Bedeutungsräume gewinnbringend semantisieren und so ihre Textanalysekompetenz ausbauen können.

Lessings Dramentext *Emilia Galotti* (1772) im handlungs- und produktionsorientierten Literaturunterricht

In literarischen Texten sind Gemälde mitunter exemplarische Aushandlungsorte für im Handlungskontext akzentuierte Themenkomplexe. Darunter fallen beispielsweise auch gesellschaftlich relevante Fragestellungen wie etwa die Stellung der Frau im Beziehungsgeflecht männlich dominierter Gesellschaftssysteme. Diese wiederum eröffnen gendertheoretische Gesichtspunkte für den Deutschunterricht. In dieser Arbeit finden sich einige exemplarische Texte, die das Spiel der weiblichen (Bild-)Rollenzuschreibung fortschreiben. In Peter Stamms *Agnes* (1998) dienen den beiden Protagonisten Bildfiguren als Identifikationsfiguren. In Johann Wolfgang Goethes *Die Wahlverwandtschaften* (1809) wird die Frau als Heiligenfigur gleichermaßen inszeniert und rezipiert. Und auch in Arthur Schnitzlers *Fräulein Else* (1924) wird die weibliche Titelfigur von einem Kunstsammler ästhetisch überhöht, um die Forderung zu legitimieren, sie nackt zu sehen. Die Verweise zur Kunst eröffnen ein Spannungsfeld von weiblichem Selbst- und männlichen Fremdbild und ermöglichen es, die Stellung der Frau in den jeweiligen Gesellschaftssystemen zu reflektieren.

Für eine didaktisch-methodische Thematisierung von Bildreferenzen im Deutschunterricht soll nun Gotthold Ephraim Lessings *Emilia Galotti* (1772) betrachtet werden. Wie schon im Analysekapitel erwähnt, weicht Lessings Stück von den übrigen in dieser Arbeit betrachteten Texten doppelt ab: Zum einen handelt es sich um einen Dramentext und damit nicht um Prosa. Zum anderen findet sich dort keine Bildreferenz im engeren Sinn. Bei

476 Vgl. hierzu das Kapitel »Bildreferenzen, Intertextualität und Didaktik«.

dem besprochenen Gemälde handelt es sich nicht um eine real-existierende künstlerische Arbeit, sondern lediglich um ein fiktives Porträt der weiblichen Titelfigur. Dennoch entsteht auf diese Weise ein Aushandlungsort zur Stellung der Frau im Macht- und Beziehungsgeflecht einer höfischen Gesellschaft. Das Fehlen eines extrafiktionalen Gemäldes soll hierbei als Leerstelle verstanden werden und als Ausgangspunkt eines handlungs- und produktionsorientierten Verfahrens dienen.

Die Beschäftigung mit Texten der Aufklärung oder des Sturm und Drang und somit auch mit Lessings *Emilia Galotti* zählt bekanntermaßen zu den Themenfeldern der Sekundarstufe II. Das Hessische Kerncurriculum ermöglicht hier unter anderem eine Thematisierung in der E2 mit dem Themenfeld ›Konfrontation und Interaktion‹ sowie in der Q1 mit dem Themenfeld ›Fiktion und Wirklichkeit‹.[477]

Wie bereits im Rahmen der Textanalyse und konkret der Betrachtung der Porträt-Szene deutlich geworden ist, besitzt der Prinz ein anderes ›Bild‹ von Emilia als sie selbst. Das Gemälde ist Aushandlungsort von Selbst- und Fremdbild der Titelfigur. Dabei changiert das Frauenbild je nach befragter Figur. Für Mutter und Vater erscheint sie sittsam und tugendhaft, obgleich die Mutter ihr eine gewisse Naivität attestiert.[478] Ihr Verlobter Appiani beschreibt sie als »fromme Frau [...,] die nicht stolz auf ihre Frömmigkeit ist«.[479] Der Prinz hingegen sieht sie als Lustobjekt und Naturschönheit. Die unterschiedlichen Perspektiven basieren dabei auf der jeweiligen sozialen Determiniertheit und psychischen Disposition der sie betrachtenden Figur. Sie situieren sich in einem Spannungsfeld zwischen Aufstiegsbestrebungen der Mutter, patriarchaler Fürsorge des Vaters, bürgerlichem Eskapismus des Grafen und Lust getriebenen Besitzanspruchs des Prinzen. Diese teils disparaten Perspektiven zu reflektieren, ist dabei Aufgabe des Literaturunterrichts. So hält auch Florian Rietz im Hinblick auf die unterschiedlichen Perspektiven in Lessings Dramentext fest:

---

477 Hessisches Kultusministerium (Hrsg.): Kerncurriculum gymnasiale Oberstufe. S. 34; 38.

478 Nach der Begegnung mit dem Prinzen in der Kirche spricht Emilia zu ihrer Mutter Claudia: »Was für ein albernes, furchtsames Ding ich bin! – Nicht, meine Mutter?« – Claudia bestätigt: »Ich wollt dir das nicht sagen, meine Tochter, bevor dir es dein eigener gesunder Verstand sagte.« (Gotthold Ephraim Lessing: Emilia Galotti. Ein Trauerspiel in fünf Aufzügen [1772]. In: Ders.: Werke und Briefe: in zwölf Bänden. Hrsg. von Wilfried Barner u. a. Bd. 7: Werke 1770–1773. Hrsg. von Klaus Bohnen. Frankfurt: Dt. Klassiker-Verl. 2000 (= Bibliothek deutscher Klassiker 172). S. 291–371. S. 317f.)

479 Lessing: Emilia Galotti. S. 319.

> [Es fällt] Schülerinnen und Schülern [...] immer noch schwer, die Perspektive des Vaters in *Emilia Galotti* und die Tötung seiner Tochter zu verstehen. Doch ist dies für die Jugendlichen die Möglichkeit, ihre eigenen Perspektiven dahingehend zu relativieren, dass Kultur und Glaube im 18. Jahrhundert das Leben, die Werte, Überzeugungen und Motive anders prägten als in der Gegenwart.[480]

Die unterschiedlichen Perspektiven auf Emilia können nunmehr in einem handlungs- und produktionsorientierten Verfahren sichtbar und nachvollziehbar gemacht werden. Hierfür formulieren die Schüler:innen eine Bildbeschreibung aus der Perspektive einer Figur als inneren Monolog. Dabei handelt es sich gewissermaßen um eine Figurenanalyse zweiten Grades. Es geht nicht darum herauszustellen, wie Emilia sich präsentiert, sondern wie sie gesehen wird: Wie würde die Mutter das Gemälde beschreiben? Wie der Vater? Wie die Gräfin Orsina? – Da das Porträt fiktiv ist, ergibt sich die Möglichkeit weiterer Projektionen verschiedener Figuren. Das fiktive Gemälde wird dabei im Rahmen einer ›literarischen Bildbeschreibung‹ sprachlich konstruiert und durch ikonografische und emblematische Elemente semantisch aufgeladen. Hierbei verbinden sich Elemente der Figurenanalyse mit Aspekten der Bildkritik.

Tom Kindt und Tilmann Köppe nennen im Hinblick auf eine Figurenanalyse zahlreichen Leitfragen, die Leser:innen an eine Figur stellen können und die sie zusammenfassen in Fragen nach der ›psychischen Konstitution‹, dem ›äußeren Verhalten‹, dem ›Mentalen‹, der ›sozialen Beziehung‹, dem ›sozialen Status und Habitus‹, dem ›kulturellen, gesellschaftlichen und historischem Hintergrund‹ sowie dem ›lebensgeschichtlichen Hintergrund‹.[481] Aus Kindt und Köppes Überlegungen lassen sich wiederum Leitfragen zur Produktion einer literarischen Bildbeschreibung ableiten. Diese unterteilen sich in Fragen nach (1) Elementen des ersten Eindrucks, (2) beschreibenden, ikonographischen und emblematischen Elementen sowie (3) Elementen der Wirkung und Reflexion. Die Leitfragen können Orientierung bei der Erstellung des inneren Monologs geben und den Fokus auf sinnkonstitutive Bildelemente lenken. Inspirations- und Formulierungshilfen können wiederum helfen, einen kreativen Schreibprozess einzuleiten. Als Präsentationsmedium eignen sich digitale Tonaufnahmegeräte im besonderen Maße, da sie erlauben, die Stimme als Mittel der Gestaltung

480 Rietz: Perspektivübernahmekompetenz. S. 169f.
481 Vgl. Tom Kindt u. Tilmann Köppe: Erzähltheorie. Eine Einführung. Stuttgart: Reclam 2014 (= Universal-Bibliothek 17683). S. 120–122.

in den Produktionsprozess mit einfließen zu lassen. Ebenso sind szenische Präsentationsformen denkbar, in denen die Schüler:innen ihre Bildmono-

Lernaufgabe: Literarische Bildbeschreibung

Verfasse einen **inneren Monolog** aus der **Perspektive einer Figur** und gib Einblick in ihre Gedanken und Gefühle. Da der Dramentext offenlässt, wie das Porträt tatsächlich aussieht, ist hier Platz für Kreativität. Deutlich sollte werden, was deine Figur über Emilia denkt, wie sie zu ihr steht und wie das Bild auf die Figur wirkt.

Beachte hierzu insbesondere …

- Charaktereigenschaften und die damit verbundene Wortwahl
- ihre Ideale und Motive
- dein Vorwissen zur Epoche
- dein Vorwissen zu Aspekten der Bildbetrachtung

Abb. 24: Lernaufgabe für eine ›literarische Bildbeschreibung‹ bei *Emilia Galotti*.

Inspirations- und Formulierungshilfen

fromm, tüchtig, Verstand, Abenteuer, Reize, vollkommen, Lustobjekt, unschuldig, Natürlichkeit, Wünsche, Landleben, sich hingeben, erfüllen, Interessen, zerbrechlich, brav, verpflichtet, höfisch, kokett, austauschbar, Forderungen, gefährdet, verantwortungsbewusst, geschickt, Geschenk, sündhaft, sich fügen, verführen, Begehren etc.

Abb. 25: Inspirations- und Formulierungshilfen für eine ›literarische Bildbeschreibung‹.

Weiterführende Aufgabenstellungen

- Erläutere, inwiefern das Idealbild deiner Figur den **Prinzipien der Aufklärung** entspricht.
- Begründe, inwiefern du das Idealbild deiner Figur in der **heutigen Welt** wiederfindest.
- Überlege, welche Rolle **medial vermittelte Frauenbilder** in der heutigen Zeit spielen.

Abb. 26: Weiterführende Aufgabenstellungen zum Emilia-Porträt.

Leitfragen zur Erarbeitung des inneren Monologs

Die vorliegende Sammlung von Leitfragen soll dir bei der Erarbeitung deines inneren Monologs Orientierung geben. Entscheide selbst, welche **Aspekte der Bildbetrachtung** du in deinen inneren Monolog integrieren willst.

Ergänze den Fragen-Pool, falls dir weitere interessante Aspekte einfallen, die in deinem Text Berücksichtigung finden sollen.

Erster Eindruck

- Was fällt deiner Figur an dem Porträt besonders auf?
- Was springt deiner Figur sofort ins Auge?
- Woran bleibt ihr Blick hängen?
- Wo wandert ihr Blick immer wieder hin?
- Welche Gefühle stellen sich während des ersten Betrachtens ein?
- Welche Anmutung geht von dem Bild aus?

Beschreibende, ikonographische und emblematische Elemente

- In welche Richtung blickt Emilia auf dem Bild?
- Steht sie dir zu- oder abgewandt?
- Was sagt Emilias Gesichtsausdruck über ihre Gefühlslage aus?
- Steht, sitzt oder liegt Emilia auf dem Bild?
- Was sagt Emilias Körperhaltung über ihre Gefühlsage aus?
- Wie positioniert Emilia ihre Hände? Hält sie etwas in den Händen?
- Welche Kleidung trägt Emilia? Wie trägt sie ihre Haare?
- Sind noch weitere Elemente auf dem Bild vorhanden?
- In welcher Umgebung ist Emilia abgebildet?
- Was ist im Hintergrund zu sehen? Wo ist Emilia auf dem Bild positioniert?
- Welche Farben dominieren das Bild?
- Wie ist die Lichtstimmung auf dem Bild? Wo und was ist die Lichtquelle?

Wirkung und Reflexion

- Welche Fragen und Emotionen wirft das Porträt in deiner Figur auf?
- Wo würde deine Figur das Porträt aufhängen?
- Inwiefern gefällt/missfällt deiner Figur das Porträt?
- Gibt es etwas in dem Bild, das deine Figur stört?
- Denkt deine Figur über Gestaltungsalternativen nach?
- Wird der Betrachtungsprozess durch ein Ereignis unterbrochen, oder schließt deine Figur die Betrachtung bewusst ab?

Abb. 27: Leitragen zur Erarbeitung einer ›literarischen Bildbeschreibung‹.

loge vortragen. Eine mögliche Materialsammlung könnte folgendermaßen aussehen:

Der hier skizzierte methodische Zugriff bietet die Möglichkeit, auf Basis einer kürzeren Textsequenz Aspekte der Figurenmotivation und Dramenhandlung in einer produktiven Auseinandersetzung spielerisch zu erörtern. Grundelemente der Figuren- und Handlungsanalyse sowie die Thematisierung von aufklärerischen Idealen sollten hierfür vorangegangen sein. Die Frage nach der Aktualität jener Idealvorstellungen sowie die Frage nach der Rolle medial vermittelter Frauenbilder in der heutigen Zeit eignen sich wiederum als Anknüpfungspunkte. Alternativ zu diesem hier skizzierten handlungs- und produktionsorientierten Verfahren ist auch ein primär wissenschaftspropädeutischer Zugriff denkbar. Hierbei könnten die Schüler:innen unter Rückgriff auf Sekundärmaterialien die verschiedenen Perspektiven auf die Frauenfigur erörtern. Ein methodisch ähnlich gearteter Zugriff wird indes am Beispiel von Stamms *Agnes* im Folgekapitel dargestellt.

Welche didaktischen Perspektiven eröffnet nun das Erstellen und Präsentieren jener figurenspezifischen Bildkonstruktionen? – Der Perspektivwechsel im Rahmen einer literarischen Bildbeschreibung ermöglicht, das Handeln von Figuren sowie das komplexe Beziehungsgeflecht der einzelnen Akteure nachzuvollziehen und kann so zu einer Perspektivübernahme führen. Die Schüler:innen generieren Einblicke in die Gedankenwelt ihrer gewählten Figur und formulieren exemplarisch die Perspektive einer Figur auf Emilia im Rahmen einer Bildbetrachtung. Sowohl das Frauenbild der betrachtenden Figur als auch ihre individuelle Beziehung können dabei reflektiert werden. Hierfür ist es notwendig, dass die Lernenden in der »Logik des Textes«[482] denken, wie es bei Kaspar H. Spinner heißt. Um die Perspektive einer literarischen Figur nachzuvollziehen, müssten sich die Lernenden in deren »innere[] Welt«[483] hineinversetzen. Ferner könne durch die Einnahme und das Verfassen einer anderen Perspektive »die Vergegenwärtigung der Gefühle und Gedanken der Figuren unterschützt werden.«[484] Gleichzeitig, so führt Spinner im Hinblick auf handlungs- und produktionsorientierte

482 Spinner: Literarisches Lernen. S. 9.

483 Spinner: Literarisches Lernen. S. 9.

484 Kaspar H. Spinner: Handlungs- und produktionsorientierter Literaturunterricht. In: Taschenbuch des Deutschunterrichts. Bd. 2: Literatur- und Mediendidaktik. Hrsg. von Volker Frederking, Hans-Werner Huneke, Axel Krommer u. Christel Meier. Baltmannsweiler: Schneider Verl. Hohengehren 2010. S. 311–325. S. 319.

Verfahren aus, verbinde »sich die (emotional geprägte) Empathie mit der mehr kognitiv-rationalen Perspektivübernahme.«[485]

Durch die Präsentation der ›Lernprodukte‹ können die unterschiedlichen Ansprüche an die Titelfigur deutlich gemacht werden. Während die Schüler:innen im Rahmen ihrer eignen figurenspezifischen Bildbetrachtung eine singuläre Perspektive auf die Frau erarbeiten, summieren sich bei der (Gesamt-)Präsentation verschiedene ›Frauenbilder‹ unterschiedlicher Figuren. Die ambivalente Rollenzuschreibung als Tochter, Ehefrau und Liebhaberin kann auf diese Weise als Grund der inneren Zerrissenheit von Emilia verstehbar gemacht werden und helfen, den Tochtermord sowie das heutige Befremden darüber zu kontextualisieren, wie auch Rietz festhält.[486] Gleichzeitig illustriert jene Vielstimmigkeit die »Unabschließbarkeit des Sinnbildungsprozesses«,[487] wie es bei Spinner heißt. So wie die Figuren einen subjektiven Blick auf das fiktive Gemälde werfen, ist auch die Textrezeption der Schüler:innen geprägt von subjektiven Eindrücken, die im Austausch über den Text und seine Deutungsmöglichkeiten zusammenkommen. Ferner eröffnen die Präsentation und der Vergleich der figurenspezifischen Bildbetrachtungen eine anschließende Diskussion über die Konstruktion von Frauen- und Rollenbildern, welche gleichzeitig ermöglicht, stereotype Vorstellungen und eigene Wahrnehmungsmuster zu hinterfragen.

Im Sinne einer fächerübergreifenden ästhetischen Bildung wird der Literaturunterricht mit Elementen der Bildrezeption verknüpft. Die von den Schüler:innen verfassten Bildbetrachtungen werden hierfür als ›Rezeption zweiten Grades‹ verstanden. Die Produktion jener figurenspezifischen Bildbetrachtungen ermöglicht dabei eine Alteritätserfahrung, indem sich die Lernenden die Fremdheit der übernommenen Perspektive vergegenwärtigen. Ferner wird ihnen ermöglicht, die »Konstruiertheit von Genderrollen zu erkennen und zu dekonstruieren«,[488] wie es bei Anita Schilchers und Karla Müllers Konzept des genderbewussten Literaturunterrichts heißt.

485 Spinner: Handlungs- und produktionsorientierter Literaturunterricht. S. 319.
486 Rietz: Perspektivübernahmekompetenz. S. 169f.
487 Spinner: Literarisches Lernen. S. 12.
488 Karla Müller u. Anita Schilcher: Gender, Kinder- und Jugendliteratur und Deutschunterricht. Grundlagen und Didaktik. In: Genderkompetenz mit Kinder- und Jugendliteratur entwickeln. Grundlagen – Analysen – Modelle. Hrsg. von Karla Müller, Jan-Oliver Decker, Hans Krah u. Anita Schilcher. Baltmannsweiler: Schneider Verl. Hohengehren 2016. S. 15–43. S. 29.

Diese Dekonstruktion führe dabei letztlich zu einem Ausbau der »Empathie, Rollendistanz, Ambiguitätstoleranz und Selbstdarstellung«.[489]

Am Beispiel der unterschiedlichen Bildbetrachtungen können die Schüler:innen sichtbar machen, dass Bildrezeption auch stets Sinnkonstruktion bedeutet. Ferner wird deutlich, dass die individuelle Figurenbiografie, ihre psychische Disposition und soziale Determiniertheit die Bildinterpretation maßgeblich prägen. Jene Sichtbarmachung der biografischen Dimension von Bildrezeption eröffnet dabei die Möglichkeit einer kritischen Selbstreflexion. Die Lernenden können erfahren, dass sich die Interpretation einer künstlerischen Darstellung stets im Rahmen der symbolischen und narrativen Potenziale entfaltet, die wiederum mit den lebensweltlichen Erfahrungen der Rezipient:innen korrelieren. Gleichzeitig können sie literarische Bildbeschreibungen als ästhetisches Mittel verstehen, Handlungsmuster und Absichten von literarischen Figuren sichtbar zu machen.

Durch die eigene Produktion von figurenspezifischen Bildbeschreibungen können die Funktions- und Wirkungsweisen von Bildreferenzen nachvollziehbar gemacht werden. Das textproduktive Verfahren ermöglicht dabei eine Reflexion der poetologischen Konstruktion literarischer Texte. Ferner kann im Hinblick auf Lessings *Laokoon*-Diskurs Intermedialität und Medienreflexivität als poetologisches Prinzip und kulturelle Praxis der Stilepoche verstehbar gemacht und so ein literatur- und kulturhistorisches Bewusstsein ausgebaut werden.

Bei der Produktion figurenspezifischer Bildbetrachtungen bedienen sich die Schüler:innen nunmehr eines Repertoires ikonografischer, emblematischer und allegorischer Darstellungsweisen, die das Emilia-Porträt mit Bedeutung aufladen. Sie erproben somit metaphorische und symbolische Ausdrucksweisen, die gleichermaßen Aspekte literarischen und bildkompetenzorientierten Lernens sind. Hierbei ist es weniger von Bedeutung, eine kunsthistorisch korrekte Ikonologie zu betreiben. Vielmehr können die Schüler:innen selbst Stellvertreterobjekte ersinnen, die das Emilia-Porträt konstruieren und semantisch aufladen. Dabei entwickeln sie eine eigene Bildzeichensprache und erproben semiotische Darstellungsweisen im Bildlichen und Sprachlichen. Denn wenn Spinner mit Blick auf das Gemachtsein literarischer Texte betont, dass Alltäglichkeiten wie die Farbe eines Kleides »im literarischen Text Bedeutung [gewinnen]«,[490] so gilt dies freilich auch für

489 Müller u. Schilcher: Gender, Kinder- und Jugendliteratur und Deutschunterricht. S. 29.
490 Spinner: Literarisches Lernen. S. 10.

künstlerische Darstellungen. Mit ihrer medienästhetischen Sonderstellung als ästhetische Räume im Ästhetischen gilt es für Bildreferenzen wiederum im besonderen Maße.

Stamms Roman *Agnes* (1998) im materialgestützten Literaturunterricht

Während im vorangegangenen Kapitel mit Lessings *Emilia Galotti* ein kategorischer Sonderfall behandelt wurde, erweist sich Stamms *Agnes* als Musterbeispiel einer bildreferenziellen Montage. Ähnlich wie im vorigen Kapitel zu Lessings Dramentext ist auch die Thematisierung von Stamms *Agnes* in der Sekundarstufe II angesiedelt. Das Hessische Kerncurriculum ermöglicht hier eine Thematisierung in der E1 mit dem Themenfeld ›Moderne Epik‹ und einem Fokus auf ›strukturbildende Merkmale‹ wie etwa der Erzählhaltung.[491] Ebenfalls möglich ist eine Thematisierung in der Q2 mit dem Themenfeld ›Frauen- und Männerbilder‹ sowie in der Q4 mit dem Themenfeld ›Literarisches Leben der Gegenwart‹, wobei dort explizit intertextuelle Lektüreverfahren als Schwerpunkt benannt werden.[492]

Die Thematisierung von Stamms *Agnes* im Schulunterricht ist längst kein Novum. Seitdem der Roman 2014 Gegenstand des baden-württembergischen Zentralabiturs gewesen ist, erweist er sich zunehmend als etablierter Bestandteil des aktuellen Bildungskanons. Dabei bietet der Text sowohl Anknüpfungsmöglichkeiten eines identitätsorientierten Literaturunterrichts als auch intertextualitätstheoretische Zugangsmöglichkeiten. Gleichwohl ist die fachdidaktische Literatur zu Stamms Roman überschaubar. Es existieren insbesondere Materialsammlungen und Lektürehilfen, allen voran die *Texte.Medien*-Ausgabe von Urban Büchel (2012), Stephan Goras Materialsammlung (2012) sowie die Ausgabe der baden-württembergischen *AbiBox* (2012), wobei Letztere die Bilderfrage überhaupt nicht thematisiert. In den anderen beiden Materialsammlungen dient der Rekurs auf Seurats Gemälde einerseits als vermeintliche Blaupause für die beiden

491 Hessisches Kultusministerium (Hrsg.): Kerncurriculum gymnasiale Oberstufe. S. 31.
492 Hessisches Kultusministerium (Hrsg.): Kerncurriculum gymnasiale Oberstufe. S. 42; 47.

Hauptfiguren.[493] Andererseits sollen mit Hilfe kunsthistorischer Sekundärliteratur wirkungsästhetische Aspekte des Gemäldes auf die Konstruktion des Romans übertragen werden.[494] Die inhaltliche und methodische Gestaltung von Büchels Materialien erweist sich dabei als deutlich überzeugender. Was dennoch allen Materialien in Bezug auf den Gemälderekurs fehlt, ist eine getrennte Betrachtung der inner- und außerliterarischen Realität. Die Frage, inwiefern hier der männlich-innerliterarischen Textperspektive eine weiblich-außerliterarische Kunstperspektive gegenübergestellt wird, bleibt somit aus.

Der hier entworfene didaktisch-methodische Zugriff rückt indes genau jene Differenz von innerliterarischer Text-Realität und außerliterarischer Bild-Realität in den Fokus und betrachtet den Bilderrekurs unter dem Gesichtspunkt eines genderbewussten Literaturunterrichts wie ihn Müller und Schilcher definieren.[495] Hierbei wird der Bezug auf Seurats Gemälde als Möglichkeit verstanden, der männlichen Erzählperspektive ein weibliches, außerliterarisches Selbstbild entgegenzusetzen. So benennt auch der Deutschdidaktiker Markus Schwahl »die Problematik der einseitigen Erzählperspektive«[496] in Stamms Roman sowie die »kompensatorische Funktion«[497] von Gemälde, Film und Dichtung als zentrale Themen für eine schulische Auseinandersetzung. Folglich erweist sich besonders im Rahmen eines genderbewussten Literaturunterrichts die Dekonstruktion der männlichen Perspektive auf die Frau als fruchtbar.

Konkret werden hierfür stereotype Darstellungen und deren implizite Reflexion thematisiert. So zeigt das Bildgespräch der beiden Figuren nur *einen* Widerspruch von vielen, bei dem in medienreflexiver Manier sichtbar

493 Bei Gora werden hier etwa Fragen gestellt wie: »Wer passt auf dem Bild eher auf Agnes? Das Mädchen mit dem Blumenstrauß oder das Mädchen im weißen Kleid? [...] Was passt eher auf den Ich-Erzähler – der Affe im Vordergrund oder der Trompeter [...]?« (Stephan Gora: Peter Stamm: Agnes. Unterrichtsideen und Arbeitsmaterialien. Rot a. d. Rot: Krapp & Gutknecht 2012. S. 52).

494 Bei Büchel soll unter dem Aspekt der ›Intermedialität‹ die Bedeutung und Funktion des Gemäldes für die Gestaltung des Romans erörtert werden. Hierfür sollen die Schüler:innen die ›Äußerungen der Figuren zum Seurat-Gemälde‹ sowie die ›Korrespondenzen in den Materialien‹ zusammentragen sowie die ›Deutungselemente in den Materialien zu Seurat‹ und die ›Bezüge zu den Protagonisten‹ erörtern. (Vgl. Urban Büchel: Peter Stamm: Agnes. Material und Arbeitsanregungen. Braunschweig: Schroedel 2012 (= Texte.Medien). S. 36–40.)

495 Vgl. Müller u. Schilcher: Gender, Kinder- und Jugendliteratur und Deutschunterricht. S. 15f.

496 Markus Schwahl: Konstruktivismus im Literaturunterricht. Grundlagen und Unterrichtsbeispiele für die Sekundarstufen I und II. Frankfurt: Peter Lang 2012 (= Beiträge zur Literatur- und Mediendidaktik 31). S. 96.

497 Schwahl: Konstruktivismus im Literaturunterricht. S. 96.

wird, dass Agnes mit der Darstellung durch ihren Erzählerfreund nicht einverstanden ist. Die Dekonstruktion der männlichen Erzählperspektive ermöglicht den Schüler:innen wiederum, die »Konstruiertheit von Genderrollen«[498] zu erkennen.[499] Gleichwohl hält Schwahl fest: »Die nicht zu unterschätzende Schwierigkeit [...] ist sicherlich in dem Umstand zu sehen, dass sämtliche Informationen über Agnes durch den Ich-Erzähler geliefert werden.«[500] Es geht folglich um die durchaus schwierige Frage, welche Perspektive(n) auf die Frauenfigur die intermedialen Verweise und medienreflexiven Passagen ermöglichen, und daran anknüpfend um Fragen der textuellen Wirklichkeit sowie eine Reflexion des spezifischen Verfahrens der medienästhetischen Text- und Sinnkonstruktion. Dabei erweist sich das Bildgespräch zwar als *die* zentrale Textstelle, jedoch ist zum Verständnis der Figurenproblematik eine globalere Betrachtung von Konstruktion und Widerspruch der Frauenfigur erforderlich. Im Zentrum stehen somit die komplexen Fragen: Wer ist Agnes ›wirklich‹? – Und was bedeutet ›Wirklichkeit‹ im Kontext der medienästhetischen Konstruktion des Romans?

Die Frage nach der ›Textwirklichkeit‹ ist gleichermaßen naheliegend wie komplex. So entwirft der Ich-Erzähler das Bild einer introvertierten jungen Frau, welches diese wiederum nicht ohne Widerworte hinnimmt. Wie Agnes sich jedoch selbst sieht, erzählt der Erzähler nicht. Ihr Selbstbild wird lediglich im Widerspruch erkennbar – und im Rekurs auf Seurats Gemälde. Damit wird das figurenspezifische Textwissen außerhalb des literarischen Texts generiert, welches zudem je nach Lese- bzw. Betrachtungsweise der Gemäldefiguren divergieren kann. Eine rein textbezogene Bearbeitung der Figurenfrage erscheint daher wenig zielführend.

Um sich nun der vorliegenden Problemkonstellation im Schulunterricht annähern zu können, wird ein methodischer Zugang entworfen, der sich dem materialgestützten Literaturunterricht zuordnen lässt. Hierbei werden Materialien verwendet, die bereits für die Analyse des Romans im vorigen Teil dieser Arbeit maßgeblich gewesen sind. Anhand der verschiedenen Sekundärmaterialien wird die intermedial konstruierte Vielseitigkeit von Roman und Titelfigur nunmehr deutlich gemacht, ohne dabei eine eindeutige Identität der Frauenfigur festzuschreiben. Im Nebeneinander der Selbst-,

498 Müller u. Schilcher: Gender, Kinder- und Jugendliteratur und Deutschunterricht. S. 29.
499 Dies gilt sowohl für die Frauenfigur als auch für die Selbstdarstellung des männlichen Erzählers.
500 Schwahl: Konstruktivismus im Literaturunterricht. S. 97.

Fremd- und Referenzbilder lässt sich Agnes somit als komplexes und diffuses Amalgam unterschiedlicher Identitätsentwürfe verstehbar machen.

Ulf Abraham und Clemens Kammler schreiben im Basisartikel der *Praxis Deutsch*-Ausgabe zum ›materialgestützten Lesen und Schreiben im Literaturunterricht‹ (2019), dass dieses eine Gegenbewegung zum lange Zeit vorherrschenden Paradigma des textbezogenen Schreibens darstelle, wie es die Bildungsstandards im Fach Deutsch von 2012 noch festschreiben. Denn *interpretiert* wird dort lediglich textbezogen. Materialgestützte Verfahren sind in den Bildungsstandards ausschließlich *informierenden* und *argumentativen* Aufgabenarten vorbehalten.[501] Dabei stellen Abraham und Kammler fest, dass traditionell auf einen einzigen Bezugstext gestützte Interpretationen »nur wenig herausfordernd«[502] erscheinen. Deutlich produktiver sei es hingegen, nicht eine geschlossene Deutung zu präsentieren, sondern »mithilfe eines breiten Materialangebots […] eher verschiedene Lesarten herauszuarbeiten«.[503] Dabei sei es wichtig, »nicht ein glattes, widerspruchsfreies Bild«[504] zu entwerfen, sondern Gegensätze und Ambivalenzen deutlich sichtbar zu machen.

Um nun wieder zurück auf *Agnes* und das Gemäldegespräch zu kommen, bedeutet dies, dass die Schüler:innen sich mit unterschiedlichen Sichtweisen auf die Frauenfigur auseinandersetzen, um so abschließend die Frage zu beantworten, wer bzw. wie Agnes gewesen ist – und zwar in Form einer erörternden Charakterisierung, welche die Vieldeutigkeit der Figur zum Gegenstand nimmt. Hierfür werden den Schüler:innen zunächst Sekundärmaterialien zur Verfügung gestellt, die inhaltliche Widersprüche zulassen und sogar provozieren können. Zusätzlich werden ausgewählte Textpassagen mit passenden Sekundärmaterialien kombiniert. Dabei wird zuerst das Reflexionspotenzial der Bildreferenz im Hinblick auf die Figurengestaltung betrachtet. Anschließend wird die Rolle des Gemäldes für die Handlung und narrative Struktur des Romans fokussiert. Methodisch geschieht dies jeweils in einem Dreischritt, bei dem die Schüler:innen dieselben Fragen wiederholt beantworten, jeweils vor dem Hintergrund neuer Sekundärmaterialien. Durch dieses Verfahren, das durchaus an einen

501 Vgl. KMK [Sekretariat der Ständigen Konferenz der Kultusminister der Länder in der Bundesrepublik Deutschland]: Bildungsstandards im Fach Deutsch für die Allgemeine Hochschulreife (Beschluss der Kultusministerkonferenz vom 18.10.2012). S. 24–26.

502 Ulf Abraham u. Clemens Kammler: Materialgestütztes Lesen und Schreiben im Literaturunterricht. In: Praxis Deutsch 237 (2019). S. 4–11. S. 4.

503 Abraham u. Kammler: Materialgestütztes Lesen und Schreiben im Literaturunterricht. S. 5.

504 Abraham u. Kammler: Materialgestütztes Lesen und Schreiben im Literaturunterricht. S. 6.

klassischen hermeneutischen Zirkel erinnert, können die Schüler:innen das interpretatorische Potenzial des Textes sukzessive erschließen, indem sie gewonnene Erkenntnisse jeweils prüfen und neu kontextualisieren müssen.

Im Hinblick auf die Figurengestaltung befragen die Schüler:innen wiederholt die Textstelle zur Darstellungsweise der zitierten Männer- und Frauenfiguren jeweils vor dem Hintergrund neuer Sekundärmaterialien. Dabei betrachten sie zunächst lediglich die konkrete Textstelle, in einer zweiten Runde werden die Fragen vor dem Hintergrund des tatsächlichen Gemäldes beantwortet und zuletzt wird der Auszug aus einem Katalogtext hinzugezogen. Im Anschluss folgt die Produktion einer Charakterisierung von Agnes – einmal aus ihrer eigenen Perspektive, einmal aus der Perspektive ihres Freundes. Diese Form der Selbst- und Fremdcharakterisierung ermöglicht, die ambivalente Rollenzuschreibung perspektivisch zu verorten, gleichzeitig fragt sie nach der (medialen) Herkunft des spezifischen Figurenwissens.

Im Hinblick auf die intermediale Montage und die Korrelationen von Bildstruktur, Erzählstruktur und Romanhandlung befragen die Schüler:innen die Textstelle erneut und erarbeiten schrittweise eine Interpretation. Hierfür analysieren sie eine prägnante Textstelle und Fragen nach deren Bedeutung im Kontext der globalen Gestaltung des Romans. Dabei betrachten sie zunächst lediglich die konkrete Textstelle, in einer zweiten Runde werden dieselben Fragen vor dem Hintergrund eines Texts zum pointilistischem Malprinzip beantwortet, zuletzt wird ein Text zur Wirkung des Gemäldes auf Seurats Zeitgenossen hinzugezogen. Dabei ist auch hier das Ziel, ein widersprüchliches Bild zuzulassen und so die Mehrdeutigkeit des literarischen Texts im Kontext der intermedialen Montage zu thematisieren. Im Rahmen der abschließenden komplexen Lernaufgabe erörtern die Schüler:innen unter Rückgriff auf ihr bisheriges Wissen die charakterliche Ambivalenz der Frauenfigur. Eine entsprechende Materialsammlung könnte wie folgt aussehen:

Lernaufgabe: Gemäldefiguren/Romanfiguren

›Das bist du‹, sagte ich und zeigte auf ein junges Mädchen, das im Mittelgrund des Bildes auf der Wiese saß und einen Blumenstrauß in der Hand hielt. Es saß aufrecht, aber es hielt den Kopf gesenkt, um die Blumen zu betrachten. Neben ihm lagen ein Hut und ein Sonnenschirm, die es nicht brauchte, da es im Schatten war.
›Nein‹, sagte Agnes, ›ich bin das Mädchen im weißen Kleid und du bist der Affe.‹
›Ich bin der Mann mit der Trompete‹, sagte ich, ›aber niemand hört mir zu.‹
›Alle hören dich‹, sagte Agnes. ›Man kann die Ohren nicht schließen.‹

1. Lies die Seiten 68f. und beantworte folgende Fragen stichpunktartig:

Der Erzähler sieht sich selbst im ›Mann mit der Trompete‹ und Agnes im ›Mädchen mit dem Blumenstrauß‹. Wie lässt sich diese Rollenzuschreibung verstehen? Wie stellst du dir die Figuren vor? Begründe!

Agnes sieht sich selbst im ›Mädchen im weißen Kleid‹ und ihren Freund im ›Affen‹. Wie lässt sich diese Rollenzuschreibung verstehen? Wie stellst du dir die Figuren vor? Begründe!

2. Betrachte die Abbildung von Seurats Gemälde und die von Agnes und ihrem Freund benannten Bildfiguren. Beantworte die vorigen Fragen erneut. Welche Informationen kommen hinzu? Und welche Perspektive eröffnen die neuen Informationen auf den Text und seine Figuren?

3. Lies den Text ›Material A: Die Figuren‹ und beantworte die vorigen Fragen erneut. Welche Informationen erscheinen dir relevant für die Deutung der Textstellen? Und welche Perspektive eröffnen die neuen Informationen auf den Text und seine Figuren?

Abb. 28: Lernaufgabe: Gemäldefiguren/Romanfiguren.

Lernaufgabe: Gemäldefiguren/Romanfiguren

- Verfasse stichpunktartig eine Charakterisierung von Agnes aus der Perspektive des Erzählers. Worauf stützt du deine Aussagen?
- Verfasse stichpunktartig eine Charakterisierung von Agnes aus der Perspektive von Agnes. Worauf stützt du deine Aussagen?

Abb. 29: Lernaufgabe: Gemäldefiguren/Romanfiguren.

Lernaufgabe: Gemäldestruktur/Romanstruktur

> Glück malt man mit Punkten, Unglück mit Strichen […] Du mußt, wenn du unser Glück beschreiben willst, ganz viele kleine Punkte machen wie Seurat. Und daß es Glück war, wird man erst aus der Distanz sehen.

1. Lies die Seiten 68f. erneut und konzentriere dich dabei vor allem auf die Aussagen, die Agnes und ihr Freud zur Wirkung des Gemäldes machen. Beantworte die folgenden Fragen stichpunktartig:

Wie lässt sich die oben genannte Textstelle interpretieren? Und welche Perspektive eröffnet sie auf den Text, seine Handlung und Erzählstruktur? Schließe auch weitere Textstellen zur Wirkung des Gemäldes in deine Überlegungen mit ein.

2. Lies den Text ›Material B: Das Malprinzip‹ und beantworte die vorigen Fragen erneut. Welche Informationen erscheinen dir relevant für die Deutung der Textstelle? Und welche Perspektive eröffnen die neuen Informationen auf den Text, seine Handlung und Erzählstruktur?

3. Lies den Text ›Material C: Die Ausstellung‹ und beantworte die vorigen Fragen erneut. Welche Informationen erscheinen dir relevant für die Deutung der Textstelle? Und welche Perspektive eröffnen die neuen Informationen auf den Text, seine Handlung und Erzählstruktur?

Abb. 30: Lernaufgabe: Gemäldestruktur/Romanstruktur.

Komplexe Lernaufgabe: Erörternde Charakterisierung

Wer ist Agnes ›wirklich‹?

Verfasse eine erörternde Charakterisierung, in der du der Frage nachgehst, wer Agnes ist. Belege hierbei auch, aus welchen Quellen (Text, Gemälde, Sekundärliteratur) du das Wissen für deine Aussagen beziehst.

Abb. 31: Komplexe Lernaufgabe: Erörternde Charakterisierung.

Material A: Die Figuren

Gegen Ende des Jahres 1884 begann er [Seurat] mit den Studien der Landschaft und der Figuren im Park auf der Insel ›La Grande Jatte‹ bei Asinères. Ein Spaziergang auf dem Boulevard Bineau in Richtung Neuilly führt auf die nördlich liegende Seine-Insel, die wegen ihrer eigenwilligen, an ein antikes Gefäß erinnernden Form ›La Grande Jatte‹ (die große Schale) genannt wird. [...] Besonders an Sonntagen war ein Ausflug zu der Badeinsel sehr beliebt. Zwischen den Bierschenken und Waffelbäckereien flanierte ganz Paris oder frönte dem damals modernen Kanufahren. La Grande Jatte war aber auch ein ›modernes Kythera‹, eine Liebesinsel für das Rendezvous von Bürgern und Koketten.

Aus einer zeitgenössischen Beschreibung des Bildes durch Jules Christophe aus dem Jahr 1890 erfährt man, daß Seurat bewußt einen Querschnitt durch das zeitgenössische Paris gewählt hat: »An einem Nachmittag unter flimmerndem Sommerhimmel sehen wir die in vollem Tageslicht glitzernde Seine, vornehme Villen am gegenüberliegenden Ufer, kleine, auf dem Wasser dahingleitende Dampfschiffe, Segelboote und ein Ruderboot. Unter den Bäumen, nahe vor uns, gehen Leute spazieren, einige angeln, andere sitzen auf der Wiese oder strecken sich träge im zyanblauen Gras. Wir sehen junge Mädchen, ein Kinderfräulein, eine alte Großmutter unter einem Sonnenschirm, die mit ihrer Kopfbedeckung danteske Würde ausstrahlt. Faul im Grase liegt ein Pfeife rauchender Ruderer, dessen helle Hosenbeine unten vollständig von einem Lichtfleck überstrahlt werden. Ein dunkelvioletter Mops schnuppert im Gras, ein fuchsroter Schmetterling fliegt umher, eine junge Mutter führt ihre kleine Tochter im weißen Kleid im lachsfarbenen Gürtel an der Hand. Zwei Soldaten der Militärakademie Sait-Cyr stehen nahe am Wasser, ein junges Mädchen bindet einen Blumenstrauß, ein rothaariges Kind in blauem Kleid sitzt im Gras. Wir sehen ein Ehepaar mit Kleinkind an der äußersten Rechten des Bildes, das hieratische und skandalöse Paar, ein junger Stutzer, der seine geckenhaften Begleiterin den Arm reicht, während sie an der gelben Leine einen purpur-ultramarinfarbenen Affen führt.«

[…] Der Maler erzählt keine Anekdoten, seine Protagonisten haben weder Gesicht noch Körpersprache, weder eine Geschichte noch Individualität. Die ›modernen Menschen‹, die er ›in ihrem wesentlichen erfassen‹ wollte, hat er auf typische Attribute wie Zylinderhut, Stöckchen oder Korsett reduziert. Das Paar eines Pariser Bürgers und einer Kokette mit einem Affen an der Leine, Sinnbild des gerade gezähmten Triebes, verweist auf das Thema der ›Liebesinsel‹. […]

Als lichter Gegensatz zu dem Paar ist die Bildmitte ein weiß gekleidetes Kind mit seiner Mutter dargestellt. Obwohl in Anlehnung an die Freskotechnik der Renaissance über das gesamte Gemälde weiße Akzente verteilt sind, zieht diese Bildpartie den Blick besonders an, vor allem auch wegen der frontalen Ausrichtung der Personen zum Betrachter. Die bewußte Platzierung im Bildzentrum legt eine symbolische Deutung nahe. Demnach könnte das Kind als Hoffnungsträger, als Prinzip Hoffnung inmitten einer zur Formelhaftigkeit erstarrten Gesellschaft aufgefaßt werden.

Abb. 32: Material A: Die Figuren. – Aus: Hajo Düchting: Georges Seurat. 1859–1891. Malerei auf den Punkt gebracht. Köln: Taschen 1999. S. 35–37.

Material B: Das Malprinzip

Sein lebhaftes Interesse für wissenschaftliche Theorien nutzte Seurat, um daraus ein Verfahren für eine ›objektive Malerei‹ zu entwickeln, die in der Kunstgeschichte allgemein als ›Pointilismus‹ bezeichnet wird. Gestützt auf die wissenschaftliche Farbtheorie […] entwickelte der Maler in den Jahren 1883/84 eine Malweise, seine Farben in kurzen Strichen nebeneinander aufzutragen, schließlich als eine Folge schematisch gesetzter Punkte ungebrochener Farbe. […]

Nur wenige Zeitgenossen erkannten die Bedeutung dieser Entdeckung für die Entwicklung der Kunst der folgenden Jahre; [...] Camille Pissarro charakterisierte den neuen Stil als wissenschaftlichen Impressionismus im Gegensatz zum romantischen Impressionismus der älteren Generation [...].

Was bewegte den jungen Seurat, sich gegen die gerade um Anerkennung ringende Generation der Impressionisten zu stellen? Es war die immer neu aufgeworfene Frage nach der Objektivität in der Kunst. Ist es möglich, unter Ausschaltung des subjektiven Empfindens eine reine, aus der naturwissenschaftlichen Erkenntnis beruhende Kunst zu kreieren? Seurat geht den Gesetzen der Farbe und es Bildaufbaus nach. Indem er die Farbe in ihre prismatischen Teile zerlegt und sie so ›divisionistisch‹, als Punktsaat aufträgt, dem Auge des Beschauers also die Mischung überlässt, erreicht er eine neue Ordnung der Farbe; diese Ordnung übersetzt er auch auf die Struktur der Dinge und die Figuren im Bildganzen und erzielt so eine Autonomie des Bildes. Es gibt bei ihm keine Hierarchie der Farben mehr; alle sind gleichranging.

Lösungen, die die Impressionisten empirisch und rein zufällig gefunden hatte, konnte Seurat systematisch unter Zuhilfenahme der Erkenntnis der Physik untermauern und für die Malerei nutzbar machen. [...] Die Farbmischung fand nicht mehr auf der Palette des Malers, sondern auf der Netzhaut des Betrachters statt. In kleinen, klaren Punkten setzte der Maler die reinen Farben auf den Bildträger. Er vermied so herkömmliche Pigmentmischung, die immer auch ›Schmutztöne‹ beinhalten, um mit seiner Methode zur optischen Mischung zu gelangen. Letztlich verläßt er den Weg der Impressionisten einer subjektiven Auffassung der äußeren Erscheinung der Dinge, um das autonome Bild mit seiner Eigengesetzlichkeit zu finden.

Abb. 33: Material B: Das Malprinzip. – Aus: Rainer Budde: Malerei auf den Punkt gebracht. In: Pointilismus. Auf den Spuren von Georges Seurat [Anlässlich der gleichnamigen Ausstellung, 6. September bis 30. November 1997, Wallraf-Richartz-Museum, Köln] Hrsg. von Rainer Budde. Prestel: München 1997. S. 7–9.

Material C: Die Ausstellung

Schon vor der Eröffnung der Ausstellung war über Seurats riesiges Bild in den Ateliers manches gemunkelt worden, auch über gewisse sonderbare Einzelheiten, zum Beispiel eine Dame mit einem ringelschwänzigen Affen an der Leine. […]

Seurats ›Grande Jatte‹ war zu groß, als daß Publikum und Berufskritiker sie hätten übersehen können. Doch die Reaktion auf die divisionistischen Bilder und namentlich auf die ›Grande-Jatte‹ glich derjenigen, die eins die ersten Bilder der Impressionisten hervorgerufen hatten: Es gab einen Skandal, »einen Vorbeimarsch von Beleidigung und Verhöhnungen« (Signac). Der irische Autor und Maldilettant George Moore erzählt, wie selbst viele Maler grüppchenweise vor Seurats Gemälde zogen und sich in höhnischen Ausrufen und rohem Gelächter überboten. Besonders das an der Leine geführte Äffchen versetzte die Leute in Stimmung. […]

Die Kritiken reichten von vernichtender Ablehnung bis zu überschwenglicher Bewunderung. Manche hielten das Bild für einen Schabernack, mit dem der Maler »ehrenwürdige Leute veralbern« wollte. […] Man warnte Seurat davor, »in die Karikatur zu verfallen«, und tadelte »die automatischen Gesten von Bleisoldaten«, die »schlecht fabrizierten Gliederpuppen«, die »armselig gegliederten Wachsfiguren«. […]

Einer der ersten Ausstellungsbesucher, die die ›Grande-Jatte‹ ernst nahmen und ihre Bedeutung erkannten, war der belgische Dichter Émile Verhaeren: »Die Neuheit dieser Kunst faszinierte mich sofort. Nicht einen Augenblick lang zweifelte ich an ihrer völligen Aufrichtigkeit und tiefen Originalität … An jenem Abend sprach ich mit Künstlern darüber; sie überhäuften mich mit Gelächter und Spott.« […]

Manche Kritiker vermißten in der ›Grande-Jatte‹ gerade das, was die Divisionisten durch ihr Verfahren zu geben versprachen: ein Höchstmaß an farbiger Leuchtkraft. Als Signac das Gemälde in Brüssel wiedersah, wo es in einem Saal hing, fand er die Pointillierung allzu minutiös: »Man merkt, daß die ›Grande-Jatte‹ in einem kleinen Atelier ohne die Möglichkeit des Abstandnehmens gemacht ist.« Aus größerer Entfernung nahm man die einzelnen Farbpunkte nicht mehr wahr.

> Dafür trat eine unerwartete und höchst unerwünschte Wirkung ein: Bei größerem Abstand schien sich ein grauer Schleier über das Bild zu legen. Die eigentliche Ursache erkannte Signac ebensowenig wie andere Zeitgenossen: daß nämlich die optische Mischung durchaus nicht immer zu einer Steigerung der Farbintensität, sondern mitunter eine Annäherung an Grau ergibt.

Abb. 34: Material C: Die Ausstellung. – Aus: Herbert Wotte: Seurat. Wesen – Werk – Wirkung. Dresden: Verl. der Kunst 1988. S. 50–53.

Es ist nicht vorgesehen, hier eine gesamte Unterrichtseinheit zum Roman zu entwerfen. Vielmehr handelt es sich um einzelne Bausteine im Rahmen der Text- und Figurenanalyse, die in einer komplexen Lernaufgabe münden. Im Vorfeld sollten bestenfalls grundlegende Aspekte des Texts thematisiert worden sein, wie etwa die Gegenüberstellung des fiktiven Agnes-Romans und den lebensweltlichen Erlebnissen der Figuren, dem Motiv der (chemischen) Symmetrie im Kontrast zum asymmetrischen Darstellungsverhältnis der beiden Figuren, die Thematisierung von Medienreflexivität, Intertextualität und Intermedialität im Allgemeinen sowie die Thematisierung der konkreten medienreflexiven Passagen und intertextuellen Bezüge im Roman. Hierzu bieten auch die einleitend zitierten Unterrichtshilfen zahlreiche Grundlagenmaterialien, wobei auch hier Büchels Materialsammlung besonders hervorzuheben ist.

Im Anschluss an die komplexe Lernaufgabe sollte zusammenfassend erörtert werden, wo und auf welche Weise das spezifische Wissen über die Figuren generiert wird. Dabei können die eingangs genannten Leitfragen Orientierung geben: Wer ist Agnes ›wirklich‹? Und was bedeutet ›Wirklichkeit‹ im Kontext der medienästhetischen Konstruktion des Romans? – Weiterführend schlägt die Frage nach der Textwirklichkeit eine Brücke zu

Stamms sehr kurzer Erzählung *Marcia aus Vermont* (2019), deren Thematisierung im Anschluss daher ebenfalls möglich ist.[505]

Alternativ zur komplexen Lernaufgabe ist wiederum ein handlungs- und produktionsorientiertes Verfahren möglich, bei dem die Schüler:innen eine Grabrede aus der Perspektive von Agnes' gutem Freund Herbert verfassen. Hierbei wäre ein Rückgriff auf Lerninhalte der Q2 und dem Themenfeld ›Sprache und Öffentlichkeit‹ möglich, in dem die Textform ›Rede‹ bereits thematisiert wird.[506] Hieran anschließend könnten die Schüler:innen im Rahmen einer praktischen Aufgabengestaltung angehalten werden, selbst intermediale Transformationsszenarien zu ersinnen und stilistisch prägnante bildkünstlerische Darstellungen in eine narrative Form zu bringen. Die schon zu Beginn des Methodenkapitels aufgeführten Beiträge des Sammelband *Sprechende Bilder – Besprochene Bilder* zeigen hier einige mögliche Unterrichtsszenarien auf.

Welche Perspektiven ermöglicht nun der hier präsentierte methodische Zugriff auf den Roman? Und welches didaktische Potenzial eröffnet die sukzessive Analyse und Interpretation der Korrelation von Figurengestaltung, Romanhandlung und Gemälde? – Zunächst zur Figurengestaltung und dem ersten Aufgabenteil: Besonders beim Vergleich der Bildfigurenbeschreibung im Roman mit dem außerliterarischen Original können die Schüler:innen Inkongruenzen zwischen dem tatsächlichen Gemälde und seiner literarischen Transformation feststellen. Dabei vergegenwärtigen sie die mediale Differenz von Bild und Text und daran anschließend deren medienspezifische Darstellungsmodi sowie deren narrative Potenziale. Gleichzeitig erfahren sie ein Spannungsverhältnis von fiktionaler Welt und extrafiktionalem Bezugsraum und damit einhergehend unterschiedliche Qualitäten und Intensitäten von Fiktionalität.

505 In Stamms Weihnachtsgeschichte *Marcia aus Vermont* steht ebenfalls die Frage nach der (textuellen) Wahrheit im Rahmen einer intermedialen Spurensuche im Fokus. Dort versucht der Ich-Erzähler anhand der Kurzgeschichte eines ehemaligen Bekannten die gemeinsame Vergangenheit zu rekonstruieren. Der Erzähler, sein Bekannter sowie die Titelfigur lebten gemeinsam in einer Dreiecksbeziehung. Später findet der Erzähler einen Kunstfotoband von Marcia, der nach der gemeinsamen Zeit entstanden ist und ihr Leben ohne den Erzähler präsentiert. Im Zusammenspiel von Kurzgeschichte, Bildband und eigener Erinnerung zeigt sich, dass sich die Vergangenheit nicht eindeutig rekonstruieren lässt. Stattdessen findet ein Aushandeln von Erzählwelt basierend auf unterschiedlichen Perspektiven statt. Ferner findet sich mit Marcias Fotografien auch hier ein intermedialer Rekurs auf die amerikanische Fotografin Sally Mann und ihrem kontrovers diskutierten Bildband *Immediate Family* (1992) wieder, dessen Debatte im Text aufgegriffen wird.

506 Hessisches Kultusministerium (Hrsg.): Kerncurriculum gymnasiale Oberstufe. S. 41.

Bei der Betrachtung der Wahlfiguren von Agnes und ihrem Freund erarbeiten die Schüler:innen Einblicke in die psychische Disposition der jeweiligen Figur. Dabei wird die Rezeption der figurenspezifischen Bildbetrachtungen als Rezeption zweiten Grades verstanden, bei der die Schüler:innen Seurats Gemälde aus der Perspektive der jeweiligen Figur nachvollziehen. Hierbei können sie einerseits eine Alteritätserfahrung machen. Andererseits kann die soziale und biografische Determiniertheit der Figuren erfahrbar und nachvollziehbar gemacht werden.

Die Erarbeitung und Gegenüberstellung der Figurencharakterisierung ermöglicht, die Mehr- und Uneindeutigkeit der Figurendarstellung perspektivisch zu verorten. Im Rahmen eines genderbewussten Literaturunterrichts können die Schüler:innen wiederum ausgehend von der weiblichen Selbstdarstellung die männliche Perspektive auf die Frau sichtbar machen und in ihrer Konstruktion problematisieren. Diese Dekonstruktion kann wiederum zum Ausbau von »Empathie, Rollendistanz, Ambiguitätstoleranz und Selbstdarstellung«[507] führen, wie es entsprechend bei Schilcher und Müller heißt.

Im Rahmen des zweiten Aufgabenteils erörtern die Schüler:innen die Rolle der zitierten künstlerischen Arbeit für die narrative Konstruktion des Textes. Intermedialität wird dabei als poetologisches Prinzip und Mittel ästhetischer Sinnkonstruktion verstehbar und nachvollziehbar gemacht. Dabei provoziert die Reflexion der ästhetischen Konstruktion die Unabschließbarkeit des Sinnbildungsprozesses. Ferner wird Intermedialität als poetologisches Prinzip und kulturelle Praxis verstehbar gemacht und befördert so den Ausbau eines literatur- und kulturhistorischen Bewusstseins.

Mit der abschließenden komplexen Lernaufgabe erproben die Schüler:innen eine neue Textform, welche die beiden bekannten Textformen Erörterung und Charakterisierung verbindet. Hierbei müssen sie sich entweder für eine ihrer Meinung nach plausible Charakterbeschreibung der Hauptfigur begründet entscheiden – oder sie müssen Sprach- und Argumentationsformen entwickeln, die die Ambivalenz des Charakters darstellbar machen.

Die Verwendung teils inhaltlich divergenter Sekundärtexte im Rahmen eines materialgestützten Literaturunterrichts fordert und fördert die Fähigkeit, Materialien selektiv zu lesen, nach notwendigen Informationen zu filtern und diese Informationen im Rahmen der eigenen Interpretation zu bewerten. Ferner ermöglicht die Mobilisierung textexternen Wissens

507 Müller u. Schilcher: Gender, Kinder- und Jugendliteratur und Deutschunterricht. S. 29.

über die Epoche oder Rezeptionsgeschichte von Seurats Gemälde, andere Aspekte des zitierten Kunstobjekts zu semantisieren und in Beziehung zum literarischen Text zu setzen. Dabei können die Schüler:innen das interpretatorische Potenzial des Textes sukzessive erschließen, indem sie ihr bisheriges Wissen anhand der Sekundärmaterialien prüfen und gewonnene Erkenntnisse jeweils neu kontextualisieren. Denn wie Spinner festhält, ergeben sich je nach herangezogenem Kontext »unterschiedliche Interpretationsausrichtungen«.[508] So kann durch die Bereit- und Gegenüberstellung von entsprechenden Materialien eine vielschichtige Auseinandersetzung fokussiert werden, was letztlich zu einem grundlegenden Ausbau der Textanalysekompetenz führen kann.

508 Kaspar H. Spinner: Interpretation (literarischer Texte). In: Handbuch Deutschunterricht. Theorie und Praxis des Lehrens und Lernens. Hrsg. von Jürgen Baurmann, Clemens Kammler u. Astrid Müller. Seelze: Klett Kallmeyer 2017. S. 193–196. S. 194.

Zusammenfassung, Reflexion und Ausblick: Bildreferenzen als neue Kategorie für Forschung und Lehre?

Zum Abschluss dieser Arbeit soll dreierlei geschehen: Zum einen gilt es, die Inhalte dieser literatur- und medienwissenschaftlich ausgerichteten und didaktisch akzentuierten Studie in ihrer Systematik zusammenfassend darzustellen. Zum zweiten sollen die Ergebnisse und ihre Relevanz für die fachwissenschaftliche und fachdidaktische Forschungslandschaft reflektiert werden. Zum dritten wird ein Ausblick auf potenzielle Anknüpfungspunkte und Vertiefungsmöglichkeiten im Hinblick auf das hier untersuchte Spannungsverhältnis medientransformatorischer und referenzieller Sinnbildungsverfahren formuliert.

Zusammenfassung

Gegenstand dieser Arbeit ist ein medienästhetisches Phänomen: Untersucht wurde die Betrachtung und Beschreibung von künstlerischen Arbeiten durch Figuren eines literarischen Textes. Dabei korreliert die Thematisierung von Kunst in der Literatur häufig mit dem bekannten und tradierten Motiv der Pygmalion'schen Skulpturenbelebung. Seit der Romantik wird der antike Stoff aufgegriffen, weiterentwickelt und mit Rekursen auf künstlerische Bildwerke amalgamiert. Der Anspruch dieser Arbeit ist es, jene vielfach untersuchten motivgeschichtlichen Aspekte von den eigentlichen intermedialen und medientransformatorischen Kunstrekursen zu trennen und so eine Analyseheuristik zu entwickeln, mit der jene Rekurse im Hinblick auf ihre narrative und referenzielle Struktur typologisiert werden können.

Zur Entwicklung der typologisch ausgerichteten Analyseheuristik wurde von der Prämisse ausgegangen, dass die bildbeschreibenden Figuren eines literarischen Textes interpretierende Subjekte innerhalb der literarischen Fiktion sind. Die Figuren formulieren und präsentieren individuelle Blicke auf Kunst, ihre Bildbeschreibungen sind also Rezeptionsberichte. Vor dem Hintergrund dieser Annahme wurden unterschiedliche epistemologische Modelle der Bild-, Literatur- und Medienwissenschaft zusammengeführt. Das Ziel ist es hierbei gewesen, ausgehend von produktionsseitigen Aspekten von Bildreferenzen (*wie* kann Bildsinn in Text implementiert werden?) deren rezeptionsseitige Potenziale zu erörtern (*wie* können Bildreferenzen Bedeutung generieren?). Zunächst wurden hierfür Rezeptionsmodelle der semiotischen und ikonischen Bildwissenschaft sowie postklassische Theoreme einer intermedialen Narratologie betrachtet. Im Fokus stand dabei die Frage, inwieweit sich die Bildbeschreibungen der Figuren entsprechend der Logik bekannter Bildrezeptionsmodellen systematisieren lassen. Im Anschluss wurden theoretische Ausführungen zur Ekphrasis dargestellt. Da es sich bei einer Ekphrasis im Sinne der Bildbeschreibung notwendigerweise bereits selbst um ein Transformationsprodukt handelt, wurde der Frage nachgegangen, inwieweit Ekphrasis-Theoreme für eine Analyse von Bildreferenzen nutzbar gemacht werden können. Um schließlich das dialogische Bezugsystem von Text und zitierter künstlerischer Arbeit zu untersuchen, wurden spezielle Aspekte unterschiedlicher hermeneutisch-pragmatischer intertextualitätstheoretischer Konzeptionen vergleichend reflektiert.

Im Hinblick auf die entwickelte Analyseheuristik sind folgende literatur-, bild- und medienwissenschaftliche Theoreme noch einmal als maßgeblich herauszustellen:

Basierend auf Überlegungen von Ulrich Broich und Jörg Helbig zur Markierung intertextueller Bezüge wurden Verfahren der Markierung von Bildreferenzen erörtert. Hierbei wurde eine Trennung vorgenommen zwischen der eigentlichen bildreferenziellen Textsequenz, in der eine Textstimme Darstellungselemente einer künstlerischen Arbeit beschreibt, und der markierenden Sichtbarmachung eben jener Referenz.[509]

509 Vgl. Kapitel »Intertextualität und Markierung«.

Mit Hilfe von Christoph Kleinschmidts Begriff der Intermaterialität konnte das aus intertextualitätstheoretischen Überlegungen bekannte Tandem aus Einzel- und Systemreferenzen um materialreferenzielle Bezüge ergänzt werden. Diese beschreiben – ganz der Kleinschmidt'schen Definition folgend – sinnkonstitutive Rekurse auf die Materialität eines Kunstmediums.[510]

Werner Wolfs Differenzierung zwischen direkten (genuinen) und indirekten (geborgten) Bildnarrativen sowie sein Begriff der Narrativierung, mit dem er die Verbalisierung von Bildnarrativen beschreibt, wurden genutzt, um Narrativierungen aus der Feder literarischer Figuren zu betrachten. Da zahlreiche künstlerische Arbeiten auf literarische oder historische Prätexte verweisen, verfügen diese – so Wolf – über ein indirektes Narrativ. Werden derartige künstlerische Arbeiten narrativiert, geschieht dies folglich vor dem Hintergrund ihrer literarischen Vorlagen. Im literarischen Text fungieren sie somit als Quasi-Intertexte.[511]

Künstlerische Arbeiten mit einem genuinen Narrativ verfügen indes über ein hohes Maß an Bedeutungsoffenheit. Bei ihrer Narrativierung werden potenziell mehrdeutige Bildelemente ›ein-deutig‹ benannt. Dabei schließt die Benennung implizit alternative Betitelungen und somit alternative Leseweisen und Interpretationen der künstlerischen Darstellung aus. Folgt man hier den Überlegungen von Nelson Goodman, der die Bildwelt als ›Vielheit von Weltversionen‹ und Bildrezeption als ›Weise der Welterzeugung‹ betrachtet, präsentiert der Text seinen Rezipient:innen nur eine von vielen Bildrealitäten.[512] Wolf wiederum spricht in diesem Fall von einer ›Narrativierung nach Maßgabe des kognitiven Rahmens des Narrativen‹. Wird dieser narrative Rahmen überschritten, handele es sich Wolf zufolge um eine ›narrative Funktionalisierung‹: eine Kategorie, die er zwar negativ akzentuiert, die im Kontext von literarischen Texten und verstanden als poetologisches Mittel jedoch durchaus produktiv erscheint. Entsprechend bildet sie die dritte Kategorie der Narrativierung der hier entwickelten Heuristik. Hierbei wird die bildkünstlerische Illustration etwa eines biblischen oder mythologischen Prätexts eben nicht vor dem Hintergrund ihrer literarischen Vorlage gelesen. Stattdessen eröffnet die Abkehr von prätextuellen Zuschreibungen die Darstellungen für subjektive Projektionen und

510 Vgl. Kapitel »Material, System und Diskurs«.
511 Vgl. Kapitel »Kunstgeschichte und postklassische Narratologie«.
512 Vgl. Kapitel »Bilder, Symbole und Possible Worlds«.

Interpretationen, die wiederum mit dem prätextuell geprägten Narrativ semantisch interagieren können.[513]

Im Rückgriff auf Stefan Greifs Begriff der poetischen Ekphrasis wurde das figurenspezifische Reflexionspotenzial der Kunstrekurse betrachtet. Greif analysiert poetische Bildbeschreibungen von Autoren, wobei er feststellt, dass diese Bildbeschreibungen zumeist weniger über die eigentlichen künstlerischen Arbeiten, dafür umso mehr über die Interpretierenden selbst aussagen. In der Übertragung auf die Bildbeschreibungen von literarischen Figuren – die gewissermaßen Autor:innen ihrer eigenen Ekphrasen sind – verdeutlicht sich deren figurenspezifisches Reflexionspotenzial. Denn dort ermöglichen die Bildbeschreibungen Einblicke in die psychische Disposition und Motivation der interpretierenden Figuren.[514]

Im Hinblick auf das semantische Spannungsverhältnis von literarischem Text und künstlerischer Arbeit sind Michail Bachtins Überlegungen zum intratextuellen Dialog der Textstimmen herauszustellen. Sein Begriff von Dialogizität als ›künstlich organisierte Redevielfalt‹ wurde auf die dialogische Betrachtung von künstlerischen Arbeiten in literarischen Texten übertragen und zu einer ›künstlich organisierten Interpretationsvielfalt‹ weitergedacht.

Mit Bachtins Idee eines intratextuellen Dialogs im Kontrast zu einem intertextuellen Dialog, wie ihn ein pragmatischer Intertextualitätsbegriff zulässt, wird wiederum eine oftmals doppelte Gerichtetheit von Bildreferenzen bestimmt, bei der die Verweise auf künstlerische Arbeiten sowohl textintern als auch textextern gerichtet sein können.[515]

Unter Rückgriff auf die eben skizzierten Theoreme ist eine Analyseheuristik entworfen worden, die eine Systematisierung der Kunstrekurse hinsichtlich verschiedener Formen der *Markierung*, *Narrativierung* und *Dialogizität* ermöglicht. Zu diesem Zweck wurde der Begriff der ›Bildreferenz‹ eingeführt. Im engeren Sinn meint dieser Bildkunst, die von Figuren eines literarischen Texts betrachtet, interpretiert oder besprochen wird. Die künstlerische Arbeit ist dabei Teil der Diegese und Gegenstand der Figurenrede. In einem erweiterten Sinn umfasst der Begriff alle ›weiteren‹ medialen Transformationsprozesse, bei der bildkünstlerische Visualität in Verbalität transformiert wird.

513 Vgl. Kapitel »Narrativierung von Bildern«.
514 Vgl. Kapitel »Transfer und Transformation«.
515 Vgl. Kapitel »Intertextualität und Dialogizität«.

Im Rahmen eines eng gefassten Arbeitsbegriffs von Bildreferenzen konnte gezeigt werden, dass diese sich mit ihrer oftmals doppelten (textinternen *und* textexternen) Gerichtetheit von bekannten Mustern intertextueller und intermedialer Textmontagen unterscheiden. Ferner erscheint besonders die Typologisierung unterschiedlicher Formen der Narrativierung bildkünstlerischer Darstellungen aus der Perspektive einer literarischen Figur als Desiderat. Hier konnte gezeigt werden, dass von Figuren beschriebene künstlerische Arbeiten strukturell auf unterschiedliche Weise narrativiert werden können: nämlich (1) als Quasi-Intertext, (2) als reduzierte Narrative und zuletzt (3) als negierte Intertexte.

Das Analysemodell wurde am Beispiel von sechs Texten erprobt und konnte mit unterschiedlicher Intensität seinen heuristischen Wert beweisen. Im Gegensatz zu anderen Untersuchungen der Beispieltexte wurde die oftmals doppelte Gerichtetheit sowie das figurenspezifische Reflexionspotenzial der Bildreferenzen herausgestellt. Im Rahmen der strukturellen Analysen wurden so jeweils fundierte Interpretationen erarbeitet, wobei die Ergebnisse der Strukturanalysen stets in Verbindung zu Handlungsaspekten gesetzt und motivische Korrelationen herausgearbeitet wurden. Dabei sind im Rückblick auf die Einzelanalysen folgende Ergebnisse noch einmal besonders hervorzuheben:

Unter dem Themenschwerpunkt ›Kunst und Materialität‹ wurden drei Texte vergleichend untersucht. Der Fokus lag auf der Frage, inwieweit die Thematisierung der Materialität zitierter Kunstmedien sinnkonstitutiv ist. Hierbei konnte gezeigt werden, dass die Materialrekurse häufig selbst die Qualität eines Narrativs erlangen und sinnbildlich für Handlungsaspekte stehen können. So fungiert beispielsweise in Peter Stamms *Agnes* (1998) das pointilistische Malprinzip als ›pointilistische Glücksformel‹ (viele glückliche Momente = glückliches Leben) und in Robert Walsers *Eine Art Kleopatra* (1928/1929) wird Craquelé als Zerfall eines Gemäldes auf den desolaten Zustand der auf diesem Gemälde basierenden Protagonistin übertragen. Ferner konnte gezeigt werden, dass in allen drei untersuchten Texten die Rekurse auf künstlerische Arbeiten und deren Materialität motivisch mit der ästhetischen Konstruktion der weiblichen Hauptfiguren amalgiert werden, beispielsweise indem in Leopold von Sacher-Masochs *Venus im Pelz* (1870) die wachsende emotionale Kälte der Protagonistin mit ihrer sinnbildlichen Versteinerung korreliert. Somit handeln alle drei Texte von weiblichen Figuren, die aus der Feder männlicher Ich-Erzähler ›erzählt‹ respektive konstruiert werden. Die Erzählerfiguren orientieren sich hierfür an bildkünstlerischen Darstellungen von Frauenfiguren, was auf der Handlungsebene wiederum zu einem medienreflexiven Wechselspiel von Identifikation und Abgrenzung führt, bei dem die Protagonistinnen mit ihren vermeintlichen Vorbildern konfrontiert werden.

Unter dem Themenschwerpunkt ›Kunst und Weiblichkeit‹ wurden ebenfalls drei Texte vergleichend untersucht. Obgleich schon im ersten Thementeil ein Fokus auf der Frage nach der Konstruktion der Frauenfiguren durch männliche Erzählerfiguren liegt, wurde jene Perspektive im zweiten Teil noch einmal verstärkt hervorgehoben. Dort ging es um die Frage, inwieweit die künstlerische Stilisierung der weiblichen Hauptfiguren Mittel der Sexualisierung ist und ferner, inwieweit die motivgeschichtliche Tradition des ›Sterbens der Frau am Bild‹ mit Verweisen auf künstlerische Arbeiten korreliert. Im Hinblick auf die Erprobung und Exemplifikation der entwickelten Analyseheuristik erweist sich dabei lediglich Johann Wolfgang Goethes Roman *Die Wahlverwandtschaften* (1809) als typisches Beispiel für eine bildreferenzielle Montage, bei der im Sinne einer engen Begriffsdefinition Figuren Kunst betrachten. Da jedoch die Stilisierung von Frauenfiguren als Kunstfiguren motivgeschichtlich eng mit Bildreferenzen verbunden ist, werden mit Gotthold Ephraim Lessings *Emilia Galotti* (1772) und Arthur Schnitzlers *Fräulein Else* (1924) auch Texte betrachtet, die primär motivgeschichtliche Aspekte des intermedialen Phänomens präsentieren. Im Rahmen der Analysen wird indes deutlich, dass in allen drei Texten eine motivische ›Sprachlosigkeit‹ der Frauenfiguren festzustellen ist, die mit ihrer zumeist unfreiwilligen Funktion als stumme Bildfiguren einhergeht. Dabei zeigen die künstlerischen Vorbilder und die in ihnen angelegte Mehrdeutigkeit die Frauenfiguren stets in einer Doppelrolle, bei der stereotype Geschlechterrollen opponiert werden und die Frauen im Zwiespalt stehen zwischen ›Engel‹ und ›Lustobjekt‹ (*Emilia Galotti*), zwischen ›Heiliger‹ und ›Hure‹ (*Wahlverwandtschaften*) oder zwischen schamvollem ›Typus Pudica‹ und selbstbestimmter ›Nuda Veritas‹ (*Fräulein Else*).

Im Rahmen der Didaktisierung der fachwissenschaftlichen Analyseergebnisse ist es das Ziel gewesen, didaktische und methodische Perspektiven aufzuzeigen, die das medienästhetische Reflexionspotenzial von Bildreferenzen vergegenwärtigen und Intermedialität als Mittel poetischer Sinnkonstruktion verstehbar und nachvollziehbar machen. Wie auch im fachwissenschaftlichen Teil dieser Arbeit wurde hierfür von der Prämisse ausgegangen, dass die bildbeschreibenden Figuren eines literarischen Textes interpretierende Subjekte innerhalb der literarischen Fiktion sind.

Wenn diese subjektiven Rezeptionsberichte nunmehr von Schüler:innen gelesen werden, handelt es sich um eine Rezeption zweiten Grades, bei der die Schüler:innen die Bildrezeption einer Figur nachverfolgen. Um jene figurenspezifischen Rezeptionsberichte didaktisch aufzubereiten, wurde ein Lernmodell entwickelt, dass sich aus unterschiedlichen kunst- und literaturdidaktischen Überlegungen speist. In deren Bedeutung für das Lernmodell sind folgende didaktische Konzeptionen noch einmal als maßgeblich herauszustellen:

Mit Hilfe der vom Kunstdidaktiker Rolf Niehoff entwickelten ›Dimensionen von Bildkompetenz‹ wurden medienkomparative Aspekte literarischer Bildbeschreibungen betrachtet. Ferner wurde Niehoffs Idee einer ›biografischen Dimension‹ von Bildkompetenz auf die Thematisierung von Bildreferenzen übertragen. Mit dieser beschreibt Niehoff die Fähigkeit der Schüler:innen, sich bei der Kunstrezeption der eigenen (rezeptionsseitigen) und fremden (produktionsseitigen) sozialen und biografischen Determiniertheit bewusst zu werden.[516]

Im Hinblick auf die Koordinierung von eigener und fremder Bildperspektive wurde mithilfe von Florian Rietz' literaturdidaktischem Modell der Perspektivübernahmekompetenz die notwendige Fähigkeit der Schüler:innen diskutiert, die eigenen Wert- und Normvorstellungen mit denen der bildbeschreibenden Figuren abzugleichen und so zu relativieren.[517]

Unter Rückgriff auf Mechthild Dehns Begriff einer visual literacy wurden unter anderem methodologische Aspekte handlungs- und produktionsorientierter Verfahren in der Auseinandersetzung mit Bildreferenzen betrachtet. Ein Fokus liegt hierbei auf der Entwicklung sprachlicher Mittel, die ermöglichen, die visuell-narrative Mehrdeutigkeit von künstlerischen Arbeiten sichtbar und diskutierbar zu machen.[518]

Zuletzt wurden didaktische Überlegungen zu intertextuellen Lektüreverfahren auf eine Thematisierung von Bildreferenzen im Schulunterricht übertragen. Zentral ist hier ein didaktischer Ansatz von Andreas Wicke, der kognitiv-analytische mit handlungs- und produktionsorientierten Verfahren verbindet.[519]

516 Vgl. Kapitel »Bildreferenzen und Bildkompetenz«.
517 Vgl. Kapitel »Bildreferenzen und Figurenperspektive«.
518 Vgl. Kapitel »Bildreferenzen und visual literacy«.
519 Vgl. Kapitel »Bildreferenzen, Intertextualität und Didaktik«.

Basierend auf den eben skizzierten didaktischen Konzeptionen wurde ein Lernmodell entwickelt, das sich in die vier Anforderungsbereiche *Wahrnehmen, Erkennen, Deuten* und *Produzieren* von Bildreferenzen unterteilt. Das Lernmodell ist dem Themenfeld der Darstellungs-, Handlungs-, und Figurenanalyse zuzuordnen und umfasst kognitiv-analytische sowie praktische Texterschließungsverfahren.

Während in den ersten beiden Anforderungsbereichen basale Fragen des Wahrnehmens und Strukturierens von Bildreferenzen im Zentrum stehen, fokussiert der dritte Bereich deren Reflexionspotenzial. Ein Schwerpunkt liegt hier auf der intrafiktionalen Relation einer zitierten künstlerischen Arbeit im Kontext figurenspezifischer Interpretationen sowie auf der Rolle der zitierten künstlerischen Arbeit für die poetologische Konstruktion des Textes. Im vierten Anforderungsbereich werden die vorigen Lernaspekte im Praktischen erprobt und um Fragen nach den Bedingungen und Folgen einer medialen Transformation ergänzt.

Im Rahmen jener modellierten Thematisierung von Bildreferenzen können sich die Schüler:innen die mediale Differenz von Bild und Text und daran anknüpfend medienspezifische Darstellungselemente sowie ikonische, symbolische und narrative Potenziale von Kunst vergegenwärtigen. Ebenfalls zentral erscheint die Erfahrung des Spannungsverhältnisses von fiktionaler Welt und extrafiktionalem Bezugskosmos sowie die Möglichkeit, die soziale und biografische Determiniertheit der Figuren nachzuvollziehen und so eine Alteritätserfahrung zu machen. Ferner kann die Relativierung der eigenen Bildrezeption eine kritische Selbstreflexion ermöglichen und das Ausbilden einer Ambiguitätstoleranz begünstigen. Intermedialität und Medienreflexivität kann hierbei als literaturhistorisch konventionalisiertes Mittel poetischer Sinnkonstruktion verstanden werden und Schüler:innen anregen, sich auf die Unabschließbarkeit der Sinnbildung einzulassen.

Das Lernmodell wurde anhand zweier exemplarischer Ausblicke auf eine methodische Gestaltung der Inhalte exemplifiziert. Hier konnte gezeigt werden, dass der aktuelle Bildungskanon mit Stamms *Agnes* und Lessings *Emilia Galotti* literarische Texte summiert, die eine Thematisierung intermedialer und medienreflexiver Textpassagen begünstigen, und ferner, dass ein Fokus auf die Bilder-Thematik der beiden Texte fruchtbare Lernerfolge ermöglichen kann.

Wie bereits oben erwähnt, existiert in Lessings Dramentext keine bildreferenzielle Montage im eigentlichen Sinn. Stattdessen handelt es sich bei dem dort besprochenen Gemälde um ein fiktives Porträt der weiblichen Titelfigur. Gleichwohl fungiert dieses als Aushandlungsort der Stellung der Frau im Macht- und Beziehungsgeflecht höfischer Strukturen. Verstanden als Leerstelle kann das fiktive Gemälde indes als Ausgangspunkt handlungs- und produktionsorientierter Verfahren dienen. Hierfür formulieren die Schüler:innen eine Bildbeschreibung aus der Perspektive einer anderen Figur. Ziel ist es herauszuarbeiten, wie Emilia von den anderen Figuren (Mutter, Vater, Verlobter, Prinz etc.) gesehen wird. Das fiktive Gemälde wird dabei im Rahmen einer literarischen Bildbeschreibung sprachlich konstruiert und durch ikonographische und emblematische Elemente semantisch aufgeladen. Hierbei verbinden sich Aspekte der Figurenanalyse und Bildkritik.

Am Beispiel von Stamms *Agnes* wurde wiederum ein methodischer Zugriff entwickelt, der sich dem materialgestützten Literaturunterricht zuordnen lässt. Bei der Betrachtung eines pointilistischen Gemäldes von Georges Seurat weisen sich die beiden Hauptfiguren Bildfiguren zu. Dabei steht das pointilistische Prinzip einerseits analog zur narrativen Struktur des Romans. Andererseits ermöglicht der Gemälderekurs der Frau, die einseitige Darstellung ihrer Person durch den Ich-Erzähler zu relativieren, indem sie seinen Ausführungen ein außerliterarisches Selbstbild entgegenstellt. Um sich dem hieraus entstehenden Spannungsfeld von innerliterarischer Text-Realität und außerliterarischer Bild-Realität im Schulunterricht annähern zu können, werden verschiedene, teils inhaltlich disparate Sekundärmaterialien bereitgestellt. Anhand dieser beantworten die Schüler:innen wiederholt dieselben Fragen jeweils vor dem Hintergrund neuer Materialien. Hierdurch können sie sich das interpretatorische Potenzial der bildreferenziellen Montage sukzessive erschließen, indem sie gewonnene Erkenntnisse jeweils prüfen und neu kontextualisieren müssen. Abschließend erstellen die Schüler:innen eine erörternde Charakterisierung, in der sie die widersprüchlichen Perspektiven auf die Frauenfigur zusammenbringen.

Reflexion

Mit der Zusammenfassung der Forschungsergebnisse stellt sich die Frage, inwieweit sich der hier eingeführte Begriff der ›Bildreferenz‹ eignet, das von ihm beschriebene medienästhetische Phänomen zu typologisieren.

Kann und soll die ›Bildreferenz‹ eine neue Kategorie für Forschung und Lehre sein?

Diese Frage ist differenziert zu bewerten, denn ähnlich wie sich die vorliegende Arbeit in einen fachwissenschaftlichen und einen fachdidaktischen Teil gliedert, ist auch die Antwort eine geteilte.

Betrachtet man den bisherigen literatur- und medienwissenschaftlichen Diskurs, lässt sich eine Vielzahl an Begrifflichkeiten ausfindig machen, die das relationale Verhältnis von bildender Kunst und Literatur sowie ihre motivgeschichtliche Tradition typologisieren.[520] Sie alle beschreiben ähnliche Vorgänge unter einem jeweils spezifisch gelagerten Gesichtspunkt, und sie alle haben ihren heuristischen Wert. Entsprechend war das Ziel dieser Arbeit nicht, im Sinne des bekannten ›alten Weins in neuen Schläuchen‹ einen weiteren Begriff für ein bereits beschriebenes Phänomen vorzuschlagen. Vielmehr versteht sich der hier verwendete und bereits zuvor etablierte Begriff der ›Bildreferenz‹ als ein phänomenorientierter Arbeitsbegriff, der einen konzentrierten Blick auf einen bestimmten medienästhetischen Aspekt ermöglicht: in diesem Fall auf das Nebeneinander von Transformation und Referenzialität bei Kunstbetrachtungen durch Figuren im literarischen Text. Und wie schon zuvor beschrieben, erscheint hier vor allem die Analyse der doppelten Gerichtetheit von Bildreferenzen sowie die Typologisierung unterschiedlicher Formen der Narrativierung bildkünstlerischer Darstellungen als größte Erkenntnis.

Einige der Ausführungen in dieser Arbeit können natürlich auch kritisch bewertet werden. So stellt sich die Frage, inwieweit die hier entwickelte Heuristik einen analytischen Mehrwert gegenüber motivischen Interpretationsverfahren birgt, handelt es sich doch bei der Hälfte der hier betrachteten Beispieltexte um solche, die das antik-literarische Motiv der Pygmalion'schen Skulpturenbelebung reproduzieren.[521] Dabei scheint sich die Konzentration auf die hier entwickelte Typologie immer dann als zu einseitig zu erweisen, wenn die Kunstrekurse inhaltlich mit motivischen

520 Im Theorie-Teil dieser Arbeit werden einige davon ausgeführt, wobei sie jeweils unterschiedliche Aspekte (Narrativität, Materialität, Visualität, Referenzialität, mediale Transformation, Autorenschaft, Motivgeschichte etc.) fokussieren. Um deren terminologische Diversität einmal darzustellen, hier eine Auswahl: ›bildliche Lebendigkeit‹ (Brandes), ›literarische Gemälde‹ (Klier), ›Iconotexte‹ (Wagner), ›poetische Ekphrasis‹ (Greif), ›narrative Ekphrasis‹ (Yacobi), ›interart transfer‹ (Yacobi), ›Formzitat‹ (Böhn), ›Intermaterialität‹ (Kleinschmidt).

521 Der Topos eines Pygmalion'schen Bildanimismus findet sich in Sacher-Masochs *Venus im Pelz*, in Schnitzlers *Fräulein Else* und in Stamms *Agnes*.

Aspekten einer Skulpturenbelebung verbunden sind. So wurde etwa – um ein Beispiel zu nennen – im Analysekapitel zu Sacher-Masochs *Venus im Pelz* die ›marmorne Haut‹ der Protagonistin als materialreferenzieller Verweis auf das skulpturale Vorbild benannt. Hierbei handelt es sich um eine typologische Zuweisung, die besonders im Kontext von Petrifikationsdiskursen zu kurz gegriffen erscheint. Gleichwohl lässt sich auch hier – um auf die zuvor angeführte Frage zurückzukommen – ein erheblicher analytischer Mehrwert feststellten. So konnte im Rahmen der Strukturanalysen aufgezeigt werden, auf welche Weise(n) die motivischen Aspekte strukturell realisiert werden und ferner, welche medienreflexive Potenziale sie mitunter bergen. Indes verdeutlicht jene Befangenheit zwischen Strukturanalyse und Motivanalyse die enge Verwobenheit des medientransformatorischen Phänomens ›Kunstzitat‹ und der Reproduktion des literarischen Topos ›Skulpturenbelebung‹, deren Trennung zwar das eingangs erklärte Ziel war, deren Zusammenführung im Rahmen einer fundierten Textinterpretation jedoch häufig notwendig ist.

Die didaktische Forschung zeichnet eine gegenläufige Tendenz. Betrachtungen von medienreflexiven und intermedialen Phänomenen im Literaturunterricht sind gemeinhin nicht Usus, wohl auch, weil es sich hierbei um ein sehr komplexes Themengebiet handeln kann. Intertextuelle und medienkomparative Lektüreverfahren sind zumeist nur im Bereich der Sekundarstufe II zu finden. Gleichwohl existieren in der jüngeren Forschung zunehmend transdidaktische Zugänge zwischen Literaturdidaktik und Kunstpädagogik, bei denen die Mehrdeutigkeit narrativer Bildwelten thematisiert wird und die individuellen Versprachlichungen der Schüler:innen diskursiver Unterrichtsgegenstand sind.[522]

Inwieweit sich Bildreferenzen für eine Thematisierung im Schulunterricht eignen und wie eine didaktische Modellierung aussehen könnte, wurde bereits in den entsprechenden Kapiteln ausführlich diskutiert. Im Folgenden stellt sich nunmehr die Frage, inwieweit sich nicht der Gegenstand,

522 Siehe hierzu exemplarisch Ulf Abraham u. Alexander Glas: Vom Text zum Bild – Vom Bild zum Text. Die Rolle der Vorstellungsbildung in einer transdisziplinären Didaktik. In: Sprechende Bilder – Besprochene Bilder. Hrsg. von Alexander Glas u. a. München: kopaed 2016 (= IMAGO.Kunst.Pädagogik.Didaktik 3). S. 201–210; Kristina Bismarck u. Andreas Fries: Bildgerüste als Basis für literarisches Lernen. In: Sprechende Bilder – Besprochene Bilder. Hrsg. von Alexander Glas u. a. München: kopaed 2016 (= IMAGO. Kunst.Pädagogik.Didaktik 3). S. 501–513; Florentine Leser: Schreiben zu Kunstwerken. Schreib-, literatur- und kunstdidaktische Perspektiven am Beispiel von Paul Klee. In: Sprechende Bilder – Besprochene Bilder. Hrsg. von Alexander Glas u. a. München: kopaed 2016 (= IMAGO.Kunst.Pädagogik.Didaktik 3). S. 403–416.

sondern die zu seiner Beschreibung entwickelte Typologie als ›schultauglich‹ erweist.

Besonders im Hinblick auf seine typologische Einfachheit und Plausibilität erscheint der Begriff der ›Bildreferenz‹ als geeignet für eine schulische Auseinandersetzung mit dem von ihm beschriebenen medienästhetischen Phänomen. Gleichwohl ist diese Einschätzung subjektiv und sollte daher von anderer Seite überprüft werden. Ebenfalls ist fragwürdig, ob ›typologische Einfachheit‹ und ›Plausibilität‹ Garant für eine schulische Tauglichkeit sind, solange das thematisierte Phänomen komplex ist. Denn wie Clemens Kammler schon im Hinblick auf intertextuelle Lektüreverfahren festhält, sollte es nicht die Aufgabe von Schulunterricht sein, »die philologische Praxis von Literaturwissenschaftlern zu einem zentralen Thema des Deutschunterrichts zu machen.«[523] Komplexe medienästhetische Phänomene wie Intertextualität, Intermedialität oder Bildreferenzialität sind zwar konstitutiver Teil von Literatur und damit per se relevant. Ihre Thematisierung im Schulunterricht bedarf jedoch einer adäquaten Modellierung, um die Komplexität handhabbar zu machen. Der Begriff der ›Bildreferenz‹ leistet hierzu einen Beitrag.

Ausblick

Um zuletzt einen Ausblick auf potenzielle Anknüpfungspunkte und Vertiefungsmöglichkeiten im Hinblick auf das hier untersuchte Spannungsverhältnis medientransformatorischer und referenzieller Sinnbildungsverfahren zu formulieren, sollen vier Themenbereiche hervorgehoben werden: zum einen ein gendertheoretischer, zum zweiten ein medienkomparativer, zum dritten ein linguistischer und zum vierten ein didaktischer Schwerpunkt.

Im Rahmen der sechs Beispielanalysen ist deutlich geworden, dass besonders das Aushandeln von Geschlechter- bzw. Frauenbildern am Beispiel von Kunst ein gängiges Phänomen ist. Dieses wurde in der vorliegenden Arbeit primär unter motivgeschichtlichen Gesichtspunkten und im Kontext von Petrifikationsdiskursen betrachtet. Eine Analyse des Phänomens unter

523 Clemens Kammler: Intertextueller Literaturunterricht. In: Taschenbuch des Deutschunterrichts. Bd. 2: Literatur- und Mediendidaktik. Hrsg. von Volker Frederking, Hans-Werner Huneke, Axel Krommer u. Christel Meier. Baltmannsweiler: Schneider Verl. Hohengehren 2010. S. 299–310. S. 307.

Einbezug gendertheoretischer Konzeptionen erscheint indes durchaus gewinnbringend. Konkret könnte hierfür der mediale Transformationszyklus der Frauendarstellungen betrachtet werden. Denn wenn Ulrich Stadler feststellt, dass Werke der bildenden Kunst seit jeher »etwas darstellen dürfen, und zwar sanktionslos darstellen dürfen, was verboten wäre und bestraft würde, wenn es sich außerhalb der Kunst ereignete«,[524] dann beschreibt er damit primär die Darstellung weiblicher Nacktheit in Malerei und Skulptur. Bei dieser ›sanktionsbefreiten‹ Kunst handelt es sich zumeist um die erotisch konnotierte Darstellung nackter Frauenkörper aus einer meist männlichen Perspektive, geschaffen für ein meist männliches Publikum. Im Kontext von Bildreferenzen werden jene männlichen Bildperspektiven auf Frauen wiederum von zumeist männlichen Figuren betrachtet und interpretiert. Dass sich unter den in dieser Arbeit analysierten Texten keine Frau als Autorin befindet, erscheint im Kontext dieser augenscheinlich männlich-heteronormativen Domäne frappierend und wurde bereits im Kapitel »Kunst und Weiblichkeit« problematisiert. Mithilfe von Laura Mulveys Konzept des ›male gaze‹[525] könnten jene ›Bemächtigungs-Perspektiven‹[526] nunmehr systematisch dekonstruiert werden, die im Rahmen der medialen Transformations- und narrativen Aneignungsprozesse vielfach zutage treten, nämlich intradiegetisch durch männliche Figuren, extradiegetisch durch männliche Erzählinstanzen und extrafiktional durch die Autor:innen und Leser:innen und ihrem internalisierten ›male gaze‹.[527] So ist besonders im Kontext von Bildreferenzen die Frage nach der männlichen (Bild-) Perspektive auch stets eine Frage nach der Macht der Bildproduktion, des männlichen Darstellens und weiblichen Dargestellt-Werdens.

524 Ulrich Stadler: Schaulust und Voyeurismus. Ein Abgrenzungsversuch. Mit einer Skizze zur Geschichte des verpönten Blicks in Literatur und Kunst. In: Schaulust. Heimliche und verpönte Blicke in Literatur und Kunst. Hrsg. von Ulrich Stadler u. Karl Wagner. München: Wilhelm Fink 2005. S. 9–38. S. 10.

525 Vgl. hierzu: Laura Mulvey: Visual Pleasure and narrative Cinema. In: Screen 16 (1975) H. 3. S. 6–18.

526 Diesen Begriff habe ich von Antonia Ingelfinger und Meike Penkwitt geborgt, die damit die visuelle Inbesitznahme der dargestellten Frauen sehr treffend beschreiben. (Vgl. Antonia Ingelfinger u. Meike Penkwitt: *Screening Gender* – Geschlechterkonstruktionen im Kinofilm. In: Freiburger FrauenStudien 14 (2004). S. 12–37. S. 30.)

527 Dem englischen Kunstkritiker John Berger zufolge führt die Dichotomie von weiblichem Selbst- und männlichem Fremdbild zu einer Internalisierung der männlichen Perspektive durch die Frau. Die Frau übernehme die männliche Sicht auf ihren Körper. Er schreibt: »Men look at women. Women look themselves being looked at. […] [T]he surveyor of women in herself is male: the surveyed female. Thus she turns into an object«. (John Berger: Ways of Seeing [1972]. Harmondsworth: Penguin Classics 2008. S. 47.)

Im Rahmen einer medienkomparativen Perspektive könnte untersucht werden, inwieweit sich eine Anwendung der hier entwickelten Heuristik auf andere mediale Verarbeitungen von Bildgesprächen übertragen lässt. Wie verhält es sich beispielsweise im Hörspiel, Theater oder Film? Welche Auswirkungen hätte die sichtbare Darstellung einer besprochenen künstlerischen Arbeit auf Bühne oder Bildschirm? Und wie verändert sich hierdurch das Sprechen über die Bilder?

Hieran anknüpfend eröffnet sich eine linguistische Perspektive mit der Frage nach dem literarischen Sprechen über Kunst im Vergleich zur pragmatischen Kunstkommunikation. Es könnte untersucht werden, inwieweit sich in literarischen Texten auch typische Merkmale eines außerliterarischen Sprechens über Kunst wiederfinden lassen. So sind nach Heiko Hausendorf und Marcus Müller das Bezugnehmen, Beschreiben, Deuten, Erläutern und Bewerten von Kunst typische Aspekte der Kunstkommunikation.[528] Weiter kann untersucht werden, inwieweit die Kunstbetrachtungen von literarischen Figuren performativen Charakter haben und als Mittel der Profilierung und Charakterbildung eingesetzt werden. Intrafiktional stellt sich dabei die Frage, welche Wirkung das Sprechen über Kunst auf andere Figuren haben kann. Poetologisch ist zu fragen, wie das Mittel der Kunstkommunikation genutzt wird, um die Figuren auszugestalten. Die Betrachtung des schon in der Einleitung angeführten Dramentextes »*Kunst*« (1994; franz.: « *Art* ») von Yasmina Reza erscheint unter diesem Gesichtspunkt als besonders vielversprechend. Die ebenfalls in der Einleitung herangezogenen Romane von Michel Houellebecq, Miguel Ángel Hernández, Jan Peter Bremer und Kristof Magnusson erweisen sich ebenso als ein solides Textkorpus.

Um nun zum letzten Punkt des Ausblicks zu kommen, folgt abschließend eine didaktische Perspektive. So könnte anknüpfend an die didaktischen Analyseergebnisse der vorliegenden Arbeit betrachtet werden, inwieweit sich eine Brücke schlagen lässt von den Referenzialitäts- und Transformationsprozessen der hier analysierten Texte hin zu Erzeugnissen der (digitalen) Alltagskultur und ferner, inwieweit sich aus den kulturproduktiven Verfahren der Vergangenheit Erkenntnisse für eine alltagskulturelle Praxis der Gegenwart und Zukunft ableiten lassen. So hält auch der Kultur- und Medienwissenschaftler Felix Stalder fest, dass sich »der zunehmende

528 Vgl. Heiko Hausendorf u. Marcus Müller: Formen und Funktionen der Sprache in der Kunstkommunikation. In: Handbuch Sprache in der Kunstkommunikation. Hrsg. von Heiko Hausendorf u. Marcus Müller. Berlin: De Gruyter 2016. S. 3–48. S. 5f.

Umgang mit Referenzen [...] keineswegs nur in der Gegenwartskunst beobachten [lässt]«.[529] Medienästhetische Verfahren der Referenzialität und Transformation erscheinen alltäglicher denn je und bilden eine entscheidende Grundlage digitaler Kulturen. Und ohne Intertextualität und Intermedialität in ihrer Komplexität trivialisieren zu wollen, könnten Phänomene der digitalen Kultur auf eine theoretische Anschlussfähigkeit hin untersucht werden. Überspitzt formuliert würde die Frage also lauten: Wieviel ›Universalpoesie‹ steckt eigentlich in der ›Meme-Culture‹? Gibt es Parallelen im Hinblick auf die Aneignungsverfahren von kanonisierten Stoffen? Und welche Mechanismen verbergen sich jeweils hinter den medientransformatorischen Phänomenen? Eine derartige Erweiterung des Untersuchungsgegenstandes würde es ermöglichen, Prozesse der Transformation und Referenzialität in ihrer Bedeutung für die kulturelle Praxis der Vergangenheit und Gegenwart zu betonen und Phänomene der heutigen Alltagskultur in ihrer durchaus traditionellen Struktur besser verstehbar zu machen.

529 Felix Stalder: Kultur der Digitalität. Berlin: Suhrkamp 2016 (= edition suhrkamp 2679). S. 96f.

Fazit

Die Betrachtung von Kunst durch Figuren eines literarischen Texts ist ein facettenreiches Phänomen und eine außerordentliche Form intermedialer Sinnkonstruktion, bei der Bildsinn auf unterschiedliche Weise in den literarischen Text implementiert werden kann. Diese literatur- und medienwissenschaftlich ausgerichtete und didaktisch akzentuierte Studie untersucht jene figureneigenen Kunstbetrachtungen im Spannungsfeld von Referenzialität und narrativer Transformation der zitierten künstlerischen Arbeiten. Hierbei wird von der Prämisse ausgegangen, dass die Figuren eines literarischen Texts kunstinterpretierende Subjekte innerhalb der literarischen Fiktion sind. Die Kunstbetrachtungen sind also Rezeptionsberichte.

Figuren betrachten Kunst. Sie identifizieren sich mit Bildrollen oder schreiben ihrem Gegenüber eine Bildrolle zu. Sie stellen Bilder nach oder reproduzieren dargestellte Handlungen. Hierbei wird die Kunst von der sie betrachtenden Figur interpretiert und funktionalisiert. Als Leser:innen ›sehen‹ wir die Kunst durch die Augen der bildbetrachtenden Figuren. Es handelt sich also um eine Rezeption zweiten Grades. Jene narrativen Transformationen können wiederum ästhetisch unterschiedlich realisiert werden, abhängig von der narrativen Struktur der zitierten künstlerischen Arbeit und der individuellen Lesart der interpretierenden Figur. Gleichzeitig steht die Rezeptionsversion der jeweiligen Figur dem extrafiktionalen Original gegenüber. Bedeutung wird somit auf unterschiedlichen Textebenen erzeugt: (a) Fiktionsimmanent auf der *Handlungsebene* können die Kunstbetrachtungen Aufschluss über die psychische und soziale Disposition der interpretierenden Figuren geben und so ermöglichen, die Motivation und das Handeln der Figuren nachzuvollziehen. (b) *Textextern* gerichtet fungieren die Bildbetrachtungen wiederum als Verweis auf das außerliterarische Original und können so im Rahmen einer ›semantischen Differenz‹ Bedeutung generieren. Hierbei eröffnet sich ein semantisches Spannungsfeld von Originalbild und sprachlichem Abbild sowie deren Verhältnis zum literarischen Text.

Die Ergebnisse der interdisziplinär ausgerichteten Untersuchung werden im Rahmen einer transdidaktischen Potenzialanalyse perspektiviert und didaktisch modelliert. Der didaktische Teil dieser Arbeit leistet damit einen Beitrag zum fächerübergreifenden Unterricht und kann der Vernetzung fachlicher und überfachlicher Wissensbestände und Kompetenzbereiche dienen. Untersucht wird hierin das didaktische Potenzial der literarischen Gemäldebetrachtungen. Da Bildgespräche in literarischen Texten häufig als Mittel fungieren, die Figuren zu charakterisieren sowie Selbst- und Fremdbilder auszuhandeln, erweist sich deren Thematisierung im Schulunterricht als fruchtbares Mittel der Handlungs- und Figurenanalyse. Gleichzeitig dienen die Bildgespräche häufig dem Zweck, insbesondere weibliche Geschlechterrollen auszuhandeln. Und gerade das kann sie im Rahmen von Unterrichtskontexten sehr interessant machen. So sind die Autoren, Maler, und bildbeschreibenden Figuren der hier analysierten Texte fast alle männlich, die betrachteten Bildfiguren hingegen fast alle weiblich. Die Beschäftigung mit Rekursen auf Kunst ist somit zumeist auch eine Auseinandersetzung mit dem Bild der Frau in der Literatur aus einer primär männlichen Perspektive. Dabei handelt es sich um eine durchaus problematische Konstellation, die mit Hilfe des hier entwickelten Lernmodells dekonstruiert werden kann. Gleichzeitig legt die didaktische Modellierung einen Fokus auf literarische Bildgespräche als Mittel intermedialer Sinnbildungsverfahren, die von Schüler:innen sowohl theoretisch reflektiert als auch praktisch erprobt werden können.

Literaturverzeichnis

Abraham, Ulf: Lesekompetenz, literarische Kompetenz, poetische Kompetenz. Fachdidaktische Aufgaben in einer Medienkultur. In: Kompetenzen im Deutschunterricht. Beiträge zur Literatur-, Sprach- und Mediendidaktik. Hrsg. von Heidi Rösch. 2., überarb. u. erw. Aufl. Frankfurt: Peter Lang 2008 (= Beiträge zur Literatur- und Mediendidaktik 9). S. 13–26.

Abraham, Ulf u. Glas, Alexander: Vom Text zum Bild – Vom Bild zum Text. Die Rolle der Vorstellungsbildung in einer transdisziplinären Didaktik. In: Sprechende Bilder – Besprochene Bilder. Hrsg. von Alexander Glas u. a. München: kopaed 2016 (= IMAGO. Kunst.Pädagogik.Didaktik 3). S. 201–210.

Abraham, Ulf u. Kammler, Clemens: Materialgestütztes Lesen und Schreiben im Literaturunterricht. In: Praxis Deutsch 237 (2019). S. 4–11.

Afschar, Yasmin u. Schmutz, Thomas: Robert Walsers Bildwelten – Das Sehen sehen. In: Ohne Achtsamkeit beachte ich alles. Robert Walser und die bildende Kunst. [Anlässlich der gleichnamigen Ausstellung, 10. Mai bis 27. Juli 2014, Aargauer Kunsthaus, Aarau.] Hrsg. von Madeleine Schuppli, Thomas Schmutz u. Reto Sorg. Sulgen: Benteli 2014. S. 93–121.

Al-Taie, Yvonne: Tropus und Erkenntnis. Sprach- und Bildtheorie der deutschen Frühromantik. Göttingen: V & R unipress 2015.

Alberti, Leon Battista: Drei Bücher über die Malerei [1436.; ita.: Della pittura di Leon Battista Alberti libri tre]. In: Ders.: Kleinere kunsttheoretische Schriften. Hrsg. u. übers. von Hubert Janitschek. Wien 1877 (= Quellenschriften für Kunstgeschichte und Kunsttechnik des Mittelalters und der Renaissance XI), S. 46–163.

Ameling, Walter: Kleopatra VII. In: Der Neue Pauly. Enzyklopädie der Antike. Hrsg. von Hubert Cancik und Helmuth Schneider. Bd. 6: Altertum. Iul–Lee. Stuttgart: Metzler 1999. Sp. 591–593.

Athenaios: Das Gelehrtenmahl [ca. 193 n. Chr.; gre.: Δειπνοσοφιστα] Eingel. u. übers. von Claus Friedrich. Kommentiert von Thomas Nothers. Buch XI–XV. Teil 1: Buch XI–XIII. Stuttgart: Hiersemann 2000.

Aurnhammer, Achim: Arthur Schnitzlers intertextuelles Erzählen. Berlin: De Gruyter 2013 (= linguae & litterae 22).

Bachmann-Medick, Doris: Gegen Worte – Was heißt ›Iconic/Visual Turn‹? In: Gegenworte 20 (2008). S. 9–15.

Bachtin, Michail M.: Das Wort im Roman [1934/35; rus.: Слово вромане]. In: Ders.: Die Ästhetik des Wortes. Hrsg. u. eingel. von Rainer Grübel. Aus dem Russ. übers. von Rainer Grübel u. Sabine Reese. Frankfurt: Suhrkamp 1979. S. 154–300.

Bärnthaler, Günther: Fächerübergreifender Unterricht. Zur Notwendigkeit vertiefender Ergänzungen gefächerten Unterrichts. In: Fächerübergreifender Literaturunterricht. Reflexionen und Perspektiven für die Praxis. Hrsg. von Günther Bärnthaler u. Ulrike Tanzer. Innsbruck: Studien-Verl. 1999 (= ide-extra 5). S. 11–21.

Barthes, Roland: Der Tod des Autors [1968; franz.: La morte de l'auteur]. In: Ders. Kritische Essays IV: Das Rauschen der Sprache. Aus dem Franz. von Dieter Hornig. Frankfurt: Suhrkamp 2006 (= Edition Suhrkamp 1695). S. 57–63.

— Roland Barthes par Roland Barthes [1975]. Paris: Édition du Seuil 2010.

Baßler, Moritz: Robert Walsers Moderne. In: Robert Walser-Handbuch. Leben, Werk, Wirkung. Hrsg. von Lucas Marco Gisi. Stuttgart: Metzler 2015. S. 68–72.

Baum, Michael: Bild-Text-Didaktik und -Ästhetik: Lesen und Verstehen piktoraler Texte. In: Taschenbuch des Deutschunterrichts. Bd. 2: Literatur- und Mediendidaktik. Hrsg. von Volker Frederking, Hans-Werner Huneke, Axel Krommer u. Christel Meier. Baltmannsweiler: Schneider 2010. S. 200–218.

Belting, Hans: Echte Bilder und falsche Körper – Irrtürmer über die Zukunft des Menschen. In: Iconic Turn. Die neue Macht der Bilder. Hrsg. von Christa Maar u. Hubert Burda Köln: DuMont 2004. S. 350–364.

— Nieder mit den Bildern. Alle Macht den Zeichen. Aus der Vorgeschichte der Semiotik. In: Bild-Zeichen. Perspektiven einer Wissenschaft vom Bild. Hrsg. von Stefan Majetschak. München: Wilhelm Fink 2005. S. 31–47.

Benthien, Claudia: Visuelle Ästhetisierung femininer Scham in den Novellen *Fräulein Else* von Arthur Schnitzler und *Ehrengard* von Tania Blixen. In: Freiburger literaturpsychologische Gespräche. Jahrbuch für Literatur und Psychoanalyse. Hrsg. von Joachim Küchenhoff, Joachim Pfeiffer u. Carl Pietzcker. Würzburg: Könighausen & Neumann 2013. S. 145–167.

Berger, John: Ways of Seeing [1972]. Harmondsworth: Penguin Classics 2008.

Bering, Kunibert u. Niehoff, Rolf: Bildkompetenz. Eine kunstdidaktische Perspektive. Oberhausen: Athena 2013 (= ARTIFICIUM. Schriften zu Kunst und Kunstvermittlung 48).

Bernd, Frauke u. Kammer, Stephan: Amphibolie – Ambiguität – Ambivalenz. Die Struktur der antagonistisch-gleichzeitigen Zweiwertigkeit. In: Amphibolie – Ambiguität – Ambivalenz. Hrsg. von Frauke Bernd u. Stephan Kammer. Würzburg: Könighausen & Neumann 2009. S. 7–30.

Beschel, Melanie: Bildgedicht. In: Metzler Lexikon Literatur. Hrsg. von Dieter Burdorf, Christoph Fasbender u. Burkhard Moennighoff. 3. Aufl. Stuttgart: Metzler 2007. S. 88.

Bischoff, Doerte: Poetischer Fetischismus. Der Kult der Dinge im 19. Jahrhundert. München: Wilhelm Fink 2013.

Bismarck, Kristina u. Fries, Andreas: Bildgerüste als Basis für literarisches Lernen. In: Sprechende Bilder – Besprochene Bilder. Hrsg. von Alexander Glas u. a. München: kopaed 2016 (= IMAGO.Kunst.Pädagogik.Didaktik 3). S. 501–513.

Boehm, Gottfried: Die Wiederkehr der Bilder. In: Was ist ein Bild. Hrsg. von Gottfried Boehm. München: Wilhelm Fink 1994 (= Bild und Text). S. 11–38.

— Ikonische Differenz. Rheinsprung 11 – Zeitschrift für Bildkritik 1 (2011). S. 170–176.

— Wie Bilder Sinn erzeugen. Die Macht des Zeigens. Berlin: UP 2007.

Böhn, Andreas: Einleitung: Formzitat und Intermedialität. In: Formzitat und Intermedialität. Hrsg. von Andreas Böhn. St. Ingbert: Röhring 2003 (= Mannheimer Studien zur Literatur- und Kulturwissenschaft 30). S. 7–12.

Bourdieu, Pierre: Elemente zu einer soziologischen Theorie der Kunstwahrnehmung. [1968; franz.: Éléments d'une théorie sociologique de la perception artistique]. In: Ders.: Zur Soziologie der symbolischen Formen. Aus dem Franz. von Wolf H. Fietkau. Frankfurt: Suhrkamp 1970. S. 159–201.

Boschung, Dieter: Der Tod und der Jüngling: Tadzios antike Präfiguration. In: Auf schwankendem Grund. Dekadenz und Tod im Venedig der Moderne. Hrsg. von Sabine Meine, Günter Blamberger, Björn Moll u. Klaus Bergdolt. Paderborn: Wilhelm Fink 2014 (= Morphomata 15). S. 131–143.

Brandes, Peter: Das Leben der Bilder im Text. Ovids Pygmalion und Eichendorffs »Marmorbild«. In: Weimarer Beiträge 54 (2008). S. 63–87.

— Leben die Bilder bald? Ästhetische Konzepte bildlicher Lebendigkeit in der Literatur des 18. und 19. Jahrhunderts. Würzburg: Könighausen & Neumann 2013 (= Studien zur Kulturpoetik 19).

Brandl-Risi, Bettina: Wahlverwandtschaften. Zur Theatralisierung von Bildern und Texten im »tableau vivant«. In: Formzitat und Intermedialität. Hrsg. von Andreas Böhn. St. Ingbert: Röhring 2003 (= Mannheimer Studien zur Literatur- und Kulturwissenschaft 30). S. 183–208.

Brandstädter, Heike E.: Der Einfall des Bildes. Ottilie in den »Wahlverwandtschaften«. Würzburg: Könighausen & Neumann 2000 (= Epistemata Literaturwissenschaft 314).

Brandstätter, Ursula: Ästhetische Erfahrung. In: Handbuch Kulturelle Bildung. Hrsg. von Hildegard Bockhorst, Vanessa-Isabelle Reinwand u. Wolfgang Zacharias. München: kopaed 2012 (= Kulturelle Bildung 30). S. 174–180.

Brittnacher, Hans Richard: Kältetod. Eismeer und Polarreisefantasien um 1800. In: Populäre Erscheinungen. Der Schauerroman um 1800. Hrsg. von Barry Murnane. München: Wilhelm Fink 2011 (= Laboratorium Aufklärung 6). S. 291–308.

Brodersen, Kai u. Zimmermann, Bernhard (Hrsg.): Kleines Lexikon mythologischer Figuren der Antike. Stuttgart: Metzler 2015.

Broich, Ulrich: Formen der Markierung von Intertextualität. In: Intertextualität. Formen, Funktionen, Anglistische Fallstudien. Hrsg. von Ulrich Broich u. Manfred Pfister. Tübingen: Niemeyer 1985 (= Konzepte der Sprach- und Literaturwissenschaft 35). S. 31–47.

Bronfen, Elisabeth: Nur über ihre Leiche. Tod, Weiblichkeit und Ästhetik. Deutsch von Thomas Lindquist. München: Antje Kunstmann 1994.

Brosch, Renate: Ekphrasis in the Digital Age: Responses to Image. In: Poetics Today 39 (2018) H. 2. S. 225–243.

Büchel, Urban: Peter Stamm: Agnes. Material und Arbeitsanregungen. Braunschweig: Schroedel 2012 (= Texte.Medien).

Budde, Rainer: Malerei auf den Punkt gebracht. In: Pointilismus. Auf den Spuren von Georges Seurat [Anlässlich der gleichnamigen Ausstellung, 6. September bis 30. November 1997, Wallraf-Richartz-Museum, Köln] Hrsg. von Rainer Budde. Prestel: München 1997. S. 7–9.

Busch, Werner: Erscheinung statt Erzählung. In: Das erzählende und das erzählte Bild. Hrsg. von Alexander Honold u. Ralf Simon. München: Wilhelm Fink 2010 (= eikones). S. 55–79.

Buß, Angelika: Intertextualität und Literaturunterricht. Zur herrschenden Aufgabenkultur in intertextuellen Lektüreprozessen. In: Didaktik Deutsch 21 (2006). S. 43–58.

Cassirer, Ernst: Philosophie der symbolischen Formen. Bd. II: Das mythische Denken [1925]. 6. unveränderte Aufl. Darmstadt: Wiss. Buchges. 1973.

Crimp, Douglas: On the Museum's Ruins. With photographs by Louise Lawler. Cambridge, Mass: MIT Press 1993.

Dammann-Thedens, Katrin: Sprechen über Sichtbares und Unsichtbares in Bilderbüchern. Bildnerische Handlungsgestaltung als narrative Herausforderung? In: Fragwürdiges Bilderbuch. Blickwechsel – Denkspiele – Bildungspotenziale. Hrsg. von Iris Kruse u. Andrea Sabisch. München: kopaed 2013. S. 151–166.

Dehn, Mechtild: Bildverstehen. Sprachformen für Unbestimmtheit und Ungewissheit. In: Sprechende Bilder – Besprochene Bilder. Hrsg. von Alexander Glas u. a. München: kopaed 2016 (= IMAGO.Kunst.Pädagogik.Didaktik 3). S. 385–401.

— Unsichtbare Bilder. Überlegungen zum Verhältnis von Text und Bild. In: Didaktik Deutsch 22 (2007). S. 25–50.

— Visual literacy, Imagination und Sprachbildung [2014]. In: BilderBücher. Bd. 1: Theorie. Hrsg. von Julia Knopf u. Ulf Abraham. 2. vollst. überarb. u. erw. Aufl. Baltmannsweiler: Schneider Verl. Hohengehren 2019. S. 125–134.

Derrida, Jacques: Le facteur de la vérité. In: Poétique, revue de théorie et d'analyse littéraires 6 (1975). S. 96–147.

Didi-Huberman, Georges: Venus öffnen. Nacktheit, Traum, Grausamkeit. Aus dem Franz. von Mona Belkhodja u. Marcus Coelen. Zürich: Diaphanes 2006 (= Das sich öffnende Bild 1).

Djoufack, Patrice: Schönheit: Ikonologie und Begehren. Kunstästhetische Reflexionen und literarische Objektivation zu Gotthold Ephraim Lessings Drama *Emilia Galotti*. In: Anuari de Filologia. Literatures Contemporànies 2 (2012). S. 1–20.

Düchting, Hajo: Georges Seurat. 1859–1891. Malerei auf den Punkt gebracht. Köln: Taschen 1999.

Echte, Bernhard: Nachwort. In: Robert Walser: Vor Bildern. Geschichten und Gedichte. Hrsg. von Bernhard Echte. Frankfurt: Insel-Verl. 2006 (= Insel-Bücherei 1282). S. 103–113.

Eco, Umberto: Semiotik. Entwurf einer Theorie der Zeichen [1975; ital.: Trattato di semiotica generale]. Übers. von Günter Memmert. Hrsg. von Hans-Horst Henschen. München: Wilhelm Fink 1987 (= Supplemente 5).

Eichendorff, Joseph von: Das Marmorbild [1819]. In: Ders.: Sämtliche Werke des Freiherrn Joseph von Eichendorff. Historisch-kritische Ausgabe. Begründet von Wilhelm Koch u. August Sauer. Hrsg. von Hermann Kunisch u. Helmut Koopmann. Bd. 5.1: Erzählungen. Erster Teil. Hrsg. von Karl Konrad Polheim. Tübingen: Max Niemeyer 1998. S. 29–82.

Endres, Johannes: Literatur und Fetischismus. Das Bild des Schleiers zwischen Aufklärung und Moderne. Paderborn: Wilhelm Fink 2014.

Evangelische Kirche in Deutschland (Hrsg.): Die Bibel. Nach Martin Luthers Übersetzung. Revidiert 2017. Mit Apokryphen. Stuttgart: Deutsche Bibelgesellschaft 2016.

Eykman, Christoph: Über Bilder Schreiben. Zum Umgang der Schriftsteller mit Werken der bildenden Kunst. Heidelberg: Universitätsverl. Winter 2003 (= Beiträge zur neueren Literaturgeschichte 198).

Fessler, Clemens u. Swertz, Christian: Literacy. Facetten eines heterogenen Begriffs. In: Medienimpulse 4 (2010). 20 S.

Fliedl, Konstanze: Nachwort. In: Kunst im Text. Hrsg. von Konstanze Fliedl u. Irene Fußl. Frankfurt: Stroemfeld 2005. S. 303–308.

Frederking, Volker: Identitätsorientierter Literaturunterricht. In: Taschenbuch des Deutschunterrichts. Bd. 2: Literatur- und Mediendidaktik. Hrsg. von Volker Frederking, Hans-Werner Huneke, Axel Krommer u. Christel Meier. Baltmannsweiler: Schneider Verl. Hohengehren 2010. S. 414–451.

Frömmer, Judith: Vom politischen Körper zur Körperpolitik. Männliche Rede und weibliche Keuschheit in Lessings *Emilia Galotti*. In: Deutsche Vierteljahrsschrift für Literatur- und Geistesgeschichte 79 (2005) H. 2. S. 169–195.

Genette, Gérard: Die Erzählung [franz.: Discours du récit (1972; dt.: Über die Erzählung); franz.: Nouveau discours du récit (1983; dt.: Neuer Diskurs über die Erzählung). Aus dem Franz. von Andreas Knop, mit einem Nachtwort hrsg. von Jochen Vogt. 3. durchgeseh. u. korr. Aufl. Paderborn: Wilhelm Fink 2010.

— Palimpseste. Die Literatur auf zweiter Stufe [1982; franz.: Palimpsestes. La Littérature au second degré]. Aus dem Franz. von Wolfram Bayer u. Dieter Hornig. Frankfurt: Suhrkamp 1993 (= Aesthetica 683).

— Paratexte. Das Buch vom Beiwerk des Buches. [1987; franz.: Seuils]. Aus dem Franz. von Dieter Hornig. 6. Aufl. Frankfurt: Suhrkamp 2016 (= Suhrkamp Taschenbuch Wissenschaft 1510).

Glas, Alexander: Bildlichkeit und Sprache. Ein Problemaufriss zwischen deiktischer und hermeneutischer Verständigungspraxis. In: Sprechende Bilder – Besprochene Bilder. Hrsg. von Alexander Glas u. a. München: kopaed 2016 (= IMAGO.Kunst.Pädagogik. Didaktik 3). S. 15–24.

— Vom Bild zum Text, vom Text zum Bild. In: Sprechende Bilder – Besprochene Bilder. Hrsg. von Alexander Glas u. a. München: kopaed 2016 (= IMAGO.Kunst.Pädagogik. Didaktik 3). S. 77–87.

Goethe, Johann Wolfgang: Die Wahlverwandtschaften [1809]. In: Ders.: Sämtliche Werke, Briefe, Tagebücher und Gespräche. Hrsg. von Dieter Borchmeyer u. a. Bd. 8: Abt. 1, Sämtliche Werke: Die Leiden des jungen Werthers, Die Wahlverwandtschaften, Kleine Prosa, Epen. Hrsg. von Waltraud Wiethölter. Frankfurt: Dt. Klassiker Verl. 1994 (= Bibliothek deutscher Klassiker 109). S. 269–529.

— Goethe an J. H. Meyer. Di. 09.02.1813 (699). In: Ders.: Sämtliche Werke, Briefe, Tagebücher und Gespräche. Hrsg. von Dieter Borchmeyer u. a. Bd. 33: Abt. 2, Briefe, Tagebücher und Gespräche; Bd. 6: Napoleonische Zeit. Briefe Tagebücher und Gespräche vom 10. Mai 1805 bis 06. Juni 1816. Teil II: Von 1812 bis zu Christianes Tod. Hrsg. von Rose Unterberger. Frankfurt: Dt. Klassiker Verl. 1994 (= Bibliothek deutscher Klassiker 99). S. 183.

— Ein andres (Koptisches Lied) [1796]. In: Ders.: Sämtliche Werke, Briefe, Tagebücher und Gespräche. Hrsg. von Dieter Borchmeyer u. a. Bd. 1: Abt 1, Sämtliche Werke: Gedichte 1765–1799. Hrsg. von Karl Eibl. Frankfurt: Dt. Klassiker Verl. 1987 (= Bibliothek deutscher Klassiker 18). S. 651.

— Über Laokoon [1798–99]. In: Ders.: Sämtliche Werke, Briefe, Tagebücher und Gespräche. Hrsg. von Dieter Borchmeyer u. a. Bd. 1: Abt. 18, Ästhetische Schriften 1771–1805. Hrsg. von Friedmar Apel. Frankfurt: Dt. Klassiker Verl. 1998 (= Bibliothek deutscher Klassiker 151). S. 489–500.

— Willkommen und Abschied [1775]. In: Ders.: Sämtliche Werke, Briefe, Tagebücher und Gespräche. Hrsg. von Dieter Borchmeyer u. a. Bd. 1: Abt. 1, Sämtliche Werke: Gedichte 1765–1799. Hrsg. von Karl Eibl. Frankfurt: Dt. Klassiker Verl. 1987 (= Bibliothek deutscher Klassiker 18). S. 283.

Gombrich, Ernst H.: Kunst und Illusion. Zur Psychologie der bildlichen Darstellung [1959; eng.: Art and Illusion]. Aus dem Englischen übertragen von Lisbeth Gombrich. 2. Aufl. Stuttgart: Belser 1986.

Goodman, Nelson: Sprachen der Kunst. Entwurf einer Symboltheorie [1976; eng.: Languages of Art – An Approach to a Theory of Symbols]. Übers. von Bernd Philippi. 2. Aufl. Frankfurt: Suhrkamp 1998.

— Weisen der Welterzeugung [1978; eng.: Ways of Worldmaking]. Übers. von Max Looser. 5. Aufl. Frankfurt: Suhrkamp 2001 (= Suhrkamp Taschenbuch Wissenschaft 863).

Gora, Stephan: Peter Stamm: Agnes. Unterrichtsideen und Arbeitsmaterialien. Rot a. d. Rot: Krapp & Gutknecht 2012.

Greif, Stefan: Die Malerei kann ein sehr beredtes Schweigen haben: Beschreibungskunst und Bildästhetik der Dichter. München: Wilhelm Fink 1998.

Hausendorf, Heiko u. Müller, Marcus: Formen und Funktionen der Sprache in der Kunstkommunikation. In: Handbuch Sprache in der Kunstkommunikation. Hrsg. von Heiko Hausendorf u. Marcus Müller. Berlin: De Gruyter 2016. S. 3–48.

Heffernan, James A. W.: Entering the Museum of Words: Browning's ›My Last Duchess‹ and Twentieth-Century Ekphrasis. In: Icons – Texts – Iconotexts. Essays on Ekphrasis and Intermediality. Hrsg. von Peter Wagner. Berlin: De Gruyter 1996 (= European Cultures. Studies in Literature and the Arts 6). S. 262–280.

— Museum of Words. The Poetics of Ekphrasis from Homer to Ashbury. Chicago: Chicago UP 1993.

Helbig, Jörg: Intertextualität und Markierung. Untersuchungen zur Systematik und Funktion der Signalisierung von Intertextualität. Heidelberg: Winter 1996 (= Beiträge zur neueren Literaturgeschichte. Dritte Folge 141).

Hesiod: Theogonie [ca. 700 v. Chr.; gre: Θεογονία]. In: Ders.: Theogonie. Werke und Tage. Griechisch und deutsch. Hrsg. u. übers. von Albert von Schirnding. Mit einer Einführung u. einem Register von Ernst Günther Schmidt. München: Artemis & Winkler 1991 (= Sammlung Tusculum). S. 6–81.

Hessisches Kultusministerium (Hrsg.): Hinweise zur Vorbereitung auf die schriftlichen Abiturprüfungen im Landesabitur 2018 (Abiturerlass). Wiesbaden 2016.

— Kerncurriculum gymnasiale Oberstufe. Deutsch. Wiesbaden 2016.

— Lehrplan Kunst. Gymnasiale Oberstufe. Wiesbaden 2010.

Horatius Flaccus, Quintus: Ars poetica. Die Dichtkunst. Lateinisch/Deutsch [14 v. Chr.; lat.: De arte poetica]. Hrsg., übers. u. mit einem Nachwort von Eckart Schäfer. Stuttgart: Reclam 2017 (= Universal-Bibliothek 9421).

Horstkotte, Silke u. Leonhard, Karin: Einleitung. »Lesen ist wie Sehen« – über die Möglichkeiten und Grenzen intermedialer Wahrnehmung. In: Lesen ist wie Sehen. Intermediale Zitate in Bild und Text. Hrsg. von Silke Horstkotte u. Karin Leonhard. Köln: Böhlau 2006. S. 1–16.

Ingelfinger, Antonia u. Penkwitt, Meike: Screening Gender – Geschlechterkonstruktionen im Kinofilm. In: Freiburger FrauenStudien 14 (2004). S. 12–37.

Jambor, Ján: Von der biographischen zur intertextuellen Fabulierwelt: Zu den intertextuellen Bezügen zwischen Jacobus de Voragines *Legenda aurea* und Peter Stamms *Agnes*. In: Fabulierwelten. Zum (Auto)Biographischen in der Literatur der deutschen Schweiz. Festschrift für Beatrice Sandberg zum 75. Geburtstag. Hrsg. von Isabel Hernández u. Dorotea Sośnicka. Würzburg: Könighausen & Neumann 2017. S. 174–193.

— Überlegungen zu den Funktionen von literarischen Titeln. Am Beispiel von Peter Stamms *Agnes*. In: Slowakische Zeitschrift für Germanistik 5 (2013). S. 95–99.

Jansson, Mats: Ekphrasis and Digital Media. In: Poetics Today 39 (2018) H. 2. S. 299–318.

Jensen, Wilhelm: Gradiva. Ein pompejanisches Phantasiestück (1903). In: Sigmund Freud. Der Wahn und die Träume in W. Jensens ›Gradiva‹. Mit dem Text der Erzählung von Wilhelm Jensen und Sigmund Freuds Randbemerkungen. Hrsg. u. eingel. von Bernd Urban. 4. Aufl. Frankfurt: Fischer. 2009 S. 128–216.

Jooss, Birgit: Lebende Bilder als Charakterbeschreibungen in Goethes Roman *Die Wahlverwandtschaften*. In: Erzählen und Wissen. Paradigmen und Aporien ihrer Inszenierung in Goethes ›Wahlverwandtschaften‹. Hrsg. von Gabriele Brandstetter. Freiburg im Breisgau: Rombach 2003 (= Litterae 96). S. 111–136.

Kallir, Jane: Akte: In: Klimt/Schiele/Kokoschka und die Frauen. Hrsg. von Agnes Husslein-Arco, Jane Kallir u. Alfred Weidinger. München: Prestel 2015. S. 172–179.

Kammler, Clemens: Intertextueller Literaturunterricht. In: Taschenbuch des Deutschunterrichts. Bd. 2: Literatur- und Mediendidaktik. Hrsg. von Volker Frederking, Hans-Werner Huneke, Axel Krommer u. Christel Meier. Baltmannsweiler: Schneider Verl. Hohengehren 2010. S. 299–310.

Kiermeier-Debre, Joseph: Nachwort In: Fräulein Else. Berlin 1924. Hrsg. von dems. München: dtv: Bibliothek der Erstausgaben 2013. S. 129–139.

Kindt, Tom u. Köppe, Tilmann: Erzähltheorie. Eine Einführung. Stuttgart: Reclam 2014 (= Universal-Bibliothek 17683).

Kleinschmidt, Christoph: Intermaterialität. Zum Verhältnis von Schrift, Bild, Film und Bühne im Expressionismus. Bielefeld: Transcript 2012.

Klier, Melanie: Kunstsehen. E.T.A. Hoffmanns literarische Gemälde ›Doge und Dogaresse‹. In: E. T. A. Hoffmann Jahrbuch 7 (1999). S. 29–49.

— »Kunstsehen« – Literarische Konstruktion und Reflexion von Gemälden in E.T.A. Hoffmanns »Serapions-Brüdern« mit Blick auf die Prosa Georg Heyns. Frankfurt: Peter Lang 2002 (= Münchner Studien zur literarischen Kultur in Deutschland).

Klimek, Sonja: Postmoderner Solipsismus. Über den psychischen Zentralismus in ›La secte des Égoïstes‹ (1994) von Éric-Emmanuel Schmitt und ›Agnes‹ (1998) von Peter Stamm. In: Germanistik in der Schweiz. Zeitschrift der Schweizerischen Akademischen Gesellschaft für Germanistik. 10 (2013). S. 431–438.

Klotz, Volker: Venus Maria. Auflebende Frauenstatuen in der Novellistik. Ovid – Eichendorff – Mérimée – Gaudy – Bécquer – Keller – Eça de Queiróz – Fuentes. Bielefeld: Aisthesis 2000.

KMK [Sekretariat der Ständigen Konferenz der Kultusminister der Länder in der Bundesrepublik Deutschland]: Bildungsstandards im Fach Deutsch für die Allgemeine Hochschulreife (Beschluss der Kultusministerkonferenz vom 18.10.2012).

Köster, Juliane: Konstruieren statt Entdecken – Impulse aus der PISA-Studie für die deutsche Aufgabenkultur. In: Didaktik Deutsch 14 (2003). S. 4–20.

Kreuzer, Stefanie: Literarische Phantastik in der Postmoderne. Klaus Hoffers Methoden der Verwirrung. Heidelberg: Winter 2007.

— Traum und Erzählen in Literatur, Film und Kunst. Paderborn: Wilhelm Fink 2014.

Krichel, Anne: Textlose Bilderbücher. Visuelle Narrationsstrukturen und erzähldidaktische Konzeptionen für die Grundschule. Münster: Waxmann 2020.

Kristeva, Julia: Bachtin, das Wort, der Dialog und der Roman [1967; franz.: Bakhtine, le mot, le dialogue et le roman]. Übers. von Michael Korinman u. Heiner Stück. In: Literaturwissenschaft und Linguistik. Ergebnisse und Perspektiven. Bd. 3: Zur linguistischen Basis der Literaturwissenschaft II. Hrsg. von Jens Ihwe. Frankfurt: Athenäum 1972. S. 345–375.

Kruse, Iris: Brauchen wir eine Medienverbunddidaktik? Zur Funktion kinderliterarischer Medienverbünde im Literaturunterricht der Primar- und früheren Sekundarstufe. In: Leseräume. Zeitschrift für Literalität in Schule und Forschung 1 (2014). S. 1–30.

Kruse, Iris u. Sabisch, Andrea: Fragwürdiges Bilderbuch. Skizzen zu Theorie, Methodologie und Didaktik – Zur Einleitung. In: Fragwürdiges Bilderbuch. Blickwechsel – Denkspiele – Bildungspotenziale. Hrsg. von Iris Kruse u. Andrea Sabisch. München: kopaed 2013. S. 7–22.

Kümmerling, Franziska: Gottfried Boehm: Sinn und Logik der Bilder. In: Kultur. Theorien der Gegenwart. Hrsg. von Stephan Moebius u. Dirk Quadflieg. 2., erw. u. aktual. Aufl. Wiesbaden: VS Verlag für Sozialwissenschaften 2011. S. 519–529.

Lachmann, Renate: Gedächtnis und Literatur: Intertextualität in der russischen Moderne. Frankfurt: Suhrkamp 1990.

Lange-Kirchheim, Astrid: Die Hysterikerin und ihr Autor. Arthur Schnitzlers Novelle *Fräulein Else* im Kontext von Freuds Schriften zur Hysterie. In: Psychoanalyse in der modernen Literatur. Kooperation und Konkurrenz. Hrsg. von Thomas Anz u. Christine Kanz. Würzburg: Königshausen & Neumann 1999. S. 111–134.

— Trauma bei Arthur Schnitzler. Zur Monolognovelle »Fräulein Else«. In: Trauma. Hrsg. von Wolfram Mauser u. Carl Pietzcker. Würzburg: Königshausen & Neumann 2000 (= Freiburger Literaturpsychologische Gespräche 19). S. 109–150.

— Weiblichkeit und Tod. Arthur Schnitzlers *Fräulein Else*. In: Der Deutschunterricht 1 (2002). S. 36–47.

Leubner, Martin u. Saupe, Anja: Erzählende Texte im Literaturunterricht und Textanalyse. Eine Didaktik der Textanalyse mit Sequenzvorschlägen für den Erwerb textanalytischer Kompetenzen (Jahrgang 5 bis 10). Baltmannsweiler: Schneider Verl. Hohengehren 2017.

Leisten, Georg: Bildnisbegegnung – Fetischismus – Schrift: Leopold von Sacher-Masochs Novelle *Venus im Pelz*. In: Behext von Bildern? Ursachen, Funktionen und Perspektiven der textuellen Faszination durch Bilder. Hrsg. von Heinz J. Drügh u. Maria Moog-Grünewald. Heidelberg: Winter 2001. S. 101–114.

Leser, Florentine: Schreiben zu Kunstwerken. Schreib-, literatur- und kunstdidaktische Perspektiven am Beispiel von Paul Klee. In: Sprechende Bilder – Besprochene Bilder. Hrsg. von Alexander Glas u. a. München: kopaed 2016 (= IMAGO.Kunst.Pädagogik. Didaktik 3). S. 403–416.

Lessing, Gotthold Ephraim: Emilia Galotti. Ein Trauerspiel in fünf Aufzügen [1772]. In: Ders.: Werke und Briefe: in zwölf Bänden. Hrsg. von Wilfried Barner u. a. Bd. 7: Werke 1770–1773. Hrsg. von Klaus Bohnen. Frankfurt: Dt. Klassiker-Verl. 2000 (= Bibliothek deutscher Klassiker 172). S. 291–371.

— Laokoon: oder über die Grenzen der Malerei und Poesie [1766]. In: Ders.: Werke und Briefe: in zwölf Bänden. Hrsg. von Wilfried Barner u. a. Bd. 5.2: Werke 1766–1769. Hrsg. von Wilfried Barner. Frankfurt: Dt. Klassiker Verl. 1990 (= Bibliothek deutscher Klassiker 57). S. 11–321.

Luliński, Agnieszka: Von der *femme orientale* zur *femme fatale* – Kleopatra zwischen Historie und Anekdote. In: Kleopatra. Die ewige Diva. [Anlässlich der gleichnamigen Ausstellung, 28. Juni bis 6. Oktober 2013, Bundeskunsthalle, Bonn] Hrsg. von Elisabeth Bronfen u. Agnieszka Luliński. München: Hirmer 2013. S. 218–233.

Lüscher, Kurt: Robert Walser Sensibilität für Ambivalenzen. Eine transdisziplinäre Annäherung. In: Robert Walsers Ambivalenzen. Hrsg. von Kurt Lüscher, Reto Sorg, Bernd Stiegler u. Peter Stocker. Paderborn: Wilhelm Fink 2018. S. 9–31.

Mai, Martina: Bilderspiegel – Spiegelbilder. Wechselbeziehungen zwischen Literatur und bildender Kunst im Malerroman des 20. Jahrhunderts. Würzburg: Königshausen & Neumann 2000.

Maierhofer, Waltraud: Vier Bilder und vielfältige Bezüge. Die sogenannte »Väterliche Ermahnung« und die Figuren in den »Wahlverwandtschaften«. In: Ethik und Ästhetik. Werke und Werte in der Literatur vom 18. bis zum 20. Jahrhundert; Festschrift für Wolfgang Wittkowski zum 70. Geburtstag. Hrsg. von Richard Fischer. Frankfurt: Peter Lang 1995 (= Forschungen zur Literatur- und Kulturgeschichte 52). S. 363–382.

Mann, Thomas: Der Tod in Venedig [1913]. In: Ders.: Große kommentierte Frankfurter Ausgabe. Werke – Briefe – Tagebücher. Hrsg. von Heinrich Detering u. a. Bd. 2.1: Frühe Erzählungen 1893–1912. Hrsg. u. textkrit. durchgeseh. von Terence J. Reed. Frankfurt: Fischer 2004. S. 501–592.

— Doktor Faustus [1947]. In: Ders.: Große kommentierte Frankfurter Ausgabe. Werke – Briefe – Tagebücher. Hrsg. von Heinrich Detering u. a. Bd. 10.1: Doktor Faustus. Das Leben des deutschen Tonsetzers Adrian Leverkühn, erzählt von einem Freund. Hrsg. u. textkrit. durchgeseh. von Ruprecht Wimmer unter Mitarbeit von Stephan Stachorski. Frankfurt: Fischer 2007.

Martin, Dieter: »Sei marmor!« Zum Motiv der Petrifizierung im Nachleben des Pygmalion-Mythos. In: »... auf klassischem Boden begeistert«. Antike-Rezeptionen in der deutschen Literatur. Hrsg. von Olaf Hildebrand u. Thomas Pittrof. Freiburg im Breisgau: Rombach 2004. S. 315–334.

Matt, Beatrice von: Frauenbilder. In: Robert Walser-Handbuch. Leben, Werk, Wirkung. Hrsg. von Lucas Marco Gisi. Stuttgart: Metzler 2015. S. 330–332.

Matthias, Bettina: Masken des Lebens – Gesichter des Todes. Zum Verhältnis von Tod und Darstellung im erzählerischen Werk Arthur Schnitzlers. Würzburg: Königshausen & Neumann 1999 (= Epistemata. Reihe Literaturwissenschaft 256).

McLeod, Catriona: Still Alive. Tableau Vivant and Narrative Suspensions in Sacher-Masoch's *Venus im Pelz*. In: Deutsche Vierteljahrsschrift für Literaturwissenschaft und Geistesgeschichte 80 (2005) H. 4. S. 640–662.

Meulen, Nicolaj van der: Bildkompetenz an der Kreuzung von Visueller Kommunikation und Bildtheorie. In: Zeitschrift für Pädagogik 56 (2010) H. 6. S. 819–834.

Mitchell, William J. T.: Picture Theory. Essays on the Verbal and Visual Representation. Chicago: Chicago UP 1994.

Möhring, Maren: »... ein nackter Marmorleib«. Mimetische Körperkonstitution in der deutschen Nacktkultur oder: Wie läßt sich eine griechische Statue zitieren? In: Zitier-Fähig. Findungen und Erfindungen des Anderen. Hrsg. von Andrea Gutenberg u. Ralph J. Poole. Berlin: Erich Schmidt 2001. S. 215–233.

Moritz, Karl Philipp: Reisen eines Deutschen in Italien in den Jahren 1786 bis 1788. Zweiter Teil: Apollo in Belvedere [1788]. In: Ders.: Werke. Hrsg. von Horst Günther. Bd. 2: Reisen, Schriften zur Kunst und Mythologie. 2. Aufl. Frankfurt: Insel Verlag 1993. S. 414f.

Müller, Dominik: Text und Bild. In: Robert Walser-Handbuch. Leben, Werk, Wirkung. Hrsg. von Lucas Marco Gisi. Stuttgart: Metzler 2015. S. 283–289.

Müller, Karla u. Schilcher, Anita: Gender, Kinder- und Jugendliteratur und Deutschunterricht. Grundlagen und Didaktik. In: Genderkompetenz mit Kinder- und Jugendliteratur entwickeln. Grundlagen – Analysen – Modelle. Hrsg. von Karla Müller, Jan-Oliver Decker, Hans Krah u. Anita Schilcher. Baltmannsweiler: Schneider Verl. Hohengehren 2016. S. 15–43.

Müller, Lothar: Nachwort. In: August Wilhelm Schlegel: Die Gemählde. Gespräch. Hrsg. von Lothar Müller. Amsterdam: Verl. der Kunst 1996 (= Fundus Bücher 143). S. 165–196.

Mulvey, Laura: Visual Pleasure and narrative Cinema. In: Screen 16 (1975) H. 3. S. 6–18.

Nagel, Ivan: Die lange Herrschaft des Historiengemäldes. In: Das erzählende und das erzählte Bild. Hrsg. von Alexander Honold u. Ralf Simon. München: Wilhelm Fink 2010 (= eikones). S. 29–53.

Niefanger, Dirk: Produktiver Historismus. Raum und Landschaft in der Wiener Moderne. Tübingen: Niemeyer 1993 (= Studien zur deutschen Literatur 128).

Niehoff, Rolf: Dimension der Bildkompetenz(en). In: BildGeschichte. Facetten der Bildkompetenz. Hrsg. von Stefan Hölscher, Rolf Niehoff, Karina Pauls. Oberhausen: Athena 2012 (= ARTIFICIUM. Schriften zu Kunst und Kunstvermittlung 38). S. 109–121.

Nöth, Winfried: Bildsemiotik. In: Bildtheorien. Anthropologische und kulturelle Grundlagen des Visualistic Turn. Hrsg. von Klaus Sachs-Hombach. Frankfurt: Suhrkamp 2009 (= Suhrkamp Taschenbuch Wissenschaft 1888). S. 235–254.

— Handbuch der Semiotik. 2. Aufl. Stuttgart: Metzler 2000.

Nünning, Ansgar u. Nünning, Vera: Von der strukturalistischen Narratologie zur ›postklassischen‹ Erzähltheorie: Ein Überblick über neue Ansätze und Entwicklungstendenzen. In: Neue Ansätze der Erzähltheorie. Hrsg. von Ansgar Nünning u. Vera Nünning. Trier WVT Wissenschaftsverl. 2002 (= WVT-Handbücher zum literaturwissenschaftlichen Studium 4). S. 1–34.

O'Leary, Timothy: Foucault. The Art of Ethics. London: Continuum 2002.

Otto, Gunter: Lernen und Lehren zwischen Didaktik und Ästhetik. Bd. 1: Ästhetische Erfahrung und Lernen. Seelze-Velber: Kallmeyer 1998.

Ovidius Naso, Publius: Metamorphosen [1–8 n. Chr.; lat.: Metamorphoseon libri]. Hrsg. u. übers. von Gerhard Fink. Düsseldorf: Artemis & Winkler 2004.

Paetzold, Heinz: Die Realität der symbolischen Formen. Die Kulturphilosophie Ernst Cassirers im Kontext. Darmstadt: Wiss. Buchges. 1994.

Paefgen, Elisabeth: Intertextualität. In: Lexikon Deutschdidaktik. Bd. 1: A–L. Hrsg. von Heinz-Jürgen Kliewer u. Inge Pohl. Baltmannsweiler: Schneider Verl. Hohengehren 2006. S. 278–280.

Panofsky, Erwin: Ikonographie und Ikonologie [1955]. In: Ders.: Ikonographie und Ikonologie. Bildinterpretation nach dem Dreistufenmodell. Köln: DuMont 2006. S. 33–60.

— Studies in Iconology. Humanistic Themes in The Art of the Renaissance [1939]. New York, NY: Routledge 2018.

Peez, Georg: Einführung in die Kunstpädagogik. 4., überarb. u. aktual. Aufl. Stuttgart: W. Kohlhammmer 2012 (= Grundriss der Pädagogik/Erziehungswissenschaft 16; Kohlhammer Urban Taschenbücher 676).

Peirce, Charles Sanders: A Sketch of Logical Critics [1911]. In: The Essential Peirce Selected Philosophical Writings. Volume 2 (1893–1913). Hrsg. vom Peirce Edition Project. Bloomington, IN: Indiana University Press 1998. S. 451–474.

— On Signs [1897]. Collected Papers of C. S. Peirce. Bd. 2. Cambrigde, Mass.: Harvard University Press. S. 227–229.

Pfister, Manfred: Konzepte der Intertextualität. In: Intertextualität. Formen, Funktionen, Anglistische Fallstudien. Hrsg. von Ulrich Broich u. Manfred Pfister. Tübingen: Niemeyer 1985 (= Konzepte der Sprach- und Literaturwissenschaft 35). S. 1–30.

Plinius Secundus, Caius: Naturkunde in 37 Bänden. Lateinisch–deutsch. Bd. 36: Die Steine [77 n. Chr.; lat.: Naturalis historia. Libri XXXVII. Liber XXXVI]. Hrsg. u. übers. von Roderich König in Zusammenarbeit mit Joachim Hopp. 2. Aufl. Düsseldorf: Artemis & Winkler 2007 (= Sammlung Tusculum).

Poe, Edgar Allan: The Philosophy of Composition [1846]. In: Ders.: Literary Theory and Criticism. Hrsg. von Leonard Cassuto. Mineola, NY: Dover Publ. 1999. S. 100–110.

Poeschel, Sabine: Handbuch der Ikonographie. Sakrale und profane Themen der bildenden Kunst. Darmstadt: Wiss. Buchgesellschaft 2005.

Polubojarinova, Larissa N.: Venus auf dem Weg zur Fotografie. Zur Spezifik der Bildlichkeit bei Leopold von Sacher-Masoch. In: Arcadia 42 (2007) H. 2. S. 227–239.

Preußer, Ulrike: Das Bilderbuch aus didaktischer Perspektive. Ein Forschungsbericht. In: Didaktik Deutsch: Halbjahresschrift für die Didaktik der deutschen Sprache und Literatur 20 (2015) H. 39. S. 61–73.

Prutti, Brigitte: Das Bild des Weiblichen und die Phantasie des Künstlers. Das Begehren des Prinzen in Lessings *Emilia Galotti*. In: Zeitschrift für deutsche Philologie 110 (1991). S. 481–505.

Puschmann, Rosemarie: Magisches Quadrat und Melancholie in Thomas Manns *Doktor Faustus*. Von der musikalischen Struktur zum semantischen Beziehungsnetz. Bielefeld: AMPAL 1983.

Quintilianus, Marcus Fabius: Ausbildung des Redners. Zwölf Bücher [ca. 95 n. Chr.; lat.: INSTITUTIONIS ORATORIAE. LIBRI XII]. Hrsg. u. übers. von Helmut Rahn. Bd. 2: Buch XII–XII. Darmstadt: Wiss. Buchges. 1995.

Reck, Hans Ulrich: Jenseits des Strukturalismus. Erweiterndes Erzählen zwischen Texten und Bilder. In: Expanded Narration. Das neue Erzählen. Hrsg. von Bernd Kracke u. Marc Ries. Bielefeld: Transcript 2013. S. 45.–56.

Reza, Yasmina: »Kunst« [1994; franz.: « Art »]. Ein Stück für drei Schauspieler. Aus dem Französischen von Eugen Helmlé. Lengwil: Libelle 1996.

Rietz, Florian: Perspektivübernahmekompetenz. Ein literaturdidaktisches Modell. Baltmannsweiler: Schneider Verl. Hohengehren 2017.

Rose, Margaret A.: The interrelationship of »Lebende Bilder« and »Halbschlafbilder« in Goethe's »Wahlverwandtschaften« and other early nineteenth-century literary works. In: Die Halbschlafbilder in der Literatur, den Künsten und der Wissenschaft. Hrsg. von Roger Paulin u. Helmut Pfotenhauer. Würzburg: Königshausen & Neumann 2011. S. 67–92.

Rudloff, Holger: Gregor Samsa und seine Brüder. Kafka – Sacher-Masoch – Thomas Mann. Würzburg: Könighausen & Neumann 1997.

– Zum Einfluß von Leopold von Sacher-Masochs Roman *Venus im Pelz* auf Heinrich Manns frühe Romane *In einer Familie* und *Zwischen den Rassen*. In: DOSSIER 20: Leopold von Sacher-Masoch. Hrsg. von Ingrid Spörk u. Alexandra Strohmaier. Gratz: Droschl 2003. S. 72–89.

Ryan, Marie-Laure: Possible Worlds, Artificial Intelligence, and Narrative Theory. Bloomington, IN: Indiana UP 1991.

Sacher-Masoch, Leopold von: Venus im Pelz [1870]. In: Ders.: Venus im Pelz und andere Erzählungen. Hrsg. von Bettina Hesse. Köln: Könemann 1996. S. 7–147.

Sachs-Hombach, Klaus: Einleitung. In: Was ist Bildkompetenz? Studien zur Bildwissenschaft. Hrsg. von Klaus Sachs-Hombach. Wiesbaden: Deutscher Universitäts-Verl. 2003 (= Bildwissenschaft). S. 9–13.

Said, Edward W.: Orientalismus [1978; eng.: Orientalism]. Aus dem Englischen von Hans Günter Holl. 5. Aufl. Frankfurt: Fischer 2017.

Saussure, Ferdinand de: Cours de linguistique générale [1916]. Hrsg. von Charles Bally u. Albert Séchehaye in Zusammenarbeit mit Albert Riedlinger. Paris: Payot 2005.

Schaar, Claes: The Full Voic'd Quire Below: Vertical Context Systems in Paradise Lost. Lund: CWK Gleerup 1982.

— Vertical context systems. In: Style and Text. Studies presented to Nils Erik Enkvist. Hrsg. von Håkan Ringbom u. a. Stockholm: Sprakförlaget Skriptor 1975. S. 145–157.

Scheible, Hartmut: Arthur Schnitzler. Mit Selbstzeugnissen und Bilddokumenten von Hartmut Scheible. [1976]. 14. Aufl. Reinbek: Rowohlt 2007 (= rororo rm 50235).

Schlegel, August Wilhelm: Die Gemählde. Gespräch [1799]. Hrsg. von Lothar Müller. Amsterdam: Verl. der Kunst 1996 (= Fundus Bücher 143).

Schlegel, Friedrich: Die Athenäums-Fragmente [1799]. In: Ders.: Kritische Friedrich-Schlegel-Ausgabe. Hrsg. von Ernst Behler. Bd. 2: Abt. 1, Kritische Neuausgabe. Charakteristiken und Kritiken I (1796–1801). Paderborn: Schöningh 1967. S. 165–255.

Schmidt, Ricarda: Wenn mehrere Künste im Spiel sind. Intermedialität bei E.T.A. Hoffmann. Göttingen: Vandenhoeck & Ruprecht 2006.

Schmitz-Emans, Monika: Die Aufhebung der Bilder im Text. In: Bildlichkeit. Aspekte einer Theorie der Darstellung. Hrsg. von Dirk Rustenmeyer. Würzburg: Könighausen & Neumann 2003 (= Wittener Kulturwissenschaftliche Studien 2). S. 195–224.

Schnitzler, Arthur: Fräulein Else [1924]. In: Ders.: Fräulein Else. Berlin 1924. Hrsg. u. mit einem Nachwort von Joseph Kiermeier-Debre. München: dtv: Bibliothek der Erstausgaben 2013. S. 7–98.

Scholz, Hannelore: Widersprüche im bürgerlichen Frauenbild. Zur ästhetischen Reflexion und poetischen Praxis bei Lessing, Friedrich Schlegel und Schiller. Weinheim: Dt. Studien-Verl. 1992 (= Ergebnisse der Frauenforschung 26).

Schößler, Franziska: Literaturwissenschaft als Kulturwissenschaft. Eine Einführung. Tübingen: Francke 2006 (= UTB Literaturwissenschaft 2765).

Schwahl, Markus: Konstruktivismus im Literaturunterricht. Grundlagen und Unterrichtsbeispiele für die Sekundarstufen I und II. Frankfurt: Peter Lang 2012 (= Beiträge zur Literatur- und Mediendidaktik 31).

Schwarz, André: Lustvolles Verschweigen und Enthüllen. Eine Poetik der Darstellung sexuellen Handelns in der Literatur der Wiener Moderne. Marburg: Verlag Literatur-Wissenschaft.de 2012.

Selle, Gert: Ästhetische Erziehung oder Bildung in der zweiten Moderne? Über ein Kontinuitätsproblem didaktischen Denkens. Hrsg. von Karl-Josef Pazzini, Eva Sturm, Wolfgang Legler u. Torsten Meyer. Hamburg: University Press 2004 (= Kunstpädagogische Positionen 3).

— Das ästhetische Projekt: Plädoyer für eine kunstnahe Praxis in Weiterbildung und Schule. Unna: LDK-Verl. 1992.

— Gebrauch der Sinne: eine kunstpädagogische Praxis. Mit Beiträgen von Studierenden der Universität Oldenburg. Reinbek bei Hamburg: Rowohlt Taschenbuch-Verl. 1992 (= Rowohlts Enzyklopädie 467: Kulturen und Ideen).

Simon, Ralf: Ein falsches Bild. Oder: Was passiert, wenn Katharsis Form wird? Zu Lessings *Emilia Galotti*. In: Formen des Nichtwissens der Aufklärung. Hrsg. von Hans Adler u. Rainer Godel. München: Wilhelm Fink 2010 (= Laboratorium Aufklärung 4). S. 251–262.

Smieja, Birgit u. Weyrauch, Oliver: Grenzen überschreiten durch fächerübergreifendes Lernen: eine Einleitung. In: Fächerübergreifender Grundschulunterricht. Beiträge aus der Theorie und Praxis. Hrsg. von Birgit Smieja u. Oliver Weyraum. Berlin: Peter Lang 2018. S. 7–14.

Sowa, Hubert: Wie kommen Bilder ins Gespräch. Hermeneutische Überlegungen zu einer Didaktik des kunstpädagogischen Bildgesprächs. In: Sprechende Bilder – Besprochene Bilder. Hrsg. von Alexander Glas u. a. München: kopaed 2016 (= IMAGO.Kunst.Pädagogik.Didaktik 3). S. 241–270.

Spinner, Kaspar H.: Elf Aspekte auf dem Prüfstand. Verbirgt sich in den elf Aspekten literarischen Lernens eine Systematik? In: Leseräume. Zeitschrift für Literalität in Schule und Forschung 2 (2015) H. 2. S. 188–194.

– Handlungs- und produktionsorientierter Literaturunterricht. In: Taschenbuch des Deutschunterrichts. Bd. 2: Literatur- und Mediendidaktik. Hrsg. von Volker Frederking, Hans-Werner Huneke, Axel Krommer u. Christel Meier. Baltmannsweiler: Schneider Verl. Hohengehren 2010. S. 311–325.

– Interpretation (literarischer Texte). In: Handbuch Deutschunterricht. Theorie und Praxis des Lehrens und Lernens. Hrsg. von Jürgen Baurmann, Clemens Kammler u. Astrid Müller. Seelze: Klett Kallmeyer 2017. S. 193–196.

– Literarisches Lernen. In: Praxis Deutsch 200 (2006). S. 6–16.

Springer, Peter: Voyeurismus in der Kunst. Berlin: Reimer 2008.

Stadler, Ulrich: Schaulust und Voyeurismus. Ein Abgrenzungsversuch. Mit einer Skizze zur Geschichte des verpönten Blicks in Literatur und Kunst. In: Schaulust. Heimliche und verpönte Blicke in Literatur und Kunst. Hrsg. von Ulrich Stadler u. Karl Wagner. München: Wilhelm Fink 2005. S. 9–38.

Staiger, Michael: Zur Komplexität des Erzählens im Bilderbuch. Narratologische Desiderate und Ansatzpunkte. In: Fragwürdiges Bilderbuch. Blickwechsel – Denkspiele – Bildungspotenziale. Hrsg. von Iris Kruse u. Andrea Sabisch. München: kopaed 2013. S. 65–76.

Stalder, Felix: Kultur der Digitalität. Berlin: Suhrkamp 2016 (= edition suhrkamp 2679).

Stamm, Peter: Agnes. Zürich: Arche 1998.

– Agnes [1998]. Frankfurt: Fischer 2009.

Stierle, Karlheinz: Werk und Intertextualität. In: Das Gespräch. Hrsg. von Karlheinz Stierle u. Rainer Warning. München: Wilhelm Fink 1984. S. 139–150.

Tacke, Alexandra: Schnitzlers »Fräulein Else« und die Nackte Wahrheit. Novelle, Verfilmung und Bearbeitung. Köln: Böhlau 2017 (= Literatur – Kultur – Geschlecht 67).

Telesko, Werner: Historie als »poetische Erfindung«. Makart und die österreichische Geschichtsmalerei im 19. Jahrhundert. In: Makart. Maler der Sinne. [Anlässlich der gleichnamigen Ausstellung, 9. Juni bis 9. Oktober 2011, Belvedere, Wien.] Hrsg. von Agnes Husslein-Arco u. Alexander Klee. München: Prestel 2011. S. 37–45.

Trabant, Jürgen: Elemente der Semiotik. Tübingen: Francke 1996 (= UTB Sprachwissenschaft, Semiotik 1908).

Uhlig, Ludwig: Der Todesgenius in der deutschen Literatur. Von Winckelmann bis Thomas Mann. Tübingen: Niemeyer 1975 (= Untersuchungen zur deutschen Literaturgeschichte 12).

Utz, Peter: Ambivalenzen eigener Art. Robert Walsers *Eine Art Bild* (1930/31). In: Robert Walsers Ambivalenzen. Hrsg. von Kurt Lüscher, Reto Sorg, Bernd Stiegler u. Peter Stocker. Paderborn: Wilhelm Fink 2018. S. 195–209.

– Tanz auf den Rändern. Robert Walsers »Jetztzeitstil« [1998]. Frankfurt: Suhrkamp 2018.

Volli, Ugo: Semiotik. Eine Einführung in die Grundbegriffe. Tübingen: Francke 2002.

Vollmer, Hartmut: »Glück malt man mit Punkten, Unglück mit Strichen«. Peter Stamms Roman »Agnes«. In: Monatshefte 100 (2008) H. 2. S. 266–281.

Wagner, Peter: Introduction: Ekphrasis, Iconotexts, and Intermediality – the State(s) of At(s). In: Icons – Texts – Iconotexts. Essays on Ekphrasis and Intermediality. Hrsg. von Peter Wagner. Berlin: De Gruyter 1996 (= European Cultures. Studies in Literature and the Arts 6). S. 1–40.

Walser, Robert: Das Van Gogh-Bild [1918]. In: Ders.: Das Gesamtwerk in 12 Bänden. Bd. VIII: Verstreute Prosa I (1907–1919). Hrsg. von Jochen Greven. Zürich: Suhrkamp 1978. S. 339–342.

— Eine Art Bild [1930/31]. In: Ders.: Das Gesamtwerk in 12 Bänden. Bd. XII: Verstreute Prosa V (1928–1933). Hrsg. von Jochen Greven. Zürich: Suhrkamp 1978. S. 273–274.

— Eine Art Kleopatra [1928/29]. In: Ders.: Das Gesamtwerk in 12 Bänden. Bd. XII: Verstreute Prosa V (1928–1933). Hrsg. von Jochen Greven. Zürich: Suhrkamp 1978. S. 258–260.

Walter, Uwe: Phryne. In: Der Neue Pauly. Enzyklopädie der Antike. Hrsg. von Hubert Cancik und Helmuth Schneider. Bd. 9: Altertum. Or–Poi. Stuttgart: Metzler 2000. Sp. 969.

Warburg, Aby: Italienische Kunst und internationale Astrologie im Palazzo Schifanoja zu Ferrara [1912]. In: Ders.: Die Gesammelte Schriften. Studienausgabe. Horst Bredekamp u. a. Erste Abteilung, Bd. 1.2: Sämtliche zu Lebzeiten veröffentlichte Schriften. »Die Erneuerung der heidnischen Antike.« Kulturwissenschaftliche Beiträge zur Geschichte der europäischen Renaissance. Reprint der von Gertrud Bing unter Mitarbeit von Fritz Rougemont editierten Ausgabe von 1932. Neu hrsg. von Horst Bredekamp u. Michael Diers. Berlin: Akademie Verl. 1998. S. 459–481.

— Sandro Botticellis »Geburt der Venus« und »Frühling«. Eine Untersuchung über die Vorstellungen von der Antike in der italienischen Frührenaissance [1893]. In: Ders.: Die Gesammelte Schriften. Studienausgabe. Horst Bredekamp u. a. Erste Abteilung, Bd. 1.1: Sämtliche zu Lebzeiten veröffentlichte Schriften. »Die Erneuerung der heidnischen Antike.« Kulturwissenschaftliche Beiträge zur Geschichte der europäischen Renaissance. Reprint der von Gertrud Bing unter Mitarbeit von Fritz Rougemont editierten Ausgabe von 1932. Neu hrsg. von Horst Bredekamp u. Michael Diers. Berlin: Akademie Verl. 1998. S. 1–68.

Wege, Sophia: Kognitive Aspekte des Erzählens. In: Erzählen. Ein interdisziplinäres Handbuch. Hrsg. von Matías Martínez. Stuttgart: Metzler 2017. S. 346–354.

Wegner, Reinhard: Von Klapp-Bildern und Klapp-Figuren. »Tournez s'il vous plaît« – ein Schlüsselmotiv in Goethes »Wahlverwandtschaften«. In: Goethes »Wahlverwandtschaften«. Werk und Forschung. Hrsg. von Helmut Kühn. Berlin: De Gruyter 2010. S. 493–520.

Weiershausen, Romana: Lessing und die Skulptur: *Laokoon*. Wirkungsästhetik der Künste und der Triumph des Dramas (*Miß Sara Sampson, Emilia Galotti*). In: Literatur und die anderen Künste. Hrsg. von Wiebke von Bernstoff, Toni Tholen u. Burkhard Moennighoff. Hildesheim: Universitätsverl. Hildesheim 2014. (= Hildesheimer Universitätsschriften 30). S. 8–30.

Weiss, Judith Elisabeth: Dem Gesicht den Hintern zeigen. Reines und verunreinigtes Bild am Beispiel der *Mona Lisa*. In: Interpiktorialität. Theorie und Geschichte der Bild-Bild-Bezüge. Hrsg. von Guido Isekenmeier. Bielefeld: Transcript 2013. S. 187–217.

Weiss, Peter: Die Ästhetik des Widerstands. Erster Band [1975]. In: Ders.: Die Ästhetik des Widerstands. Hrsg. mit einem editorischen Nachwort von Jürgen Schutte. Berlin: Suhrkamp 2016. S. 5–447.

— Die Ästhetik des Widerstands. Zweiter Band [1978]. In: Ders.: Die Ästhetik des Widerstands. Hrsg. mit einem editorischen Nachwort von Jürgen Schutte. Berlin: Suhrkamp 2016. S. 449–855.

Wendt, Angela Maria Coretta: Eßgeschichten und Es(s)kapaden im Werk Goethes. Ein literarisches Menu der (Fr)esser und Nichtesser. Würzburg: Königshausen & Neumann 2006.

Wicke, Andreas: »Der Vergleich mit Sherlock Holmes liegt doch nahe«. Intertextualität und Spannung in dem Hörspiel »Die drei ??? – Botschaft aus der Unterwelt«. In: Komparatistik und Didaktik. Hrsg. von Michael Eggers u. Christof Hamann. Bielefeld: Aisthesis 2018. S. 259–276.

— Intertextualität in zeitgenössischen Theatertexten. Edwald Palmetshofers *faust hat hunger und verschluckt sich an einer grete* und Elfriede Jelineks *Winterreise* aus didaktischer Perspektive. In: Neue Formen des Poetischen. Didaktische Potenziale von Gegenwartsliteratur. Hrsg. von Irene Pieper u. Tobias Stark. Frankfurt: Peter Lang 2016. S. 139–156.

– »Scharfsinn und Spieltrieb«. Intertextueller Literaturunterricht am Beispiel von Paul Maars *Eine Woche voller Samstage*. In: Literatur im Unterricht. Texte der Gegenwartsliteratur für den Unterricht (2013). S. 1–14.

Wiethöler, Waltraud: Die Wahlverwandtschaften. Zur Deutung. In: Johann Wolfgang von Goethe: Sämtliche Werke, Briefe, Tagebücher und Gespräche. Hrsg. von Dieter Borchmeyer u. a. Bd. 8 Abt. 1: Die Leiden des jungen Werthers, Die Wahlverwandtschaften, Kleine Prosa, Epen. Hrsg. von Waltraud Wiethölter. Frankfurt: Dt. Klassiker Verl. 1994 (= Bibliothek deutscher Klassiker 109). S. 984–1017.

Wimmer, Marta: Eros hinter der bürgerlichen Fassade. Zu Arthur Schnitzlers *Fräulein Else*. In: Die Lust im Text. Eros in Sprache und Literatur. Hrsg. von Doris Moser u. Kalina Kupczyńska. Wien: Praesens 2009. S. 219–230.

Winckelmann, Johann Joachim: Gedancken über die Nachahmung der Griechischen Wercke in der Mahlerey und Bildhauer-Kunst [1755]. In: Ders.: Schriften und Nachlass. Bd. 9: Vermischte Schriften zu Kunst, Kunsttheorie und Geschichte; Bd. 9.1: Dresdener Schriften: Text und Kommentar. Hrsg. von Adolf H. Borbein, Max Kunze u. Axel Rügler mit einer Einleitung von Max Kunze. Mainz: Philipp von Zabern 2016. S. 47–77.

Wolf, Werner: Das Problem der Narrativität in Literatur, bildender Kunst und Musik: Ein Beitrag zu einer intermedialen Erzähltheorie. In: Erzähltheorie transgenerisch, intermedial, interdisziplinär. Hrsg. von Vera Nünning u. Ansgar Nünning. Trier: WVT 2002 (= WVT-Handbücher zum literaturwissenschaftlichen Studium 5). S. 23–104.

— Die Transmedialität des Narrativen und das erzählerische Potential von Einzelbildern. In: Narration. Transdisziplinäre Wege zur Kunstdidaktik. Hrsg. von Garbiele Lieber u. Bettina Uhlig. München: kopaed 2016 (= Kontext Kunstpädagogik 45). S. 99–118.

— Framings of Narrative in Literature and the Pictorial Arts. In: Storyworlds across Media. Introduction. In: Storyworlds across Media. Toward a Media-Conscious Narratology. Hrsg. von Marie-Laure Ryan u. Jan-Noël Thon. Lincoln, NE: Nebraska UP 2014 (= Frontiers of narrative). S. 126–147.

Wotte, Herbert: Georges Seurat. Wesen, Werk, Wirkung. Dresen: Verl. d. Kunst 1988.

Wróblewska, Barbara: Zur Problematik der masochistischen Phantasie in Leopold von Sacher-Masochs *Venus im Pelz*. In: Colloquia Germanica Stetinesia 21 (2013). S. 113–129.

Yacobi, Tamar: Ekphrastic Double Exposure and the Museum Book of Poetry. In: Poetics Today 34 (2013). S. 1–52.

— Pictorial Models and Narrative Ekphrasis. In: Poetics Today 16 (1995) H. 4. S. 599–649.

Zabka, Thomas: Ästhetische Bildung. In: Taschenbuch des Deutschunterrichts. Bd. 2: Literatur- und Mediendidaktik. Hrsg. von Volker Frederking, Hans-Werner Huneke, Axel Krommer u. Christel Meier. Baltmannsweiler: Schneider Verl. Hohengehren 2010. S. 452–468.

Zingsem, Vera: Lilith. Adams erste Frau [1999]. Stuttgart: Reclam 2009 (= Reclam-Taschenbuch 21708).

Abbildungsverzeichnis